JN250926

近代日本
メディア人物誌

ジャーナリスト編

土屋礼子・井川充雄 編著
Tsuchiya Reiko　Ikawa Mitsuo

ミネルヴァ書房

は し が き

　近年，メディア技術の急激な進歩は，社会構造にも大きな変容をもたらしているように見える。すなわち，1990年代からのパソコン，そしてインターネットの普及により，人々を取り巻くメディア環境は大きく変わった。ホームページの作成，さらにはブログの流行などにより，誰もが情報発信可能な社会になったことがさかんに喧伝された。さらに，2007年1月に発表された iPhone に代表されるスマートフォンは，瞬く間に普及し，人々は，まさにパソコンを携帯する時代となったのである。それと呼応して，mixi，LINE，Facebook，Twitter 等々の各種 SNS（Social Networking Service）もそれぞれ利用者を獲得していった。今では，いつでもどこでもスマホを手にした人々が，瞬時に情報のやりとりをする時代となっている。その一方で，旧来からの新聞や雑誌・書籍，ラジオ・テレビといったマス・メディアは，相対的にその存在感を軽くしている。

　例えば，筆者が大学生活を送っていた80年代に後半には，通勤・通学の電車は，新聞を広げる人，（マンガを含めてではあるが）本や雑誌に没頭する人で溢れていたと記憶するが，今ではそうした人は少数派となっている。その代わりに今日では，手に持ったスマホを，一心不乱に巧みに操作する人々が大多数である。

　こうしたスマホやタブロイドなどの携帯端末の普及は，ジャーナリズムの姿をも変えつつある。つまり，これまで，ジャーナリズムとは，専門的なジャーナリストとしての訓練を受け，マス・メディア企業に所属する人によってなされる思惟的な行為と考えられてきたが，現在は，事件や事故の現場に居合わせた誰もが，その場限りのジャーナリストとして情報を発信する時代である。2008年に東京・秋葉原で発生した無差別殺傷事件に際しては，当時は，まだそれほどスマホが普及しておらず，"ガラケイ"の時代であったが，多くの通行人が携帯電話で，事件発生直後の様子を撮影し，その倫理観や道徳観が社会的な議論となった。しかし，今日では，何かの事件の際に人々が写真や動画を撮影して，SNS 等で発信するのは，ごくありふれた光景となっている。むしろ，マス・メディアの側も，そうした現場にたまたまいた一般の人々によって撮影された写真や映像を，記事

やニュース映像に積極的に用いるようになっている。

　政治家や有名人なども，何か自らの主張を述べようとする際に，マス・メディアに所属する記者たちを集めて記者会見を行うのではなく，自分のFacebook,Twitter 等の SNS を通じて発信することもよくある。今年，アメリカ大統領に就任したドナルド・トランプが，選挙運動中から Twitter を多用し，マス・メディアがそれに振り回される光景も，われわれは何度も目にしている。

　先ほど，現在は，事件や事故の現場に居合わせた誰もが，その場限りのジャーナリストとして情報を発信する時代と述べたが，今では，氾濫する情報の中から個人でニュースを取捨選択したニュースサイトを作る人も少なくない。そうしたサイトを作る理由は様々ではあるが，多くは，旧来からのマス・メディアからの情報に依存した状況に不満を持ち，それに風穴を開けようとする意気込みからであると思われる。

　だが，SNS も含め，インターネット上には，いわゆる"フェイクニュース"（虚偽のニュース）であったり，虚偽ではないにせよ，かなり偏向した，ないしは偏見に満ちた内容のものが少なくないことも指摘されている。

　ここまで，20世紀末から21世紀にかけてのメディア環境の急激な変化を素描してきた。こうした変化は，近現代社会におけるメディアやジャーナリズムのあり方そのものへの問いを浮かび上がらせてくる。つまり，従来の報道やニュースのあり方が揺らいでいる今，あらためてジャーナリズムとはどうあるべきかが問われているのである。

　これを考える際に，心にとめておかなくてはならないのは，マス・メディアといっても，ジャーナリズムといっても，それらは決して所与の前提としてアプリオリに存在してきたわけではなく，歴史のなかで生まれ，発展してきたということである。

　日本におけるマス・コミュニケーション史やジャーナリズム史においては，おおむね，次のように理解されてきた。すなわち，明治初期においては，政論を主体とした「大新聞」（おおしんぶん）と庶民向けの娯楽記事を主体とした「小新聞」（こしんぶん）に分かれていたが，次第に報道主体の新聞となり，大正期には，「不偏不党」，「客観報道」を旨とする新聞のあり方が確立した。また，大正期にはラジオ放送が国家的事業として始まり，戦後は，公共放送として NHK と，商業放送（民間放送）の 2 つからなる放送制度が作られ，ラジオ放送，さらにテレ

ビ放送が実施されるようになったのであると。こうした枠組みそのものが間違っているというわけではない。しかし，そこまでに至る道筋は平坦なものではなく，単線的なものではない。むしろ，その時代において，メディアに携わる人々が，社会状況に真摯に向きあい，悪戦苦闘する中で日々の報道がなされ，その営為を積み重ねてきた結果として，ジャーナリズムが築かれてきたのだと理解すべきであろう。つまり，その時代に生きた人々による，成功や失敗の営みの成果として，その後のメディアやジャーナリズムのあり方が構築されてきたのである。

　そこで，本書は，近現代日本において重要な役割を果たしてきたジャーナリストを取り上げ，彼らが，同時代の社会状況の下で，何を考え，どのように行動してきたのか，そしてそれが何をもたらしたのかを，人物に即して明らかにしようとするものである。

　2009年，本書と同じくミネルヴァ書房より，土屋礼子編著『近代日本メディア人物誌──創始者・経営者編』を刊行した。そこでは，日本のメディアを創った人物として29名を取り上げ，その生涯や時代背景をたどるとともに，メディアにかける思いやその帰結を明らかにした。その当時から，次には姉妹編として「記者・ジャーナリスト編」を出そうと考えていた。つまり，「創始者・経営者編」が，いわば容れ物としてメディアそのものを創った人を対象にしたものであるとすれば，今回の「ジャーナリスト編」はその中身であるコンテンツを日々製作した人の営みを明らかにしようとするものである。

　そこで，本書では，時代別に4部構成とした。第Ⅰ部の「明治期」は，中江兆民，宮武外骨ら10人のジャーナリストを取り上げた。この時代のジャーナリズムの主要な課題は，副題に示したように，「言論の自由」をいかにして確立するかにあったと言える。明治維新によって，西洋諸国を範として近代国家としてのあゆみを始めた近代日本であるが，西洋から様々な文物や制度を取り入れる一方で，中央集権的な国家の確立が急がれたため，民主主義の基礎となるべき「言論の自由」をめぐっては，国家とメディアの間で，さまざまな攻防が繰り広げられたのである。そうしたジャーナリストたちの動きを扱った。

　第Ⅱ部の「大正期」は，「デモクラシーとジャーナリズムの発展」を副題とした。言うまでもなく，大正期は，今日の『朝日新聞』や『毎日新聞』が全国紙としての基盤を確立し，「大正デモクラシー」が開花したデモクラシーとジャーナリズムの発展の時期であった。その一方で，1918（大正7）年には，『大阪朝日新

聞』のいわゆる「白虹事件」によって大正デモクラシーに冷水が浴びせられ，主要な新聞が「不偏不党」のジャーナリズム機関へと変質していく重要な画期となった。この時代に大小さまざまなメディアで活躍した13人を取り上げた。

第Ⅲ部「昭和前期」は，副題に「『帝国の戦争』に対して」とあるように，ジャーナリストにとっては，戦争との向き合い方が問われた時期であった。ここでは10名のジャーナリストを取り上げ，激動の時代において主張を貫くことの意義や困難さを描いた。

第Ⅳ部は「昭和後期」である。「戦後とは何だったのか」という副題のもと，戦後という新しい時代を切り開いていった方々や，高度経済成長により発展を遂げる日本において，社会の抱えるひずみや問題に焦点をあて，日本の戦後のあり方に異議を唱え続けたジャーナリスト9名を取り上げた。ここには，ご存命の方もいらっしゃる。その方々のジャーナリストとしての活動を論評するのは困難を伴うが，ここではあえて，そうした方々も含めて議論の俎上に載せることとした。

むろんこうした時代区分は便宜的なものに過ぎない。むしろ複数の時期にまたがって活躍した人物のほうが多数であるが，おおよその時代の移り変わりを反映したものとしてご理解頂きたい。以上のように，コラムとして扱った方も含め，本書では42名のジャーナリストを取り上げた。むろんこれ以外にも取り上げたい方もあったのであるが，諸般の事情から限定せざるを得なかった。

前述のように，本書の企画自体は早くから進められていたのであるが，その後，様々な理由から遅れてしまい，ようやく，今般の出版に至ることができた。早々に原稿をお寄せ頂いた方には編者として深くお詫びを申し上げる。出版事情がさらに悪化するなか，本書の出版をお引き受け頂いたミネルヴァ書房，ならびにご担当頂いた編集者の東寿浩氏に深く感謝申し上げる。また，本書の刊行に際して，資料や写真などをご提供頂いた関係者のみなさまにも深く感謝の意を表したい。

土屋礼子・井川充雄

目　　次

はしがき

第Ⅰ部　明治期──「言論の自由」をめぐる攻防

第1章　末 広 鉄 腸──言論の自由と輿論政治の理想を求めて………………3

　　　　1　新聞記者になるまで／2　新聞記者としての名声と活躍／3　演説家
　　　　および民権運動家として／4　政治小説の執筆と大同団結運動／5　理想
　　　　主義者の若すぎる死

第2章　中 江 兆 民──恩賜的民権から恢復的民権へ……………………13

　　　　1　兆民の言論活動／2　兆民の政治活動／3　兆民が後世に託したこ
　　　　と──『一年有半』

第3章　木下尚江・松本英子──足尾鉱毒事件の解決を目指して…………21

　　　　1　新聞記者・教師として／2　足尾鉱毒事件の追及／3　社会主義者・
　　　　小説家，在米文筆家として

第4章　宮 武 外 骨──古来無類の筆禍者………………………………31

　　　　1　讃岐の凹凸亭／2　操觚者としての出発／3　社会主義と浮世絵／
　　　　4　20世紀の外骨

第5章　三 宅 雪 嶺──「敵なき記者」として三代の論壇を闊歩……………41

　　　　1　「因循なる加賀藩」から東京大学へ／2　「敵なき記者」への歩み／
　　　　3　雑誌記者として生涯を全うする

第6章　志 賀 重 昂──雑誌『日本人』主筆から政友会代議士へ……………49

　　　　1　札幌農学校に学び南洋航海へ／2　雑誌『日本人』の主筆として／
　　　　3　記者から党人へ

第7章　島田三郎・山路愛山——キリスト教改良主義からジャーナリズムへ……57

　　　1　クリスチャンとしての出発／2　島田三郎における二つの転機／
　　　3　社会を論じるジャーナリズムを目指して／4　キリスト教に目覚めた
　　　維新の敗残者／5　人民の歴史とナショナリズムの間で／6　言論による
　　　社会改革という理想と限界

第8章　池辺　三　山——東京朝日新聞を飛躍・発展させたサラリーマン主筆 ……67

　　　1　ジャーナリストになるまで／2　ジャーナリストとしての出発／
　　　3　東京朝日新聞発展の立役者

第Ⅱ部　大正期——デモクラシーとジャーナリズムの発展

第1章　松 崎 天 民——社会探訪の名手……………………………………77

　　　1　流転の日々／2　大阪での記者時代／3　東京での記者時代／4　風
　　　俗・食通ジャーナリストとしての後半生

第2章　村 嶋 歸 之——「労農記者」と呼ばれたジャーナリスト………………87

　　　1　大阪毎日新聞社への入社／2　賀川豊彦と友愛会／3　再び「ドン
　　　底」へ／4　結核への挑戦

第3章　山川　均・山川菊栄・荒畑寒村——社会主義ジャーナリズムの展開……97

　　　1　初期社会主義と社会主義ジャーナリズム／2　山川均——初期社会
　　　主義から労農派への軌跡／3　山川菊栄——社会主義とフェミニズムの
　　　論跡／4　荒畑寒村——叛骨の論陣

第4章　杉村楚人冠——多彩な国際派ジャーナリスト ……………………107

　　　1　紆余曲折の日々／2　聚星泊時代／3　朝日新聞社の国際派記者とし
　　　て活躍／4　一管の筆に託した半生

第5章　鳥居素川・長谷川如是閑
　　　——自主独立の言論を目指した二人のジャーナリスト ………………117

　　　1　『日本』時代までの二人——ジャーナリストとしての原点／2　『大
　　　阪朝日新聞』時代の二人／3　「独立新聞」の再興の試み

第6章　恩 田 和 子——戦前期を代表する女性記者⋯⋯⋯⋯⋯⋯⋯⋯⋯⋯⋯⋯127

　　　　1　初期の女性新聞記者として／2　大阪における婦人運動の中心人物に
　　　　／3　終生新聞記者として

第7章　大正期の女性記者——奥むめおと先達大沢豊子・竹中繁子・小橋三四子
　　　　⋯⋯⋯⋯⋯⋯⋯⋯⋯⋯⋯⋯⋯⋯⋯⋯⋯⋯⋯⋯⋯⋯⋯⋯⋯⋯⋯⋯⋯⋯⋯137

　　　　1　女性記者たち／2　速記者から『時事新報』記者へ，そして放送へ
　　　　——大沢豊子／3　『東京朝日新聞』の女性記者第一号——竹中繁子
　　　　（繁）／4　機関紙から読売新聞へ，さらに『婦人週報』を主宰——小橋
　　　　三四子／5　普選運動（前衛）から生活を旗印（後衛）へ——奥むめお
　　　　／6　大正の女性記者たち

第Ⅲ部　昭和前期——「帝国の戦争」に対して

第1章　石 橋 湛 山——小日本主義者の見識とその孤高⋯⋯⋯⋯⋯⋯⋯⋯⋯⋯⋯149

　　　　1　小日本主義の思想的背景／2　小日本主義の提唱／3　言論人として
　　　　の限界

第2章　中 野 正 剛——民権派ジャーナリストから朝野の政治家へ⋯⋯⋯⋯⋯⋯157

　　　　1　生い立ち／2　ジャーナリストとして／3　政治家に転じて／
　　　　4　「戦時宰相論」とその結末

第3章　笠 信 太 郎——最後の論説記者⋯⋯⋯⋯⋯⋯⋯⋯⋯⋯⋯⋯⋯⋯⋯⋯⋯⋯165

　　　　1　経済学者となるまで／2　大新聞社の論説記者へ／3　戦時の滞欧時
　　　　代／4　戦後の論説主幹として

第4章　水 野 広 徳——兵は凶器なり⋯⋯⋯⋯⋯⋯⋯⋯⋯⋯⋯⋯⋯⋯⋯⋯⋯⋯⋯173

　　　　1　海軍軍人を目指して／2　海軍での生活／3　平和主義者への転換／
　　　　4　評論家として／5　言論統制下の活動と晩年

第5章　桐 生 悠 々——反骨のジャーナリスト⋯⋯⋯⋯⋯⋯⋯⋯⋯⋯⋯⋯⋯⋯⋯183

　　　　1　新聞記者になるまで／2　『信濃毎日新聞』主筆／3　『他山の石』

第6章　清沢　洌──戦時下の理想主義ジャーナリスト……………………191

　　　　1　生誕から渡米時期まで／2　大正デモクラシーと帰国／3　フリーラ
　　　　ンサーの道とロンドン軍縮会議の取材旅行／4　準戦時，戦時下の平和希
　　　　求の取り組み──『暗黒日記』の時期／5　第二次世界大戦後を展望する
　　　　／6　その教育観と国際平和の思想

第7章　馬場恒吾──あるリベラリストの戦前と戦後…………………………201

　　　　1　迷える学生時代／2　新聞記者として／3　評論家時代／4　戦後の
　　　　混乱のなかで／5　リベラリストとしての生涯

第8章　鈴木東民──不屈のジャーナリスト……………………………………209

　　　　1　デモクラシーとの出会い／2　ドイツ留学／3　読売新聞社での日々
　　　　／4　その後の東民

第9章　正木ひろし──権力への抵抗を貫いた人権派弁護士……………………217

　　　　1　『近きより』発刊以前／2　戦時下の抵抗／3　表現の自由を求めて
　　　　／4　冤罪事件の弁護／5　刑事被告人のまま死去

第IV部　昭和後期──戦後とは何だったのか

第1章　大宅壮一

　　　　──二つの大衆社会化状況を生きた，「無思想」の「マスコミの王様」……231

　　　　1　誕生からデビューまで／2　戦前における活動／3　「マスコミの王
　　　　様」へ／4　大宅壮一の生涯と近現代メディア史

第2章　田　英夫──ニュースキャスターの草分け………………………………239

　　　　1　原体験としての戦争／2　ニュースキャスターの誕生／3　「ハノ
　　　　イ・田英夫の証言」の波紋／4　生涯ジャーナリストとして

第3章　沢田教一

　　　　──ベトナム戦争報道写真でピュリツアー賞を受賞した日本人カメラマン…247

　　　　1　青森から東京へ／2　ニュース通信社 UPI 東京支局（アジア総局）

／3　1965年2月　サイゴン／4　従軍取材の日々

第4章　大　森　　　実——'エンピツ一本'の国際事件記者・評論家……………257

　　　　1　敗戦の日に決めた新聞記者への転職／2　米国特派員から外信部長へ
　　　　／3　ベトナム戦争報道／4　エンピツ一本で，一人で「書く」

第5章　本　多　勝　一——探検家・民族学者・国際派社会部記者……………267

　　　　1　報道の世界に新境地を開いた民族学的探訪ルポ／2　ベトナム戦争か
　　　　ら見えてきたアメリカの正体／3　日本は本当に過去の戦争責任を償った
　　　　のか／4　みずから新しいメディアをつくる取り組み／5　むすび

第6章　立　花　　　隆——永遠に未完の文明批評家………………275

　　　　1　科学ジャーナリストとしての出発／2　政治ジャーナリストへの変身
　　　　／3　つくり上げられた"知の巨人"／4　本領発揮は科学・技術の啓蒙
　　　　／5　むすび

第7章　江　川　紹　子——心と社会をつなぐジャーナリスト………………283

　　　　1　ふつうの学生から地方紙記者に／2　フリー時代の仕事——「人権」
　　　　と「メディアのあり方」を問う／3　坂本弁護士一家拉致殺害事件／
　　　　4　ジャーナリストとしての立ち位置

〈コラム〉

　　浅野七之助——日本にも影響を与えた日系人ジャーナリスト　227

　　賀川　　浩——日本代表よりも早く世界に評価されたサッカー記者　266

　　藤倉修一——「マイクの職人」　292

年　　　表　293
人名索引　304
事項索引　307

図版出所一覧

末広鉄腸（国立国会図書館所蔵）……………………………………………… 3

中江兆民（国立国会図書館所蔵）……………………………………………… 13

木下尚江（国立国会図書館所蔵）……………………………………………… 21 上

松本英子（『永井ゑい子詩文』）………………………………………………… 21 下

宮武外骨（朝日新聞社）………………………………………………………… 31

不敬罪の因となった「頓智研法発布式」図（『頓智協会雑誌』第28号，1889年2月28日）……… 34

「日比谷交叉点の惨状」（絵葉書，個人蔵）…………………………………… 38

三宅雪嶺（国立国会図書館所蔵）……………………………………………… 41

志賀重昂（日本近代文学館）…………………………………………………… 49

島田三郎（国立国会図書館所蔵）……………………………………………… 57 上

山路愛山（日本近代文学館）…………………………………………………… 57 下

池辺三山（日本近代文学館）…………………………………………………… 67

松崎天民（日本近代文学館）…………………………………………………… 77

村嶋歸之（村嶋家提供）………………………………………………………… 87

山川　均（朝日新聞社）………………………………………………………… 97 上

山川菊栄（山川菊栄記念会）…………………………………………………… 97 中

荒畑寒村（国立国会図書館所蔵）……………………………………………… 97 下

杉村楚人冠（杉村楚人冠記念館）……………………………………………… 107

鳥居素川（朝日新聞社）………………………………………………………… 117 上

長谷川如是閑（日本近代文学館）……………………………………………… 117 下

『日本』を創刊した陸羯南（国立国会図書館所蔵）………………………… 119

大阪朝日新聞社（明治中期）（朝日新聞社）………………………………… 121

戦後，馬場恒吾・吉田茂と長谷川如是閑（読売新聞社）…………………… 125

恩田和子（朝日新聞社）………………………………………………………… 127

1919年11月24日に開催された婦人会関西連合大会の記事（朝日新聞社）……… 132

奥むめお（朝日新聞社）………………………………………………………… 137

石橋湛山（国立国会図書館所蔵）……………………………………………… 149

中野正剛（『玄洋』第29号，1986年7月25日）……………………………… 157

笠信太郎（遺族提供）…………………………………………………………… 165

水野広徳（水野広徳ミュージアム提供）……………………………………… 173

桐生悠々（金沢ふるさと偉人館提供）………………………………………… 183

清沢　洌（安曇野市所蔵）……………………………………………………… 191

馬場恒吾（国立国会図書館所蔵）……………………………………………… 201

鈴木東民（毎日新聞社）………………………………………………………… 209

正木ひろし（朝日新聞社）……………………………………………………… 217

大宅壮一（大宅壮一文庫）……………………………………………………… 231

「啓民文化指導所本部及び映画部指導委員」として紹介されている大宅壮一（『ジャワ・バル』第9
　号（1943年5月），復刻版：龍溪書舍）……………………………………………………… 234

母校・茨木高校（旧制茨木中学校）創立70周年記念の講演会での大宅壮一と川端康成（昭和40年
　（1965）10月3日，同校久敬会所蔵）……………………………………………………… 237

田　英夫（朝日新聞社）……………………………………………………………………… 239

沢田教一（共同通信社）……………………………………………………………………… 247

大森　実（朝日新聞社）……………………………………………………………………… 257

本多勝一（共同通信社）……………………………………………………………………… 267

立花　隆（共同通信社）……………………………………………………………………… 275

江川紹子（朝日新聞社）……………………………………………………………………… 283

第Ⅰ部

明治期
—— 「言論の自由」をめぐる攻防 ——

◇各人物の活躍した時期

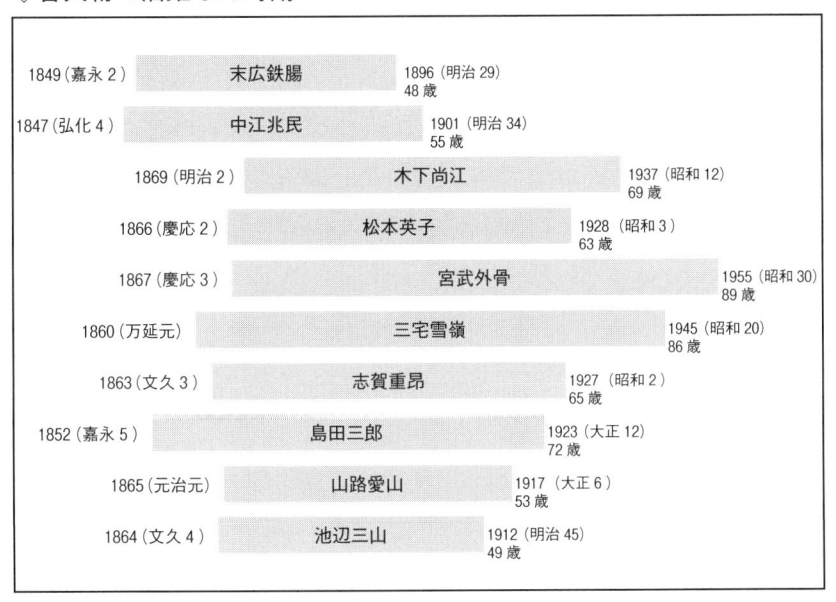

1849（嘉永2） 末広鉄腸	1896（明治29）48歳
1847（弘化4） 中江兆民	1901（明治34）55歳
1869（明治2） 木下尚江	1937（昭和12）69歳
1866（慶応2） 松本英子	1928（昭和3）63歳
1867（慶応3） 宮武外骨	1955（昭和30）89歳
1860（万延元） 三宅雪嶺	1945（昭和20）86歳
1863（文久3） 志賀重昂	1927（昭和2）65歳
1852（嘉永5） 島田三郎	1923（大正12）72歳
1865（元治元） 山路愛山	1917（大正6）53歳
1864（文久4） 池辺三山	1912（明治45）49歳

（注）　年齢は数え年

第1章　末広鉄腸
——言論の自由と輿論政治の理想を求めて

［すえひろ・てっちょう］嘉永 2 年 2 月21日伊予国宇和島に生まれる。1875年『曙新聞』の編集長となり，新聞紙条例による初の筆禍を被る。『朝野新聞』に移り，成島柳北とともに同紙の評価を高めた。1881年自由党結党の際には党議員に選出されるも，翌年脱党し独立党を結成。『雪中梅』などの政治小説を発表する傍ら，大同団結を主張。第一回衆議院議員に当選し，『大同新聞』『国会』などの主筆を勤めるが，1896年 2 月 5 日48歳で病死した。

　末広鉄腸は，明治前期の政治思想と民権運動を牽引したジャーナリストである。その活動は多岐にわたり，彼は新聞の主筆であると同時に，民権運動の名演説家であり，政治小説家であり，また国会議員でもあった。彼の理想は，人民中心の「公議輿論」にもとづいて政策を実現してゆく立憲政治の実現であり，公正で力ある輿論のためには，まず言論の自由が必要であり，そして政府を動かすには輿論を代表する政党を組織する必要があると考えた。そのために彼は筆と舌の力を尽くしたが，官職や金権には無縁のまま，一個の在野の輿論指導者に徹した。清廉さと批判精神に満ちた彼の軌跡を追ってみよう。

1　新聞記者になるまで

（1）宇和島藩での勉学の日々
　末広鉄腸は，本名・末広重恭，幼名を雄三郎といい，嘉永 2 年（1849） 2 月21日，伊予国宇和島城下，代々藩の勘定役を勤める末広家に生まれた。父・禎助には，長女・孝子があり，長らく男子が産まれなかったので，甥の静修を孝子の夫とし嗣子としたが，妻が死去した後，飯野氏から新たに娶った妻に長男・荘蔵，次男・雄三郎が生まれた。荘蔵は藩主の命で藩儒都筑氏の後を嗣いだが，少壮にして維新勤王の運動に加わった熱血の志士として著名であった。父も義兄の静修（号は静古園），実兄の荘蔵（号は鶴洲）も漢詩に秀で，鉄腸も漢詩を愛し，多くの

詩を書き残した。なお，鉄腸の号は，彼が私淑していた中国唐代の宰相・宋広平を謳った漢詩から取ったもので，新聞記者になってから使い始めた。嘉永5年（1852）2月，鉄腸が3歳の時に母が死去，万延元年（1860）1月，11歳の時に父が死去して，子供のいなかった姉夫婦の嗣子として育てられることになった。彼は5歳から師について教育を受けたが，11歳で早くも四書五経を終わらせたという。

　文久元年（1861）藩校の明倫館に入学した。鉄腸は藩学の朱子学に満足せず密かに陽明学の本にも手を伸ばした。慶應元年（1865）8月，17歳で藩校舎長となったが，翌年八幡浜で私塾を開いていた上甲振洋の門に1年間ほど遊学した。上甲振洋は宇和島出身の人で，学問該博，詩文にも優れ，藩校を監督していたが，当時は隠遁していたのである。鉄腸は慶応3年（1867）藩校に戻り，2月には藩主の前で進講を行った。勤王運動や戊辰戦争などで世情騒然とした頃であるが，当時の彼は学問に沈潜していたらしい。そのなかで彼は，「知行合一」を説いて吉田松陰など幕末維新の改革家達に影響を与えた陽明学に傾倒した。

（2）維新による変転

　明治2年（1869），師の上甲振洋が藩主の命で再び出仕して藩政改革にあたると，20歳の鉄腸も藩校明倫館の教授に抜擢され，藩政改革の議に参与した。彼は過去の門閥参政等の失策を責め，思いきった献策をしたという。翌年春に上京し，儒者・林鶴梁の門に入るが，当時の東京はまだ落ち着かず学問研鑽には向かないと判断し，鉄腸は8月帰途に就いた。その途中，京都の春日潜庵という陽明学派の学者の噂を聞き，上甲振洋の知己でもあることから門に入り，明治3年から5年まで師事した。潜庵は振洋に手紙を送り，「末広生は，志有る者，前途期す可し。乃ち薫陶の益の甚少なからざるを知る」と述べて，鉄腸の将来を大いに嘱望していたという。

　1872年（明治5）藩に帰り，再度明倫館の教授となり，八幡神社の宮司・清家貞幹の長女ソノと結婚した。まもなく廃藩置県で宇和島藩は廃され宇和島県となり，さらに神山県となるに伴い，その県官に転じ聴訴課長となった。のちに県庁が松山に移り石鉄県と変更になっても，同職に留まった。だが，農民救済の対策が上司と合わず，翌年辞して再び上京した。しかし，職探しはままならず，翌1874年（明治7）夏，長男の重雄が誕生したが，年末に大蔵省十三等出仕の職を

得たのみであった。それもまた鉄腸の意を満たすものではなかった。

2　新聞記者としての名声と活躍

（1）『東京曙新聞』への入社

　1875年（明治8）はじめ，東京において新聞は勃興しつつあった。前年に民撰議院設立建白書をスクープした『日新真事誌』や太政官御用を掲げた『東京日日新聞』『郵便報知新聞』などの日刊紙が，政治・経済・文化に関するさまざまな議論を展開しつつあった。鉄腸はこれらの新聞を読み，民権自由の論議に胸を熱くし，自らもこの議論に加わりたいと考えたにちがいない。なかでも鉄腸が注目したのは，『朝野新聞』の成島柳北であった。同新聞の校正方に同郷人がいたので，近作の詩を書いた手紙を渡し，欠員があったら入社したいと申し添えて紹介を頼んだ。その返事はなかったが，新聞記者になりたいという鉄腸の希望は，『新聞雑誌』を『あけぼの』に改題したばかり（同紙が『東京曙新聞』となるのは1875年6月から）の社主・青江秀が知るところとなり，鉄腸は招かれて1875年4月末に同紙の編集長となった。当時を回顧し，鉄腸は次のように書いている。

　　この時分の新聞社と云へば実に憐れ千万のものにて，曙新聞の編集局は七八畳敷にて，記者は余を外にして翻訳掛り一名，雑報掛りの老人一名，校正兼編集の補助一名と出省方と称し諸官省へ出て布告類を貰ふて来る下等の探訪者二三名に過ぎざりしなり。……余は少し許り漢文を稽古したれども新聞に従事するは始めてなる故，最初は随分骨が折れ，短き論説を書くに二度三度も稿を起こし，昼から夜半まで掛かりし事もありたり。其上に同新聞の売高は七八百に過ぎずして，会計も非常に困難にて今にも瓦解せんとする模様ありしかど，余は少しく考ふる所ありしかば亳も夫等に関係せず熱心に筆を採りしが，未だ名を世間に知らるるの機会を得ざりしなり（「新聞経歴談」1900）。

（2）新聞紙条例と筆禍第一号

　こうして鉄腸が新聞記者生活を始めてまもなく，1875年6月28日に新聞紙条例16条と讒謗律8条が発布された。明治維新後，何の制限もなかった新聞雑誌の編集発行に対して初めて罰金・禁獄及び発行停止をはじめとする刑罰の規定が明示

されたのである。新聞側では，『東京日日新聞』の岸田吟香，福地桜痴，『郵便報知新聞』の藤田茂吉，『朝野新聞』の成島柳北，『東京曙新聞』の末広鉄腸などが集まり，対応策を協議し，どんな文章が「成法誹毀」や「官吏侮辱」「政府変壊」にあたるのか草案を練り，各社編集長の連印を以て政府に提出し，伺いを立てたが，指令するの限りにあらずと却下された。

　まもなく条例の影響は，筆禍を恐れた各新聞雑誌の論調の低下となって現れた。そこで鉄腸は七月下旬に新聞紙条例と讒謗律による言論弾圧を攻撃する投書を掲載，さらに同様の主旨の論説を紙上に掲載した。その内容は次のような文章であった。

　　……此ノ新聞紙条例ニ的確ナル名ヲ下サントスル時ニハ之ヲ新聞紙罰則ト謂ハ
　　ザルベカラザルナリ……其旨トスルトコロハ専ラ懲罰ニアリ……発行ヲ停止ス
　　ルトカ禁獄何日トカ罰金何円トカ……殆ンド夫ノ印税罰則ト同一轍ナルモノノ
　　如シ……（『朝野新聞』531号）。

　たちまち青江と鉄腸は東京裁判所に召喚され，条例14条の「成法誹毀」にあたるとして，鉄腸は禁固2ヶ月罰金20円の判決を受けた。新聞紙条例による筆禍第一号であった。ただし，この時には自宅での禁固刑で，面会も通信も自由だったので，鉄腸は毎日のように論説記事を書いて紙上に掲載した。新聞紙面で法廷における鉄腸の言動と処罰の子細が伝わり，激しい闘志に満ちた筆鋒とともに，鉄腸の名は一躍世に轟き渡った。福沢諭吉は一面識もなかったこの27歳の青年記者へ，ビール数ダースを見舞いに贈ったという。

（3）『朝野新聞』への移籍

　自宅禁錮も1ヶ月ほど過ぎたある夜，鉄腸の家へ密かに社主・青江秀が来た。青江は，夜更けを待ち芳川顕正と一緒に政府側に通じた要人・井上馨の邸を訪問しよう，と言う。鉄腸は驚き，自分は禁固刑の身であるし，井上は政府側に通じた要人ではないか，と拒んだが，青江は芳川と契約があり，鉄腸が面会しないと『曙新聞』の前途が困難になると説いた。しかたなく井上邸へ赴き面会したが，鉄腸は一語も発さず帰った。実は政府の懐柔策として新聞買収の話が青江と芳川の間に成立していたのだが鉄腸はそれを察知したのである。このままでは自由な言論

活動はできないとみた鉄腸は，ひそかに成島柳北に手紙を書き，『朝野新聞』への移籍を願い出た。数日後，柳北の承諾を得ると，鉄腸は後任に当時書生だった関新吾を推薦することにして，刑期満了を待って『東京曙新聞』を去り，10月27日に『朝野新聞』の編集長に迎えられた。以後，鉄腸が論説を，柳北が雑録を執筆し，二人の硬軟の文章が両輪となって『朝野新聞』の声価は上昇気流に乗った。

（4）再度の投獄

　その矢先の1875年（明治8）12月に柳北が書いた論説が問題となった。新聞紙条例を批判した論説の末尾に「旧幕府ノ末ニ当リ吾輩ノ知人ニ井上三郎尾崎毅トイフ者アリテ陰険ノ小人ニシテ屡々時宰ノ意ヲ迎ヘテ人民ヲ苦シムル法律ヲ制定シタ」と記した箇所が，新聞紙条例立案者の井上毅・尾崎三郎の名をもじって誹謗したとして両人が激怒し，讒謗律により1876年（明治9）2月に局長・成島柳北は禁獄4ヶ月罰金百円，編集長・末広鉄腸は禁獄8ヶ月罰金150円という重罰を受けるに至った。今度は鍛治橋内警視庁の獄に送られ，柳北ともども厳しい監獄生活を送った。柳北は6月に無事出獄したが，鉄腸はさらに9月に新設の市ヶ谷囚獄所に移された。そこでは筆墨が許されたので，英語の独習に励んだ。10月9日放免になる頃には，簡単な英文書なら解読できるようになったという。当時の獄中の様子については，出獄後に「転獄新話」と題して『朝野新聞』紙上に連載し，柳北の『ごくないばなし』に続いて，筆禍にあった記者たちの獄中生活を伝えて好評を博した。

（5）西南戦争と発行停止

　出獄後まもなく1876年12月，鉄腸は『評論新聞』などの記者たちとの親交から，西南の大乱を予想する論を紙上に発表したが，政府も世人も妄言だと信じなかった。しかし，翌1877年（明治10）2月に予想は的中し，『朝野新聞』の評価はさらに高まった。西南戦争が始まると，鉄腸は自ら従軍記者として戦場に赴こうと発議したが，柳北は賛成せず，結局，『東京日日新聞』の福地桜痴や『郵便報知新聞』の犬養毅が派遣されたのに遅れをとり，柳北がようやく出張したものの京都での見聞を書き送るばかりで，『朝野新聞』は戦争報道では読者の不評を買った。そんな中，秋には次男・恭二が誕生した。

　翌1878年（明治11）5月14日，紀尾井坂にて大久保内務卿が刺殺されたとの報

が新聞社に入った。驚くうちに大きな封書が郵便で届き，開けると島田一郎以下刺客の姓名を掲げた斬姦状であった。急いで内容を記録として写し取り警視庁に届け出た。ところが翌日の『朝野新聞』は発行停止を命じられた。「国安妨害」が理由とされたが，この斬姦状を写し取ったこと，またその大意を雑報に採録したことが，兇賊の意思に投合し世人に示すためだと解されたらしい。この時は10日間の発行停止だったが，これ以降毎年のように『朝野新聞』は発行停止に逢うようになり，その勢力が衰える一因となった。

3　演説家および民権運動家として

　鉄腸は1878年（明治11）後半頃から演説活動を精力的に行うようになった。政府の言論弾圧と成島柳北との関係で意のままにならない新聞編集に飽き足らなかったのであろう。沼間守一が組織した嚶鳴社という演説結社に加わり，柳橋の万八楼での演説会にほとんど毎回出席するようになり，雄弁家としての鉄腸は沼間を凌ぐほどの名声を得るようになった。

　一方，馬場辰猪をリーダーとする三田慶應義塾出身者を中心にした政談演説討論会が，1880年（明治13）末に組織を開放し広く雄弁家を同志に迎え入れようとした時，鉄腸は田口卯吉とともに招かれて演説会に参加し，以後毎回，井生村楼での演説会に登壇し，馬場辰猪や大石正巳とともに論客として人気を博した。翌1881年（明治14）4月この会が母体となって国友会という政治的啓蒙団体が結成されると，鉄腸は嚶鳴社を高橋基一，浅野乾らとともに脱してこれに加わり，今度は嚶鳴社と対抗して演説討論会で活躍した。

　同年8月北海道開拓使払下事件が起きると，新聞はそろって政府を批判し各演説会の議論も沸騰した。民間諸団体の合同結集により政党組織を創設すべしと議論されたが，同年10月に国会開設の詔が出されると鉄腸ら国友会は，板垣退助らの自由党に合流した。そこで馬場と鉄腸は自由党の常議員に，大石は幹事に選ばれた。他方，大隈重信と沼間ら嚶鳴社が中心となり立憲改進党が翌1882年（明治15）3月に結党されると，『朝野新聞』の社主・乙部鼎と社長・成島柳北はこれに加わり，『朝野新聞』編集陣は二つの党派に分裂することになった。主義主張の一定しない『朝野新聞』から読者は離れ始めた。

　また，同年6月に『自由新聞』が自由党機関紙として創刊されると，鉄腸はそ

の論説も補助するようになった。ところがまもなく板垣外遊問題が持ち上がり，板垣を批判した馬場と鉄腸は1882年9月『自由新聞』を辞めた。さらに改進党の攻撃に対して「偽党撲滅」の運動が展開されると，翌1883年（明治16）6月馬場，大石とともに鉄腸は自由党を脱党，同年9月に独立党の創立を宣言した。この間，鉄腸は次々と病にかかった。1882年には肺炎，1883年にはチフス，翌1884年には糖尿病で3ヶ月入院し，6ヶ月箱根で療養した。また，成島柳北も肺病にかかり，1884年（明治17）11月に死去し，『朝野新聞』は低迷していった。

4　政治小説の執筆と大同団結運動

（1）『二十三年未来記』『雪中梅』の成功と外遊

　病で静養した間に鉄腸は，小説を渉猟し，自らも小説を書き始めた。そして1885年（明治18）11月『朝野新聞』に「夢ニナレナレ」と題し，国会が開設された1890年（明治23）の未来において甲乙二人が新聞を読み合いながら国会議事のありさまを批評し，また過去及び現在の政界事情を風刺するという政治小説を連載し始めた。翌年5月に『二十三年未来記』と題して本にまとめると好評を博し，同年末にまでに約30万部も売れたという。

　続いて『雪中梅』を1886年（明治19）に刊行した。これは1873年（明治6）の国会記念日祝日に発見された古碑により見出された，国会開設の功労者・国野基という人物の伝記小説という設定で，主人公・国野と結婚することになる富永お春という聡明で富裕な女性教師が，それまでにない清新な女性像として登場し，また演説会やダイナマイトの嫌疑で拘留される事件など明治10年代末の政治状況が寓意を込めて描かれている点が評判となった。坪内逍遙も英国のジスレイリの政治小説になぞらえて激賞したほどであった。翌1887年（明治20）には，その続編にあたる『花間鴬』を出版した。

　一方で，鉄腸は『朝野新聞』と民権運動の建て直しに努めた。柳北の死後，社内の人員を整理し，1885年10月に『郵便報知新聞』から犬養毅を，さらに尾崎行雄を招聘し，編集陣を強化した。また，1886年10月星亨が主唱し，大同団結運動の嚆矢となった全国有志代懇談会に参加，翌年には大同団結運動のために各都市を遊説し，旧自由党系・改進党系の有志を興論に沿った形でまとめ，政党の不振を打破しようと呼びかけた。しかし，オープンな公議興論を尊ぶ鉄腸に対し，策

謀も必要と考える星亨らが建白運動の中心となり，1887年（明治20）12月末保安条例の発布により，星亨ら運動参加者570名が東京から追放又は逮捕された。鉄腸は追放されなかったが，追放された尾崎行雄はこれを機に翌年１月外遊に出た。これに刺激されたのか，政治小説で多額の印税を手にしていた鉄腸は外遊を決意し，1888年（明治21）４月から1889年（明治22）２月まで米欧周遊の旅に出た。

（2）大同団結運動を推進し国会議員に当選

　外遊に出る船のなかで鉄腸は，フィリピン独立運動の闘志ホセ・リサールと出会い，辛うじて通ずる日本語で親しくなった。帰国後，旅の見聞を『唖之旅行』や『鴻雪録』に著した。だが帰国してみると『朝野新聞』はすでに犬養と尾崎による改進党派の新聞となっており，鉄腸はすぐに社を辞した。1889年３月，鉄腸は大同団結運動を再開し，村山龍平が経営する『東京公論』に主筆として入社した。しかし，５月に後藤象二郎入閣のため，運動は大同倶楽部と大同協和会に分裂，鉄腸は前者の幹部となった。その結果，中立を掲げる『東京公論』の主義と一致しないとして退社し，翌６月１年契約で大同倶楽部系の機関紙『関西日報』の社長兼主筆となり大阪へ行った。大阪には当時，中江兆民が主筆の『東雲新聞』や『大阪朝日新聞』『大阪毎日新聞』などが競争していたが，７月に創刊した『関西日報』は，わずか１ヶ月で２万余の読者を得たという。しかし，まもなく大同倶楽部幹部としての活動が忙しくなり，翌1890年（明治23）６月には大同倶楽部の機関紙『大同新聞』主筆となって，東京に戻った。そして翌７月には，第一回衆議院議員総選挙に愛媛第六区で当選，大同倶楽部が解散し，新しく立憲自由党が成立すると常議員となった。結果として，『大同新聞』は鉄腸個人の主張を反映させる新聞となった。しかし同紙の経営は不振に陥り，同年11月村山龍平に買収され『東京公論』と合併し，新たに『国会』として創刊され，鉄腸は再びその主筆になった。

5　理想主義者の若すぎる死

　国会議員となった鉄腸は，同年12月新聞紙条例改正の動議を発案した。この動議や翌年の予算査定の問題で，党議の拘束を嫌った鉄腸の態度が変節だとして不評を買った。情実と駆け引きによる現実の政治は，民権の理想を掲げてきた鉄腸

には失望が大きかった。彼が1891年（明治24）1月から『国会』紙上に連載した政治小説「嫩　緑」には，こうした政党のあり方が批判されていた。翌1892年（明治25）2月に第2回の総選挙に落選した後，彼は同年8月から12月まで朝鮮，シベリア，清国をめぐる旅に出た。翌1893年（明治26），その見聞をもとに『東亜之大勢』や『北征録』を出版した。

　また，政治小説『明治四十年の日本』および『大海原』を出版した。前者の小説は，ロシアがシベリア鉄道を全通させた1907年（明治40）における政治状況の危機を予想したもので，未来の時点から現在の条約改正や官民軋轢，民間等の衝突，選挙の腐敗などが論じられ，主人公にからむ女スパイなどの存在感もあり，鉄腸の小説としては最も優れた作品となっている。後者の『大海原』はマニラ人の若者と日本人の美女の恋愛とフィリピン独立をテーマとした小説で，リサールとの出会いが契機となって生まれた小説である。ただし，スペインから独立を果たしたフィリピンが再び植民地化されないために日本の保護を求めるという結末は，アジア民族の独立への日本人の参加と，アジアの盟主としての日本の膨張という，鉄腸が当時の日本のナショナリズムを鼓舞した側面が表されている。

　1894年（明治27）3月第三回総選挙で再度落選した後，舌癌が見つかり，鉄腸は手術を受けた。この年日清戦争が開戦するのが，その翌月，彼は第四回衆議院議員総選挙で当選し，全院委員長に選出されるが，癌が再発した。入退院を繰り返す間に，議院へ出るほか，最後の政治小説『戦後の日本』を執筆した。1896年（明治29）1月9日，内閣弾劾上奏案上程の際，病をおして担架で登院したが，そのためか病状は悪化し，2月5日大学病院で48歳で死去した。芝の増上寺で行われた葬儀には千人にのぼる人々が列した。

　多くの新聞記者たちが，政治家あるいは大臣や政府官僚となったのに対し，鉄腸は最後まで一個の在野の言論人として活躍し，根が正直で平和主義を旨とし，蓄財や官位とは無縁であった。多彩な活動の間に多額の収入もあったがまた借金も多く，息子に残された遺産は鉄腸が使ったという筆立て一つしかなかったという。

◆　参考文献

昭和女子大学近代文学研究室編『近代文学研究叢書』第2巻，昭和女子大学光葉会，1956年
末広恭雄「末広鉄腸」『三代言論人集』第4巻，時事通信社，1963年

Ⅰ　明治期

柳田泉『明治文学研究第9巻　政治小説研究　中巻』春秋社，1968年
比屋根照夫「自由民権期の国家像──末広鉄腸の政治思想」日本政治学会編『近代日本の
　　国家像』岩波書店，1983年
真辺美佐『末広鉄腸研究』梓出版社，2006年

［土屋礼子］

第2章　中江兆民
―――恩賜的民権から恢復的民権へ

[なかえ・ちょうみん] 弘化4年11月1日土佐藩足軽の子として高知城下に生まれた。幼名竹馬，長じて篤助・篤介。兆民は号。長崎・江戸でフランス語を学び，1871年司法省出仕となりフランスに留学。帰国後仏学塾を主宰。1881年『東洋自由新聞』に参加，以来民権派の諸新聞に健筆を振るう。第一議会で予算案に対する衆議院の妥協に怒り議員を辞職。以後実業活動に従事するが失敗。1901年12月13日食道癌により満54歳で死去。

　中江兆民は明治期を代表する思想家・言論人である。仏学塾を主宰し，多数の門弟を養成するとともに，ルソーの社会契約論をはじめフランスを中心とする近代自由主義・民主主義の導入につとめ，独自の文明観と人民主権にもとづく国家構想をもって，自由民権派を鼓舞し，明治政府と激しく対立した。

1　兆民の言論活動

（1）兆民が関与した新聞・雑誌とその論説の特徴

　中江兆民が主筆として登場する最初の新聞は『東洋自由新聞』（1881年）であるが，以後兆民が主筆ないし準主筆として参加した新聞・雑誌は，『自由新聞』（1882年），『東雲新聞』（1888年），『政論』（1889年），『自由新聞（第二次）』（1890年），『立憲自由新聞』（のち『民権新聞』と改題，1891年），『自由平等経綸』（1891年），『北門新報』（1891年），『百零一』（1898年），『千代田毎夕』（のち『毎夕新聞』と改題，1900年）である。また1882年（明治15）には仏学塾から『政理叢談』（のち『欧米政理叢談』と改題）を刊行している。

　兆民が上記の新聞・雑誌に発表し『中江兆民全集』に収録された文章はおよそ600篇であるが，欠号などで現在確認できないものもあるから，実際に執筆した文章は600篇をはるかに超えるであろう。

　また兆民の著訳書としては，『民約訳解』（1882年），『非開化論』（1883年），『維

氏美学』上下 2 冊（1883～84年），『理学沿革史』上下 2 冊（1886年），『理学鈎玄』（1886年），『革命前法朗西二世紀事』（1886年），『三酔人経綸問答』（1887年），『平民の目さまし』（1887年），『国会論』（1888年，同年『東雲新聞』に連載したもの），『選挙人目ざまし』（1890年），『倫理学参考書道徳学大原論』前後篇 2 冊（1894年），『一年有半』（1901年），『続一年有半』（1901年）などが刊行されている。また1886年（明治19）から翌年にかけて仏学塾から刊行された『仏和辞林』全 5 冊を兆民はていねいに校閲している。

　兆民の新聞論説の傾向は二つに大別される。

　一つは，『東洋自由新聞』『自由新聞（第一次）』の論説であり，二つは，『東雲新聞』以後の諸新聞の論説である。

　『東洋自由新聞』と『自由新聞』に発表された論説は，原則論・理論的な主張が多いのに対し，『東雲新聞』以後は，具体論・政策論を展開しているものが多い。この相違は，前者の時期が近代国家（その内実は国会・憲法）形成過程であるのに対し，後者の時期は明治政府による憲法制定・国会開設など近代国家の諸制度がある程度整備されてきていることにあると考えられる。

（2）憲法・外交の原理はどうあるべきか

　『東洋自由新聞』『自由新聞』の論説から憲法・外交のあり方を論じた二つの論説をみよう。

・「国会問答」（『東洋自由新聞』1881年 4 月 6 ・ 8 ・14・16日）

　この時期，民権派は立憲制樹立を明治政府に要求し，民権各派はその期待する国家構想を憲法案として提示しつつあった。政府側は各参議に立憲制についての意見を求めた。筆頭参議大隈重信は即時国会開設・議院内閣制採用を主張したが，右大臣岩倉具視・参議伊藤博文は井上毅をブレインとしてプロシヤ型の君主制憲法の採用を目論んでいた〔民権派の憲法案は新聞等に発表されたが各参議の意見書は秘密であった〕。

　「国会問答」は，人民主権説の進取子と君権主義の持重子の問答という方法で憲法問題の本質を明らかにしようとした。持重子は，宰相・大臣が憲法を制定し，その憲法で人民の自由権や国会の権限等を制限し，国会には租税審議権のみを与える。そうすれば英仏のように国会が暴走して国体を破壊し人民を誤まらせる危険は生じない。政府は必ずやこの方策をとるであろうと。つまり欽定憲法論であ

る。これに対し進取子は，国家は人民のもので，主権者たる人民の代理である議員が人民のため国家のことを議論する場が国会である。人民の最重要事は憲法を制定することでその憲法で人民の自由権を保証し政府権力を制限すべきであると，民約憲法論を主張する。

・「論外交」（『自由新聞』1882年 8 月12・15・17日）

　兆民の抱く外交の原則論を展開したものである。すでに『東洋自由新聞』で発表予定の論説として「外交平和之説」が挙げられていたが，「論外交」の本旨は平和外交論である。1882年（明治15） 7 月，朝鮮の閔氏政権が実施した軍隊の近代化政策で冷遇された旧式軍隊兵士の不満が爆発し，閔氏政権要人や日本人軍事顧問を殺害，日本公使館を襲撃した。閔氏政権は倒れ大院君が政権を握った。壬午軍乱である。日本・清両軍が出兵，清国は大院君を逮捕し閔氏政権を復活させ反乱を鎮圧した。日本は 8 月30日，朝鮮と済物浦条約を結び，首謀者の処罰，賠償金の支払い，公使館に守備兵を置くなどを取り決めた。日本国内では即時出兵論，強硬外交論，軍備拡張論が一挙に吹き出した。

　『時事新報』の福沢諭吉は即時軍事干渉を主張し，朝鮮の反乱者は乱民激徒で「文明の敵」であるとし，日本は文明の名において乱民を制圧すべきだと強硬論を展開した。民権派の『郵便報知新聞』『東京横浜毎日新聞』の論調はおおむね穏健で武力干渉政策には反対した。『自由新聞』の論調も穏便に処理することを主張した。明治政府の山県有朋らは軍備増強を進めることを主張し，軍事機構を内乱鎮圧の鎮台制から外戦用の師団制へ改編していく（1888年 5 月師団司令部条例制定）。

　「論外交」の主張は明確である。第一は，この頃から積極的になる政府の富国強兵政策への批判である。「富国強兵の二者は天下の最も相容れざる者にして，専ら経済を重んずるときは多く兵を蓄ふるを得ず，専ら武を崇ぶときは多く貨財を殖するを得ず」。第二は平和外交の提起である。軍事力を強化しようとするのは，他国を警戒し，または他国を併呑しようとする弱肉強食的観念に拘束されているため，「隣国交際の道」つまり外交の原則が確立していないからと，次の二点を強調する。

　原則の第一は，人間間の道理を国家間に適用すること，つまり殺人，強盗，詐欺等は個人の行為としては許されないのに国家の行為としては許容かつ賞讃されるというという倒錯を排する。「同一兇悪の行為にして庶人の上において言ふと

きは盗賊の名を免れざるも，邦国の上において言ふときはあるいはこれを称して強国となす，何ぞ論理の相反するの甚きや」と。原則の第二は，道義にもとづく外交を展開することであり，とくに強者が弱者を軽蔑すること，自らを文明国だと奢り弱小国を侮辱することを戒め，同等の立場で接することである。「己れの強盛を恃みて人の微弱なるを軽賤し，己れの文物を誇りて他国の鄙野を侮辱するの悪弊」が「尤も外交において災害を生ずる」のだという。

「論外交」は，日本の採るべき道として，西欧列強のような軍事力による，またそれをバックに他国を侵略・抑圧する強大国への方向ではなく，道義平和に基づく小国独立への道を選ぶべきだと結んでいる。

内においては人民主権に立脚した人民の自主自由権を認める国づくり，外に対しては道義にもとづく平和外交の展開が，兆民の主張であった。

2　兆民の政治活動

（1）民党の連携を目指して

1881年（明治14）10月，いわゆる明治14年の政変で参議大隈重信が追放された直後，板垣退助らは自由党を結党した。翌年4月大隈らは立憲改進党を結党した。兆民は土佐藩出身で，板垣や後藤象二郎にはフランス留学などで恩義を感じていたし，自由党機関紙『自由新聞』にも参加していたのにもかかわらず，自由党には入党していない。改進党にも入党していない。1882年（明治15）秋の板垣・後藤の外遊に関し，その資金の出所をめぐり，改進党は板垣らを批判，『自由新聞』は改進党を攻撃，自由・改進両党の中傷合戦が展開するが，兆民はこれに関与していない。自由・改進両党の対立抗争を明治政府は歓迎した。

民権運動の衰退期，そして自由党員による激化諸事件が継起した時期，兆民は著訳書の執筆に専念していた（本章1の（1）参照）。

兆民が政治活動に登場するのは，1886年（明治19）に始まる大同団結運動である。10月に全国有志大懇親会が浅草井生村楼で開かれるが，その発起人の一人に兆民の名がある。発起人総代星亨の開会主意によれば，4年後の国会開設に備え，民権運動内部の抗争を克服し「小異を捨てて大同を旨」とし団結を謀ることにあった。参会者は旧自由党員が多かったが改進党員も参加していた。民権派を中心とする在野勢力の結集こそが兆民の願いであった。

　当時，明治政府の大きな政治課題は，伊藤博文首相の下で進められていた憲法制定事業と井上馨外相の下で進められていた条約改正交渉である。1887年（明治20）10月には井上毅らは憲法草案を作成していたが，その内容や制定手続きは一切秘密にされ，民権派人士は強い警戒心を抱いていた。条約改正交渉は，領事裁判権・居留地制度の撤廃の代償に外国籍裁判官を任用することなどで欧米各国公使の了解を得ていた。しかし外国人裁判官の任用には，内閣法律顧問ボアソナードが強く反対する意見書を提出，農商務大臣谷干城も反対意見書を提出して辞職した。両者の意見書は秘密出版され，改正案の内容を国民は知ることになり，反対が高まった。井上外相は同年9月辞職した。

　大同団結運動は憲法問題と条約改正問題という明確な目標を持ち，言論集会の自由（憲法への国民の発言）・外交の挽回（条約改正中止）・地租軽減を政府に要求する三大事件建白運動が全国的に盛り上がり，全国各地から建白書が元老院に提出された。

　兆民はこの三大事件建白運動の中枢にあった。11月には長野県各地の有志懇談会に出席し，12月には後藤象二郎の封事（天皇へ提出する意見書）を執筆した。この封事は，「陛下と与に安危を共にする所は内閣に在りと為す乎，将た国民に在りと為す乎，陛下枉げて現内閣を保ちて以て国民の憤怨を買ふ時は，是れ正に危険の計なり」と，天皇に現内閣と国民のいずれを選ぶかと迫っている。

　伊藤内閣は，12月26日保安条例を突如公布施行した。その内容は秘密の結社集会の禁止，屋外の集会・運動（デモ）の禁止，危険人物の皇居から三里以遠への追放などである。追放該当者は，星亨・尾崎行雄（3年），片岡健吉（2年半），中江兆民（2年）ら570名であった。兆民は大阪に退去し，翌1888年（明治21）1月15日創刊の『東雲新聞』主筆となり，政論家として活躍することになる。

（2）憲法点閲と再興自由党

　1889年（明治22）2月11日大日本帝国憲法が発布され，恩赦で兆民は追放解除となった。再び家族と東京に住居を構えるのは同年10月である。

　大同団結派は来るべき国会で多数を制し，憲法とその附属法の改正を請願しようと準備を始めようとしていた矢先，後藤象二郎が黒田清隆内閣の逓信大臣に就任したため，後藤を中心に動いていた大同団結運動は宙に浮いた。後藤入閣は，民間の憲法批判が大きくなるのを警戒した政府の懐柔策であった。以来大同団結

派はいくつかのグループに分裂するが，大隈外相の下で秘密裡に進められていた条約改正案が大審院に外国人裁判官を任用するなど井上案と変らぬことが分かり，大隈は爆弾を投げられ片足を失う重傷を負い，黒田内閣は改正交渉中止を決め退陣した。

　在野諸勢力は国会開設・衆議院議員選挙に向け動き出すが，自由党系と改進党系の対立は埋まらず，自由党系も各派に分裂した。兆民は自由主義政党の樹立を板垣に訴えたが聞き入れられず，板垣は愛国公党を結成する。兆民は板垣と別れ自由党再興派に参加する。

　1890年（明治23）1月自由党が結党し，2月21〜23日議員総会が開かれ，主義・綱領・党議等が審議決定された。その党議第1項に掲げられたのが「国会に於て上請して憲法を点閲する事」であった。すでに兆民は京都の『活眼』紙に「衆議院議員の一大義務」を発表し，衆議院議員の一大義務は「憲法について意見を陳述すること」であり，「国の根幹たる憲法について一言を出すを得ざるにおいては，その国会は真の国会にあらずして行政の一諮詢官たるのみ」と論じていた。この第1項をふくむ8項目（華族令の改正，兵制の改良，議会に弾劾権を与える，警視庁の廃止，枢密院顧問を名誉職とするなど）を警視庁は認可せず，総会で議論することも禁止し，総会当日には立会いの警官8名，会場の周囲を十数名の警官が警邏していた。自由党は明治憲法批判勢力の結集体であり，兆民はその理論的リーダーであった。

（3）「無血虫の陳列場」

　1890年（明治23）7月の第一回総選挙で，兆民は大阪4区の有志に推薦され当選した。4区の定員は2人，選挙人は2041人，記名連記制で，兆民は1352票で第1位，選挙人の66％（投票者の70％）が兆民に投票したことになる。

　総選挙の結果は小党分立の状況であり，旧自由党系三派と九州同志会が合同して立憲自由党を結成した。兆民は改進党の参加に尽力するが，自由・改進両党の対立感情は解消されなかった。立憲自由党130，立憲改進党50，で両党を合わせれば衆議院の過半数に達する（定数300）。

　第一議会の最重要問題は明治24年度予算の審議であった。衆議院の予算委員会は，政府原案9400万円に対し943万円（実際の減額は800万円で地租率を2.5％から2％に引き下げる）の減額を求める査定案を決めたが，その減額の中に官庁の統廃合

や官吏の定員減・減俸が含まれていた。憲法67条は「憲法上ノ大権ニ基ツケル既定ノ歳出及法律ノ結果ニ由リ又ハ法律上政府ノ義務ニ属スル歳出ハ政府ノ同意ナクシテ帝国議会之ヲ廃除シ又ハ削減スルコトヲ得ス」とあり，政府はこの「政府ノ同意」を議会はあらかじめ確認した上で議決すべきだと主張し，兆民ら査定案支持派は予算審議権は人民の信託に基づいており政府の意思とは独立したものだと強調し，まず議会の意思を確定すべきだと主張した。

　山県有朋首相・松方正義蔵相は67条費目の廃除削減には同意できないと言明し衆議院の解散も辞せずとの姿勢を示した。1891年（明治24）2月20日予算案につき議会の確定議の前に政府の同意を求めるとの動議が賛成137，反対108で可決された。立憲自由党議員の一部（いわゆる土佐派）が賛成に廻ったのである。

　翌2月21日，兆民は『立憲自由新聞』に「無血虫の陳列場」を発表し，同日衆議院議員の辞職届を中島信行議長に提出した。

　　衆議院彼れは腰を抜かして尻餅を搗きたり。総理大臣の演説に震慴し解散の風評に畏怖し，両度まで否決したる即ち幽霊ともいふべき動議を大多数にて可決したり。衆議院の予算決議案を以て，予め政府の同意を求めて，乃ち政府の同意を哀求して，その鼻息を伺ふて，しかる後に唯々諾々その命これ聴くこととなれり。議一期の議会にして同一事を三度まで議決して，乃ち竜頭蛇尾の文章を書き前後矛盾の論理を述べ，信を天下後世に失することとなれり。無血虫の陳列場……己みなん，己みなん。

　結局650万円の歳出削減で政府と衆議院多数派の妥協が成立した。査定案の800万円減額とは150万円の差でしかないが，問題は削減額の多少ではなく，国会の予算審議権であり，だれに憲法解釈権があるかであった。

3　兆民が後世に託したこと──『一年有半』

　1901年（明治34）4月，兆民は旅先でのどの痛みを覚え，大阪の耳鼻咽喉専門の医師により，喉頭癌で余命1年半と診断された。9月東京小石川の自宅に帰り，無葬式・解剖を遺言し，12月13日死去した（解剖で食道ガンと判明）。9月「生前の遺稿」として出版されたのが『一年有半』である。兆民の平生の思想や後人に

伝え託したいことが順不同に書かれている。以下にいくつか抜粋しよう。

　わが日本古より今に至るまで哲学なし，哲学なき人民は，何事を為すも深遠の意なくして浅薄を免れず。

　山県〔有朋〕は小黠，松方〔正義〕は至愚，西郷〔従道〕は怯懦，余の元老は筆を汚すに足る者莫し，伊藤〔博文〕以下皆死し去ること一日早ければ，一日国家の益となるべし。

　官とは何ぞや，本これ人民のために設くるものにあらずや，今や乃ち官吏のために設くるものの如し，謬れるの甚しといふべし。
　彼ら元来誰れに頼りて衣食する乎，人民より出る租税に頼るにあらず乎。

　わが国家如何に強きも，隣国如何に弱きも，我れ故なく兵を隣国に加へば如何，外物は竟に理義に勝つこと能はざるなり。
　民権これ至理なり，自由平等これ大義なり。
　百の帝国主義ありといへどもこの理義を減没することは終に得べからず，帝王尊しといへども，この理義を敬重してここに以てその尊を保つを得べし。

◆　参考文献
中江兆民／桑原武夫・島田虔次訳・校注『三酔人経綸問答』岩波文庫，1965年
木下順二・江藤文夫編『中江兆民の世界——「三酔人経綸問答」を読む』筑摩書房，1977年
井田進也『中江兆民のフランス』岩波書店，1987年
宮村治雄『理学者兆民——ある開国経験の思想史』みすず書房，1989年
米原謙『兆民とその時代』昭和堂，1989年
松永昌三編『中江兆民評論集』岩波文庫，1993年
中江兆民／井田進也校注『一年有半・続一年有半』岩波文庫，1995年
『中江兆民全集』全18巻，岩波書店，1983～86年，第2刷・補遺2000～01年
松永昌三『中江兆民評伝』上・下，岩波書店，1993年，岩波現代文庫，2015年

[松永昌三]

第3章　木下尚江・松本英子
——足尾鉱毒事件の解決を目指して

[きのした・なおえ] 明治2年9月8日，信濃国松本（現・長野県松本市）に生まれる。1888年東京専門学校を卒業。帰郷して新聞記者となり，禁酒・廃娼運動に参加。代言人試験に合格し，キリスト教の洗礼を受ける。1899年『毎日新聞』記者となり，足尾鉱毒事件を実地調査して「足尾鉱毒問題」などの論説・記事を掲載し，反響を呼ぶ。その間，社会民主党結成にも加わり，反戦小説執筆でも活躍するが，やがて運動から退いた。1937年11月5日，死去。

[まつもと・えいこ] 1866年3月18日，上総国望陀郡来田村（現・千葉県木更津市）に生まれる。1889年女子高等師範学校を卒業し，華族女学校の雇教師となる。その傍ら，詩の翻訳などに従事。1901年『毎日新聞』記者となり，足尾鉱毒事件を実地調査して「鉱毒地の惨状」を掲載し，反響を呼ぶ。1902年渡米。非戦を訴える詩や随筆などを邦字新聞に発表した。1928年4月23日，サンフランシスコで死去。

　足尾鉱毒事件は，明治時代最大の社会問題として，多くの新聞・雑誌が取りあげ，世論形成に努めたが，なかでも島田三郎が社長をつとめた『毎日新聞』が報道をリードし，多くの知識人の支持を集めた。当時の同紙の代表的記者が，精力的な活動と厳しい政府批判で知られる木下尚江であり，また当時としては珍しい女性の社会派記者で，卓越した筆力をもつ松本英子であった。では二人の生涯を，『毎日新聞』時代の鉱毒報道を中心に見ていこう。

1　新聞記者・教師として

（1）誕生・青年期
　木下尚江は，明治2年（1869）9月8日に信濃国松本天白町（現・松本市北深志）

に，父秀勝と母くみの長男（姉は夭折，妹に伊和子）として生まれた（現在，生家は
「松本市歴史の里」に移築）。木下家は松本藩の下級武士で，秀勝は維新後に北信地
方の巡査となった。1876年（明治9），開智学校に入学。1878年（明治11）春頃か
ら祖母に連れられて近くの宝栄寺での自由民権運動の政談演説会をたびたび傍聴
し，幼くして影響を受けた。

　1881年（明治14）秋，松本中学に入学。1884年（明治17），南信州で自由党の激
化事件の一つである飯田事件が起き，翌年春から夏に松本裁判所で事件の公判が
開かれると，それを傍聴した。また，イギリス清教徒革命のクロムウェルに共鳴
し，法律を学ぶことを決意した。1886年（明治19），上京して東京専門学校（現・
早稲田大学）邦語法律科に学び，スペンサーなどから影響を受けた。

　一方，松本英子は，慶応2年（1866）3月18日，上総国望陀郡来田村（現・千葉
県木更津市）に，父貞樹と母ふさの次女として生まれた。名はゑい，のち英子。
貞樹は農民であったが篤学で，漢学塾「岩井庵」を開いて近傍の子弟を教育し，
英子も幼少期から同塾で学んだ。1874年（明治7）頃，英子は貞樹と上京し，貞
樹がかねて親交があった開明的知識人の津田仙の家に寄宿し，のちに仙の娘の梅
子が米国留学から帰国すると，親交をもった。英子はメソジスト教会派のキリス
ト教教育を行う麻布の女子小学校（現・青山学院の源流）に入学。同校が移転した
築地海岸女学校にも学びつつ，教壇に立ち，英語や聖書の講義を行ったという。
また同派の宣教師ジョン・C・デビソンから賛美歌の翻訳助手の依頼も受け，そ
れは1884（明治17）年に『基督教聖歌集』として刊行された。

　1886年（明治19），東京師範学校女子部（現・お茶の水女子大学の前身）に入学。
同部は当時英語で授業を行っていたため，英語に堪能な英子は，学生兼助教師と
して授業での通訳をつとめ，またシェークスピアの英語劇でも活躍したという。

（2）言論・文筆活動の開始

　木下尚江は，1888年（明治21）7月，東京専門学校を優等で卒業し，帰郷して
降旗元太郎（尚江の松本中学・東京専門学校の先輩）主筆の『信陽日報』記者となっ
た。以後，廃娼運動での演説活動などを精力的に行った。

　1893年（明治26）1月，前年受験の代言人試験に合格し，2月頃，松本の大名
町に木下法律事務所を開設。また同じ頃『信府日報』（『信陽日報』後継紙）記者と
なった。10月，松本でキリスト教の洗礼も受け，平等と非戦とを信条とするよう

になった。1897年（明治30）7月，松本で中村太八郎らと日本初の普通選挙要求
を行った普通期成選挙同盟会を設立し，趣意書「普通選挙ヲ請願スルノ趣意」を
起草して幹事をつとめたが，8月に県会議員選挙の疑獄事件に連座し，起訴され
て東京で入獄したが，翌年12月に無罪となり出獄した。

　尚江は，過去と決別して一人のキリスト教徒として生き直すことを決意し，同
月22日，かつての『信府日報』での同僚で当時『毎日新聞』記者となっていた石
川安次郎（号は半山）の紹介により，入社含みで毎日新聞社長島田三郎を私邸に
訪ねた。当時『毎日新聞』は，東京京橋（現・中央区銀座）に本社を置く全国的な
有力新聞で，それまで尚江が関わった信州の地方新聞とは別格の存在であった。
同紙は，そもそも1870年（明治3）創刊の日本初の日刊新聞『横浜毎日新聞』が，
自由民権期に東京の代表的民権結社であった嚶鳴社の機関紙となって本社を東京
に移して『東京横浜毎日新聞』と改題され，嚶鳴社が立憲改進党結成に参加する
と同党の準機関紙ともなり，その後1886年（明治19）に『毎日新聞』に改題され
た，長い伝統をもつ新聞であった。嚶鳴社・立憲改進党幹部であった島田は，衆
議院議員の傍ら，1894年（明治27）に同紙の経営を引き受けて社長をつとめてい
たが，島田は『横浜毎日新聞』時代に編集長をつとめ，その1874年（明治7）頃
の紙面は，折からの民撰議院設立建白に共鳴してイギリス流の二院制議会論の実
現などを鼓吹していた。『毎日新聞』の紙面も，そうした伝統を受け継ぎ，自由
主義的で反権力的な性格が強かった。しかも島田も，1886年（明治19）にキリス
ト教の洗礼を受けていたから，尚江の再出発には格好の舞台であった。

　島田は尚江に自身のモットーとして，青年問題・婦人問題・労働者問題への取
り組みを挙げて同意を求め，尚江もそれに共感した。

　一方，松本英子は，1890年（明治23），女子高等師範学校（女子部が独立したも
の）を卒業し，9月に華族女学校（学習院の源流）の雇教師となった。1892年（明
治25）12月に退職し，外務省で翻訳に従事する家永豊吉（その後渡米してコロンビ
ア大学で日本史を教授）と結婚し，のちに長男を出産した。翌1893年（明治26）に
はデビソンから『基督教聖歌集』の改訳等の協力を依頼され，1895年（明治28）
に改正増補版を刊行した。またこの頃，ワーズワースなどの抒情詩の翻訳などを
『家庭雑誌』『読売新聞』に発表している。

　同じ1895年，家永家が破産して離婚し，単身松本家に戻り，1898年（明治31）
1月から再び華族女学校の雇教師となって，科目としては英語・家事（内容は

「家事経済」）を担当した。また，1899年（明治32）には同校学監の下田歌子が会長を務める帝国婦人協会の掌事（幹事的役職）も委嘱されるが，1901年（明治34）4月には華族女学校を退職した。

2　足尾鉱毒事件の追及

（1）『毎日新聞』記者となる

　木下尚江は，1899年（明治32）2月，上京して『毎日新聞』に入社した。昨年末の島田三郎との面会で，島田が尚江を認めた結果である。当時同紙には，同年に『日本之下層社会』を刊行する，貧困問題のルポルタージュで知られた横山源之助や，嚶鳴社員として田中正造の『栃木新聞』主筆に一時招かれ，田中から神の如き人格者として崇敬されていた野村本之助らも，記者として在籍していた。

　尚江は初めての署名記事として，3月17日から19日にかけて，5月からオランダのハーグで開催が予定されていた第1回万国平和会議における日本の世界平和への「使命」を説く論説「世界平和に対する日本国民の責任」を紙面に掲げ，以後，本名や「松野翠」の筆名などで，キリスト教徒の社会事業問題，婦人問題・廃娼問題，また星亨の東京市会問題や政党問題など，多方面に健筆を振るった。

　一方，松本英子は，在京の新聞社に女性記者が採用されはじめるなかで，記者への志望を抱き，1901年（明治34）9月頃に『毎日新聞』の記者となった。これは，当時鉱毒問題で島田三郎と関係を深めていた津田仙の紹介ともいわれる。

　英子は，「みどり子」の筆名での署名記事として，同年10月17・18日に，「深遠なる学びの海」「高尚なる思想の山」に歩みつつある女性のルポルタージュ「日本女子大学参観の記」上・下を掲げたのを皮切りに，女性問題の意欲的なルポルタージュ・論説などを相次いで掲載した。11月1・2日には，女性のために社会の「抜本的改良」を主張し，紙面に女性名家「訪問記事」の掲載や「家庭欄」「女性文芸欄」新設などを予告する論説「婦人問題の研究」上・下を掲げた。これは同紙が10月28日から30日まで社告で婦人問題・鉱毒事件などの「大問題」への尽力を宣言したことをうけてのものであったが，紙面刷新は実現しなかった。

（2）『毎日新聞』を舞台とする鉱毒事件報道①──木下尚江の場合

　尚江は1900年（明治33）2月15日，『毎日新聞』特派員として現地調査に赴いた。

これが足尾鉱毒事件との本格的な関わりであった。

　そもそも『毎日新聞』が初めて鉱毒事件を報道したのは，1897年（明治30）1月22日の「足尾鉱毒問題」で，次いで4月13日に社説「足尾銅山鉱毒事件」を掲げ，地方利害の問題ではなく中央の政治問題として俎上にのせた。栃木県選出の衆議院議員であった田中正造が，1891年（明治24）の第二回帝国議会で足尾問題での政府の姿勢をただす質問を行って以来，足尾鉱毒事件は大きな社会問題に発展していたが，田中は自由民権期には栃木在住ながら東京の嚶鳴社に参加し，さらに立憲改進党にも加わった経歴をもち，『毎日新聞』の島田とは長年の政治的盟友であった。そのため，鉱毒事件は同紙の編集局内で平素から討論議題の一つとなっていたという。

　尚江が最初に鉱毒事件に関して執筆したのは，1897年（明治30）2月17日付『毎日新聞』の「木下生」名による「佐野だより（2月15日夜発）」であった。これは，同月13日に起きた被害民の大挙上京（押出し）に関わって群馬県の館林で起きた警官隊との衝突（川俣事件）を契機に，鉱毒事件全体を本格的に取材して報道する旨の予告的な記事であった。これは，事件の翌14日夕刻に，島田社長から「俄かに「足尾鉱毒問題」解釈の重任」が尚江に下命されたためで，同紙の「宿題」が尚江に託されたものであった。島田の尚江への期待は大きく，尚江も，「余はかねてより我が国運の障碍と思ひければ，敢へて之を承諾した」と記しているように，事件を国家的重大事として憂慮していたことが分かる。しかし，島田が属した進歩党・大隈重信の立場からみて，尚江に期待されたのは，鉱業停止をしないままでの解決策の提示であった。

　続いて19日，尚江は「特派員　木下生」名で調査記事「鉱毒飛沫」を現地から送った。「鉱毒飛沫」とは，鉱毒の飛び散るしぶきという意味で，鉱毒の拡散を象徴的に示した題目であった。尚江は，被害地の「惨状の寧ろ伝聞に勝れる」と，被害民の押出しに深い同情を示し，政府が「心胸を開きて人民に臨むの雅量なき」ことを悲しんで，「到底治国の任に堪へざる」と，厳しく批判した。こうした苛烈な政府批判は，尚江のジャーナリストとしての真骨頂であった。

　尚江は20日に足尾銅山鉱業所長の案内で本山坑区域を，翌日は小滝坑・通洞坑を巡回して22日に帰京すると，26日から3月17日まで17回にわたり「視察員　木下尚江」名で本格的な調査見聞の論説「足尾鉱毒問題」を掲載した。このなかで尚江は，政府の鉱毒予防工事命令が銅山で遵守されていないことを指摘するとと

もに，被害地での免訴処分がかえって公民の減少となって「自治制の廃滅」を招いている状況に憤激し，これらが政府の事件への「冷淡」に起因することを強く批判した。そして政府に予防工事命令の徹底，渡良瀬川の浚渫，「被害地恢復組合」の組織化や国庫補助などを「今日の急務」として履行することを求めた。

　論説は世論を喚起し，足尾に注目が集まった。3月2日には，記事に感激したという田中正造が同社に尚江を訪ね，尚江と正造の親交も始められた。しかし尚江は，正造が指導した鉱業停止を目指す運動とは，最期まで一線を画した。

　さて同論説は，より客観的な内容に修正・加筆され，6月に毎日新聞社から，「陛下の赤子」である被害民を苦しめ，憲法を侮辱する政府の姿勢を否とする島田の序文を付して刊行され，一層の世論喚起の役割を果たした。尚江は同紙の「宿題」を果たしたわけで，それ以上に同書はジャーナリストとしての尚江の代表作，また鉱毒事件報道の代表作の一つともなった。尚江は緒言で，惨状は「人為の結果」であると銅山・政府・栃木県による人災としての性格を明確にし，事件解決を放棄するなら「立憲国の実」や「文明社会の効」は何処にあるのかと，政府の対応の不備を鋭く批判し，「国家当然の職分」の履行を求めた。

　当時尚江は，従来からの廃娼問題・普通選挙問題などに新たに社会主義の実現問題を加えた論説・記事を『毎日新聞』ほかに執筆し，演説活動も展開していたが，鉱毒事件報道では『毎日新聞』が主戦場であった。

　10月30日には無署名で「足尾鉱毒の新問題（松木村民の嘆願）」，11月15日にも同じく無署名で「足尾鉱毒事件の内情（松木村民の新事実）」を掲げて新たに煙害を取りあげ，政府の調査を求めるとともに，地方官吏と銅山との癒着を批判した。

　翌1901年（明治34）に入ると，尚江は4月に内村鑑三と被害地を視察し，夏には兵庫県の三菱製紙の流毒問題を調査・報道した。秋には松本英子が入社して同僚となったから，英子と鉱毒事件についての意見交換等を行ったり，私的な交流などもあったと思われるが，残念ながらエピソード等は残されていない。

　さらに11月には鉱毒有志調査会の演説会で，被害民代理として惨状を訴え，また基督教婦人矯風会による救助演説会を手始めに，各種の救済演説会に翌年1月にかけて精力的に登壇した。その間12月4日には，女性運動家の支援のために，無署名で「公心に訴ふ」を掲げ，「慈善に富める婦人社会の良心」の目覚めにならって，「紳士淑女」に「鉱毒地の同胞を救済するの義務」があることを訴えた。

　12月，田中正造の直訴事件が起きて世論が沸起すると，青年層の関心も高まり，

27日には東京専門学校・明治法律学校（現・明治大学）などの学生有志の被害地視察の監督もつとめた。当時学生が盛んに行った道路上での演説が禁止されたことに対して、翌1902年（明治35）1月14日には、無署名で「学生の路傍演説　警視庁は許し　警察署は禁ず」を掲げ、禁止は「学問社会の大汚辱」と批判し、次いで帝国大学生の視察が禁止されたことに対しても、2月28日に無署名で「大学生の鉱毒地視察禁ぜらる」を掲げ、「恥づべき文部省の干渉」であると批判した。

また正造の直訴については、1月15日の『六合雑誌』第253号に無署名で「社会悔悟の色」を掲げ、理解を示しつつも、「最期の判定を帝王に要求するは是れ旧式の尊王心」である、との否定的意見も表明している点は注目される。尚江は、天皇も憲法内の存在であり、国民はそこから逸脱した役割を天皇に求めるべきではない、と考えていたからである。さらに同月、潮田らと被害民への食糧・衣料の救援物資を被害地に届け、2月には潮田と鉱毒救済の関西遊説も行った。

また栃木県知事が被害民からの納租猶予の請願を政府の命令であるとして却下したことに対し、5月24日には無署名で「政府命令の詐称（栃木県知事の非行）」を掲げ、「不法の行為」への政府の対応を求めた。そして12月23日、尚江にとって鉱毒事件に関する最期の記事となる「明治政府の悪虐」を無署名で掲げ、川俣事件被告の被告の保釈取り消しについて、「明治政府の卑劣悪虐」を訴えた。

この間、尚江は1900年（明治33）に安部磯雄らの社会主義協会に参加し、翌年には、安部・片山潜らと日本初の社会主義政党である社会民主党を結成している。尚江の主たる関心は、次第に社会主義の実現による国家体制の変革というテーマに移っていった。また島田三郎の考えを反映した『毎日新聞』の主たる論調が、1901年（明治34）末から、尚江の主張とは異なる鉱業停止の強硬論へと変化していったことも、尚江を鉱毒問題から遠ざける要因となったと考えられる。

（3）『毎日新聞』を舞台とする鉱毒事件報道②　松本英子の場合

英子の『毎日新聞』入社当時、鉱毒救済に尽力する女性団体として日本基督教婦人矯風会があったが、これは島田三郎を最大の支援者とする組織でもあった。1901年（明治34）11月16日、島田らの呼びかけで、同会頭矢島楫子・副会頭潮田千勢子を招き、島田夫人の信子や木下尚江夫人の操子、そして記者の英子らが、栃木県下都賀郡谷中村・群馬県邑楽郡海老瀬村の被害状況を視察した。

英子はこの体験をもとに、同月26日、「みどり子」の筆名で36連の歌「足尾の

毒流」を掲げ，「山野は荒れて一面の　砂漠と変はる間田の里……」と唱った。

　視察を踏まえ，12月6日に，矯風会内に被害地の窮乏の救助を目的に鉱毒地救済婦人会が設けられると，会長には潮田が就き，英子も発起人の一人となった。英子は11月の視察についてのルポルタージュを，11月22日から翌1902年（明治35）3月23日まで，59回（第17回が2回あるため，実質60回）の長期にわたり，みどり子の名で「鉱毒地の惨状」と題して『毎日新聞』に連載した。惨状を視覚に訴えるために，井上与十庵による被害民の家や肖像などの写実的な挿絵入りで三面に掲載された。

　このなかで英子は，被害地域には「鳥の声もきかぬ虫の声もきかぬ魚も見ぬ」という細やかな観察から始め，村名・字名と被害民の名前・年齢までをも逐一挙げて，女性・老人・子供たち弱者の「眼病とか胃病とか」様々な健康悪化や，死者・失明者の続出を伝え，被害民は冬にもかかわらず単衣一枚で，芋がらを塩で煮て食べる食事しかないような，餓死寸前に追い詰められた凄惨な貧窮生活を，深い同情を込めつつ，圧巻とも言える筆力で縦横に描き出した。また被害民の方言の口調での訴えもそのまま書き留めた。それにより，英子は同ルポルタージュを，圧倒的なリアリティーをもつ被害記録たらしめると同時に，被害民の貴重な肉声での歴史証言たらしめた，と高く評価できる。そして，「明治の聖代」であるにもかかわらず「泣いても悶へても構つて呉れる御上がない」，という住民の声を引いて，「尤もの事」と賛同を示すなど，政府のみならず天皇の責任までをも仄めかすというところまで大胆に筆を進めたことは，この時期に類がない根本的批判として注目される。

　このルポルタージュは，第1回から第32回までを再構成し，4月に尚江の無署名の序文や潮田の「鉱毒地救済婦人会の来歴」等を付し，教文館から松本英子編『鉱毒地の惨状』第壱篇として刊行され，世論を喚起した。同書は英子のジャーナリストとしての，また尚江の『足尾鉱毒問題』とともに，鉱毒事件報道の代表作の一つともなった。英子の序文は，「政治の過誤と社会の怠慢」を厳しく批判し，「何ぞ速に三十万無告の同胞を渡良瀬河畔の死地に救はざる」という悲壮な叫びで結ばれている。第壱篇とあるように，続編を出す意志があったと思われるが，残念ながら未刊に終わった。

　英子は翌1902年（明治35）1月3日には，みどり子の名で，銅山の「営業中止の号外」が出た初夢を語った「渡良瀬の初夢」を掲げ，同月，都下学生の被害地

視察の一環としての明治女学校生徒等の視察の斡旋を行い，また同月17日には，鉱毒問題への積極的取り組みを求めた「貴衆両院議員諸君に激す」を起草して鉱毒地救済婦人会の名で『毎日新聞』に掲げたが，この激文が問題となって，2月3日に会長の潮田と共に京橋警察に召喚された。2月1日には，みどり子の名で，鉱毒事件に関する英子の最後の記事となる古河へ視察・援助に向う「女性同志」にふれた「汽車中より」を掲げ，また救済婦人会の一員として，田中正造らに案内され被害民に食糧・衣類を届けた。しかし，それ以後は目立った活動がなくなり，同年秋，突然毎日新聞社を退社し，10月11日に渡米の途についた。理由は定かではないが，かねて津田梅子の米国留学に強い憧れがあったことや，世論喚起や救済活動だけでは鉱毒事件の根本的解決は難しいという失望感が強くなったこと，また鉱毒救済の運動家であった左部彦次郎との恋愛問題が指摘されている。

3　社会主義者・小説家，在米文筆家として

　木下尚江は，1903年（明治36）に入ると，東京や大阪での社会主義演説会に盛んに登壇し，日露開戦の危機が高まると，堺利彦・安部磯雄・片山潜・幸徳秋水らと非戦を唱えた。

　翌1904年（明治37）には，キリスト教社会主義者で非戦運動に従事する主人公を描いた小説「火の柱」を1月から3月にかけて『毎日新聞』に連載（5月刊行）し，また天皇制への懐疑的人物を主人公とした小説「良人の自白」を8月から11月に同紙に連載（12月刊行）して評判をとり，小説家としての地位も固めた。やがて社会主義運動への疑念が高まり，1906年（明治39）5月の母の死を契機に運動から退いて，6月末頃『毎日新聞』を退社した。のちに静坐法の岡田虎二郎の門に入り，求道の生活を送った。1921年（大正10）に『田中正造翁』，1928年（昭和3）に『田中正造之生涯』，1934年（昭和9）に『神人間自由』を刊行。晩年は「島田三郎伝」の執筆を行い（未完），再び運動に戻る希望もあったが，1937年（昭和12）11月5日に癌のため死去した。

　一方，米国での松本英子は，シカゴなどを経て，セントルイスにて日本女性や日本文化について講演して好評を博し，サンフランシスコに移って，1906年（明治39）に同地で日系人のための保険代理店などを営む永井元と結婚した。永井は群馬県出身で，同県の廃娼運動に携わり，渡米後はサンフランシスコで在米の自

由民権家による愛国同盟会に加入して，機関紙『第十九世紀』発行に携わり，ま
た邦字新聞『金門日報』を創刊して，女性参政権を主張したこともあった。

　英子はその後，スタンフォード大学等に学び，1908年（明治41）頃から，死の
直前まで，『新世界』『桑港新聞』などの邦字新聞に多彩な詩文などを多数発表し
た。なかでも，第一次世界大戦で戦争の悲惨さを痛感し，非戦の詩や「非戦主
義」と題した随筆を，日本人移民が多かったカリフォルニア州オークランドの
『在米婦人新報』に1918年（大正7）から1928年（昭和3）にかけて寄稿し，同紙
主筆も一時務めたというが，1928年（昭和3）4月23日にサンフランシスコで癌
のため死去した。なお，日本・在米時代の詩文は翌年，鉱毒事件の被害民として
かつて英子と親交があった当時サンフランシスコ在住の長島与八の序文を付し，
英子の日記や伝記なども含め非売品の永井元編『永井ゑい子詩文』として日本で
刊行された。

◆　参考文献

女子学習院編『女子学習院五十年史』女子学習院，1935年

松本英子編輯『鉱毒地の惨状』第1編，明治文化資料叢書刊行会編『明治文化資料叢書』第
　　6巻・社会問題編，風間書房，1961年

山極圭司編『明治文学全集45　木下尚江集』筑摩書房，1965年

府馬清『松本英子の生涯』昭和図書出版，1981年

井出文子「足尾鉱毒問題と女性」『田中正造とその時代』第3号，青山館，1982年10月

江刺昭子『女のくせに──草分けの女性新聞記者たち』文化出版局，1985年

みどり子「鉱毒地の惨情」全翻刻，『田中正造の世界』第5号，谷中村出版社，1986年5月

山本武利『公害報道の原点──田中正造と世論形成』御茶の水書房，1986年

山極圭司ほか編『木下尚江全集』第1～20巻，教文館，1990～2003年

永井元編『永井ゑい子詩文──伝記・永井ゑい子』大空社，1995年

清水靖久『野生の信徒木下尚江』九州大学出版会，2002年

松本市歴史の里編『木下尚江は終わらない──民主主義と非暴力を伝えて』木下尚江生誕
　　140年記念特別展図録，2009年

　　　　　　　　　　　　　　　　　　　　　　　　　　　　　　　［福井　　淳］

第4章　宮武外骨
―――古来無類の筆禍者

［みやたけ・がいこつ］慶応3年1月18日，讃岐国小野村
（現・香川県綾南町）に生まれる。幼名亀四郎。1887年
『頓智協会雑誌』創刊。1889年，発行禁止，重禁錮3年の
処分を受ける。1901年『滑稽新聞』創刊。再び上京。吉野
作造，中田薫らと出会う。1924年明治文化研究会設立に参
加。1926年東京帝国大学法学部明治新聞雑誌文庫嘱託，そ
の後事務主任となり，全国を歩いて明治期の新聞雑誌を収
集する。1955年7月28日逝去，満88歳。

　操觚者をもって自任していた外骨。操觚者とはジャーナリストのことである。
数多くの新聞，雑誌，著作を世に送り出したかれは，官権の忌避にあうこと多く，
入獄4回，罰金刑15回，発行停止，発売禁止処分は14回にのぼった。あげく先人
たちの苦闘の足跡をたどった『筆禍史』（雅俗文庫，1911年）という書物を著した。
永井荷風は本書を「事跡を考証叙述して余すなし」と評した（『荷風随筆集』下，
岩波文庫，1986年）。荷風もまた筆禍者の一人だったのである。

1　讃岐の凹凸亭

　かれが生まれたのは讃岐国小野村（現・香川県綾南町）。家は庄屋を務め，小作
米50石という大地主だった。村には高松・金毘羅街道が通っており，城下町とに
ぎやかな門前町をつなぐ，外界に開かれた農村であった。家族は両親と6人の兄
姉妹である。戊辰戦争の1年前に生まれたかれは，以後，明治の社会とともに歳
を重ねることになる。

（1）地主の四男坊
　この四男坊，まず地元の小学校に通った。学制下の小学校教育を受けたわけで
ある。その後は，自宅で兄とともに家庭教師について『大学』を学んだという。
近世後期には，豪農，豪商たちが漢学を身につけはじめていた。さらに高松に出

て，栄義塾で四書五経を学ぶことになる。この塾は高松藩三大儒者の一人といわれる三野弥平が開いたもの。時に1878年（明治11）。小学校卒業後に漢学塾に入るなど，さすがに裕福な家庭である。裕福といえば，こんな逸話がある。かれは当時まだ珍しかった自転車に乗っている人を見て，矢も盾もたまらずに欲しくなってしまった。そこで母親から300円という大金を引き出す。しかし東京や横浜はおろか大阪にも商品がなく，神戸のダラム商会でようやく「古式の三輪車」を探し当てた。大枚192円を払って手に入れた自転車，これを高松や坂出で乗り回すと，風の噂が故郷に届き，親戚筋から「日本一の大馬鹿者」だと叱られたという。母親は甘いのである。何かというと金をせびる亀四郎に，父親に隠れて小遣いを渡す。これも経済的に余裕があればこその親心であろう。

（2）『団団珍聞』との出会い

　かれが栄義塾で過ごしていたのは，各地で新聞や雑誌という新しいメディアが叢生していた時期である。塾生仲間が夢中になったのは，『団団珍聞』や『驥尾団子』という滑稽雑誌だった。戯文に狂詩，狂歌，川柳，カリカチュアでもって政治や社会を洒落のめす雑誌である。いわば江戸の俗文化を受け継ぎながら，そこに明治というエッセンスをふりかけたメディアだった。しかもこれらの雑誌は，読者の投稿を受け付けてくれる。自分が書いた作品が活字になるのだ。当初は読者としてこれらの雑誌に親しんでいた亀四郎だが，とうとう『驥尾団子』第140号〜第142号（明治14年7月6日〜20日）に，磊々子のペンネームで「方今府県新聞一覧」が掲載された。以後，同誌や『団団珍聞』に凹凸亭飄々などの名で狂詩，狂歌，狂句にどどいつなどをせっせと投稿するのである。現在でいえば中学生か高校生の年齢である。ちなみに『団団珍聞』も『驥尾団子』も，東京神田の団団社から発行されたが，その政府や時の権力者に対する姿勢から，たびたび発行禁止などの処分を受けた。一般には改進党系の雑誌と受け止められている。しかしかれは地元の官権新聞『南海日報』にも投稿している。10代の亀四郎は，党派性よりも投稿家として活躍できる舞台を求めていたのだろう。

2　操觚者としての出発

　亀四郎は1881年（明治14），友人とともに上京する。自由民権運動がもっとも燃

え盛っていた時期であり，多くの若者が文明開化の新しい社会で立身出世するべく，東京の塾や学校へと進んでいた時期でもある。

（1）東京へ

　父親を説得するのにはちと問題があった。なぜならこの父親，四男坊に分家させようと考えていたのだった。そこで両者が歩み寄ったのが，立身出世のコースに乗る英学ではなく，地主としての教養を身につける漢学ならば OK という折衷案だった。亀四郎は本郷元町の進文学舎橘香塾に進むことになる。かれが受け取っていた仕送りは毎月 5 円。その 5 円で馬場辰猪などの政談演説会に出かけたり，『朝野新聞』『近事評論』『東京新誌』などを購読した。しかも読み終えた新聞雑誌は火のしをかけて保存したというから，すっかり立派な新聞雑誌フリークである。

（2）『頓智協会雑誌』と不敬事件

　亀四郎が戸籍名を外骨と改めたのは17歳。中国古代の辞書『玉篇』に「亀外骨内肉者也」とあるからだと記しているが，ちょっぴり怪しい。『玉篇』はたしかに日本に招来し，室町以降『和（倭）玉篇』が流布したが，奈良女子大学所蔵の川瀬一馬旧蔵書にも，早稲田大学図書館所蔵本にもそのような記述は見当たらない。もっともらしい典拠を持ち出して家族や読者を煙に巻いているのだろうか。その頃，次兄南海は京橋区宗十郎町で，東京学館という国語・漢文・算術・簿記を教える学校を開いていた。上京できない地方の書生のための通信教育の学校である。外骨は兄の仕事を手伝いながら，操觚者としての第一歩をあゆみはじめた。生涯初の出版物は『孰姉乎妹』（1885年 4 月）。そのほかにも大新聞のパロディ『屁茶無苦新聞』（1886年 4 月）を出し，はやくも風俗壊乱で発行禁止処分を受けている。

　外骨初のヒット作が『頓智協会雑誌』（1887年 4 月〜89年 2 月，全28号）である。値段は 1 冊10銭。当時の『団団珍聞』（週刊）が 6 銭，『女学雑誌』（週刊）が 5 銭，『国民之友』（月刊）が 8 銭の時代である。とびぬけて高価な雑誌だ。しかも外骨に言わせると，元値は 1 冊 2 銭 5 厘，卸値が 7 銭というから 1 冊あたり元値の倍以上の利ザヤが稼げたわけである。なおかつ創刊号の印刷製本料は讃岐の母親からの仕送り25円を充てたという。乳母日傘の出版業である。なお『警視庁事務年

不敬罪の因となった「頓智研法発布式」図（『頓智協会雑誌』第28号）

表』によると，本誌の総部数は1887年（明治20）が2万3643部，21年が5万5098部，1889年（明治22）が3665部となっている。

　本誌はサポーターともいうべき会員制度を設けていた。『団団珍聞』や『朝野新聞』関係者をはじめ，明治の戯作者仮名垣魯文，噺家の三遊亭圓朝や快楽亭ブラックなど，いまを時めく人びとに名前を借り，北海道から鹿児島まで数多くの一般会員を集めることに成功した。会員の職業を見ると学生ばかりでなく，役人，教員，銀行員，農業，商人と，ヴァラエティーに富んでいる。ちなみに第2号には「改良寄席ノ事ニ付広告」があり，第6号頃より，三遊亭圓朝講述の頓智談を連載すると予告している。しかしこれは実現しなかった。外骨は，演芸改良を標榜した圓朝を取り込もうとしたに違いない。

　本誌が創刊された明治20年前後は，いわば「改良」ブームの真っさかりであり，江戸の俗文化がことごとく否定されようとしていた時期であった。「改良」ということでいうならば，坪内逍遥が春の家おぼろの名で2回にわたって「頓伝」という文章を寄稿している。当時すでに『小説神髄』『当世書生気質』で売り出している有名作家である。逍遥と親しかった土子金四郎（洒落の門主人）も自著の広告や数編の文章を寄せている。逍遥も洒落の門主人も同様に語っているのは，滑稽や頓智といった江戸の俗趣味からイギリス流のユーモアに転換すべきだということである。

　これほど順調に進んでいた本誌がつまずいたのは，1889年（明治22）2月11日発布の大日本帝国憲法を揶揄した記事「研法発布の囈語」「大日本頓智研法」と図版「研法下賜図」（2月28日付第28号）である。憲法発布という国家的イベントに，国民はなんのことやら理解できないまま浮かれ，東京では数多くの錦絵が出版されるお祭り騒ぎとなった。本誌の画工安達吟光も松斎吟光の名で数点の錦絵をものしている。「研法下賜図」では，天皇が国民に与える欽定憲法を，なんと骸骨＝ガイコツが下賜しているのである。3月4日に発行停止処分を受け，10月

25日に現在の最高裁判所にあたる大審院で，画工の吟光や印刷人とともに外骨も有罪判決を受けた。三者の刑は異なるが，外骨は刑法第117条不敬罪により重禁錮 3 年，罰金100円，監視 1 年という処分であった。石川島の監獄では特別に国事犯扱いを受け，その間，兄南海が代替雑誌を発行し，論理学や心理学，哲学書など多様な書物を差し入れしてくれた。後年，この体験を振り返って外骨はこう語っている。入獄しなければ「穏健な諷刺ジャーナリスト」で終わっていたかもしれないが，経験したことによって以後，専断横恣の藩閥官僚政治，悪辣な資本家に仮借なき筆誅を加えることになった，と。

3　社会主義と浮世絵

　出獄後，外骨のツキはどこかへ消えてしまった。春陽堂から出した著書はどうやら版を重ねたが，出す雑誌はことごとく売れず，借金は積もり積もって4000円。あれほど甘かった母親も，不敬罪を犯した四男坊にはさすがに手を差し伸べてくれない。入獄中にあれこれ世話を焼いてくれた兄南海とも袂を分かってしまった。乳母日傘から孤立無援へと一転したわけである。借金取りから逃れるため，外骨は植民地となったばかりの台湾へ逃げる。養鶏業で一儲けしようという魂胆であった。しかし肉体労働をしたことのないかれには無理な相談だ。とうとう台湾からも逃げ出す羽目となり，行き着いたのが大阪，時に1900年（明治33）。

（1）『滑稽新聞』の成功

　この地で外骨は，『大阪新報』の広告取り，校正などの仕事にありついた。当時，大阪新報社には旧知の記者が在籍しており，そのつてを頼ってのことであろう。ここから外骨は復活する。翌年 1 月，外骨は生涯二度目の大ヒット『滑稽新聞』の創刊にこぎつけた。当時，世間は「迷子の迷子の滑稽雑誌ヤアーエ」というほど，滑稽雑誌に見向きもしなくなっていた。唯一残っていたのが，老舗の『団団珍聞』である。そんな時代にかれは，あえて滑稽と銘打って勝負に出たのだ。新聞とは名乗っているが，その実，A4版，20頁，月 2 回刊の雑誌である。編集方針は「威武に屈せず富貴に淫せずユスリもやらずハッタリもせず」「天下独特の痼癖を経とし色気を緯とす」「過激にして愛嬌あり」と，ジャーナリズム批判，インチキ商法批判，政治家・官僚批判から宗教者批判，文学者批判にまで

及ぶ。そうして色気もたっぷりという具合である。歯に衣着せぬその筆鋒に，溜飲を下げ，拍手喝采する読者は多かった。その分，筆禍事件をたびたび引き起こすこととなった。裁判闘争に関係して，大阪の弁護士との交際が深まった。創刊から7年後には，毎月7万部ないし6万5000部印刷したという。統計書が残っていないため実際のところはわからないが，外骨が営業に力を入れたのには間違いない。西日本を中心に鉄道や港湾の販売網を整備し，駅では呼び売りのシステムを取り入れた。書店で購入する読者だけでなく，暇つぶしに読もうという乗客までもターゲットにしたのである。ただ雑誌の面白みという点では明治10年代の『団団珍聞』をはじめとする滑稽雑誌に軍配があがるのではないだろうか。要するに，判じ絵もなぞかけも特別な知識は必要なく，100年後の私たちにも理解できるのである。そうでなければ毎月7万部などという数字がはじき出されることはない，と思うのだが。

（2）社会主義への接近

　そんななか外骨は森近運平という男と出会った。森近は岡山生まれの社会主義者である。外骨ははじめ社会主義を毛嫌いしていた。しかしかれは森近のためにひと肌もふた肌も脱いだ。まず周囲の弁護士，教育者，新聞記者を集めて，大阪に社会主義研究会を設立する。『活殺』という社会主義を宣伝する雑誌を創刊し，森近に編集させる。もっともこの雑誌は即廃刊である。その代償として，翌月には『大阪平民新聞』を創刊する。1907年（明治40）のことである。編集担当はもちろん森近。外骨は本誌創刊のため5000円を出資する。このことでかれは内務省から特別要視察人乙号に指定された。さらに森近に『滑稽新聞』の巻頭言を9ヶ月にわたって担当させた。外骨は社会主義者ではなかった。しかし思想，言論の自由のない社会にあって，圧倒的な少数意見を持つ男に肩入れしたのである。悔やまれるのは，大逆事件という政府のフレームアップから森近を救ってやることができなかったことである。

（3）江戸文化への開眼

　社会主義に肩入れする一方，外骨は大阪で浮世絵と出会った。しかも『滑稽新聞』のヒットで経済的にも余裕があった。10万円の資金で浮世絵を収集し，自宅に開設した雅俗文庫から菱川師宣，奥村政信，西川祐信作品の復刻版『浮世絵

鑑』三部作を300部限定で出版した。といっても現代のように写真製版ではなく，当時，細々と営業していた専門の彫師，刷師を集め，紙も越前であつらえた豪華版である。そうして日本初といわれる浮世絵専門誌『此花』を創刊したのは1910年（明治43）1月。誌名にちなんで号数も第一枝，第二枝と称する凝りようである。執筆陣には江戸文化に精通した渡辺霞亭や朝倉無声，南方熊楠などを擁した。文明開化の時流に影響を受けて育った外骨。かれは明治も終わろうとする頃，江戸文化に開眼したのである。

4　20世紀の外骨

　しかし浮世絵復刻版は新たな借金を生み出してしまった。損失は数千円。新たに創刊した日刊新聞や雑誌もうまくいかない。こんどは借金から逃れるために大阪を離れ，東京に戻ることになった。

（1）暴徒はどちらか

　第一次世界大戦で焼け太りした日本経済を背景に，東京の街は繁栄を謳歌していた。関東大震災はそんな街を揺らし，大火で焼き尽くしてしまった。在京新聞社のうち，火災を免れたのは『東京日日新聞』『報知新聞』『都新聞』の3紙だけだった。当日，号外を出すことができたのは『東京日日新聞』のみ。『東京朝日新聞』が刊行を再開させるのは9月11日の朝刊である。『都新聞』は9月14日から竹久夢二のスケッチと文による「東京災難画信」（〜10月4日）をスタートさせた。震災に関する初のルポルタージュである。操觚者外骨は9月25日『震災画報』第1冊を創刊した。いずれも被害の状況を詳しく伝えている。そればかりでなく，朝鮮人が暴動を起こすという流言を受けて，関東各地で作られた自警団についても記録していた。なかでも『震災画報』では，朝鮮人が井戸に毒薬を投げ入れる，変装して爆裂弾を隠し持っているという噂はすべて流言浮説でとるに足らないと切り捨て，流言を信じて朝鮮人を虐殺した日本人こそ暴徒であり，「実に気の毒至極な事で，軽信誤認の大罪悪」と同胞を厳しく断罪したのだ。しかもかかる流言，事件の背景には，官僚の朝鮮統治政策の誤りがあると指摘する。またこの虐殺事件以後，被災地ではこどもたちの間に「自警団ごっこ」が流行ったが，朝鮮人の役になることを嫌がるこどもがいることを伝えた。夢二もこれを取

「日比谷交叉点の惨状」
この絵葉書は博多の TAKATAKOSEIKWAN が印刷，被災地から遠く離
れた九州でも発売された。

り上げ，弱い者いじめにほかならないと難じている。

　またこの震災では焼け跡や被災者を写した写真版の絵葉書が大量に出版された。
圧倒的な情報不足のため安否確認の手段に用いられたものであろう。外骨による
と，９月10日過ぎから20日頃までは８枚１組の裁断していないものが何百種と出
されたという。しかもはじめは実費３銭くらいのものが20銭で売られていたが，
次第に15銭，10銭と値崩れを起こし，しまいには東京では売れなくなったという。

　外骨の『震災画報』は翌年１月25日発行の第６冊まで続き，２月には合本が２
円20銭で売り出された。

（2）明治文化

　震災の翌年，外骨は還暦間近にして宮仕えの身となった。その勤め先は，なん
と東京帝国大学法学部である。不敬事件や風俗壊乱，社会主義者への支援で警察
に目をつけられていた在野の操觚者が，嘱託とはいえ，中央官僚を輩出する東京
帝大に雇われたのだ。世間は驚いた。とはいえ声をかけてくれたのは日本法制史
研究の中田薫であり，仕事の内容は，週２回，古文書の読解を若い研究者に手ほ
どきするというものであった。

　中田薫を外骨に紹介したのは，大正デモクラシーの理論的指導者吉野作造。中
田といい吉野といい，大正期の外骨は，それまで関係を持たなかった学者たちと

の交際がはじまった。そのなかから明治文化研究会が生まれ，その成果として『明治文化全集』全24巻（日本評論社，1927〜30年）が刊行された。本書は，戦後の明治時代史研究の基礎を築いた資料集である。

　そしてもう一つ，数多くの近代史研究者が恩恵をこうむったのが明治新聞雑誌文庫（1926年設立決定）。この施設は，外骨と親交のあった広告代理店博報堂の創業者瀬木博尚が15万円を寄付して，法学部に設置された。なぜ法学部だったのか。当時の中央図書館長姉崎正治が，新聞，雑誌の研究は学問として適当ではなく，資料的価値に疑問があると渋ったのだといわれている。戦後の近代史研究，現今のメディア史研究からみると，隔世の感あり，である。

　開設当初の文庫には，すでに外骨が収集していた新聞，雑誌，書籍を東京日日新聞社社長本山彦一が，吉野作造旧蔵の雑誌を瀬木が買い取って納められた。現在でも同文庫の新聞や雑誌に，瀬木博尚旧蔵，本山彦一旧蔵のラベルを見ることができる。その後も外骨は，地方都市の旧家や古書店をめぐって資料収集を続けた。その模様は『公私月報』（1930〜40年）でうかがうことができる。

（3）操觚者の意地

　敗戦の翌年５月，外骨は２冊の書物を出版する。１冊は自身の蔵六文庫から出した『アメリカ様』，もう１冊は龍吟社から出た外骨編の『幸徳一派大逆事件顛末』である。

　連合軍最高司令官マッカーサーが厚木基地に進駐して約２ヶ月後，『朝日新聞』（東京版，1945年10月24日付第２面）はこんな記事を載せている。連日，マッカーサー宛ての意見書が総司令部に届いているが，その内訳は軍閥打倒と連合軍の政策一般への賛意が半数以上を占めているという。また翌年の正月映画として公開された斎藤寅次郎監督の『東京五人男』も，GHQのもとでの民主主義教育という役割を担っていた。エンケツ　アナヤコのドタバタさえも，観客は久しぶりのアメリカンコメディに解放感を覚えたことだろう。そんな進駐軍への期待が高まり，マッカーサー万歳という状況のもと，外骨は『アメリカ様』を出したのである。序文で「開闢以来，初めて言論の自由，何と云ふ仕合せ」と書きながら，本文では「マックアサー元帥が我が国に押込んで来た」といい，「南無アメリカ様」とおちょくっているのである。しかも本書は「言論の自由」を与えてくれるはずの連合軍によって検閲を受け，記事を差し替えざるを得なくなった。『アメリカ様』

というタイトル，余人ならばともかく，外骨が書くと，なんともうさんくさい。発行禁止にならなかったのは，検閲官が微妙なニュアンスを受け止めることができなかったのか，はたまた太っ腹だったのか。

『幸徳一派大逆事件顛末』は『明治社会主義文献叢書』第1期第4巻として刊行された。幸徳秋水はあの森近運平の師匠筋にあたる。外骨は，東京や大阪の新聞16紙によって，大逆事件の真相に迫った。だがこの書物は従来，外骨研究においても，社会主義研究においてもあまり注目されてこなかった。たしかに新聞記事だけでは史料的に不足もあろう。しかしこの書物はかれが森近の名誉回復をはかり，国家権力から守りきれなかった無念をはらそうとした仕事だったのではないだろうか。

能天気な操舵者志望だった青年は，筆禍というかたちで60年にわたって時の権力と対峙し続けることになった。色気と滑稽のセンスはそのままに。

◆　参考文献

木本至『評伝宮武外骨』社会思想社，1984年
谷沢永一・吉野孝雄編『宮武外骨著作集』全8巻，河出書房新社，1985〜92年
浅岡邦雄「宮武外骨著『アメリカ様』の検閲削除」『日本古書通信』第54巻第5号，1989年
　　7月
吉野孝雄編『新編・予は危険人物なり――宮武外骨自叙伝』筑摩書房，1992年
　　――――監修『宮武外骨此中にあり』全26巻，ゆまに書房，1993〜95年

［福井純子］

第 5 章　　三宅雪嶺

——「敵なき記者」として三代の論壇を闊歩

［みやけ・せつれい］万延元年 5 月19日，加賀国金沢（現・石川県金沢市）に同藩陪臣で医師の三男として生まれる。本名雄二郎。1883年東京大学文学部を卒業後，1888年には志賀重昂らと政教社を結成して雑誌『日本人』を発行，以後1923年まで『日本及日本人』に一貫して筆を執り，ついで『我観』『東大陸』に毎号論説等を発表した。1945年11月26日没，85歳。数十冊に及ぶ著書のなかには，自伝のほか『同時代史』全 6 巻がある。

1　「因循なる加賀藩」から東京大学へ

（1）家系と修学

　三宅雪嶺は，桜田門外の変が起きた万延元年（1860）の 5 月19日（太陽暦では 7 月 7 日。自らは 7 月 1 日を誕生日とした），金沢城下新竪町に，藩老本多家に仕える医師である父恒（号・立軒）と母瀧井の第四子三男として生まれ，長男が夭折しているため，実質的には次男として成長した。

　父の恒は，雪嶺が「儒医」と評したように漢方医にして漢学に造詣が深く，江戸では古賀侗庵に学んだ。その父つまり雪嶺の祖父当一（号・芳渓）は，京での修学時代に頼山陽に師事するなど，雪嶺の漢学への理解はこのような父方の家系に由来している。一方，母方の伯父黒川良庵（号・自然）は長崎にも学んだ蘭方医で，坪井信道に師事し，また，佐久間象山とは漢学と蘭学を交換教授する関係であった。黒川は，金沢に近代医学を紹介し，種痘を導入した斯界の先駆者であった。

　幕末の激動期に藩の去就は明確とならず，雪嶺が後年いう「因循なる加賀藩」のなかにあって，雪嶺の一族は医学を元手に同藩内で新たな地歩を占めた比較的新しい家系であり，進取・開明の気風を有し，子弟の教育にも熱心だったと推測される。雪嶺も，河波有道の塾で四書五経の素読を受けたあと，12歳で新設の仏

語学校，英語学校に入学し，学制の学区改編に伴なって1875年（明治8），名古屋の英語学校に転じた。同窓にはのちの首相加藤高明や文学者坪内逍遥らがいた。こうして雪嶺は，明治政府が作り上げた教育制度の階梯を昇っていくことになる。

（2）自由民権と進化論の時代

1876年（明治9），雪嶺は初めて上京し，開成学校に入学した。同校は翌1877年（明治10）に東京大学と改称される。神田に設けられた法文理三学部の総理は加藤弘之，雪嶺は外山正一が学部長を務める文学部で哲学を専攻し，1883年（明治16）に卒業し文学士となった。同学部では，日本の伝統美術を再評価したフェノロサが哲学を講じていたが，自伝によると雪嶺はあまり教場には出ず，むしろ図書館で独学することが多かったという。そこで修得したのは，カントからヘーゲルに至るドイツ観念論哲学の基礎であった。

他方，教場の内外で当時の知識青年たちの関心を掻き立てていたのは，自由民権運動に触発された政治論と文明社会の発展を説明する進化論であった。

『郵便報知新聞』や『朝野新聞』など主要な日刊新聞に拠って民権論を鼓吹する民権派に対して，政府は『東京日日新聞』や『明治日報』を御用化して対抗したが，雪嶺はこのうちの『明治日報』に協力するメンバーの一人になった。卒業後の1884年（明治17）には，『自由新聞』から派遣される形で秩父事件の視察にも出かけている。新聞との関わりや，政治事件・社会情勢への関心が，学生時代から雪嶺のなかに生まれたものであることを物語っている。

加えて，政府と民権派に共通して，この時期の東京大学で受容された進化論の影響を，雪嶺も強く蒙っていた。とりわけ，H・スペンサーの社会進化論は，近代社会の発展理論として広く受け入れられたが，その影響は，雪嶺哲学の体系を示したとされる後年の『宇宙』や，晩年の時事評論や社会評論のなかにまでも，うかがうことが可能である。こうした議論を闘わす場として，成立期のアカデミズムのなかに『東洋学芸雑誌』や『学芸志林』などの雑誌が生まれ，雪嶺も論説を寄稿した。

大学を卒業した雪嶺は，大学内の編纂所（のちに官制改革により文部省編輯局）に勤務する自称「学生的官吏」となった。時代は第一次伊藤博文内閣が推進する欧化主義政策を基調とし，憲法や議会など国家制度の整備と不平等条約の改正交渉が矢継ぎばやに実施に移されようとしていた。民間有志は三大事件建白運動を繰

り広げていたが，このようなときに，「時事の評論」を目的とした雑誌の創刊計
画が，学士たちの間で持ち上がった。

2　「敵なき記者」への歩み

（1）雑誌『日本人』の創刊と雪嶺の思想

　1888年（明治21）3月21日，かねて申請中であった政教社の設立が許可され，
4月3日をもって雑誌『日本人』が発行されることになり，三宅雪嶺は，志賀重
昂ら10名とともに「同志」として名を列ねた。政教社は，井上円了が創設した哲
学館（のちの東洋大学）で教鞭を執る東京大学文学部卒業の文学士と，杉浦重剛の
主宰する東京英語学校で講師を務める志賀ら札幌農学校卒業の農学士たちという
二つのグループからなる集団であった。その目的は，創刊の辞ともいうべき文章
によれば，「当代ノ日本ハ創業ノ日本ナリ」として，「日本人民ノ意匠ト日本国土
ニ存在スル万般ノ囲外物トニ恰好スル宗教，教育，美術，政治，生産ノ制度ヲ選
択」して，現在未来の日本人民の方向性を模索することに置かれた。そのような
選択と判断の原理として掲げられたのが「国粋主義」の主張であった。

　初期の雑誌『日本人』のなかで，「国粋主義」の理論化を推進したのは志賀で
あり，雪嶺はむしろ時事的な話題に関する論説を寄稿していた。それらのなかで
雪嶺は，憲法と議会による政治すなわち立憲政治に期待を寄せ，来るべき立憲制
下での国民の自覚を促す議論を展開した。彼の立場は，憲法発布後においても
「君民共治」と表現された。また，雪嶺のこの時期の論説からは，反藩閥，反官
僚の立場に立って，社会的弱者へも視線が向けられていることを，看取すること
ができる。では，政治や社会に対する論評はどのような思想に依拠して行なわれ
ていたのだろうか。

　管見では，この時期に雪嶺が「国粋」に論及した文章は同誌上に見当たらない。
これに対して，1891年（明治24），『日本人』発行停止中に口述筆記されて出版さ
れた『真善美日本人』と『偽悪醜日本人』からは，日本人がその特性を発揮し，
欠点を克服することによって世界人類全体の「円満幸福」に寄与していくべきだ，
という主張が説かれている。ここで雪嶺は，明確な国家有機体説の立場から，
「自国」と「民種」が一体となって特色を発揮し，「世界」と「人類」に貢献する
という理想像を描き，「護国」と「博愛」は矛盾しないと断言する。こうした日

本人論を，志賀の「国粋主義」とは異質なナショナリズムの思想と捉えることは可能であるが，それではなお，雪嶺の思想体系の一面を指摘したことに止まるであろう。

　雪嶺は同時期に，『哲学涓滴』（1889年）によって西洋哲学史を概観し，『我観小景』（1892年）によって独自の哲学体系構築への道筋をつけた。また，『王陽明』（1893年）によって東洋思想の一つのあり方を示していたのである。これら雪嶺思想の原論に属する系譜は，やがて『宇宙』（1909年）として結実した。本章では詳述できないが，雪嶺の記者としての執筆が，こうした思索によって得られた独自の思考方法，すなわち「我」による認識を基点としながらも，同時に絶大なる有機体であると考えられた「宇宙」の意思に従うという，双方向的な判断領域のなかで行われていたのである。

　要するに，雑誌『日本人』記者としての雪嶺は，哲学的思索に基づいて国家や民族に関する世界観を獲得し，それらに依拠して政治や社会に対する評論活動を続けたのであり，彼が記者，文明批評家，哲学者，哲人などと表現されるのは，以上のような各側面に対して与えられた名辞にほかならない。雪嶺が，約60年にわたり記者として執筆を続け，政治社会情勢の変化のなかでその論調に比較的ブレが少なく，明治後半期以降は「敵なき記者」として操觚界で特異な位置を占めることがでたのは，こうした彼の思想構造によっているところが大きいと思われる。

（2）「思想の独立」と『日本及日本人』主筆

　初期の評論で立憲政治への期待を示していた雪嶺にとって，日清戦争前後の第二次伊藤内閣の政治方針や手法は許されるべきものではなかった。折からの反政府運動に全国同志新聞雑誌記者連合（同盟新聞）のメンバーという立場から，志賀重昂や新聞『日本』の陸羯南，『国民新聞』の徳富蘇峰らとともに積極的に参加し，『日本人』では「自主的外交」「責任内閣」の論陣を張り，朝鮮半島情勢が流動化してくると，「東亜盟主論」の立場から主戦論を展開する。

　しかし，日清戦後に対外硬派が進歩党として合同し第二次松方正義内閣の与党となり，「同志」であった志賀が農商務省山林局長に登用されたころから，両者の懸隔は修正が困難になり，雪嶺の記者としての立場も明確になっていった。すでに雪嶺は，「人の思想の独立せるや否やは，其の政府に対する判断にて知らる。

政治の論評の思想の試金石なり」(第 3 次『日本人』第 7 号, 1895年) と述べて, 現実政治との距離感を自覚化していたが, 評論活動の基礎に「哲学者」としての思索を据える姿勢も明確化していった。

　この頃になると, 志賀は『日本人』に執筆しなくなり, 同誌は三宅の個人雑誌的な色彩を強くする。同時に, 対外硬運動の過程で政教社と日本新聞社の関係は密接になり, 政教社は日本新聞社の 2 階に同居することになった。1900年 (明治33) 頃作成の史料によれば, 雪嶺の給与は日本新聞社から支払われ, 政教社には編集の実務を担当し, 雪嶺の口述筆記をする 2, 3 人の若手社員が存在するだけであったようだ。警視庁の統計によれば, 1 号あたりの発行部数も, 当初の約6000部に較べると三分の一以下に落ち込んでいた。雪嶺が外遊すれば羯南が『日本人』の論説を書き, 逆に羯南が外遊したときは雪嶺が『日本』の社説を執筆するという関係, つまり両紙誌は一体化していたといえよう。したがって, 羯南が『日本』を手放したあとの1907年 (明治40) からは, 日本新聞社員が政教社に移籍し, 誌名を『日本及日本人』と改め, 文字通り一体化することになる。雪嶺はその『日本及日本人』の主筆となる。同誌上毎号の巻頭に雪嶺は題言のほか, 社説, 論説, 連載 (「宇宙」や「東西美術の関係」など原論系の著述) の 4 本を執筆し続けた。

　『日本及日本人』は, 日露戦後の我が国社会の経済的拡大のなかで, 『太陽』や『中央公論』などの総合雑誌と並んでオピニオン・リーダーとして大きな影響力をもった。雪嶺はいわゆる大正デモクラシーの風潮のなかで, 反官僚の立場から政党政治への期待を示し, 「新しい思想」の理解者として「新時代の鞭撻者」と見なされ, 民本主義や社会主義への共感を示した。1918年 (大正 7) に発生した大阪朝日新聞社をめぐる「白虹事件」では, 同社を糾弾した浪人会と対立し, それを契機に黎明会が結成されたときには発起人に名を列ねたし, また, 1920年 (大正 9) に発生した森戸事件の公判では, 吉野作造らとともに被告側の特別弁護人として立ち, 同時期にはさらに, 女婿となった中野正剛らとともにソビェト承認論の立場から早期国交樹立を促す運動を展開した。

　この時代の雪嶺の論調は, 日本が国際社会で軍事力においては一等国になったことを前提に, 今後は文化や学術などの方面で世界の「新文明」の伸展に寄与していかなくてはならないという使命感に支えられていた。そのためには, 日本人が個人として一層の努力をして実力を身につける必要があり, 秩序の維持よりも「新思想の輸入」を図ることに重点を置くべきだという主張を展開していたので

ある。

3　雑誌記者として生涯を全うする

（1）政教社絶縁始末

　大正期の雪嶺は，すでに述べたように「新時代の鞭撻者」として活発な言論活動を行い，『日本及日本人』以外に『中央公論』や『改造』にも寄稿し，『婦人之友』や『実業之世界』などにも毎号筆を執った。人物論や処世論の分野でも安定した筆力を示し，雑誌掲載文を集めて『世の中』（1914年）『想痕』（1915年）『続世の中』（1917年）『東西英雄一夕話』（1918年）等の大著を相次いで刊行した。1920年（大正9）には還暦を迎え，記者として円熟味を加えつつ精力的な執筆活動を続けていた。

　そのような雪嶺にとって大きな転機となったのが，1923年（大正12）に発生した政教社退社事件である。事件の原因は，1920年以降，雪嶺の妻・花圃を中心に政教社から発行されていた雑誌『女性日本人』の売れ行き不振，女婿・中野正剛が主宰していた雑誌『東方時論』との合同計画の破綻，これらに折しも関東南部を襲った大震災による混乱が加わり，雪嶺と他の同人たちとの間に修復できない対立が生じてしまったのである。いずれも金銭上の問題が主因であるが，雪嶺はそれまで，『日本及日本人』の主筆ではあっても，政教社の会計には関わってこなかったのである。

　もちろん事件の背景には，すでに述べたような雪嶺の「新しい思想」への理解に対する同人たちの反発もあったであろう。同人たちは雪嶺の思想に「個人主義」を見て批判し，政教社に近い立場にいた三浦観樹も「三宅はこの頃青年をあやまる様なこと計り書くから怪しからぬ」（『読売新聞』1923年12月6日付）と，不満を口にしていた。

　事件の結果雪嶺は，口述筆記を担当していた八太德三郎，稲垣伸太郎とともに政教社を離れ，1923年（大正12）10月から，新たな雑誌『我観』を発行することになった。この姿は，明治30年頃の，日本新聞社と合同する以前の政教社に戻ったものだともいえよう。その創刊号の「『我観』発刊宣言」で，「日本人として東半球の東方に居り，西太平洋の活用と東亜細亜の開発とを担当し，尚ほ事情の許す限り，普く世界に為すべきを期す」と述べ，さらに「我等の従事する所は，自

ら商品とせず，主張し報道するが為めに発行」するものだとしている。雪嶺は
『我観』誌上に，『日本及日本人』のときと同じように毎号 4 本の論説等を執筆し
た。

（2）『我観』『東大陸』と「同時代観」の執筆

　『我観』刊行後の雪嶺の執筆活動で注目されることの一つは，1926年（大正15）
1 月から「同時代観」の連載を始めたことであろう。没後『同時代史』と改題さ
れて出版された同書は，400字詰原稿用紙に換算して約6600枚，数多い雪嶺の著
作のなかでも最大のものである。「同時代観」の執筆動機として考えられるのは，
関東大震災後に一般に歴史への関心が高まったことのほか，雪嶺自身が在野の記
者の立場から「最近史」の一つとして「同時代の歴史」を構想することは，日本
の「長所を知り，短所を知ること」のために必要であり，それは同時代の「気分
とか空気」を知る自分の役割だという自覚が生まれたためであろう。

　「同時代観」は，雪嶺が誕生した万延元年を起点とする編年体の歴史叙述であ
り，結局彼が没する1945年（昭和20）まで書き継がれて，同年にまで及んでいる
（1945年の記述はわずか 5 行だが）。全篇を通して原史料は使用されておらず，公刊
書や新聞記事，議会議事録などを基本にして，自分自身の見聞や見解を付加して
書かれている。全体を貫く歴史観は，歴史とは「勢」と「人」とが織りなす「発
達展開」であるというもので，この「勢」は『日本外史』を書いた頼山陽をはじ
め和漢の歴史書から学んでいるのと同時に，青年時代に接した文明の発展段階説
や社会進化論の影響を受けている。そうした「同時代観」の歴史叙述は，それを
執筆した昭和初期の政治や外交をはじめ社会情勢全般に対する鋭い時代批判を含
むものであった。

　1936年（昭和11）になると，『我観』は『東大陸』と改題されて，中野正剛が組
織する東方会の機関誌となった。雪嶺は引き続き同誌を中心に執筆し，『婦人之
友』や『帝都日日新聞』などに寄稿していた。このころになると，雪嶺の論調は
次第に時代に追随する傾向を示すようになる。もはや政党政治への期待は語られ
ず，アジア経済ブロック体制の構築を前提に積極的な大陸政策の展開を支持する
立場を明確にし，英米協調路線を排除しドイツのヒトラーやイタリアのムソリー
ニへの期待を示した。

　戦時中は蘇峰を会長とする大日本言論報国会の役員に就任し，1943年（昭和18）

には蘇峰とともに文化勲章を授与された。1945年（昭和20）の敗戦を見届け，「四等国」に陥落した日本の将来を憂いつつも，なお文化によって世界に貢献する可能性を訴えつつ同年11月26日に没した。生涯を雑誌記者として終始した，近代メディア史上稀有な存在であるといえよう。

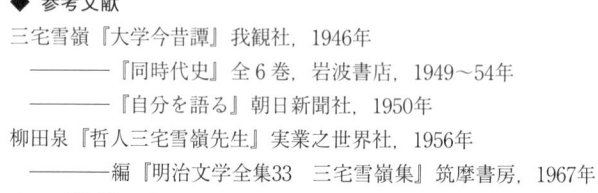

◆　参考文献

三宅雪嶺『大学今昔譚』我観社，1946年
――――『同時代史』全6巻，岩波書店，1949～54年
――――『自分を語る』朝日新聞社，1950年
柳田泉『哲人三宅雪嶺先生』実業之世界社，1956年
――――編『明治文学全集33　三宅雪嶺集』筑摩書房，1967年
中野目徹『政教社の研究』思文閣出版，1993年
――――「三宅雪嶺伝記稿」(1)～(5)『近代史料研究』1～7，2001～2007年
長妻三佐雄『三宅雪嶺の政治思想――「真善美」の行方』ミネルヴァ書房，2012年
中野目徹『明治の青年とナショナリズム――政教社・日本新聞社の群像』吉川弘文館，
　　2014年

［中野目徹］

第6章　　**志賀重昂**
――雑誌『日本人』主筆から政友会代議士へ

［しが・しげたか］文久3年9月15日，三河国岡崎（現・愛知県岡崎市）に同藩士の長男として生まれる。号・矧川。1884年札幌農学校卒業後，88年には三宅雪嶺らと政教社を結成して雑誌『日本人』を発行，「国粋主義」を唱える。その後，全国同志新聞雑誌記者連合（同盟新聞）代表を務めたが，しだいに政教社からは離れ，1900年には立憲政友会に入党し，ついで衆議院議員に当選。晩年は，早稲田大学教授として地理学を講じる。1927年4月6日没，満63歳。

1　札幌農学校に学び南洋航海へ

（1）佐幕の地から開拓の地へ

　志賀重昂は，幕末の文久3年（1863）9月15日（太陽暦では10月27日），初代将軍徳川家康の生誕地・三河国岡崎の康生町で，同藩士で儒者の志賀重職・志く（淑子）の長男として生まれた。父重職は佐幕派の志士として活動していたが，明治元年（1868）に京で客死，このとき重昂わずかに5歳，以後遺された家族は母志くの実家・松下家で慎ましく暮らすことになる。こうした出自が，志賀の精神形成に大きな影響を与えたことは想像に難くない。

　地元の岡崎小学校で学んだあと上京，近藤真琴の攻玉社に入学した。1878年（明治11），東京大学予備門に進学したが，2年後に開拓使が設置した札幌農学校に入学するため北海道に渡った。当時すでにクラークは帰国後であったが，志賀はそこでアメリカ式の教育を受け，英語力や農学の基礎となる自然科学の知識を身につけた。1883年（明治16）の夏季休暇中，自由民権運動の福島事件で控訴された河野広中の裁判を傍聴していることは，志賀の関心の所在をうかがうことができる材料であろう。

　幕末期に佐幕の地で生まれ，明治国家体制の形成期の東京を経由して開拓の地・北海道で教育を終えた志賀が，自らの将来について如何なる志向を有してい

たのかは判然としない。在学中に新聞への投書も行っていたようだが，この時点ではまだ記者を目指していたようには思われない。むしろ，ここでは，数年後ともに政教社を結成することになるメンバー（恩師宮崎道正，学友菊池熊太郎・今外三郎ら）と邂逅し，雑誌『日本人』で展開することになる「国粋主義」思想の基盤が形成されつつあったことを重視しておきたい。

（2）『南洋時事』の刊行

　1884年（明治17），札幌農学校を卒業し農学士となった志賀は，長野県中学校の教諭として赴任した。月俸35円（のちに40円）。巡査や小学校訓導の月俸が10円程度であった当時にあって，21歳の青年の給与としては破格であったが，志賀としては内心愉しめなかったのかもしれない。1年後，長州出身の県令・木梨精一郎との間に問題を起して長野中学校を免職，上京することとなった。

　上京後の志賀は，父の門人であった小柳津要人を頼り，丸善でヘボン編纂の辞書『和英語林集成』の校正作業に従事しつつ，海軍に軍艦便乗を願い出て特許され，「筑波」に乗船して同年中は日本近海を，翌1886年（明治19）2月からは南洋を巡遊するという，当時としては稀有の体験をする機会を得た。志賀の嚢中にはダーウィンの『ビーグル号探検記』と『曾我耐軒詩草』が収められていたという。志賀を乗せた「筑波」は，クサイ島，オーストラリア，ニュージーランド，フィジー島，サモア島，ハワイ等を経て11月に日本に帰着，この間志賀は，シドニーで発行されていた新聞『エコー』に英語で「今日の日本　ミカドの国」という連載を発表した。

　帰国した志賀の航海報告が，翌1887年（明治20）4月に丸善から刊行された『南洋時事』である。同書のなかで志賀は，南洋諸島が西洋列強の「拓地植民政略」を受けている様を描き，このままでは世界が「白皙人種の専有」するところとなってしまうことを憂え，日本が中国と「協同連盟」し兼ねて英国と「気脈ヲ通ジ」て列強に対峙すべきことを主張している。同書ではまだNationality「国粋」という言葉こそ出てこないが，翌年政教社を結成し，雑誌『日本人』に拠って「国粋主義」を主唱する素地はここに形づくられたと言ってよかろう。『南洋時事』の刊行によってジャーナリストとしての才能を示した志賀の文名は一気に挙がり，次なる去就が注目されるようになったのである。

2　雑誌『日本人』の主筆として

（1）「国粋主義」の唱道

　1888年（明治21）3 月，志賀は三宅雪嶺らと政教社を結成し，4 月 3 日に雑誌『日本人』を発刊してその「主筆」と目される活躍を示すことになる。『日本人』に主筆という役職があったかどうか定かではないものの，少なくとも同時代の人びとには，そのように見えたのである。法令上は編集人であった。発行部数はおよそ6000部，前年に創刊された徳富蘇峰の『国民之友』の約 1 万2000部と較べれば半分だが，日刊新聞の発行部数が 1 万部程度であった当時としては，まずは大成功の部類に属する。創刊号に「同志」として名を列ねたのは，志賀，三宅をはじめ合計11名，多くは東京大学か札幌農学校を卒業した学士であり，20代後半の青年──蘇峰のいう「明治ノ青年」たち──であった。

　時代は，内閣制度が創設され，憲法制定と来るべき議会開設へ向けて国家体制の整備が急ピッチで進んでいる秋であった。第一次伊藤博文内閣は，あわせて不平等条約の改正を目指し，「欧化主義」と呼ばれる諸政策を展開していた。そのようななか，志賀は創刊号以来『日本人』巻頭に「国粋主義」を標榜する論説を発表し続けた。

　第二号所収の「『日本人』が懐抱する処の旨義を告白す」では，日本を取り巻く自然環境と日本人の歴史・伝統によって形成された Nationality「国粋」を「進退去就の標準」とし，日本にふさわしい宗教，教育，政治，生産等の制度を選択していくべきだと主張している。この背景には，「生物学の大原則」である進化論を軸に「数理学の大則」や「重学の大理」など自然科学の原理が強く意識されていた。要するに，日本の近代化を推進するための基準には，民族の進化の結果である「国粋」を置くべきであり，そのような発展の延長線上に将来の日本のありうべき方向性を見ようという思想である。こうした志賀の「国粋主義」の思想は，彼の思想形成期にあたる札幌農学校時代の修学内容や，「筑波」に便乗しての南洋航海の経験などのなかから生まれたもので，ナショナリズムの時代思潮を代表するものであった。志賀自身によって，「国粋主義」とは日本旧来の分子に固執するものではなく，会澤正志斎や大橋訥庵らの「国学者流」の尊王論や排外論とは全く異質なものであると述べられている。

　このような原理論に加え，時代状況のなかで志賀の主張は展開していく。『日本人』第18号所収の「日本民族独立の方針」では，日本民族の勢力を総合するための「大同団結」と実力を増殖するための「殖産興業」が具体的課題として提示された。これが藩閥政府の推進する諸政策への最も有効なカウンター・ヴァリューとして機能していたことは，度重なる『日本人』に対する発行停止処分によって反証されよう。「国粋主義」の主張は，政教社同志の共同方針とでもいうべきものだったが，その理論化を中心となって進めたのは志賀であった。『国民之友』と『日本人』の相次ぐ創刊により雑誌の時代の幕開けといえる明治20年代にあって，志賀重昂は，徳富蘇峰と並んで時代を代表する雑誌記者であった。

（2）雑誌記者の生活

　雑誌記者として出発した志賀は，それと併行して政治活動，教育活動のほか，間もなく新聞記者としても活動を始めた。

　政治活動としては，黒田清隆内閣の外務大臣・大隈重信が推進した条約改正交渉に対する反対運動と大同団結運動に深く関わり，1890年（明治23）の正月前後は土佐に帰省する谷干城と行動をともにした。しかし，総選挙，第一議会開会への過程で民党合同の可能性が潰えると，政治活動の第一線からは距離をとる。

　教育活動としては，政教社の「同志」である杉浦重剛が中心となって運営していた東京英語学校（のちの日本中学校）の講師として教鞭を執っていた。1889，90年には，同校から40円の月俸を得ていたので，相当数の授業を担当していたと推測される。だが，同校との関わりは1892年（明治25）夏で終わったと思われる。

　新聞への執筆としては，朝日新聞の政治紙であった新聞『国会』と，出身地の新聞『みかは』との関わりが注目される。1890年11月に創刊された『国会』の主筆は末広重恭であり，志賀は「特別客員」として日々編集に参画するという立場にあった。同紙は大同派の流れを汲むものであり，政治的には「局外中立」を標榜していた。志賀は国会新聞社に1893年（明治26）6月まで在籍している。他方，郷土三河の一色町で発行されていた新聞『みかは』にも，遅くとも明治23年当初から「在京主筆」として関わっていた。志賀が同紙上に掲載した殖産興業論は，地域に即した産業の振興や積極的な貿易を推進するという注目すべき内容を有している。

　以上のように，雑誌『日本人』記者とはいっても，志賀は多方面で活動してお

り，たまたま判明する1892年の週間予定だと，政教社へは火・木曜日の午前中2時間，東京英語学校へは同両日の午後1時間，国会新聞社へは毎日午後2時間となっている。比較的順調だとはいっても，後年の商業雑誌・総合雑誌とは経営のあり方が違う『日本人』では，学士たちの生活を支えることはできなかったということだろう。

3　記者から党人へ

（1）全国同志新聞雑誌記者連合代表

　そのような志賀が，雑誌記者という立場から再び政治活動の第一線に押し出されてくるのは，第二次伊藤内閣に対する自由党を除く民党の対抗運動として知られる対外硬運動に，その重要な一翼を担う団体として登場した全国同志新聞雑誌記者連合（同盟新聞）の代表に就任したことを契機とする。1894年（明治27）のことであった。この同盟新聞には，三宅雪嶺のほか，新聞『日本』の陸羯南や『国民新聞』の徳富蘇峰も深く関わっていた。新聞・雑誌の記者たちが同盟して時の政府に対抗したという意味で，近代日本のメディア史上注目すべき出来事といえる。

　同年5月13日に開催された同盟新聞懇親会には，全国76の新聞・雑誌から代表者が集まり，その席で「全国同志新聞雑誌記者は，自主的対外政略の主義を執り，責任内閣の完成を期す」と演説したのは，志賀であった。6月30日に，総選挙に向けた対外硬派の選挙本部である中央政社が結成されると，志賀は，尾崎行雄や佐々友房らとともに常議員に任命されている。志賀は対外硬運動の中心を担い，「自主的外交」「責任内閣」という同運動の主張は政教社の主張そのものであった。志賀は記者から党人へ着実に一歩近づきつつあったといえよう。

　日清戦争による国内の政治的休戦を挟んで，三国干渉による遼東還付が行われると，対外硬派は第二次伊藤内閣に対する反対運動を再開し，志賀はそこでも運動の中心に立ち続ける。この前後で注目されるのは，志賀が1895年（明治28）9月に新潟へ向かい，同地の『新潟新聞』に筆を執りつつ，中央政局に先立って同県内における対外硬派の合同運動に積極的に関与し，11月1日に越佐会発会に漕ぎ着けたことであろう。発会式で採択された「宣言」を起草したのも志賀で，そのなかで同会を「国民的大合同ノ先駆」と位置づけている。新潟の地で志賀は，

有能な政治的オルガナイザーとしての一面を示したのである。

　帰京した志賀は，1896年（明治29）3月1日に結成された進歩党において，非議員ながら常議員・幹事に就任した。この進歩党を与党として成立したのが第二次松方正義内閣である。同内閣の下で志賀は，翌1897年（明治30）に政治任用の農商務省山林局長に，さらに1898年（明治31）に進歩党と自由党が合同して憲政党が結成され第一次大隈内閣ができると，外務省の勅任参事官（のちに参与官。現在の政務官に相当）に就任し，政治の一局もしくは全局を担当する地位に到達したのである。

　日清戦後の政界は，政党勢力の権力への参画が進み，升味準之輔のいう「割込み抱込みメカニズム」が一般化し，政党人の猟官熱が盛んになった。記者から党人へ，これは自由民権運動期から見られ今日まで続く政治家誕生システムの一つのパターンであり，志賀もその典型的な一人であったといえよう。なお，1894年に上梓した『日本風景論』は，日本人の風景観の変容に大きな影響を与えた書物として注目されているが，「国粋主義」思想の結実という視点からの評価も必要である。

（2）立憲政友会入党以後

　星亨の画策による憲政党の分裂に際して，志賀は旧進歩党の流れを汲む憲政本党に所属した。志賀は1899年（明治32）から翌1900年（明治33）にかけて，中国福建省から内陸部にかけての視察に赴いた。この際の見聞が志賀を「積極主義」へと導き，同年9月に伊藤博文を総裁に結党され「責極主義」を標榜した立憲政友会に入党することになる。8月18日に発表した憲政本党を脱党する理由を述べた文章では，「帝国の利益線を大陸に開展」する可能性に言及している。志賀はこの時，三宅雪嶺と2，3の若手社員によって維持されていた政教社とも離別することになった。雑誌『日本人』にも，以後筆を執らなくなる。もはや「国粋主義」を唱えない志賀の思想は，当時の「帝国主義」の主張と共鳴するものに変質を遂げていたように思われる。

　政友会入党後は同会の機関誌『政友』の編集を担当し，1902年（明治35）の総選挙に際しては，地元岡崎から立候補し衆議院議員に当選している。しかし，1904年（明治37）の落選後は再び議場に立つことはなく，早稲田大学の教壇に立って独特の地理学を講じ，政府・軍部や支持者からの資金援助によって数度の世

界旅行を試み，世界情勢の紹介と国民の地理的発想を啓発することに晩年を費やした。その時期になると蘇峰の『国民新聞』などへの寄稿が見られる。日露戦後の著作としては，戦中・戦後の論説を網羅的に収録した大著『大役小志』のほか，世界や日本の地理に関する啓蒙書が多くある。

　そのような意味では，日露戦争後の志賀はもはや記者（雑誌ジャーナリスト）とはいえないであろう。しかしながら，当時においても志賀がジャーナリスティックなセンスをもった思想家であったことを示すのが，知人に宛てられた毎年の年賀状である。それらのなかで志賀は，世界旅行によって得られた地理学的知識を披瀝し，日本のおかれた位置や今後とるべき方針などを細かく記している。例えば，日露戦後の1906年（明治39）には，樺太南半分を獲得したことで，日本は史上初めて国境にまたがる国際河川（ポロナイ川）を有することになったことへの注意を喚起する。また，第一次世界大戦の帰趨が見え始めた1918年（大正7）には，日本が連合国に尽したのに，領土獲得の見込みのないことを嘆じ，英米独三国のABC政策を意識して対外政策を策定する必要性について切言する。

　最晩年に至るまで，日本が領土を拡大することを主張し続け，日本に併合された朝鮮民衆への蔑視感を露にすることを躊躇しない志賀ではあるが，同時に，有色人種と白色人種の人種間対決の不可を説き，日本はアジアのなかで三角貿易の中心に立つことにより，世界における地歩を築いていくべきだという現実主義的な主張もしている。ギリシアを旅行中に遭遇したバイロン祭を見て，「あゝ政治は一個の走馬灯に過ぎぬ，而して文は千載不朽である」という感想を記した志賀は，あるいは記者から政界へ転じたことを悔やんでいたのかもしれない。

　以上のような志賀の生涯をたどると，記者から出発して政治家へと転身した典型的な事例と見ることができる。そのような前例としては島田三郎や箕浦勝人，犬養毅や尾崎行雄など立憲政進党〜進歩党系の人びとを挙げることができるし，その後も今日に至るまで多くの政治家のリクルート・コースになっている。しかし，志賀が政治家として大成できなかったとすれば，島田や箕浦のように大新聞の社長を兼務していたわけでもなく，また，犬養や尾崎のように早くから立憲政治家として認められたわけでもなく，経営が脆弱な雑誌の記者を出発点としていたことが大きな影響を与えていたように思われる。この点では，田口卯吉や石橋湛山との比較で，志賀の雑誌記者（あるいは政治家）としての評価を試みることが有効かもしれない。

◆ **参考文献**

志賀富士男編『志賀重昂全集』全8巻, 志賀重昂全集刊行会, 1927〜29年

鈴木範久『内村鑑三とその時代——志賀重昂との比較』日本基督教団出版局, 1975年

中野目徹『政教社の研究』思文閣出版, 1993年

戸田博子編『志賀重昂——回想と資料』1994年

志賀重昂『日本風景論』岩波文庫, 1995年

中野目徹『明治の青年とナショナリズム——政教社・日本新聞社の群像』吉川弘文館,
　　2014年

［中野目徹］

第7章　島田三郎・山路愛山
——キリスト教改良主義からジャーナリズムへ

［しまだ・さぶろう］嘉永5年11月7日，幕府御家人鈴木智英の三男として江戸に生まれる。横浜ブラウン塾に通う傍ら1873年『横浜毎日新聞』社員となり，翌年同新聞社総代島田豊寛の養子となる。1882年立憲改進党の創立に参加，1886年受洗しキリスト教徒に。94年『毎日新聞』社社長。足尾鉱毒問題や社会主義に理解を示し，廃娼運動，普選運動を展開。1890年衆議院議員当選以来，1909年同新聞社引退後も政界で活躍，1923年11月14日，満71歳で没。

［やまじ・あいざん］元治元年12月26日，幕府天文方の子として江戸に生まれ，維新後静岡に移り，1886年キリスト教に入信，91年メソジスト派の機関紙『護教』の主筆として上京，92年徳富蘇峰の民友社に入り『国民新聞』記者となる。99年『信濃毎日新聞』主筆，1903年『独立評論』創刊。「現代日本教会史論」，『現代金権史』など多数の史論・評論執筆の傍ら，05年国家社会党に参加，家族国家論にもとづく社会改良を主張，17年3月15日，満52歳で没。

1　クリスチャンとしての出発

　島田三郎・山路愛山の両者は，同時期にキリスト教に入信し，ともに明治期のキリスト教系婦人啓蒙誌『女学雑誌』（1885年創刊。翌年より巌本善治主筆）と深い関わりをもったことで共通している。

　愛山より12歳年長の島田は，主として明治14年の政変以後，1909年（明治42）社長の地位を退くまで，『横浜毎日新聞』（1879年『東京横浜毎日新聞』，1886年『毎日新聞』と改題，ただし現存の『毎日新聞』とは異なる）を舞台に，婦人問題や労働問題の論客として活躍，『女学雑誌』創刊の1885年（明治18）当時すでに開明派エリートとして地歩を固め，同誌で健筆を振るう巌本善治にとっては，その女子教育

思想を実現する上での，有力な支援者であった。実際，彼は，植村正久，巌本善治らとともに，木村熊二の主宰する明治女学校（巌本は1886年同校教頭，1892年校長に）の発起人に名を連ね，幾度となく同校で講演，その記録が『女学雑誌』に掲載されている。

　一方の山路愛山は，1890年（明治23）投稿により『女学雑誌』で文筆家としてデビュー，その後明治20年代後半から主に民友社の『国民之友』や『国民新聞』で活躍，1899年（明治32）『信濃毎日新聞』主筆に迎えられた。『女学雑誌』でロングフェローの詩を翻案した小説「マイルス・スタンヂッシュの恋」（1891年4月18日〜6月27日）を連載する一方，キリスト教による精神革命を唱える「英雄論」（同年1月10日号）のような評論も発表していた愛山は，やがて同誌の「厭世詩家と女性」で注目を浴びた北村透谷との文学論争を経て，狭義の文学よりもむしろ史論や社会批評を手がけるジャーナリストとなっていく。

　島田も愛山も幕臣の子として敗残者の側にありながら，キリスト教を新時代のあるべき思想として受け入れ，「筆によって社会を変える」ことを目指した点では共通している。それゆえ島田の場合は廃娼運動，愛山の場合は普選運動といったように，ともに当時の代表的な社会運動に積極的にコミットし，社会主義思想にも強い関心を示した。しかし，島田は，政界・新聞界のエスタブリッシュメントとして欧米市民社会の理念を日本に根付かせようと奮闘したのに対し，愛山はむしろ，「草の根」ともいうべき日本の庶民に目を向けた心情派であった。以下では，キリスト教から出発した良識的市民派ジャーナリストと，土着心情派ジャーナリストという二人のそれぞれの実践を，その今日的意義と限界という点から辿っていく。

2　島田三郎における二つの転機

（1）横浜にて，キリスト教とジャーナリズムとの出会い

　島田三郎（号は沼南）は，嘉永5年（1852）幕府御家人鈴木智英の三男として生まれ，徳川家達に従い駿府に移り，沼津兵学校中退後，上京して1871年（明治4）大学南校応用化学科に進学，次いで翌年授業料のいらない大蔵省附属英学校に入学した。そこで洋行を志望，横浜に出てブラウン塾に通う傍ら，『横浜毎日新聞』で翻訳記者となった（高橋，1988，2〜3頁）。

　ブラウン塾とは，1859年（安政6）に来日したアメリカ改革派宣教師，S. R. ブラウンが横浜居留地に開いた英語塾で，彼の人格的感化により，島田を含め，植村正久（キリスト教伝導者。1879年下谷教会，87年一番町教会創立），本多庸一（のちに青山学院院長）ら門下生がキリスト教徒になり，横浜バンドと呼ばれる明治キリスト教知識人集団を形成するに至った。島田は，1886年（明治19）植村正久から受洗している。

　一方，『横浜毎日新聞』で翻訳の傍ら論説も書くようになり，1874年（明治7）には嘱望されて同新聞社社員総代の島田豊寛の養子となった。1870年（明治3）横浜で発行された同紙は，もともと神奈川県令井関盛艮のすすめにより豊寛ら横浜の富豪が出資してできた日本初の活版印刷による新聞で，経済・海外情報紙であった。島田はこうした新聞の中枢に関わることで，やがて横浜市選挙区選出の代議士として活躍することになる。つまり，島田は，横浜において，キリスト教という精神的支柱と，ジャーナリズムと政治という生涯の事業を手にしたのであった。

（2）明治14年の政変

　島田の前半生で，その後の生涯を決定づけた二つ目の契機は，元老院，続いて文部省への出仕と，明治14年の政変に伴う下野である。1875年（明治8），島田は立法部として設置されたばかりの元老院に出仕する。彼がここで学んだのは，イギリスを範とする立憲政体のあり方であり，その実現を目指す組織，嚶鳴社への参加は，藩閥政治批判と相まって後の立憲改進党への参加へとつながっていく。

　嚶鳴社は，当時元老院大書記官であった沼間守一が率いた自由民権を主張する政治結社で，沼間は政治演説の重要性から立憲思想に至るまで島田に多大な影響を与えた。沼間は元老院辞任後，1879年（明治12）『横浜毎日新聞』を買い取り，本拠を東京に移して『東京横浜毎日新聞』（以下，『毎日』と略す）と改め，1882年（明治15）立憲改進党創設の際には，嚶鳴社一派としてこれに加わり，以降同紙は党の機関紙的存在となっていった。

　周知のように，立憲改進党は，明治14年の政変で，早期国会開設・憲法制定を主張し，薩長派の伊藤博文と対立して下野した大隈重信を党首として結成された。当時嚶鳴社社員河野敏鎌の世話で元老院から文部省へ移っていた島田も，大隈に同調して官を辞し，以後この政党と新聞が，島田の活躍の基盤となった。

3　社会を論じるジャーナリズムを目指して

（1）欧米で見た社会事業

　官を辞してからの島田は，再び『毎日』に入社（山本，1991，230頁），1884年（明治17）には地元横浜の相生町町議員を務めたが（高橋，1988，14頁），1886年（明治19）以降は藩閥政治批判の立場から井伊直弼を擁護する史書，『開国始末』の執筆に専念，その後，1888年（明治21）3月，1年半の欧米視察に出発した。視察で島田が重視したのは，政財界やその名士との交流よりも欧米の社会実態であった。その独自の視点からは，島田の終生の課題が，政界における野心よりも，キリスト教知識人として社会改革に取り組むという姿勢にあったことをうかがわせる。彼は，アメリカで植村正久とともに禁酒運動・婦人運動を組織するフランシス・ウィラルドを訪問，またロンドンでは貧困地区を頻繁に訪れ，その救済事業を見学している。

　後に島田は，木下尚江との初対面の際，自分のモットーを「青年問題，婦人問題，労働問題」の三つと数えあげて木下を感激させたが，こうした問題関心こそは，当時の先進的女子教育誌『女学雑誌』で公娼制度の廃止（すなわち，廃娼）を主張し，自紙で横山源之助に『日本之下層社会』のもとになった社会調査報道を連載させ，また自らは社会主義弾圧の風潮に抗し「社会主義及社会党」と題して社会主義のなんたるかを論じた（1901年5月より36回連載，同年10月『社会主義概評』として出版）原動力であった。

　さらに，かつては文部官僚として教育令改正に尽力し，欧米でさまざまな社会事業を観察した島田は，近代的な立憲政治の基礎には，義務教育はいうに及ばず，政治教育が不可欠であると考え，ジャーナリズムをその重要な手段と見ていた。だからこそ，彼は「帰朝の辞」（『毎日』1889年9月8日）をまず新聞批判から始めた。すなわち，英国の新聞がその党派的意見は別として事実そのものは党派にかかわらずどれも客観的に報道しているのに，日本の政党新聞は自派の都合に応じて事実を曲げて報道している，と。

（2）政論紙からの脱却

　彼はのちに，『毎日』1万号発行を記念する「毎日新聞の過去及び将来」（1903

年 5 月 12 日）と題する記事で，自紙の主張として，政治は社会的機能の一部に過ぎずもっとも大事なのは社会であるから，政治以外の社会的事業を積極的に報道してきた，と自負し，自紙を「社会の清涼剤となり世間の防腐剤となり，このごとくにして世に寸亳の裨補をなす」と位置づけたが，まさしく，彼のジャーナリズムは，政論紙を脱却し独立の立場で広く社会を論じるという新しい新聞のあり方を模索したものだった。

　そして，その島田のジャーナリズムは，地租増徴を巡って党議拘束に反し，1898 年（明治 31）12 月脱党して政治家としても独自の道を行く動きと呼応していた。すなわち，大隈重信率いる憲政本党からの脱退が，新聞の政党からの独立をも促したのである。

　脱党した島田に対し，1903 年（明治 36）衆議院選挙の際には，地盤の横浜市選挙区にかつての政友から三菱の女婿加藤高明が対立候補として擁立され，激戦となった。期せずしてこの選挙に勝った島田は，その勝因を「『選挙者以外の勢力』，『言論文章の力』，『婦人若くは青年の力』，『無記名投票の効力』」（高橋，1988，156 頁）と分析し，国民を政治的に覚醒させ，ブルジョワ層利益を代表する金権政治を打破するためには，普通選挙法の実現が不可欠であるとの信念を抱くようになる。

　とはいえ，1900 年（明治 33）時点まで制限選挙論者だったように，島田は労働問題，社会問題に鋭敏だったとはいえ，総じて言えば穏健な市民派リベラリストであった。先の社会主義論において，彼の支持する「社会主義」が，マルクス主義ではなく，あくまでイギリス流社会民主主義であったことはその証左である。

（3）言論による社会のための政治に奮闘したリベラリスト

　しかし，言論を通じてその理想を社会に実現しようと努めた姿勢は，当時の政界において希有なものであった。山室軍平が弔辞で，島田の武器は筆と舌であった，と述べたように，「金権」による「派閥」の政治に対し，彼は常に「言論」による「社会」のための政治を目指して奮闘した。巨大事業化する新聞社経営は，必ずしも島田の得意とするところではなかったが，彼は新聞社引退後も，『時事新報』の「報道」を根拠に，弁舌によってシーメンス事件（1914 年）を追求，山本権兵衛内閣を倒すに至った。

　今日，島田のように政治家でありながら自らの新聞でその主張を展開するあり

方は，ジャーナリズムの「独立」と原理的に矛盾する。また，特に日露戦争以降，事実報道の速報性より社会問題キャンペーンを重視する『毎日』の紙面は，必ずしも多くの読者が受け入れるものではなくなっていった（山本，1990，237～238頁）。しかし，新聞における不偏不党の原則と評論機能の関係や，民主主義政治における討議の重要性が見直される今日，島田が目指した「言論」による社会変革の姿勢は，なお意義を失ってはいない。

4　キリスト教に目覚めた維新の敗残者

（1）精神的革命としてのキリスト教

　島田より一回り遅く生まれた山路愛山（本名は彌吉）は，自身をはじめとする当時のキリスト教知識人のあり方を卓抜に表現した一文，「精神的革命は時代の陰より出づ」（「現代日本教会史論」『基督教評論』1906年7月16日警醒社書店刊＝藪ほか，2002，375頁）でよく知られている。すなわち，島田三郎，山路愛山を含む彼ら・彼女らは，幕臣の子として生まれ維新の苦杯をなめた果てに，キリスト教信仰に目覚め，新時代の精神的革命を担おうとした「明治の青年」（徳富蘇峰）の一群であった。とりわけ愛山をはじめ維新前後に生まれた若い世代の多くは，執筆や教育といった新しい「文化専従者」（色川，1970，215頁）になることでこそ，この志を遂げることが可能になった。かくして，愛山は『女学雑誌』を皮切りに，徳富蘇峰の知遇を得て『国民新聞』記者となり，文筆という「事業」に乗り出したのである。

　当時のキリスト教知識人の多くが社会改革のために文筆を手段とすることを疑わなかった中で，思いがけず愛山にかみついたのは，同じキリスト教知識人集団に属し，親しい友人でもあった北村透谷であった。すなわち，愛山の「頼囊を論ず」（『国民之友』1893年1月13日）の「文章即ち事業なり」を，透谷が『文学界』で批判したのが「人生相渉る」論争の始まりであった。

（2）事業としての文筆

　従来，この論争は近代文学の自律化を目指した透谷に理があるとされてきた。しかし，愛山の側からすれば，そもそも広い意味で文学とは何か，という問題，さらには，明治20年代にキリスト教が置かれていた反動的社会状況においては，

文筆が社会に働きかける事業であることは必然であった。すなわち，明治20年代は文明開化の進展を反省的に捉え直そうとした「歴史の時代」（岡，1998，65頁）であり，その機運の中で史論に強い関心を寄せた愛山にとっての文学とは，芸術というより，史論や思想までも含めた「思想の活動」であった。だから，彼は「明治文学史」（『国民新聞』1893年3月1日〜6月11日）であえて思想家というべき田口卯吉や福沢諭吉を論じ，自らは，史論を足がかりに民友社ジャーナリズムに参入していったのである。

　さらに重要なことは，この時期の言論状況においては，歴史志向と同時に，内村鑑三不敬事件（1891年1月），井上哲次郎による「宗教と教育の衝突」論（1892年11月）などキリスト教を敵視する「反動」が猛威をふるい，これに抗することが愛山にとっては生涯の使命となっていった。以後，彼は，かつて自らも執筆の場としたキリスト教系の『女学雑誌』，およびその系列誌『文学界』のロマン主義とは一線を画しつつ，キリスト教徒として民衆史を武器に，反動的ナショナリズムと対峙するという，キリスト教・歴史・ナショナリズムのそれぞれのジャンルにおいて特異な評論家として活躍することになっていった。

5　人民の歴史とナショナリズムの間で

（1）平民主義と史論

　『女学雑誌』の文学評論家としてデビューした愛山が，文筆家としての地歩を固めたのは，民友社の『国民之友』，および『国民新聞』における史論である。そして愛山史論の特徴とは，「平民」，すなわち庶民生活の視点から語る歴史であった。例えば，「近世物質的の進歩」（『国民之友』1892年12月23日〜1893年2月3日）において，もともと輸入品であった木綿が，民衆生活において衣生活を一変させていく「外国交際の影響」に注目する視点は，従来の政治史偏重に対して，今日その重要性が指摘される社会史に通じるものである。外国との交流を重視しつつ，物質文明的欧米志向とは一線を画し，むしろ足下の「平民」から進歩のエートスをくみ上げようとした視点は，当時のキリスト教知識人にも，また，それと対立する保守派にも見られぬ独自のものであった。

　当時の英国の歴史家フリーマンの言，「歴史は過去の政治にして，政治は現在の歴史なり」（「戦国策とマキャベリを読む」『国民之友』1897年9月10日，岡，1983，

442頁）に意を得，独自の史論による社会批評をものとした愛山は，『国民之友』
廃刊翌年の1899年（明治32），徳富蘇峰の推薦により『信濃毎日新聞』（以下，『信
毎』と略す）主筆に迎えられた。同紙は，1890年（明治23），小坂善之助が株式会
社化し不偏不党を謳った新聞で，愛山は編集権の独立を与えられ，その「平民」
史観は，自ら第二の故郷と呼んだ信濃の具体的な地域住民に目を向けるものとな
っていった。愛山は，同紙に「信濃国の歴史歌」（1902年元旦号）を寄せ，また，
地元松代藩出身の佐久間象山論を書き継いだ。同時に，主筆として，日清戦争後
の日本についての政論も展開するようになる。後に，内村鑑三から批判を浴びた，
蘇峰の変節に同調するかのような彼の帝国主義論は，『信毎』の「第二十世紀の
論」（1901年１月５・６・８・９・10・12・13・16・17・18・19日）における時代認識から
出たもので，それはやがて自らが1903年（明治36）創刊した『独立評論』におい
て本格的に展開されていった。

（2）愛山の帝国主義

　愛山の帝国主義ないし国家主義は，しかし他の論者のそれとは異なる独自の主
張だった。すなわち，蘇峰の「大日本論」的膨張主義には「小日本論」をもって
反論したし，ましてや平民本位の史論を模索し，逆境の中から生まれる抵抗にこ
そキリスト教の意義を見いだした立場からは，井上哲次郎の如き官製ナショナリ
ズムは終始批判の対象であった。その愛山をして，自ら「帝国主義の信者」と言
わしめたのは，彼特有の時代認識と，天皇を頂点とする共同体的国家観であった。
　すなわち，「第二十世紀の論」において彼が示した時代認識とは，「内地の改
良」に忙しかった19世紀に対して，各国における社会発展が実った結果として，
海外進出における利害対立が激化，「国内に於て一個人の権力を保護するよりも
国外に於て他国の蚕食を防ぐこと」が重要になり，国家主義が勃興したのが20世
紀の世界であった。愛山はしたがって，「奴隷主義」に陥らず，「存在の権利」を
国家の独立において確保するためにこそ，「帝国主義の信者」となると主張した
のである（「余は何故に帝国主義の信者たる乎」『独立評論』1903年１月１日）。

（3）改革的進歩と情と

　さらに，日本の人民の歴史を顧みることで現代への批評としてきた愛山にとっ
て，日本という国家とは，天皇を父母とし，互いの愛情に基づいた一個の家庭に

擬する共同体であった。愛山は，資本主義の進展に伴う社会対立を，輸入学問によるマルクス主義的階級闘争として把握することを拒否し，日本は歴史的に「国家」,「豪族」,「人民」の三階級からなる社会とし，天皇を頂点とする「国体」に基づく国家による社会政策によって，これを解決することを主張した（『社会主義管見』金尾文淵堂，1906年6月3日）。結果，日本の歴史に立脚した社会主義として，日本社会党とは異なる国家社会党に参加，ナショナリズムに傾倒していくことになる。

　このように，さまざまな意味で時流の思想とは異なる独自の視点を打ち出した愛山は，官製ナショナリズムを批判しながらも一度も筆禍に遭わず（昭和女子大学近代文学研究室，1961，490頁），植民地拡張主義においては蘇峰を批判しながらも彼に対する敬意は生涯にわたり，階級闘争論を否定しながらも，弾圧のさなかには友人の社会主義者堺利彦に自らの雑誌で執筆機会を提供する，という異色の言論人であった。

　それは，愛山自身が，自ら敬愛した頼襄（山陽）と同様の傾向を持つ人物，すなわち「知識に於てこそ極めて改革的進歩的の男子なりしなれ情に於ては極めて保守的の人物」（「頼襄を論ず」）であったためなのかもしれない。しかし，頼山陽が，期せずして「封建社会革命」を先導したのに対し，愛山は，革新者たらんとしながら，むしろ心情的ナショナリズムに絡め取られていったことは否めない。

6　言論による社会改革という理想と限界

　それでも，徳富蘇峰がやがて政界へ転身し「変節」と批判されたのに対し，生涯を在野のジャーナリストとして全うした点に，愛山の「独立」の気概をみることができる。そして，その「独立」への気概は，すでに見たように，島田の姿勢からもうかがうことができる。

　島田三郎と山路愛山，この二人のジャーナリストは，キリスト教という出発点を同じくしながら，わずかな世代経験の差と，おそらくはそれに由来する「欧米」に対する立ち位置の違い，そしてそれぞれの個性によって独自の道をたどっていった。しかしその根底において目指されていたもの，それは「言論」の独自の価値であり，それによる社会変革であった。そしてそれは，キリスト教の信仰からというよりは，むしろ欧米における道徳に基づいた社会改良実践から「明治

の青年」が学んだことだった。

　しかしながら，ジャーナリズムの機能が，「事実報道」に収斂されていく中で，新聞は必ずしも「道徳」を盛る器として適切なメディアではなくなっていた。

　彼らの「言論」に欠けていたもの，それは皮肉にもキリスト教に学んだ「道徳」からの「独立」だったのではあるまいか。

◆　参考文献
＜島田三郎＞
『木下尚江著作集　第15巻　島田三郎伝』明治文献，1973年
高橋昌郎「島田三郎篇」西田長寿編『明治文学全集91　明治新聞人文学集』筑摩書房，1979年
　　　　　『島田三郎伝』まほろば書房，1988年
島田三郎全集編集委員会編『島田三郎全集』第1～7巻，竜渓書舎，1989年
山本武利『新聞記者の誕生——日本のメディアをつくった人びと』新曜社，1991年
井上徹英『島田三郎と近代日本——孤高の自由主義者』明石書店，1991年
＜山路愛山＞
昭和女子大学近代文学研究室編『近代文学研究叢書第16巻　山路愛山』昭和女子大学光葉会，1961年
色川大吉『明治の文化』岩波書店，1970年
信濃毎日新聞社編『信濃毎日新聞に見る百十年　明治・大正編』信濃毎日新聞社，1983年
岡利郎編『民友社思想文学叢書第2巻・第3巻　山路愛山集1，2』三一書房，1983年，1985年
隅谷三喜男責任編集『日本の名著40　徳富蘇峰・山路愛山』中央公論社，1984年
坂本多加雄『人物叢書　山路愛山』吉川弘文館，1988年
岡利郎『山路愛山——史論家と政論家のあいだ』研文出版，1998年
藪禎子・吉田正信・出原隆俊校注『新日本古典文学大系明治編26　キリスト者評論集』岩波書店，2002年
伊藤雄志『ナショナリズムと歴史論争——山路愛山とその時代』風間書房，2005年
岡田章子『「女学雑誌」と欧化——キリスト教知識人と女学生のメディア空間』森話社，2013年

［岡田章子］

第8章　池辺三山
—— 東京朝日新聞を飛躍・発展させたサラリーマン主筆

［いけべ・さんざん］元治元年 2 月，熊本に生まれる（本名吉太郎）。1888年末から翌年末にかけて『経世新報』編集長を務める。1892年から95年にかけてパリ滞在。1896年末，大阪朝日新聞主筆となり，その後，東京朝日新聞主筆との兼務を経て，東京朝日新聞主筆専任となる。1911年 9 月，退社。1912年 2 月，死去。著書に『明治維新三代政治家』（新潮文庫，1943年，のちに中公文庫，1975年），『巴里通信』（全国書房，1943年，のちに朝日文庫，1951年）。

　池辺三山は，東京朝日新聞主筆を務め，東京朝日新聞を20世紀初頭，東京府下の有力紙に育てた人物として知られている。池辺は，筆が立つだけでなく，明治を代表する文豪夏目漱石を日露戦後，朝日新聞社の専属作家として入社させるなど，編集プロデューサーとしての手腕にも長けていた。また，池辺は徳富蘇峰や陸羯南と同じく政治に深い関心を持ち，品川弥二郎，近衛篤麿，桂太郎ら政界の要人とも交遊を持った明治後期を代表する新聞記者であった。

1　ジャーナリストになるまで

（1）熊本が生んだ明治期の代表的ジャーナリスト

　元治元年（1864） 2 月 5 日，池辺三山（本名吉太郎）は熊本藩士池辺吉十郎，世喜の長男として熊本城下で生まれた。池辺家は肥後54万石の所領を有す細川家に仕え，禄高は200石であった。熊本藩士の家系という出自は，のちに三山の人生の岐路において重要な意味を持つことになる。

　三山が生まれる前年の文久 3 年（1863） 1 月25日，水俣村で名字帯刀を許された大庄屋徳富一敬の長男として，徳富蘇峰（本名猪一郎）が生まれた。明治期の代表的なジャーナリストである徳富と池辺は，くしくも同時期に肥後国に生まれたのである。のちに徳富は『国民新聞』のオーナー兼主筆として，池辺は『東京朝日新聞』のサラーリマン主筆として，互いに首都東京で筆鋒を競い合うことになる。

（2）西南戦争と父吉十郎の刑死

　池辺吉十郎は維新後，玉名郡代，熊本藩少参事などを務め，廃藩置県の翌年の1872年（明治5），玉名郡横島村に一家を挙げて移住した。農業で生計を立てるためである。同村で吉十郎は，小学校教員を務めながら，私塾横島塾を開いた。吉十郎は教育者として，新生日本の未来を託す人材の育成に，人生の後半生を捧げようとしたのである。吉太郎も横島塾に入り，父から論語や十八史略などの中国の古典や歴史を学んだ。

　しかし，1877年（明治10）に起きた明治政府を震撼させた最後にして，最大規模の不平士族反乱である西南戦争は，池辺家に過酷な運命をもたらすこととなった。吉十郎が熊本隊を結成し，西郷隆盛率いる反政府軍の一員に加わったからである。吉十郎は投降ののち，長崎で処刑される。池辺家の命運は，長男である吉太郎の肩に大きくのしかかることとなった。

（3）苦学

　西南戦争の翌年の1878年（明治11），吉太郎は亡父吉十郎の友人で，元熊本藩儒の国友古照軒の私塾に入った。ちなみに古照軒の息子重章は，その後ジャーナリストとなり，佐々友房や近衛篤麿の周辺で対外硬運動に従事する。また，吉太郎にジャーナリズムの世界に本格的に入るきっかけを与えた。

　1881年（明治14）1月，亡父の友人で明治政府の官僚を務める鎌田景弼の援助で上京し，中村正直の私塾同人社に入った。その後，慶応義塾に転じたものの，学資が続かず，1883年（明治16）には帰郷することとなった。帰郷後，当時佐賀県令（現・佐賀県知事）を務めていた鎌田の誘いで，佐賀県学務課に勤務し，生計を立てることとなった。

　1884年（明治17），池辺に旧藩主の細川家が熊本出身の在京学生の学寮として建てた有斐学舎の舎監の話が舞い込み，池辺は再度上京の途に就いたのである。

2　ジャーナリストとしての出発

（1）東海散士との出会い

　池辺がジャーナリズムの世界と関わりをもつに至ったのは，『山梨日日新聞』に論説を寄稿したことに始まる。1887年（明治20）9月から翌年8月にかけて，

池辺は同紙に論説を寄稿した。なかでも注目されるのが，1888年（明治21）1月に連載された「新聞記者の地位」である（日本近代文学館編『文学者の日記1　池辺三山日記（1）』博文館新社，2001，23〜34頁）。ここでは，新聞記者が局外に立って，世事を冷静に見る必要が説かれている。この姿勢は，ジャーナリストとしての池辺の生涯を貫くものであった。

　ジャーナリストしての次なる転機は，友人国友重章を介して東海散士の筆名で知られる柴四朗の知遇を得たことである。池辺は，柴が大阪で創刊する政論雑誌『経世評論』（1888年12月創刊）の編集長を柴から依頼され，これを受諾した。池辺は大阪で同誌の編集業務に従事したが，この経験はのちに東京朝日新聞の主筆として同紙の編集業務全般を監督するうえで役立つことになる。しかし，同誌の経営は苦しく，国会が開設される1890年（明治23）1月，池辺は『経世評論』を去り，東京に戻った。

（2）陸羯南との出会い

　東京に戻った池辺は，陸羯南の『日本』に論稿をしばしば載せるようになった。池辺が陸を知るようになった正確な時期を特定するのは困難である。池辺の回顧によれば，「僕を新聞記者にした」人物と断言するほどの存在であった陸との出会いは，陸が『日本』の前身である『東京電報』を創刊した頃（1888年4月創刊）のようである（「陸羯南と余」西田長寿ほか編『陸羯南全集』第10巻，みすず書房，1985，217〜218頁）。

　池辺は，『日本』に論説を時折掲載した。「鉄崑崙」という筆名の初出は，伊藤博文，井上馨，大隈重信を「眼外」に捨て去ることが藩閥政府，民党ともに必要だと訴えた1891年（明治24）11月24日の論説「眼外に排去せよ」においてである。これ以降，第二回総選挙において選挙干渉を行った知事に代わって，良質の人材を後任に据えるべきだと訴えた翌年3月2日の「良二千石」まで，池辺はしばしば論説を執筆した。

（3）西洋社会との出会いと「巴里通信」

　1892年（明治25），熊本の旧藩主細川護久の世子護成の輔導役として渡仏する話が池辺に舞い込んだ。当時，渡欧には莫大な費用がかかり，当時の池辺の経済状況では到底できない相談であった。池辺にとって，この話はまたとない好機とな

った。だが，故郷の母をはじめとする家族のことや自身がフランス語を身につけ
ていないこともあって，池辺は躊躇した。逡巡の末，池辺はこの話を受諾し，5
月22日，横浜を出港した。

　形だけの輔導役であったため，池辺のパリでの生活は自由であった。フランス
語は，カフェで新聞を読むことで次第に身につけていった。池辺は，西洋の知識
を大学等で体系的に学ぶことはなかった。だが，池辺は「社会の鑑」である新聞
を読みふけることで語学（フランス語や英語）を習得し，さらに西洋のさまざまな
事情を深く知るに至ったのである。

　1894年（明治27）7月以降，池辺は鉄崑崙の筆名で『日本』に「巴里通信」と
題する記事を書き始めた。欧州のメディアが日清戦争や日清戦後の東アジア情勢
をどのように見ているかを伝える「巴里通信」は，国際ニュースの先駆けであり，
読者の好評を博した。

　池辺のパリでの生活は細川護成が病気で帰国することになったため，終わりを
迎えた。1895年（明治28）11月，池辺は，3年ぶりに日本の土を踏んだ。

3　東京朝日新聞発展の立役者

（1）大阪朝日入社

　1896年（明治29）4月8日，鉄崑崙の筆名で，1千万円の軍事公債募集に対し，
全国で約160万円しか応募がなかった理由を分析した「経済上愛国心の作用」が
『日本』に掲載された。池辺は再び『日本』の論説執筆陣の一員に加わったので
ある。

　ところで，1896年から97年にかけて，池辺は国民協会の領袖品川弥二郎の許に
出入りしていたようである。国友と同じく池辺の親友であった佐々友房（国民協
会の幹部）に品川が宛てた書翰によると，佐々の後任に池辺を熊本から出馬させ
る動きがあったようである（1896年11月6日付書翰，国立国会図書館憲政資料室所蔵
「佐々友房関係文書」）。結局，池辺が政界に出ることはなかったが，従来知られて
いない事実だけに注目に値する。

　また，品川が伊藤に宛てた書翰でも，池辺は佐々の親友であること，新聞に
「無茶苦茶」な記事を書くような「普通の新聞屋」ではなく，「秘密は秘密として
十分守る男」だと紹介している（1897年10月8日付伊藤宛品川書翰，伊藤博文関係文

書研究会編『伊藤博文関係文書　五』塙書房，1977，256頁）。のちに桂太郎に接近したことに鑑みても，池辺はジャーナリストとしての本分さえわきまえれば，すなわち取材源に対する守秘義務さえ守れば，政治家に接近し，政治家からインサイダーの情報を得ることを躊躇することはなかった。必要とあれば，むしろ積極的に行ったのである。

　さて，1896年10月，第2次松方内閣が誕生すると，内閣書記官長に大阪朝日新聞主筆の高橋健三が就任した。そのため，同紙の主筆の座が空席となった。そこで，高橋の知己である柴四朗と陸羯南は，池辺をその後釜に強く推した。こうして池辺は同年12月，大阪朝日新聞社に入社し，主筆を務めることとなったのである。

　1897年（明治30）8月，池辺は大阪朝日主筆のまま，東京朝日新聞に論説を掲載するようになり，同年12月，東京朝日の主筆を兼務するに至った。

（2）東京朝日の飛躍とサラリーマン主筆の面目

　1898年（明治31），池辺は東京朝日の主筆に専念することとなった。関西では，大阪朝日は大阪毎日とともに二強時代を迎えていた。しかし，1888年（明治21）7月創刊の東京朝日は，老舗の報知新聞や新興の萬朝報をはじめとする東京府下の有力紙の後塵を拝していた。そこで，オーナーの村山龍平や上野理一社長は東京朝日の紙面を強化し，それによって部数の拡大を図るという戦略を取った。

　事実，池辺が東京朝日の主筆を務めて以降，東京朝日の部数は増大し，日露戦争前後には東京府下の有力紙の一つに数えられるようになった。池辺が書いた東京朝日の論説はくせのない平易な文体で書かれ，論旨をつかみやすいものが多い。弟に宛てた書翰のなかで，池辺は「漢文体ハ嫌ニテ成ル可クハ日本文体」で文章を書くことを心がけていると述べている（1897年4月19日付今戸穣三郎宛池辺三山書翰，日本近代文学館編『文学者の日記3　池辺二山（3）』博文館新社，2003，40頁）。

　ジャーナリストとして池辺に対する同時代の評価は，以下のようなものであった。フランス仕込みにもかかわらず，「ハイカラー流の弊」がなく，「深沈寡黙」で，文章や議論に見るべきものがある（無名氏『警世之木鐸　新聞記者』1902，山本武利・有山輝雄監修『新聞史資料集成　第4巻　新聞論Ⅱ』ゆまに書房，1995，334〜335頁）。池辺の論説は日々洗練を増しつつあり，またテーマの論点を捉えるのが巧みである（鳥谷部春汀「当今の新聞記者」『太陽』第9巻1号，1903年1月，48頁）。

　ところで，池辺の対外認識を考えるうえで留意しなければならないのは，日清戦後の対外硬運動の精神的支柱ともいうべき近衛篤麿との関わりである。池辺は，近衛が1898年（明治31）に設立した東亜同文会に参加したほか，近衛が会長を務める東邦協会にも参加した。

　さて，同郷の徳富蘇峰も，日清戦後，松方正義や山県有朋，桂太郎ら藩閥政治家への接近を試み，政治の世界へ深入りしていった。とりわけ1901年（明治34）に桂内閣が誕生すると，国民新聞は桂内閣の「御用新聞」としての性格を強めていった。これに対し，池辺も日英同盟の締結を実現した桂内閣を評価し，桂首相や小村外相ら内閣の面々や桂の後ろ盾である元老山県への接近を試みていく。

　日露開戦前夜，徳富蘇峰は『国民新聞』紙上で，日露交渉による満韓交換を主張したのに対し，池辺は1903年（明治36）6月27日付『東京朝日新聞』社説でこれを批判した。池辺は東京朝日で主戦論の立場から議論を展開していくが，こうしたところに池辺の「対外硬」気質が色濃く見られる。ただし，池辺の議論は当時において決して異端ではなく，むしろ主流であったのである。

　池辺と徳富の決定的な分岐点は，ポーツマス講和条約をめぐってである。徳富は日本の国力を鑑みて，ロシアから賠償金が獲得できなくても講和が成立するのであれば，それはやむを得ないこととして受け入れるほかにないと判断した。一方，池辺は，国民の大半が反対するこのような講和条約を支持することはできないとして，桂内閣と全面対決する決意を固めた。池辺は桂を見限り，『東京朝日新聞』で桂内閣批判を繰り広げるのである。

　オーナー主筆の徳富と異なり，池辺はサラリーマン主筆である。徳富のように，自分が筆鋒をふるう場所はあらかじめ用意されているわけではない。サラリーマン主筆である以上，朝日の読者のことを第一に考えざるを得なかった側面もあったに違いない。それゆえ是非はさておき，池辺としては国民の反発が強いポーツマス講和に対し賛成の立場を打ち出すことはできなかったのである。

　こうして，ポーツマス講和を擁護した国民新聞は民衆の憎悪の的となり，国民新聞社は暴徒と化した民衆に襲撃された。そして，日露戦争期に急増した部数が激減の途をたどる。一方，反桂内閣へと路線を全面転換した『東京朝日新聞』は，9月9日から15日間の発行停止の処分を受けることとなったのである。

　日露戦後も，東京朝日は池辺の牽引のもと，順調に部数を拡大していた。池辺は，社内において自らの考えを押し付けることはなく，部下たちに自由に伸び伸

びと仕事をさせる放任主義であった。例えば，当時東京帝国大学講師であった夏目漱石を1907年（明治40）に三顧の礼をもって入社させると，漱石に自由に健筆をふるわせた。それゆえ，池辺は編集局内において「大小天狗の横行を看過し，更に何等の統治も之に加へざるものゝ如し」，渋川玄耳や夏目漱石ら「一種の奇才」が割拠し，各々勝手に気炎を吐いている，と山路愛山に評されたのである。

　また山路は，朝日の論調は「穏健」で，常識から逸脱しないので，国民を正しい方向に誘導する案内者のような存在であると評している（以上「東京の新聞記者及び新聞経営者」『太陽』第16巻第3号，1910年3月，45頁）。池辺が書いた東京朝日の社説を読み進めていくと，この山路の評価は妥当なものといわざるを得ない。池辺が目指したのは，現在でいうところの「穏健保守」の論調といえよう。

　ところで，1908年（明治41）7月に成立した第二次桂内閣の財政整理方針に対し，池辺は8月29日から31日にかけての社説で好意的な反応を示した。そのため，社内で池辺の桂への再接近と見なされ，物議を醸すことになった（朝日新聞百年史編集委員会編『朝日新聞社史　明治編』朝日新聞社，1995，511頁）。だが，池辺の性格を鑑みると，日露戦後の恐慌下，財政整理という難題に政治生命を賭ける桂に対し，池辺は是々非々の立場から好意的な評価を下したと考えるのが妥当ではないか，と思われる。

（3）朝日退社と史論家へ

　1911年（明治44）9月，池辺は朝日を退社する。池辺の退社理由については諸説あるが，おそらく理由は一つではなく，南極探検計画をめぐって村山龍平社主や上野理一社長と齟齬をきたしたことや，文芸欄の存続をめぐる社内対立など複合的な要因が重なってのことであろう。また，いくら東京朝日の主筆とはいえ，所詮サラリーマンであることに変わりはない。日々時間に追われ，紙幅の余裕のない新聞では十分に書きつくせないことは日常茶飯事である。池辺は，腰を据えてじっくりと考えた原稿を書きたいという欲求にかられたことも，朝日退社の一因ではないだろうか。

　池辺は，明治末年に「大久保利通論」，「伊藤博文論」，「岩倉具視論」を『中央公論』に掲載し，読者の好評を博した。これらは，単なる人物論ではなく，現代史・同時代史としての幕末維新論であった。池辺は新聞記者としての名声に加え，史論家としての名声を新たに獲得したのである。そうした矢先，池辺は心臓疾患

で1912年（明治45）2月28日急逝した。

　徳富蘇峰は，追悼談のなかで，池辺を「天性の新聞記者」と評した。それは，池辺が如何なる時も「第三者の態度」を失わず，新聞記者の視点で物事の「是非得失」を判断したからである（『東京朝日新聞』1912年3月1日）。ただし，池辺と現実政治との関わりはまだまだ未解明な部分が多く，この徳富の評価は割り引いて考える必要があろう。これに対し，三宅雪嶺は，家系からいって君は今の徳富のような保守主義者になるはずだったのに，パリで教育を受けたために「反対の方面に進んだ」と池辺を表し，保守党で政治活動を開始し，その後自由党の党首となったイギリスの「自由主義」政治家グラッドストーンの軌跡になぞらえた（前掲『東京朝日新聞』）。これは的を射た評価といえる。

　池辺は，生涯の約三分の一を朝日新聞社で過ごし，一代で東京朝日を東京府下の有力紙に押し上げた。その結果，東京朝日は日本を代表する新聞の一つとして国内外で認知されるに至った。池辺はサラリーマン主筆として，その職務を十二分に果たしたのである。

◆　参考文献

久木東海男「池辺三山」久保田辰彦編『廿一先覚記者伝』大阪毎日新聞社，1930年（日本図書センター復刻，1991年）

笠信太郎「池辺三山」『三代言論人集』第6巻，時事通信社，1963年

内田健三「池辺三山」粕谷一希編『言論は日本を動かす7　言論を演出する』講談社，1985年

花立三郎「池辺三山」田中浩編『近代日本のジャーナリスト』御茶の水書房，1987年

池田一郎・富永健一『池辺三山――ジャーナリストの誕生』みすず書房，1989年

朝日新聞百年史編修委員会編『朝日新聞社史　明治編』朝日新聞社，1995年

有山輝雄『近代日本ジャーナリズムの構造――大阪朝日新聞白虹事件前後』東京出版，1995年

日本近代文学館編『文学者の日記1〜3　池辺三山(1)〜(3)』博文館新社，2001〜03年

小宮一夫「日露戦争期のメディアと政治」東アジア近代史学会編『日露戦争と東アジア世界』ゆまに書房，2008年

[小宮一夫]

第Ⅱ部

大正期
──デモクラシーとジャーナリズムの発展──

◇各人物の活躍した時期

1878（明治11）松崎天民	1934（昭和9）56歳
1891（明治24）村嶋歸之	1965（昭和40）73歳
1880（明治13）山川　均	1958（昭和33）77歳
1890（明治23）山川菊栄	1980（昭和55）89歳
1887（明治20）荒畑寒村	1981（昭和56）93歳
明治5（1872）杉村楚人冠	1945（昭和20）73歳
慶応3（1867）鳥居素川	1928（昭和3）60歳
1875（明治8）長谷川如是閑	1969（昭和44）94歳
1893（明治26）恩田和子	1973（昭和48）79歳
1895（明治28）奥むめお	1997（平成9）101歳
1873（明治6）大沢豊子	1937（昭和9）64歳
1875（明治8）竹中繁子	1968（昭和43）92歳
1883（明治16）小橋三四子	1922（大正11）39歳

（注）　年齢は満年齢

第1章　松崎天民
——社会探訪の名手

[まつざき・てんみん] 1878年5月18日岡山県生まれ。1900年大阪新報社に探訪として入り，記者活動を開始。『大阪朝日新聞』『国民新聞』を経て，1909年に『東京朝日新聞』に移籍，社会部記者として活躍。雑報と小説の中間を行く文体で世相を活写した文章は，『新聞記者修行』『東京の女』（1910）などの本にまとめられ好評を博した。1915年以降は『毎夕新聞』『都新聞』等を転々とした後，1928年『食道楽』主筆。1934年7月22日56歳で病死。

　松崎天民は，高等小学校を2年で中退しただけの学歴しかなく，11歳から丁稚奉公に出て働き，転々として苦労した後にようやく新聞社の探訪となり，やがて社会部の花形記者へと上りつめただけでなく，20世紀初めの日本の都市風俗を描き出し，新しい文体を創出し，時代の記録を残したジャーナリストである。その活動は足尾鉱山のルポから大逆事件，貧民窟，売春婦，精神病院，美食，温泉旅行まで多岐にわたり，また広告のコピーも手がけた。30冊の著書を刊行したが，それらの美しい装丁は，彼の大衆的な人気を物語っている。「天成の新聞記者」と呼ばれ，天真爛漫で大食で浪花節が好きで，直情径行でセンチメンタルで敏腕だがユーモアのある名物記者の足跡をたどってみよう。

1　流転の日々

（1）没落した生家から丁稚奉公へ

　松崎天民は，本名松崎市郎といい，岡山県美作国真島郡垂水村（現・真庭市落合町）で1878年（明治11）5月18日に生まれた。姉二人兄一人はいずれも幼少で亡くなったので戸籍には長男として記され，かわいがられて育った。松崎家は大きな造り酒屋を営む木村家の分家で，蔵が34もあり田畑屋敷を所有する富裕な家だった。祖父・斎三の親戚には，箕作麟祥や菊池大麓などがいたというが，父親・玄五郎は不在がちだった。母親は熱心なキリスト教徒で，のちに実家を教会

堂にするほどであった。天民自身も幼時に洗礼を受けた。彼は「坊ちゃま」と呼ばれて、子守女が二人も付いていた。

　しかし、天民が8歳の時、父親は米相場と株に失敗し、住み慣れた屋敷を手放し、時計屋、次いで菓子屋を営んだ。母の発案で、天民は3里ほど離れた勝山町の私塾に預けられて、しばらくそこから小学校へ通った。毎日夕暮れ時になると、母恋しさに私塾の窓にもたれて声を上げて泣いたという。数ヶ月後に家に戻ったが、1888年（明治21）には、母と5つ下の妹・睦子は神戸に、父と天民は大阪に移り住むという、一家離散の状況に陥った。父親は人造肥料の新製法を試みたらしいが、貧窮のため、天民は学校にも通わせてもらえなかった。1年程大阪にいた後、兵庫湊川で再び家族一緒に暮らすが、1889年（明治22）8月に、数え年12歳で天民は丁稚奉公に出された。

　まず岡山の落合村にあった林家の世話で、大阪東区北久太郎町にある櫛問屋中川に丁稚奉公に出された。しかし、役に立たないと送り返され、落合村の林家の丁稚となった。林家は呉服、荒物、小間物何でも扱う商売で、天民は朝晩店で仕事をし、昼はそこから小学校へ通わせてもらった。天民は店に来ていた『東雲新聞』や『朝日新聞』の三面記事や新聞小説を読み始め、興味を覚えた。宇田川文海、宮崎三昧、岡野半牧、加藤紫芳、西村天囚などの小説家の名を覚えた。この頃、将来は何になると問われて彼は「新聞の雑報を書く」と答えたという。2年後に父母が郷里に戻って再び一緒に暮らし、高等小学校2学年目で中退したのが彼の最終学歴となった。

　その年、1891年（明治24）10月に天民は大阪北区の愛国堂という薬屋に再び丁稚に出たが、2ヶ月程で日本橋の駒村KK薬館に移り、やはり2ヶ月間程でやめて岡山新西大寺の児権薬館に移った。当地の『山陽新報』や『岡山日報』の記者に憧れたが、1892年（明治25）夏に脚気のために帰郷、1ヶ月ほど治療した後に、天秤棒を担いで煮干しや塩鯖、ランプのホヤ、マッチなどを売り歩く行商人になり、日に7、8銭を稼いだ。この年の11月に母親が他界した。翌年、隣村の瀬田河村役場に受付兼小使の職を得たが、すでに「小説家になろう、然らずんば新聞記者になる」と志していた天民は、母校の小学校の校長が貸本屋を始めると、それを手伝い貸本屋の行商を始めたが、思った程収入が得られず、再び役場の書記兼小使に戻り、尾崎紅葉、幸田露伴、黒岩涙香、江見水蔭などの小説を読みふけり、『山陽新報』などに新体詩や俳句などを投稿するようになった。

　1894年（明治27）日清戦争の頃，天民は岡山の薬局に奉公に出たが，山陽新報社や岡山日報社を訪ねて就職口を探したが，「日本外史も読めないようでは」と言われ，恥ずかしい思いをした。やがて店にいられなくなって京都へ行き，堀又三郎という知人の世話になった。牛乳屋で配達を手伝ったり，朝日館という写真屋で受付などをするかたわら，当時京都で開催されていた第三回内国勧業博覧会を見たり，鴨川あたりを散策して島崎藤村の詩を吟じたりした。この頃には民友社と徳富蘇峰の名を知り，『国民叢書』に傾倒した。しかし，重い脚気を患い，1895年（明治28）の秋に岡山の故郷にまた戻った。

（2）初めての上京と工場勤務

　落合町の村役場に日給12銭の臨時雇で勤めていた天民に，東京にいる同郷の友人から上京の誘いの手紙が来たのは，1897年（明治30）9月だった。父親が絹布の夜具を質入れして工面した旅費で，翌月天民は初めて東京へ出かけた。同郷人のツテで日本橋呉服町にあった労働組合期成会の事務所の書記として勤める始めた。片山潜や高野房太郎を中心に，その年の7月に結成されたばかりの組織であり，月給は8円だった。神田今川小路の下宿から歩いて通ったが，1ヶ月ほどで手紙で免職された。そこでいくつもの新聞社を回って口を探した末に，毎日新聞社（現在の毎日新聞とは別）の発送係に面談して，日給23銭の新聞配達の仕事に就いた。しかし，136部の新聞を午前1時から配る作業は，近眼と空腹に悩まされ，睡魔に負けてしまう天民にはきつい仕事で誤配も絶えず，3週間ほどで辞めてしまった。

　困窮した天民は，民友社に入り蘇峰先生の門下になりたいという，上京当初の願いを叶えるべくツテを頼り，同年12月に民友社の小使という職を得た。月給は6円で，掃除，書籍の荷造りや発送，『国民之友』『家庭雑誌』などの雑誌の鉄道送りや近辺への配達，印刷所への原稿運び，弁当の注文などの雑用であった。当時を回想した「民友社の小使い」という記事には，国民新聞社内の様子，徳富蘇峰や草野茂松などの編集陣のエピソードなどが克明に記録されている。だが小説家の書生になって学びたいと考えていた天民は，このままいても希望がないと翌年3月には欠勤がちになり，解雇されてしまう。

　次いで苦学する書生のための敢当学舎という人力車の営業所に行って，天民は人力車夫となる。しかし1週間もたたないうちに病で入院，2ヶ月程して帰郷を

決意した。しかし岡山へは戻らず，京都で再び堀又三郎の世話になった。そして翌年秋から約半年，京都東山馬町の村井兄弟商会のたばこ工場に勤務した。職工たちに混じって荷車を引いたりもした。だが事業縮小で解雇され，今度は堀が支配人を務めていた関西貿易合資会社のブラシ工場に就職した。月給は8円で，輸出用ブラシの仕分け係だった。しかし天民は小説家になる夢をあきらめず，暇があるたびに新聞や雑誌を読み，作文を書いたりしていた。

2　大阪での記者時代

（1）大阪新報社の探訪に

　1900年（明治33）4月，文壇の消息欄に民友社で知った角田浩々歌客が，大阪朝日新聞社に入ったとの記事を読み，電話をかけた。浩々歌客は天民のことを覚えていて，記者になりたい旨を話すと，当時『大阪毎日新聞』にいた薄田泣菫や菊池幽芳，『大阪朝日新聞』にいた須藤南翠に引き合わせ，また当時の大阪の文学青年たちの拠点になっていた出版社・金尾文淵堂の社主・金尾種次郎にも紹介した。この集まりに加えられたことで，天民の運は開けた。同年8月10日，大阪で三番手の『大阪新報』に，22歳の天民は探訪として入社した。「探訪」とは，市役所や警察や劇場，花街など外を回って情報を聞き込み取材してくる者で，「種取り」とも「外勤」とも呼ばれた。その材料を聞いて「内勤」と呼ばれる「記者」が記事に書いた。記者は先生と呼ばれる知識人であり，探訪は文字を知らない非知識人でも勤まる職として，別の階級として扱われ給料も差別されていた。

　天民は，まず実業部の探訪となったが，いま一つ興味が湧かず，社会部に回されて，結城禮一郎（桂陵）の下で編集と探訪の仕事を教えこまれた。月給も10円から17円へと順調に昇給し，1901年（明治34）5月には，同じ岡山出身のさく子と見合い結婚し，翌年11月には長男哲郎も生まれた。しかし，新聞社の仕事に喜びを感じながらも，天民は満足していなかった。金尾文淵堂が1900年（明治33）10月に創刊した雑誌『小天地』に，天民は翌年5月からルポルタージュを発表し始め，その一つ「新聞社の探訪」で，品性のない幇間のような探訪員の多いことを嘆き，その仕事の問題点を次のように批判的に述べた。

　　……日本の新聞事業は未だ幼稚なもので，探訪員の取ってきた種を，内勤記
　　者が筆の先で事を誇大にしたり，又は其種の生命ともいふべき処を抹殺してし
　　まふことがあるが，自分は密かに思ふ。今後一年三年と追々新聞事業の発達す
　　るに連れて，今までの無学な探訪員は淘汰されてしまい，さらに内勤記者が探
　　訪に出掛けて，自分で種を取り，自分で文を作るようになるであらうと。……

　実際，日露戦争以降，記者と探訪，内勤と外勤の区別は消滅し，自分で取材し
て記事を書く記者がふつうになり，「三面記者」は「社会部記者」として地位を
確立していく。その変化のただ中を天民は歩んでいった。彼の初期のルポルター
ジュは，「人力車夫」「新聞配達」「民友社の小使い」といった貧しい時代の経験
を語ったものから，「大阪精神病院」「木賃宿」「京都盲唖院を訪ふ」といった下
層や底辺社会に取材したものであった。これは松原岩五郎『最暗黒の東京』（民
友社，1893）や横山源之助『日本之下層社会』（教文館，1899）などの影響を受けた
ルポルタージュの一部とみなされよう。一方で，彼は渡辺霞亭の宅で代作を試み
たり，文学に対する情熱を持ち続けていた。

（2）『大阪朝日』で日露戦争の取材

　1902年（明治35）12月末に『大阪新報』を退社して，天民は『大阪朝日新聞』
に入社した。当時土佐堀にあった『大阪朝日』の編集局は，小さな新聞社から来
た天民から見れば，西村天囚，本多精一，鳥居素川といった才子ひしめく大所帯
であった。月給18円で入社した天民は，約4年間『大阪朝日』の社会部で働き，
月給30円にまで昇給したが，この間に起きた日露戦争が新聞そのもののあり方を
大きく変動させた。記者の業務も，それまでは夜の7時頃が最終の編集締切で，
ふつうは夕方の5時頃になると編集局は閑散となるという，のんびりしたものだ
ったが，日露戦争が始まって以降は，号外や夕刊を出すため，夜中の12時や1時
が締切になり，記者は時間に追われるようになる。戦地に特派される従軍記者や
通信員にならなかった天民も，飛び回って戦死者の遺族を取材したりした。中に
は「名誉の戦死」と記事に書いた曹長が生還してくるという失敗もあったという。
　日露戦後の講和反対運動では，鳥居素川らが中心になって組織された演説隊に
連なって，天民も生まれて初めて政談演説をしたが，開口一番「日本帝国のため
に，我々同胞のために，高い高い血の税を払った所謂名誉の戦死者の霊は何うし

て慰められるでせうか……」と卓を叩いて叫んだのみで，おいおいと泣き出し，十分間も演壇に立ち往生する失態を演じたという。また，関西で浮かれ節と言った浪花節を新聞紙上にいち早く紹介したのは天民だった。天民は終生，浪花節を愛して口ずさんだ。しかし，日露戦争後，天民は北の新地の女にのめり込み，放蕩するようになった。1906年（明治39）3月に次男達郎が生まれ，7月に父親が死去しても，放蕩は止まなかった。

3　東京での記者時代

（1）『国民新聞』で足尾銅山を取材

　転機となったのは東京への移籍である。1906年（明治39）11月16日『国民新聞』に月給40円で招かれ，天民は東京へ赴いた。10年ぶりで来た国民新聞社は，日露戦争後の講和条約問題で政府方針を支持したため焼き討ちにあい，発行部数も急落していた。そこで一時社を離れていた結城禮一郎が呼び戻され，「国民新聞調子低下運動」と称する大衆化改革を始めていた。この結城の下で天民は再び働くことになり，まず「探訪日記」と題する連載を任された。その最初の命令は，浅草公園の水族館で鰐が子を産んだという話題を取材することで，それが立派な一つの記事となったのを見て，「大きな問題や事件にのみ，記事価があるのではなくて，何んな小さな出来事でも，取扱ひ方と表現の方法一つで，独立したニュース価が出来る所以を，私は実地に就いて教えられたような気持ちがした」と天民は語っている。次いで彼は「木賃宿通信」を連載した。深川の富川町の木賃宿街に実際に泊まり，実態をつぶさに観察したルポルタージュである。彼は吉原や私娼窟にも足を運び，同僚の永井鳳仙と食べ歩きを楽しむようになった。

　翌年早々，足尾銅山で坑夫の暴動事件が起こり軍隊が出動する事態となった。各社が記者を派遣し，天民も『国民新聞』の二番手として特派された。事件はあらかた終わっていたが，天民は飯場の焼け跡に行き，さらに実際に坑道に入り坑夫の仕事を体験する。そして坑夫の生活や健康状態について，具体的数字を交えながら，しかし共感を失わずに，見聞したところを平明に表現している。その一部を引用しよう。

　　……暗黒の坑内で三年以上も稼いで居る者は，消化器官を病むに次いで，呼

吸器病を煩ふやうになる。咽喉部に重い鉛のやうな毒がかたまって，呼吸が急しくなり，黒色の痰汁が出るやうになる。斯て重い肺病になって，淋しい病床に血を吐て死ぬる者，一年に百名以上有るに至っては，更に凄惨の極である。坑夫や堀子にして此の病に罹る者を，彼等は呼で「よろけ」と言ふ。「よろけに罹っちゃ，南無阿弥陀仏ぢゃ」と，昨日其の友を葬りし者，明日は又其の友に葬らる。……

　同年6月に谷中村の強制破壊が実行された時も天民は記事を書いた。当時『平民新聞』記者だった荒畑寒村の『谷中村滅亡史』と較べると，その文体の柔らかい平明さは際だつ。漢文体から脱した，大衆紙時代の新しい文体を天民は創造しつつあった。

（2）『東京朝日新聞』で大逆事件を報道する

　1909年（明治42）1月天民は同僚の田井羊公と国民新聞社を去り，『東京朝日新聞』へ移った。2年前から，主筆の池辺三山と社会部長・渋川玄耳は探訪員制度を廃止，大学卒の記者採用を始めていたが，この年から警察を回って事件を警戒する「市内通報員」を採用し，その中に天民も加えられた。社会部員採用の際，通報員として6ヶ月間試用し，"サツまわり"からたたき上げる慣例がこの時から始まったという。

　当時の『東京朝日』編集部には，松山忠次郎，杉村楚人冠，桐生悠々，山本笑月，水谷幻花，美土路昌一など錚々たる顔ぶれが集まっていた。そのなかで，月給60円を支給された31歳の天民が手がけた最初のまとまった仕事は，「東京の女」という連載である。跡見女学校の出身ながら帝国劇場の技芸学校に入り女優を目指す森律子から始まって，与謝野晶子，脚本作家・長谷川時雨，女医・鷲山彌生，女義太夫，鉄道の出札係，売春婦，白木屋などの女店員，電話交換手，尼僧，新橋の芸妓，御料たばこの女工，牧師夫人，産婆，大山元帥夫人，赤十字看護婦，下田歌子，社会主義者の菅野須賀子まで，有名無名の東京の女性たちにインタビューした「訪問記事」で，大きく変化しつつある当時の女性たちを描いた出色のリポートである。1910年（明治43）1月に本にまとめられたが，その文章は簡潔で生き生きとしている。同年5月には，それまでの記事を集めた『新聞記者修行』を刊行した。すでに天民は，新聞社の三面記者採用で「汝は松崎天民を知れ

りや」という試験問題が出されたと噂されるほど，有名な記者になっていた。

　同月大逆事件が起き，翌年1月事件の有罪者の死刑が執行された。天民はその公判廷と死刑後の死体引取りの模様を記事にした。その「悽愴たる火葬場」の一節を引用しよう。

　　……火葬場内仏壇の前に列べたる三個の棺側には引取の人々立って竈の中へ納めんとする間一髪の所へ内山愚童の実弟内山正次立ちふさがり「この棺の中の佛が兄に違いないか，弟として一目見たい，死だ者に罪はない，この蓋を開けてくれ，誰が止めても俺は見る」とキツとなり火葬場の人夫に大金槌を持て来させたり。人間の死骸を焼く一種の臭気漲りて夜気陰森，悽愴の気場の内外を襲ふ。立会の巡査も黙視するの他なき，此の時内山正次と人夫とは大金槌と大鑿を振って棺の蓋を砕き，その半を開きたる利那の光景よ，逆徒内山愚童は三分刈りの頭髪短く曾ては法廷に於て微笑みし面影はたずねるによしも無し。蒼白の顔，瞑せし眼，堅く結びし唇など，真に善人の相貌あり。棺の一隅に白布もて造れる枕やうの物を入れたる上に頭をのせたる様，もはや悪人でも何でも無し，正次は一分，二分，三分がほど無言の儘見つめ居りしが「あゝ兄だ，苦しまずに往生しています，これで私も得心しました，立派な死に顔だ」と云い終わるや急いで蓋に釘付けし棺車の上に載せて竈に送りしが轍の音ゴロゝゝと高く夜陰に響いて物凄さ名状すべからず空には星一つ飛べり。……

　同じ社にいた石川啄木は，すぐに「僕は今日までに多くの雑報を読んだが，あの火葬場の一夜ほど，深い感銘を刻まれたものは無い」と葉書を天民に書き送った。彼の文章は事実そのままの記録というよりは，人々の心を動かすべく再構成された文章であった。

　その文学的才能をさらに引き出したのが，『中央公論』の名編集者・滝田樗陰であった。当時の文化サロンであったカフェ・プランタンに毎日出入りしていた天民に会って原稿を依頼した樗陰は，1912年（明治45）2月から『中央公論』に天民の「淪落の女」を掲載した。身を持ち崩した女，売春婦について書簡体を用いて綴ったものである。一流作家の小説に較べれば，観察や描写は浅く，文章も格調高くはなく，批評家には「内容が何もない」と酷評されたが，樗陰は，「兎に角面白い。読者の好奇心をギッシリと摑みながら，売笑婦の群れの前を引張り

廻して，或いは観察したり，同情したり，嗟嘆したり，時には罵倒したりして，終りまで厭きさせない。何処までも気が利いていて，キビキビして居る。文章も一種のリズムを持って，読者の胸を軽く跳らせる所がある。小説と雑報との中を行って，此位面白く器用に書く人は松崎サンの独壇と思ふ」と高く評価した。実際，読者からは非常に歓迎され，「活版所の連中がゲラ刷りを引張廻して輪読した程だといふ」と橷陰は述べている。同年12月に刊行された『淪落の女』も瞬く間に版を重ねた。後に天民は自分の文体を「杉村楚人冠や私の創めた表現法」と呼び，「高級文学と低級読物との中間に位して，実感的興味ある読み物が世に出ん事は，私が年來の志望でもあれば，また努力でもあった」(猪俣平三郎『酒と恋と女』跋文)と述べている。後に中間小説と呼ばれるジャンルを切り開いた新しい作家として天民は売れっ子になった。

4　風俗・食通ジャーナリストとしての後半生

（1）新聞社を転々と

　新聞記者としても作家としても花を咲かせた天民だが，1913年（大正2）9月に妹の睦子を，11月には妻さく子を，ともに腸チフスで失った。三人の男の子を抱えて残された天民は悲しみに打ち沈み，生活も乱れ，結局，1914年（大正3）10月朝日新聞社を辞職してしまう。しばらくの間，銀座の化粧品商・佐々木商店の広告部に雇われながら，『中央公論』『ニコニコ』などの雑誌に寄稿し，『同棲十三年』『万年筆：社会観察』『恋と名と金と』『青い酒と赤い恋』『人間世間』などを著した。この頃に，修禅寺への旅行で知り合った子持ちの未亡人・八重と恋に落ち，1915年（大正4）5月に37歳で結婚した。同月から小野瀬不二人に招かれて『東京毎夕新聞』に月給50円で入社したが，翌年2月には同社を退社，以後，著作を刊行しながら新聞社を転々と替わった。1916年（大正5）6月から1920年（大正9）2月まで『都新聞』，同年11月から月給120円で『二六新報』に入り，1922年（大正11）4月に辞職。同年5月には『大阪新報』に月給150円で入社し，7月に退社。1923年（大正12）関東大震災の後，10月に『山梨民声新聞』の主筆として月給150円で迎えられたが，まもなく辞した。1925年（大正14）から1926年（大正15）は『中央新聞』に勤め，「東京巡礼」や「浅草」「銀座」といった都市のルポルタージュを連載した。現在文庫となって最も手頃に読める天民の著作『銀

座』は，この「銀座」の連載が1927年（昭和2）にガイドブックとして刊行され
たものである。現在では，関東大震災以降，1920年代後半の東京を知る貴重な観
察記録となっている。

（2）『食道楽』主筆として死去

　50歳となった天民は，1928年（昭和3）4月に雑誌『食道楽』の主筆となった。
『食道楽』は明治末に有楽社から発行された月刊誌が有名だが，1927年（昭和2）
9月に食道楽社から創刊された第二期の方である。雑誌の呼び物は，天民が司会
を務める座談会だった。しかし，彼はグルメというよりも御飯の好きな大食家で，
梅干しと漬物があればよいというタイプだった。『京阪喰べある記』（誠文堂，
1930）『三都喰べある記』（誠文堂，1932）など食通本を著すが，1933年（昭和8）
夏に倒れ入院するようになり，1934年（昭和9）7月22日腎臓肥大のため56歳で
死去した。

　天民の死後，『食道楽』だけでなく，業界誌『新聞及新聞記者』でも「天才記
者・松崎天民を惜しむ」という追悼特集が組まれた。そのなかで『中央新聞』で
も机を列べた結城禮一郎は，天成の新聞記者だった天民を雑文家として終わらせ
たのは本当に残念だった，「何々新聞松崎天民という銘旗を棺の前へ立ててやり
たかったと思ふのは決して我輩一人ではあるまい」と，新聞記者としての才を惜
しんだ。30冊の著作を残した天民だが，彼はあくまでも新聞記者としての埒を越
さず，新聞記者の仕事をこよなく愛していた。1930年（昭和5）には「都新聞論」
を『綜合ヂャーナリズム講座』第4巻に寄稿しているが，それは会話体で『都新
聞』を論じるという天民ならではの観察の鋭い見事な文章であり，大衆の目線で
新聞を洞察し続けたジャーナリスト・天民の優れた個性を伝えている。

◆　参考文献
松崎天民『人間秘話――記者懺悔』新作社，1924年
後藤正人監修『松崎天民選集』全10巻，騒人社書局，1927年（クレス出版，2013年複製版）
『新聞及新聞記者』新聞及新聞記者社，1934年9月号
後藤正人『松崎天民の半生涯と探訪記――友愛と正義の社会部記者』和泉書院，2006年
坪内祐三『探訪記者松崎天民』筑摩書房，2011年

［土屋礼子］

第2章　村嶋歸之

——「労農記者」と呼ばれたジャーナリスト

[むらしま・よりゆき] 1891年11月20日，奈良県の郡長・
瀧口歸一の三男として生れる。1917年，『大阪毎日新聞』
紙上に貧困社会のルポルタージュ「ドン底生活」を連載。
賀川豊彦・久留弘三とともに関西労働運動の牽引役の一人
となる。1925年5月，大阪毎日新聞慈善団の嘱託。1937年，
大阪毎日新聞社を退職し，東京で賀川とともに社会事業・
教育事業を行う。戦前・戦後を通して虚弱児のための教育
に人生を捧げた。1965年1月13日，73歳で死去。

　村嶋歸之は大正から昭和に至るまで大阪毎日新聞社を拠点にして活躍した。賀
川豊彦らと関西の労働運動を牽引した知識人層の一人としても知られている。労
働総同盟の第一次分裂のときは高山義三らとともに分裂の阻止に奔走した。

　最初の労農記者と言われ，大阪労働学校，日本農民組合の創立にも寄与した。
彼の社会への関心や執筆は多岐にわたっているが，ここでは労働運動と社会事業，
教育事業との関わりのなかから彼を追ってみることとする。

1　大阪毎日新聞社への入社

（1）足で稼ぐルポルタージュ

　村嶋歸之はのち衆議院議員となる瀧口歸一の三男として1891年（明治24）11月
20日，現在の奈良県桜井市に生まれた。母方の村嶋姓を名乗るのは大学時代であ
る。1911年（明治44），早稲田大学政治経済学科に入学。永井柳太郎（1881〜1944）
に師事し，社会問題への関心を深めていった。しかし，卒業まぎわに結核を発病。
その後，この病気とともに村嶋は激動の時代を生きていくことになる。

　1915年（大正4）6月，村嶋は本山彦一を社長とする大阪毎日新聞社に入社し
た。当時の社会は急激な資本主義化のなかで社会問題が表面化しつつあり，また，
大正デモクラシーが大きなうねりをみせていた。

　『大阪毎日新聞』は『大阪朝日新聞』（以下，『大阪毎日』，『大阪朝日』と略す）と

の販売競争のなかにあり，庶民の関心事の一つである社会問題は大きなテーマであった。1916年（大正5），『大阪朝日』に河上肇（1879～1946）の「貧乏物語」が連載され，大きな反響を呼んだ。しかし，河上の取り上げた貧困はヨーロッパ諸国の貧困であり，日本の貧困ではなかった。翌年，日本の貧困社会を取り上げた村嶋の「ドン底生活」が24回にわたり連載されると，社会問題への関心はさらに高まった。

　「ドン底生活」第1回目は「極貧者」というタイトルで書き出された。当時，「貧民窟」と呼ばれていた大阪市南区広田町（現・浪速区），神戸・新川周辺を中心に村嶋は人々の生活をつぶさに見てまわった。足でかせいだ村嶋のルポルタージュは斬新な文章とともに，写真も多く掲載された。

　本山の「中流を目的として売り拡め」（『松陰本山彦一翁』大阪毎日新聞社，1937年）という主張は，村嶋の活躍の場を，貧困問題や労働問題へと大きく広げていった。おりから1917年（大正6）におこったロシア革命は大きな衝撃を日本の社会に与えた。

（2）人生の報告者

　1917年（大正6），村嶋は『大阪毎日』に「ドン底通信」，『救済研究』に「大阪における同盟罷業」，「女工の寄宿生活」，翌年には『大阪毎日』に「見よ！！このダークサイドを」，「生活不安」を連載していく。大阪府方面委員制度の設置に貢献した小河滋次郎やのち大阪市長となる関一との交流も取材を通して深まっていった。

　大正時代は社会問題の表面化と同時に行政や学問研究の立場からの統計資料が整っていった時期でもあった。村嶋も統計資料を多く使用している。

　村嶋の特徴は「俸給生活者」，「娼妓」，「淫売婦」，「車夫」，「乞食」などのそれぞれの生活を数字だけでなく，生活実態をとらえるなかで描きだそうとしている点である。村嶋は「貧困」にあえぐ人々をルポすることにより，救済事業の発展につながるという考えを持っていた。しかし，彼の眼に映る救済事業はお役所的であり，いまだ遅々としてすすまないものであった。

　1918年（大正7）には『ドン底生活』が，翌年には『生活不安』が出版される。『ドン底生活』が都市の貧困層の実情を描いたのに対し，『生活不安』は物価の高騰に悩み，貧困に大きな恐怖を抱く低所得者層の姿を浮き彫りにした。それは同

時に都市中間層の姿であったともいえる。

『生活不安』に村嶋は本書を「全く断片的な記録の寄せ集めである」とし，「畢竟『人生の報告者』が書き残した古ノートに過ぎない」と述べている。この「人生の報告者」としての姿勢は村嶋の晩年までつらぬかれた。

（3）労働運動との接点

1912年（大正1），統一基督教弘道会の幹事であった鈴木文治が友愛会を結成し，労働者の地位改善を訴え，全国に組織を拡大していった。1915年（大正4），大阪でも支部が結成された。初期の友愛会は冠婚葬祭など会員間の互助が中心となって行われた。村嶋はこうした友愛会にたびたび出入りをし，講演なども行うようになっていく。

支部に出入りするなかで村嶋は友愛会の松岡駒吉や久留弘三と知り合うようになった。労働者からの聞き取りやルポルタージュを重ね，貧困問題や労働者問題の記事を書くようになり，社内でも一目置かれるようになっていった。

2　賀川豊彦と友愛会

（1）労働運動への傾斜

大阪府では小河滋次郎が救済事業嘱託として就任していた。1918年（大正7），小河を中心に救済研究会が立ち上げられた。そのなかにすでにキリスト教社会主義者として活動をはじめていた賀川豊彦もいた。このころ村嶋は「ドン底生活」のなかで描いた貧困問題の解決には労働問題の解決が重要であると考えはじめていた。

米騒動のさなか，村嶋は大阪本社から神戸支局へ移った。神戸には賀川豊彦や東京から友愛会関西出張所主任としてやってきた久留弘二らがいた。神戸聯合の機関紙『新神戸』が発刊され，主筆兼編集長に久留，編集顧問に賀川，村嶋が加わった。『大阪毎日』神戸支局長の岡崎鴻吉は村嶋の労働問題関連記事を歓迎した。

友愛会の成長は著しいものがあった。1919年（大正8），大阪聯合会，神戸聯合会，京都聯合会は友愛会関西労働同盟を立ち上げた。この結成の主唱者は村嶋であった。『新神戸』は関西労働同盟会の機関紙となり『労働者新聞』となった。

（2）サボタージュ

1919年（大正 8）9 月，神戸の川崎造船所では，労働者一万六千人が賃金値上げを要求して最大規模といわれるサボタージュを決行しようとしていた。このサボタージュには村嶋が大きく関わっていた。この戦術を労働者たちに紹介したのは村嶋であったし，労働者たちの会社への「嘆願書」の作成に協力したのも村嶋であった。さらにそのサボタージュを「同盟怠業」と訳し報道していく。

特ダネであった。

彼はサボタージュについて『労働者新聞』（第16号，1919年10月20日付）に署名記事を載せ，この戦術が，工場民主，普通選挙，運動の蓄積などの大きな経験を労働者たちにもたらしたと述べた。

村嶋の労働運動への決意表明とも受け取れるこの記事は多くの労働者への声援でもあった。村嶋はこのころさかんに『労働者新聞』紙上に国際労働会議，工場委員会，団体交渉権など次々と論考を発表していた。

野田律太は1919年の新田造船所（大阪市）のサボタージュを回想するなかで「新聞記事に負けた会社」という文章を書いている。それによると，怠業がおわった帰り道で大阪毎日新聞社の村嶋に会い，詳細に出来事を報告すると次の日には『大阪毎日』に掲載されているという具合であったと述べている（野田律太『労働運動実戦記』文学案内社，1936，171〜174頁）。

すでに新聞が争議のなかで大きな役割を担っていた。

（3）戦前最大のストライキ

1921年（大正10）になると 4 月には大阪電燈株式会社争議，5 月，藤永田造船所の争議がおこった。それはやがて始まる戦前最大の争議であった川崎三菱争議の前哨戦に過ぎなかった。6 月，三菱内燃機株式会社の労働者が会社に組合の主張する団体交渉権，横断的労働組合権などを記した嘆願書を提出した。川崎造船所でも不穏な動きが拡がっていた。久留，賀川の率いる友愛会神戸聯合会はこのなかで中心的役割をした。村嶋自身はこのとき病床にあったが，西宮の村嶋宅にはたびたび労働組合の幹部があつまり，運動方針を相談していた。村嶋は「二万五千人の大罷業に入る直前，争議団幹部と大阪西尾末広氏らの友愛会幹部との秘密会合が余の枕頭で行われた」（村嶋智恵子編・村嶋歸之著『大馬鹿三太郎の生涯』非売品，1991，56〜57頁）と述べている。しかし，3 万 5 千人の労働者が集結した争

議は警察や軍隊の導入により次第に追い詰められていった。

（4）労働運動の分裂

　久留，賀川らおもだった罷業団の幹部が逮捕された。

　多くの労働者は馘首され，運動は過激化していった。このころ村嶋は病床から「病床にて　名誉の闘士諸君へ」（『労働者新聞』第44号）という労働者への呼びかけを行っている。しかし，病床の村嶋には争議団のなかで拡がっていくアナーキーな「雰囲気」や過激な行動は映ってこなかった。労働運動が過激化するつれ，これまで理解をしめしていた『大阪毎日』の神戸支局長・岡崎鴻吉ら知識人たちは一歩，距離をおきはじめた。

　戦後，岡崎は村嶋への手紙で「社内に，賀川危険人物論ありて，沙汰やみとなり，大兄がその連絡係りをつとめて馬鹿を見た昔話」（木村和世『路地裏の社会史』昭和堂，2007，223頁）などからも推測できるように村嶋の社内での立場は微妙なものになっていた。すでに村嶋は官憲から目をつけられており，協調会大阪支所長の理事への報告のなかで村嶋ら「ブルジョア新聞」の記者たちが労働運動に貢献したことにより運動が発展したということが報告されている。

　1923年（大正12），関東大震災がおこると，賀川は救援活動のため，活動の拠点を東京に移した。

　過激派と穏健派，普選派と非普選派，この分裂の波が関西にも押し寄せてきた。村嶋はそのなかで労働運動の統一を説き，普選の重要性を訴えた。しかし，両派の亀裂は避けがたかった。1925年（大正14）4月，村嶋，高山義三らは分裂の回避にむけて動いたが，やがて同月，労働総同盟の第一次分裂となり，村嶋に深い絶望を与えた。

3　再び「ドン底」へ

（1）関東大震災と洗礼

　1923年（大正12）9月1日，関東大震災がおこったとき，村嶋は東京にいた。

　震災は無政府・無警察状態を東京にもたらした。賀川の動きは速かった。すぐさま東京へ行き，惨状を確認した。村嶋も現地をつぶさに見てまわった。賀川はYMCAと救援計画をたてると本所に天幕をはり，救援活動を開始した。早稲田，

青山学院，明治学院の学生がこれに加わった。のちの証言によると，このとき村嶋が「賀川豊彦を助けて関東にも霊的一大センセーションを起こそう」（「本所に集まった人達　座談会」『雲の柱』1984年12月）と言い出したのが，救援のきっかけとなったと述べている。翌年，「本所基督教産業青年会」（IYMCA）が賀川，吉野作造らを中心にして結成された。村嶋は震災後のスラムの様相を発信していく。それは「九尺二間に立ちて（細民漫談）」（『大大阪』第 2 巻第 8 号，1926年）として発表されていった。

　この救援活動はこれまでの労働運動とは異なる感動を村嶋に与えた。

　翌年，村嶋は賀川から洗礼を受ける。

　1925年（大正14）4 月，これまでの自身の放蕩の懺悔ともいうべき「歓楽の墓」（『雲の柱』）の連載をきっかけに，女性や子どもを対象とした執筆が多くなっていく。

（2）善き隣人

　村嶋が女性や子どもを題材として書いているものは多い。1926年（大正15）には雑誌『反響』に「密淫売の考察」（5 月），「捨て子が流行る」（6 月），「子をおろす（子おろし商売）」（7 月）とショッキングな題をつけた評論を発表している。村嶋は女たちのうしろに拡がる底しれぬ闇を見ていた。

　1928年（昭和 3），『大阪毎日』は「ドン底訪問」というシリーズを連載した。これは大阪毎日慈善団の「同情金」募集のために連載されたものであり，同情金は方面委員を通じて当該家庭に分配された。

　方面委員とは1918年（大正 7）の米騒動のあと，大阪で発足した制度のことであった。急激に人口の膨張した大阪は貧困者の多く住む地域をかかえていた。彼らは各町村一小学校通学区域を担当し，一種の名誉職であった。おもな仕事は住民の生活状態の調査や戸籍の届出の奨励，要救護者の状況調査などを中心とした。

　村嶋の『善き隣人』は1929年（昭和 4）の第 1 篇から1938年（昭和13）の第 3 篇まで出版された。彼は『善き隣人』のなかで方面委員の活動を書きながら，ドン底に住む人々のありさまを描いていく。そしてこの著書のなかでも繰り返されるのが，女性や子どもへの視点であった。

（3）『大阪毎日新聞』と社会事業

　1911年（明治44）8 月，『大阪毎日新聞』1 万号発刊記念として大阪毎日新聞慈善団が創設された。社長本山彦一は理事長を兼務し，積極的に社会事業に取り組んだ。1921年（大正10）には慈善団嘱託に中村三徳がなり，村嶋は1925年（大正14）5 月に編集局付のまま，慈善団嘱託となった。1928年（昭和 3 ）には生江孝<ruby>生江孝之<rt>なまえたか</rt></ruby>之が相談役，1931年（昭和 6 ）には村嶋が主事となり，体制がととのった。村嶋は翌年には大阪社会事業連盟研究部長を委嘱されるなど，社会事業方面へ活動をひろげていった。

　慈善団の事業としてあげられるものは数多くあるが，特色のあるものとして無料診療所とハンセン病療養所への助成があげられる。

　無料診療所は巡回病院から1921年（大正10）には大阪の川筋を利用した巡回医療船へと発展していった。船は貧困者の多い地域に接岸し，貧しくて医療機関にかかれない多くの患者を診た。

　1907年（明治40），「癩予防法」が公布され，大阪にも西成群川北村（現・西淀川区）に外島保養院が設立された。1913年（大正 2 ）末日のハンセン病患者数は312人にのぼった。村嶋は慈善団の主事となったころから頻繁に療養所との交流を深めていく。

（4）あとに続く記者へのメッセージ

　青年村嶋がルポして歩いた大阪市広田町には，1912年（大正元）当時，細民小学校と呼ばれた徳風尋常小学校があった。修学年限は 6 年間で昼間部と夜間部に分かれ，1914年度の在籍児童数は278人であった。同年の調査では親の職業の多くは塵ヨリ，古下駄売り，ガラス職工だったりした。子どもたちの多くは家計を助けるために働き，その労働先として鼻緒直し，屑拾いなどがあげられた。子どもたちの収入は家計のなかで重要な要素を占めていた。

　貧困は子どもたちを学校から追いやり，底辺へと追いやった。

　細民小学校では子どもたちが「一年半に全部入れ替わる」（『大阪毎日』1921年 4 月17日付）と言われた。

　村嶋は貧困層の多い接続町村では小学校の中途退学者が増加していることを指摘し，子どもたちの中途退学こそが下層社会に暮らす人々が異常の物価騰貴に対する窮余の策であると嘆いた（村嶋『生活不安』1919，167～168頁）。

　彼の好んで描いた大阪や神戸の路地裏は，近代日本の縮図でもあった。1917年（大正6），『大阪毎日』に連載された「ドン底生活」は，1928年（昭和3）には「ドン底訪問」，1930年（昭和5）には「飢餓線上の人々」としてあとに続く記者たちに受け継がれた。

　「飢餓線上の人々」の執筆者・上田長太郎はこの「ドン底訪問」を耽読していたが，脚色されているのだろうと思っていた。しかし，『大阪毎日』に勤め，村嶋に出会い，自分が「飢餓線上の人々」を担当し，大阪市浪速区のスラムをルポルタージュすることにより，それが間違いであることに気づく。「飢餓線上の人々」と名づけたのは村嶋である。

　大正の「ドン底」は「飢餓線」となり，よりいっそうの困窮が続く。

　時代は戦争の色を深めていた。村嶋のまわりで旧友の多くが国家社会主義的発言を見せ始めたときにも，彼はかたくなに沈黙を貫いている。

　1932年（昭和7）12月，本山が死去。村嶋は「余の生涯の恩人であった」と述べた。1934年（昭和9），『慈善団』は『社会事業団』と名称を変更する。

4　結核への挑戦

（1）新聞社からの退職

　1934年（昭和9）の室戸台風は多くの被害をもたらし，ハンセン病療養所でも171人の患者の命が奪われた。

　当日，村嶋は微熱があり，家で寝ていたが，すぐに出社し，救護班の派遣，六百数十人の幼児の保護などを指示すると，療養所に急行し，不眠不休のまま，救援をした。やがてそれは村嶋の体を蝕み，その年の11月にふたたび，喀血することとなる。1935年（昭和10）病気休職となり，1937年（昭和12）4月，22年間勤めた大阪毎日新聞社を退職する。

　退職してからは，賀川とともに東京で教育・社会事業活動を行う。

　活動拠点となったのは1911年（明治44），林止らによって結核救済を目的として組織された白十字会であった。1926年（大正15），賀川豊彦が白十字会の理事長に就任した。1931年（昭和6），虚弱児のための寄宿制の白十字林間学校が神奈川県茅ヶ崎に建てられた。村嶋は1937年（昭和12）白十字会総主事になる。この虚弱児のための学校は，若い頃から結核に苦しんできた村嶋にとって「余生を同病同

患の人々のために献ぜんことを決意す」（村嶋智惠子編・村嶋歸之著『大馬鹿三太郎の生涯』非売品，1991，104頁）と決心するきっかけとなった。1941年（昭和16），村嶋は林間学校の校長を兼任，彼はこうして戦時下の日々を子どもたちと過ごすことになる。

（2）太陽学校

　林間学校は別名「弱い子の学校」と呼ばれた。戦線を拡張していく日本にとって国民の体力増強は大きな課題であった。体が弱いため軍国主義日本からはじきだされる子どもたちがそこにいた。

　1942年（昭和17），健民運動実施要綱が厚生省から出され，全国の部落会，町内会に健民部がおかれ，地域において，教育の現場においてさまざまなかたちで健民運動が実施された。賀川の属していた日本基督教団も例外ではなかった。教団に厚生局がつくられ，安部磯雄，杉山元治郎らとともに，村嶋も同基督教団の結核予防委員となる。このころさかんに結核に関する評論を書いている。「産業結核防遏の一方策」（『療養知識』1942，32巻 2 号），「戦争と結核」（『社会事業研究』同年，32巻 6 号），「青春の死と結核」（同前，30巻12号）などである。同年，『産業と結核』（麹町酒井書店）を出版する。翌年，林間学校に題材をとった『太陽学校』（鳴弦社）を出版。

　村嶋のつけた「太陽学校」という題名は未来へ希望をつなぐメッセージでもあった。

　この時期，村嶋の執筆活動は『子供の世紀』（大阪児童愛護聯盟），『社会事業研究』（大阪社会事業聯盟），『白十字』・『療養知識』（白十字会），『雲の柱』（雲の柱社）へと移る。とくにこの頃は社会事業面からの人物評論が多い。

（3）平和への渇望

　戦後，学校が再開したときは教室の天井には穴があき，校門脇には戦車の残骸があったという。わずか子ども 7 人で再開した学校は経営困難におちいった。しかし，村嶋は「たとえ困難はあってもわが国最初の虚弱児施設として世の中に知られてきた林間学校を解消することは忍びがたい」と熱心に存続を訴えた。1946年（昭和21），女学校を併設，学校名を平和女学校と名づける。村嶋はこの「平和」を「キリストによる平和」だとし，建学の精神をキリスト教にもとめた

（「平和学園50年の歩み」編集委員会『平和学園50年の歩み』，平和学園1997）。初代理事長は賀川豊彦，校長は，村嶋であった。

　1945年（昭和20），賀川は国際平和協会を立ち上げ，機関誌『世界国家』を発行する。創立当初の委員としては有馬頼寧，河上丈太郎などが見られる。1949年の同誌には編集委員として村嶋の名前が見える。村嶋の執筆は『世界国家』，『火の柱』（イエスの友会）を中心として行われる。このころ掲載されたものには平和を説くエッセーが多い。

　晩年，村嶋は病床にあり，1955年（昭和30）ごろからは一歩もベッドから起きられなかったという。しかし，病床にあった村嶋はそれでもその思いを発信しつづけた。1959年（昭和34）から62年（昭和37）まで，『労働研究』に「労働運動昔ばなし」を連載。昭和40（1965）年1月13日，73歳で死去した。

◆　参考文献

村嶋歸之『大阪毎日慈善団二十年史』大阪毎日新聞慈善団，1931年
野田律太『労働運動実戦記』文学案内社，1936年
久留正義『黎明期労働運動と久留弘三』日本経済評論社，1989年
村嶋智惠子編・村嶋歸之著『大馬鹿三太郎の生涯』非売品，1991年
小山仁示『戦争差別公害』部落解放研究所，1995年
木村和世『路地裏の社会史』昭和堂，2007年

［木村和世］

第3章　山川　均・山川菊栄・荒畑寒村
——社会主義ジャーナリズムの展開

［やまかわ・ひとし］1880年，岡山県窪屋郡倉敷村（現・倉敷市）に生まれる。1906年に結成の日本社会党に入党して日刊『平民新聞』の編集に加わり，以後，直接行動派の立場から運動をすすめるが赤旗事件で入獄。「大逆事件」後には堺利彦や荒畑寒村らと行動をともにし，日本共産党の結成を経て，共産党と対抗する労農派の中心的指導者として，また戦後は日本社会党左派の理論的指導者として活躍した。1958年歿。

［やまかわ・きくえ］1890年，東京府に生まれる。父が官吏，母が水戸徳川家の儒者の娘で東京女子師範の第1回卒業生であった。女子英学塾（津田塾大学の前身）を卒業後，社会主義文献に親しみ，1916年に山川均と結婚し，以後，山川均の協力者・同伴者として社会運動に携わり，社会主義の立場から婦人論などの執筆や翻訳といった言論活動を展開する。戦後は，日本社会党に加わり，また，労働省婦人少年局長の初代局長も務めた。1980年歿。

［あらはた・かんそん］1887年，神奈川県横浜市に生まれる。本名は勝三。海軍工廠で見習職工として働いていたとき，『萬朝報』に掲載されていた幸徳秋水らの社会主義論や非戦論に感銘して1904年に社会主義協会に入会し，以後，社会主義者としての著述と運動に邁進した。「大逆事件」後には大杉栄と『近代思想』を発行し，その後，労農派に属して活動し，第二次世界大戦後は日本社会党への参加と脱党を経て，著述活動に従事した。1981年歿。

1　初期社会主義と社会主義ジャーナリズム

（1）言論のリレー

　日本における社会主義思想の普及・深化と，その運動の展開・拡大は，社会主義ジャーナリズムの発展と軌を一にするものであり，表裏一体のものであった。明治期から昭和戦前期にかけて活躍した多くの社会主義者らの活動歴を一瞥したとき，かれらがジャーナリストとして健筆を揮っていたことからも，その点は理解されるだろう。しかしながら，それも重要な要素ではあるが，「社会主義者」という自覚や人間のありようを生みだすそもそもの出発点に，ジャーナリズム──マスメディアからのはたらきが大きな意味をもっていた点も見逃すことはできない。

　社会主義者を生みだした原因とメディアとの関係について──これは以前あるところ（「『佐渡が島のぼんやり』から『富豪革命家』へ」）でも紹介したが──日本で20世紀初頭の社会主義者らが社会主義者になるに至る過程では，メディアが大きな役割を果たしている，という中村勝範が示した分析結果がある。週刊『平民新聞』に寄せられた「予は如何にして社会主義者となりし乎」という社会主義者が社会主義者となった原因を語った短文をみると，「読書（含新聞・雑誌）」が集計合計数152のうち頻度49と第１位であり，「社会主義の講演・演説・講義」が頻度21でこれに次いでいる。ここから，人が社会主義者になるとき，社会主義者としての自覚をもつとき，ジャーナリズム，とくに週刊『平民新聞』をはじめとする社会主義ジャーナリズムが，大きな影響力をもっていたといえるだろう。

　こうしたいわば社会主義者を生みだしていく言論のリレーとでも言うべきむすびつきは，たとえば本章で取りあげる山川均と，江田三郎の場合にみられるように，世代を超えて続いていった。江田三郎は「私の履歴書」（『江田三郎』所収）のなかで，神戸高等商業学校時代に労農派理論に興味をもち，山川の論文を読むようになったことを述べている。

（2）独力・自力の社会主義ジャーナリズム

　カール・マルクスがジャーナリストとして出発し，ある意味，ジャーナリストとして生涯をおくった，と言い得るように，日本の社会主義者の多くも，ジャー

ナリストとしての活動が，かれらの社会主義者としての活動の大部分を占める場合がほとんどであった。その場合，かれらの活動の特徴の一つに，言論活動の舞台となる新聞や雑誌を自らの力で一から作りあげ，自身で作りあげた機関を舞台に論陣を張った，ということが挙げられる。

　たとえば，日本の社会主義思想の発展に大きな足跡を残した幸徳秋水と堺利彦の二人の経歴をみれば，それを理解できるだろう。かれらは，黒岩涙香（周六）を社主とする朝報社発行の『萬朝報』を舞台に非戦論や社会主義を訴える言論活動を精力的におこなっていたが，社の方針と自分自身の主義主張が異なってきたとき，発行元である朝報社を退社して共同で平民社を興し，週刊『平民新聞』を創刊してみずからの主義主張を訴えた。社会主義ジャーナリズムの特徴は，かれらのジャーナリストとしての活動が，自身の力で発行母体を興し，みずからの力で編集・発行する新聞・雑誌を舞台におこなわれたことであると言えよう。

　本章で取り上げる三人は，幸徳や堺の次の世代に属する社会主義者である。かれらの言論活動も，その多くの部分がみずから発行する新聞・雑誌を舞台におこなわれ，その言論がまた社会主義者を生みだしていったのである。

2　山川均──初期社会主義から労農派への軌跡

（1）弾圧と試練

　社会主義と接触して以降の堺利彦の生涯そのものが社会主義運動の歴史であった，という点では，山川均の生涯も，また荒畑寒村の生涯も，ある時期以降は，社会主義運動の歴史であった。

　山川と荒畑に共通しているのは，冒頭で述べたように，ジャーナリストとしての活動が，その活動のほとんどを占めている，ということである。さらに，幸徳秋水と堺利彦が『萬朝報』を退社してみずからの主張を訴えるために平民社を設立し，週刊『平民新聞』を創刊して以降の社会主義ジャーナリズムがおしなべてそうであったように，山川や荒畑の言論活動は，自分ら自身が資金を集め，記事を書き，販売する，といった自力で発行する新聞や雑誌を舞台にしたものであった。もちろん，そうした場以外でも言論活動を展開したが，かれらの主戦場はあくまでみずからが作りあげ設定した媒体を場とするものであった。

　社会主義ジャーナリズムにみられる大きな特徴の一つは，言うまでもなく，権

力側からくりだされる執拗な弾圧という厳しい試練に再三再四，みまわれたことである。社会主義の思想と運動が，現前する権力とそれをささえる経済組織を根本から痛烈に批判し，変革しようという実践活動である点を考えれば，そうした弾圧は必然であろう。

　山川均にとって最初の試練となったのは，『青年の福音』事件と呼ばれる，かれ自身が下獄するに至った事件である。同志社退学後に上京した山川は，キリスト者であった守田有秋と語らって『青年の福音』という小雑誌を発行し，そこに論説を発表するようになる。ジャーナリスト山川均の誕生である。1900年（明治33）5月発行の同誌第3号で皇太子（のちの大正天皇）の結婚について評した「苦笑録」が不敬罪に問われ，山川は，重禁錮3年6ヶ月・罰金120円・監視1年の刑に処せられ，巣鴨監獄に入獄した。これは，不敬罪が適用された最初の事件である。この入獄はかれにとって大きな転機となり，獄中では経済学の書物を集中的に読破する猛勉強をおこない，その後の活動の基盤となる知識を蓄えた。こうした獄中の経験も，多くの社会主義者に共通する点である。

　山川は，1904年（明治37）に仮出獄し，平民社を訪ねて幸徳秋水と面会したのち，一旦は郷里の岡山へ帰り，実業に従事するかたわら週刊『平民新聞』の読者サークルであった「いろは倶楽部」に参加するなどしていた。しかし1906年（明治39），社会党を結成し，日刊『平民新聞』を発行する幸徳から，それへの参加を呼びかける手紙を受け取り，決意をあらたにふたたび上京し，同紙の編集に携わることとなる。社会主義ジャーナリズムへの本格的な参加であり，社会主義の立場に拠るジャーナリストとしての本格的な活動の出発でもあった。山川は，幸徳の唱える直接行動論を支持する立場を採った。

　試練はその後も続き，山川は，金曜講演会の「屋上演説事件」，日刊『平民新聞』第23号（1908）の附録として出した小冊子『労働者』の農民号『農民のめざまし』に載せた自身の「百姓はなぜ苦しい乎」などが新聞紙条例違反を問われた「農民のめざまし事件」，そして「赤旗事件」と，続けて刑を受けた。

　「大逆事件」後のいわゆる「冬の時代」において，山川は，堺利彦が主宰する売文社に参加し，売文社の雑誌『新社会』を中心に多くの論説等を執筆する。大正デモクラシーの気運が高まるこの時代における山川の言論活動でもっとも注目すべきは，デモクラシー批判である。そして，この時代にも試練が山川を襲う。1917年（大正6），近藤憲二の助力を得て『新社会』の附録として荒畑寒村ととも

に雑誌『青服』を刊行するが，4号連続発禁のうえ筆禍事件を起こして禁錮4ヶ月の刑を受ける。

（2）『労農』から戦後社会主義へ

　「冬の時代」がようやく終わる様相を見せはじめ，労働運動が活溌化してきた時期に，山川は，1919年（大正8）に堺，山崎今朝弥らと『社会主義研究』を，1922年（大正11）には堺，荒畑の協力を得て個人誌『前衛』を発刊し，旺盛な言論活動をおこなっていく。堺らとともに日本共産党の結成にかかわっていたこの時期に書かれたのが「方向転換論」を示す「無産階級運動の方向転換」という論説で，『前衛』1922年7・8月合併号に掲載された。その後，山川と対立していた福本和男が唱える福本イズムが主導権を握った日本共産党の再建派とは袂を分かち，山川は堺，荒畑らとともに雑誌『労農』を創刊し，この雑誌の名称に由来する労農派の理論的指導者として活動した。その後の無産政党の離合集散の時代を経て，日本は戦争の時代へと突入してゆく。山川自身も人民戦線事件で検挙されるが，未決のまま敗戦を迎えた。

　戦後，山川は1947年（昭和22）に向坂逸郎らとともに『前進』を創刊，1950年（昭和25）の同誌終刊後に向坂や岡崎三郎らと社会主義協会を結成し，翌年から機関誌『社会主義』を刊行する。敗戦後から1950年代にかけて，山川が唱えた「非武装中立論」などのさまざまな主張や問題提起は，現実の政治動向のなかで大きな意味をもったとは言えないだろう。けれども，山川の論説は，戦前と同じように多くの読者を獲得し，読者を社会運動へと導く手がかりやきっかけとなった。言論のリレーは，ここでもまだ生きていたのである。

3　山川菊栄——社会主義とフェミニズムの論跡

（1）論争からの出発

　山川菊栄が文章をおおやけに発表したのは，1908年（明治41）に平塚らいてふの主宰する雑誌に「競売の光景」という，自分の家が競売にされたときの様子を書いたスケッチであったという。ただし，この雑誌は回覧雑誌であり，彼女が本格的に自分の意見を公表したのは，伊藤野枝の廃娼運動批判への論評を『青鞜』に載せたとき，1916年（大正5）のことであり，この年に菊栄は，山川均と結婚

した。以後，山川均とともに社会主義の立場から社会運動をすすめていく。

　文筆家・評論家としての山川菊栄の評価を高め，以後の言論活動の礎石となったのが，母性保護論争（1919年〜1920年）である。この論争は，働く女性と子育て，女性の地位向上をテーマに『婦人公論』を舞台に与謝野晶子と平塚らいてふのあいだでかわされていた論争で，菊栄は，社会主義の社会においてこそ問題は解決するという立場で加わったものである。論争には，山田わからも参加して議論がくりひろげられた。

　山川均が堺利彦らと雑誌『労農』を刊行すると，同誌の附録として婦人版が発行された。外崎光広・岡部雅子編『山川菊栄の航跡』所収の「山川菊栄著作目録」の註記によれば，婦人版に掲載されている無署名や変名の文章は，菊栄が執筆したものである。この婦人版は，1928年5月発行の『労農』第2巻第4号から，同年11月の同誌第2巻第10号まで毎月発行された。

（2）新聞への批判

　ここで山川菊栄とジャーナリズムとのかかわりで注目しておきたいのは，彼女の新聞への鋭い批判である。菊栄は，いくつかジャーナリズム批判の文章を発表しているが，ここでは1940年（昭和15）という言論と物資が統制される時代に書かれた「近ごろの新聞を読んで」（『セルパン』1940年3月号）の内容が注目される。菊栄は，そのなかでいくつか新聞への批判を述べており，とくに「社説は指導性を欠いて，時候の挨拶みたいにお座なりな，気のぬけたものが多い」点，「日本の新聞は，一定の政治的立場がなく，営利企業の一種に過ぎなくなっているため，オポチュニズムが支配するのは余儀ない」点を挙げて批判していることは，この論説が書かれた当時のジャーナリズム全体の傾向への批判に，また，「一定の政治的立場」をあきらかにしない新聞メディアの性格への批判になっている。社会主義ジャーナリズムの特色は，みずからがどのような立場によっているのかをあきらかにしながら現状を報じ，分析することにあり，こうしたジャーナリズムのありかたから当時のメディアをみたとき，それらは「オポチュニズム」によって「支配」されるものだと指摘され得るものであろう。この論説を出発点に菊栄の議論が展開されているわけではないが，「一定の政治的立場」をもたないジャーナリズムのありかたは，現在でも検討すべき課題ではないのだろうか。

（3）戦後の活躍と歴史家の顔

　第二次世界大戦後の山川菊栄の文筆活動については，『婦人のこえ』とのかかわりが注目される。『婦人のこえ』は，左派社会党の婦人部と協力しながら，菊栄が中心となって1953年（昭和28）から1961年（昭和36）まで刊行された月刊雑誌である。菊栄は，この『婦人のこえ』の編集にとりくみ，論説を執筆するとともに，雑誌の誌名通り，多くの女性の発言がこの雑誌を通じて発表され，流通することに力を尽くした。

　山川菊栄の言論活動での特色の一つは，若年期から培ってきた英語力を活かしたベーベルの『婦人論』（1923年）をはじめとする多くの外国文献の翻訳・紹介である。幸徳秋水や堺利彦をはじめ，本章でとりあげている山川均や荒畑寒村にも共通することであるが，かれらはみずから身につけた英語力を武器に，英語で書かれた社会主義文献を翻訳し，日本の言論界に次々に紹介していった。菊栄もそうした一人であり，ただし彼女の場合は，その語学力を主として正規の学校教育で習得した点が幸徳らと異なっている。夫の均や幸徳らは，学校の場ではなく，ほとんど独力で英語を学び，英語を達意の日本語に翻訳できるだけの語学力を獲得していった。

　もう一つ，菊栄の場合に特筆しておきたいのは，彼女が著した『武家の女性』や『わが住む村』，『覚書　幕末の水戸藩』といった著書である。これらの著書は，歴史学や民俗学の資料・史料としても高い価値をもつものであり，著述家・歴史家としての菊栄の幅の広さや奥ゆきの深さを示すものだと言えるだろう。

4　荒畑寒村──叛骨の論陣

（1）非戦論から社会主義運動へ

　荒畑寒村が社会主義者としての自覚をもち，社会主義者となったきっかけもまた，他の多くの社会主義者らと同じように，新聞を読んだことであった。かれは，横須賀海軍工廠で見習職工として労働していたとき，『萬朝報』紙上で社会主義と非戦の論陣を張っていた幸徳秋水と堺利彦が非戦論を貫くために朝報社と決別する際に発表した「退社の辞」に感激し，社会主義の運動に急接近し，社会主義協会に入会し，みずからも横浜平民社を結成するに至ったのである。

　荒畑の社会主義者としての活動もまた，ジャーナリズムの世界でジャーナリス

トとして活動することを通じて，社会主義思想の普及と運動の拡大を実現しよう
とするものであった。かれが記者や編集者としてかかわった新聞・雑誌は，たと
えば大杉栄と『近代思想』を発行する時期以前では，『牟呂新報』，『光』，日刊
『平民新聞』，『大阪日報』，『大阪平民新聞』，『二六新報』，『日本新聞』を挙げる
ことができる。荒畑は，事件を報じ，論評するだけではなく，小説を書き，上に
挙げた新聞以外にも発表の場を求めた。記者・編集者といった枠におさまりきら
ず，表現行為を小説の創作にまで拡げていった点に，荒畑寒村が世界と人間に対
してどのように対峙していこうとしていたのかをうかがうことができる。

　この『近代思想』以前の時代で注目しておきたいのは，みずから箱車を引いて
社会主義について書かれた小冊子などを販売する社会主義伝道行商と，その過程
で出会った田中正造との出会いである。谷中村での田中との邂逅について，荒畑
は『直言』紙上に記録を連載して報じている。

（2）渾身のルポルタージュ

　ジャーナリスト荒畑寒村の真骨頂を示したのが，『谷中村滅亡史』である。同
書は，2011年の東北地方太平洋沖地震（東日本大震災）に伴って発生した福島第
一原子力発電所の事故とその後のさまざまな混乱，そして民主党政権と東京電力
の事故とその被害への無責任な対応を目の当たりにするとき，時代を越えて顧み
るべき古典としての位置をますます高めている作品だと言わざるを得ない。同書
は，発売即日発禁という弾圧を受けた。しかしいま，『谷中村滅亡史』は，労働
文学研究者で，平民社資料センターの所長も務めた堀切利高による綿密な校訂を
経て岩波文庫に収められ，容易に接することが可能になっている。

　このルポルタージュで荒畑が訴えたことの一つは，地域社会が合法的に破壊さ
れていく理不尽さ，日常生活が国家という権力によって破壊されていく不条理さ
であり，そうした破壊によって，地域で形成されてきた人と人とのむすびつきで
さえも壊していく惨さであった。そうした破壊のつみかさねのうえで成り立つ国
や社会とはなんであるのか。同書で示された荒畑の問題意識と方法論は，いまも
まだ，いまでこそ，大きな意味をもち得るものではないのだろうか。

（3）文学とジャーナリズム

　「大逆事件」後の社会主義運動「冬の時代」を打破すべく大杉栄と創刊した

『近代思想』においても，荒畑は精力的に筆を揮う。同誌でもかれは，多くの小説を発表し，近代社会の矛盾のなかで生きる人間の実像に迫る作品をものしている。荒畑にとって，小説の創作という営みもまた，ジャーナリストとしていま現在の状況をことばで論じる営みと，同じだけ，あるいは時代によってはそれ以上の意味をもつ方法であったと考えられる。

　文学とのかかわりで荒畑のジャーナリストとしての方法論で注目しておきたいのは，荒畑が試みた「社会講談」である。かれは，『改造』に「鼠小僧と蜆売」（1920年9月号）と「紀伊國屋文左衛門」（1921年7月臨時号）という2篇の社会講談を発表している。奥野久美子が「博文館長編講談と大正期文壇」で指摘するように，「社会講談というジャンルは結局はっきりとは確立されないままに消滅した」ものであったけれども，ある程度以上の学校教育を享受した知的エリート層ではない庶民層に対して，「講談」という大衆芸能の方法論を援用して社会主義の考えを普及させようとした荒畑の試みは，堺利彦の社会講談とともに，再検討されてもよいのではないだろうか。

　その後，月刊『平民新聞』，第二次『近代思想』を経て，大杉との距離ができた荒畑は，堺らの運動に近づき，『新社会』，『労働組合』，『青服』，『日本労働新聞』を舞台に言論活動を展開する。

　この時期，アナルコ・サンジカリズムからマルクス主義の立場へと移った荒畑は，山川均らの『前衛』に同人として参加する。日本共産党の創立に加わったが，福本イズムに反対して第二次共産党とは袂を分かち，山川均らと『労農』の創刊に加わり，共産党と対立する労農派のマルクス主義者として言論活動をおこなう。『労農』が発禁と財政難による廃刊後も，『前進』を発行して言論戦を継続するもすぐに廃刊，言論の舞台を失ったのちも無産政党の戦線構築の努力を続けるが，人民戦線事件で検挙され，裁判で上訴中に第二次世界大戦の敗戦を迎えた。

　戦後は，労働組合運動や，山川均の民主人民連盟の運動などに積極的に加わり，1946年（昭和21）の第一回衆議院議員総選挙で日本社会党から立候補して当選して国会に議席を得る。しかし，芦田均内閣の予算案に反対して脱党し，その後，山川，向坂逸郎らの社会主義協会に加わるが，意見の違いから脱会した。これ以降，実践活動からは身を引いて著述活動に専念し，自伝文学の金字塔である『寒村自伝』を完成させたほか，『ロシア革命運動の曙』，『ロシア革命前史』，『平民社時代』，『続平民社時代』などを発表し，『荒畑寒村著作集』全10巻を刊行した。

（4）自伝の世界

　荒畑寒村と山川均は，ともにすぐれた自叙伝をものした，という共通点がある。山川には『山川均自伝―ある凡人の記録・その他』があり，荒畑には『寒村自伝』がある。どちらの自叙伝も，（第三者の視点での検証が必要なことは言うまでもないが）歴史史料として一級品の意義を有し，「（初期）社会主義」といった領域を超えて価値をもつ史料である。山川菊栄は，まとまった自叙伝こそ著してはいないものの，彼女自身の家族史を背景にしたいくつものすぐれた歴史史料となる著述を残している。これらの作品もまた，かれら三人の文筆家・著述家としての力量の大きさを示すものである。

◆　参考文献

山川均『山川均全集』全20巻，勁草書房，1966～2003年

中村勝範「明治社会主義意識の形成」，慶應義塾大学『法学研究』第41巻第7号，1968年7月

荒畑寒村編『社会主義伝道行商日記』新泉社，1971年

荒畑寒村『荒畑寒村著作集』全10巻，平凡社，1976～77年

外崎光広・岡部雅子編『山川菊栄の航跡――「私の運動史」と著作目録』ドメス出版，1979年

『江田三郎』刊行会編『江田三郎――そのロマンと追想』『江田三郎』刊行会，1979年

田中寿美子・山川振作編『山川菊栄集』全10巻・別冊1，岩波書店，1981～82年。

寒村会編『荒畑寒村――人と時代』マルジュ社，1982年

鈴木裕子編『山川菊栄女性解放論集』全3巻，岩波書店，1984年

堀切利高『夢を食う――素描荒畑寒村』不二出版，1993年

志村正昭「『佐渡が島のぼんやり』から『富豪革命家』へ――岩崎革也宛北一輝書簡にみられる借金懇願の論理と心理」石塚正英編『20世紀の悪党列伝』社会評論社，2000年

奥野久美子「博文館長篇講談と大正期文壇――荒畑寒村の社会講談を例に」『国語国文』第77巻第9号（通号889号），2008年9月

鈴木裕子編『山川菊栄集――評論篇』新装増補，全8巻・別巻1，岩波書店，2011～12年

［志村正昭］

第4章　　杉村楚人冠
──多彩な国際派ジャーナリスト

[すぎむら・そじんかん] 明治5年旧暦7月25日和歌山生まれ。本名廣太郎。和歌山中学校中退後に上京，国民英学会に学び，ユニテリアンの自由神学校を卒業，古河勇と新仏教運動を起こす。米国公使館の通訳を勤めた後，1903年『東京朝日新聞』に入り，英国タイムス社と特電契約を結ぶなど国際的記者として活躍。調査部や記事審査部など新機構を創設。1935年に監査役を退任後も執筆を続け，1945年10月3日死去。

　杉村楚人冠は，皮肉が効いた端正明快な文章で健筆を振るった戦前屈指のスター記者である。随筆やコラムを得意としたほか，朝日新聞社に40年以上勤続した間に，世界一周旅行の実施，調査部及び記事審査部の創設，新聞縮刷版の発案と刊行，株式会社への移行，グラフ局の創設および『アサヒグラフ』創刊など，新機軸を次々と打ち出した。また彼の著書『最新新聞紙学』は，実務的なテキストとして記者たちに戦後も長く愛読された。一方で彼は，幼少期に父を喪い母と苦労し，病弱でもあったため，弱者に対する強い共感を持ち，社会主義研究会に加わり，幸徳秋水らとも交わった。その生涯を顧みてみよう。

1　紆余曲折の日々

(1) 母子二人
　杉村楚人冠は，本名は廣太郎（こうたろう）といい，明治5年（1872）旧暦7月25日に和歌山城下の谷町で生まれた。父は旧紀州藩士杉村庄次郎，母は旧紀州藩医木梨玄庵の二女とみの長子として誕生した。彼が2歳になってまもなく父は病死し，遺産を狙う親戚が母を杉村家から離縁させようとしたり，屋敷を売り払った金を騙し取られたり，翻弄された母子二人は，玄庵の跡を継いだ，義理の叔父にあたる木梨貞斎の医院続きの長屋でつましい生活を始めた。「僕が三歳，母が二十三歳の時，僕は父を失った。其の以来二十幾年といふ間は，天にも地にも僕と母唯二人きり

で世を送ってきたが，其間に受けた世間の陵辱，親類縁者の奸策，其外さまざま
の苦痛が僕をして早くから社会の富豪貴族を憎ましむるに至った」と彼自身が後
に述べている。

　幼少期から病弱で痩せていた楚人冠は，ヒョロタロウとあだ名されいじめられ
た。母とみは平仮名しか読めなかったが，実家の援助を受けず裁縫を教えて生計
を立て，息子には牛乳や牛肉など滋養になるものを与え，小学校の傍ら漢学塾に
も通わせた。優しい母だったが，行儀作法には厳しく，「サムラヒの子はそんな
事をすべきでない」と叱ったという。

（2）和歌山中学ストライキと青年文学会

　1884年（明治17）3月，和歌山中学校へ進学した楚人冠は，文学雑誌や小説を
愛読する一方，授業や教師に対する反発や疑問を持つようになり，1886年（明治
19）の学制改革に際し校長の対応に憤り，同年暮れに退学した。同級生の多くが
連れだって退学したため，ストライキを首謀したと言われた。この頃，中学の先
輩で民俗学者の南方熊楠と親しく交流し，翌年，熊楠が米国に留学した後も頻繁
に文通を続けた。後に熊楠を世界的な学者として，楚人冠が紹介することになる。
　中退後，1887年（明治20）3月，15歳で楚人冠は上京し，9月に英吉利法律学
校（中央大学の前身）に入学したが，1889年（明治22）2月に英語予備科に転じた。
同年6月からは国民英学会のイーストレーキ博士から指導を受け，博士が1905年
（明治38）に没するまで，公私にわたる師弟関係を結んだ。また，中学の親友・古
河勇が上京し，既成仏教を批判し新たな仏教を目指す運動を始め，楚人冠も参加
した。さらに1890年（明治23）10月坪内逍遙や徳富蘇峰らが設立した青年文学会
に発起人として参加し，機関誌『青年文学』の編集主任として評論や随筆，翻訳
に腕をふるった。その文才には，森鷗外が早くも注目し賛辞を送った。

（3）20歳で『和歌山新報』主筆に

　1891年（明治24）12月に帝国大学文科撰科受験の勉強と脚気の療養を兼ねて，
楚人冠は和歌山に戻ったが，心臓病を患い受験を断念，療養を余儀なくされた。
病が癒えた頃，地元で創刊された『和歌山新報』に誘われた。もともと新聞に関
心があり，同年10月から20歳で主筆となった楚人冠はほとんど一人で執筆，編集，
校正，時には印刷までこなした。主筆就任5日後に警察署から召喚状が届き，警

察事件に関する記事の根拠を示す証明書や執筆した記者の氏名の提出を求めてきた。楚人冠は取材源の明示も原稿提出も拒否し，事は裁判に持ち込まれ官吏侮辱・誹毀罪を争った。同様な事件が続き，罰金の負担も重くなり，社主は経営上，警察との温和な関係を求め，一方では自由党に接近して機関紙となる方針をとった。独立した新聞を理想とする楚人冠は，そのため1893年（明治26）8月末に退社した。この間に，婚約した吉田駒が17歳の若さで病死し，病床を見舞うこともなかった楚人冠は深い罪悪感を抱えたまま，再度上京した。

（4）ユニテリアン教会の自由神学校に学ぶ

　楚人冠は，同年10月築地の欧文正鵠学館で英語を学び，さらにユニテリアン教会の経営する自由神学校に入学した。仏教改革のためにほかの宗教を学ぶ目的で楚人冠は入学したらしい。翌年1月に自由神学校は先進学院と改称し，芝区三田に建設された惟一館に移転し，楚人冠はここで社会学を学び社会問題や社会主義に関心を持って勉強した。

　これと並行して，イーストレーキ博士の依頼で，東京学院の英語教師を勤めたり，英語独習資料『英学』を編集したりした。また，『国民新聞』に投稿を行ったり，『英文国民新聞』の執筆にも携わった。日清戦争が始まると従軍記者の誘いもあり，一方では英国留学の話もあったが，身体の病弱と母の反対で断念した。

　同じ頃，親友・古河勇が主催する東京仏教青年会に出席するようになり，1894年（明治27）4月大日本仏教青年会の結成に参加した。さらに古河らの同志と「経緯会」を新仏教運動の中核として結成した。1895年（明治28）には，鎌倉円覚寺で3ヶ月間参禅し，鈴木大拙に出会った。その一方で，ユニテリアン教会の機関紙『宗教』の編集も一時引き受けた。このように多忙であったが，1896年（明治29）6月に先進学院を卒業した。

（5）京都西本願寺文学寮教師

　卒業後，鎌倉円覚寺で再び3ヶ月間の参禅に励んだ後，1896年（明治29）9月京都西本願寺文学寮の教師に招かれて赴任した。舎監も兼任し，同年末には，母を京都に迎えて同居した。この時に，『反省雑誌』（のちの『中央公論』）の編集長・桜井義肇やカルピスの創業者・三島海雲，精神科医となる中村古峡などと交流した。また，東本願寺改革運動や関西仏教青年会の結成を支援する一方，ホト

トギス派の俳句結社・京阪俳友満月会にも加わった。しかし，文学寮の改革の試みが挫折し，楚人冠は1898年（明治31）5月末に退職し，三度上京した。

2　聚星泊時代

（1）『欧文反省雑誌』の編集
　上京後，楚人冠は，イーストレーキ博士の依頼で，神田の正則英語学校の教師となった。その一方で，『欧文反省雑誌』の編集にも携わった。1899年（明治32）1月から『反省雑誌』は『中央公論』となり，楚人冠が編集する『欧文反省雑誌』は『東亜』と改称した。同月に楚人冠は正則英語学校を辞め，大日本英語学会などの通信講座の講義録の仕事で収入を得た。こうした仕事と並行して，楚人冠は教え子らが集まる寄宿舎を計画した。1898年（明治31）11月に麹町区上六番町（現・千代田区三番町）に一軒家を見つけ，文学寮卒業生の前原鉄洲とともに引っ越し，そこを「聚星泊」と名づけた。同月母親を呼び寄せるとともに，高等学校受験などを目指す文学寮卒業生など五名が寄宿舎に入った。楚人冠は一種の「共済的秘密結社」を目指したらしいが，その師弟関係は長く続いた。

（2）仏教清徒同志会結成と古河の死
　ところで宗教界では，内地雑居の開始を前に，仏教を国家公認の宗教とする運動が起き，それに対する賛否両論の議論が沸き起こるなかで，1899年（明治32）2月経緯会が解散，翌月に仏教の国家保護やキリスト教の排除に反対する境野黄洋や高島米峰，楚人冠らを中心に仏教清徒同志会が結成された。綱領や規約の作成，非公認派宗教記者の茶話会開催などに楚人冠は尽力した。翌年7月には『新仏教』が機関誌として創刊された。
　こうした動きの最中に，新仏教運動の創始者である古河勇（老川）が結核で死去，同年12月『中央公論』は同誌創刊を推進した古河の追悼特集を組んだ。三回忌の1901年（明治34）には楚人冠が中心となって仏教清徒同志会が追悼集『老川遺稿』を発行して，その28年の生涯と功績をまとめた。

（3）米国公使館の勤務と結婚
　1899年（明治32）6月に，先進学院の恩師マッコーレイの推薦で，楚人冠は米

国公使館の通訳兼翻訳の仕事に就いた。米国公使館は当時「赤坂霊南坂下のコロ
ニアル風の古い小い木造の建物」にあり，勤務時間などかなり自由に裁量できた。
「楚人冠」の号は，この公使館勤務の時にシルクハットの箱を区別するため記し
ておいたのが始まりだという。「楚人は沐猴にして冠するのみ」という『史記』
の故事に拠っている。この他には「縦横」の号もよく用いた。
　仕事が安定した同年11月25日，楚人冠は17歳の浜田蘭と結婚した。蘭は，熱海
伊豆山の相模屋という彼が時々泊まっていた宿の長女で，結婚を意識し始めた頃，
蘭の父親から事實無根の記事について相談された。騎兵連隊から脱営の罪で捕ら
えられた若い男爵と蘭とのスキャンダルが，新聞五紙に書きたてられたのである。
楚人冠は記事の取り消しに奔走し，この新聞倫理に関わる事件によって，二人の
絆は固められた。翌年蘭は妊娠し，1901年（明治34）3月には，長女・麗子が誕
生した。ところが，同年11月，楚人冠は肺尖カタル（現在の肺浸潤）を発病した。
その療養のため，自宅を郊外の荏原郡入新井村大字新井宿2327番地（現・大田区
山王）に翌年4月に転居した。最寄りの駅は大森で，環境がよかったからである。
1903年（明治36）1月には長男の浩も誕生した。

（4）社会主義への接近
　先進学院の時から社会問題への関心を抱いていた楚人冠は，1896年（明治29）
11月に設立された社会学会にすぐ入会し，1989年（明治31）に結成された社会主
義研究会にも上京後に入会した。さらに1900年（明治33）には普通選挙期成同盟
会にも加入し，幸徳秋水，片山潜，河上清，安部磯雄などと交流した。1903年
（明治36）11月に『萬朝報』を辞めた幸徳秋水と堺利彦が平民社を起こし『平民新
聞』を発行してからも，「余は如何にして社会主義者となりし乎」（明治31年1月
31日，12号）などを寄稿した。しかし楚人冠の思想は過激なものではなかった。
彼は自ら次のように記している。

　　……有り体にいへば僕の社会主義は頗る温厚な漸進主義の方で，僕は即今直
　ちに現社会制度の根本的破壊を唱へんとする一派とはどうしても相容れぬ。若
　し僕の政綱を明にいへとならば，僕は今のところ，先づ貴族制度の廃止，土地
　私有の禁止及び相続に対する禁止的課税位から初めたいと思ふ。さうして国家
　といふが如き有力なる一組織は如何なる社会制度にも必要であると信じて居る。

夫れから尚念の為に断っておくが，僕は社会主義はスキだが，今の所謂社会主義者なるものは四五を除くの外，皆大キラヒである。

また楚人冠は，1902年（明治35）10月に設立された動物虐待防止会にも参加した。宗教・宗派や主義を超えた倫理的な運動に，楚人冠は共鳴したのであろう。

3　朝日新聞社の国際派記者として活躍

（1）朝日新聞社への入社と日露戦争

　1902年（明治35）12月に米国公使が急死し，翌年2月『東京朝日新聞』の松山忠二郎（哲堂）からの誘いがあり，楚人冠は4月に主筆・池辺三山と面談した。海外情報を取材できる記者の獲得を狙っていた池辺は，「五人の尋常記者よりも一人の超群記者」を入れたいとの推薦状を社主に書き送った。11月に社主の許可がおり，「これまでのような過激な文章は困る」と釘を刺されたものの，31歳で月給100円という高給で迎えられた楚人冠は，同年12月3日より出社した。各国公使館などでの外国人取材と英字新聞雑誌の記事の翻訳が主な仕事であった。

　翌1904年（明治37）日露戦争が始まると楚人冠は泊まり込みで外電の翻訳にあたった。さらに宗教関係の記事やコラム，論説なども執筆し，最初から大車輪の活躍を見せた。同年8月には『タイムズ』に掲載されていた「トルストイ伯日露戦争論」を訳出し，長文の非戦論を16回にわたって掲載した。有名な与謝野晶子の「君死にたまふこと勿れ」はその影響を受けて生まれた詩であるとも言われる。

　日露戦争後の1905年（明治38）秋，東北地方が大凶作に見舞われると，『時事新報』がまず特派員を送ったのに続いて，楚人冠も翌年一月福島県・宮城県・岩手県へ取材に行き，「雪の凶作地」全16回を連載した。飢饉の生々しい惨状とともにその原因が単なる米の不足ではないこと，出征軍人家族が飢えに苦しむ実態にも触れ，衝撃を与えた。

　また，同年6月の編集会議で日清・日露の戦跡を巡る満韓巡遊船の企画が出されると，楚人冠がその準備の中心となった。ロセッタ丸3840トンを借り受け，募集した参加者とともに，7月25日に横浜港から出発し，約30日で呉や佐世保の軍港，長崎の造船所，朝鮮の釜山，京城，平壌など，満州の大連，遼陽，旅順などを回るという企画であった。ロセッタ丸では，日本で初めての船内活字新聞

『ロセッタ朝日』が発刊され，楚人冠はこの編集にあたるとともに，本紙へ巡遊の記事を書き送った。この企画は大きな反響を呼び，これをきっかけに満州韓国への修学旅行ブームが起きた。

（2）ロンドン特派員と世界一周団体旅行

　1907年（明治40）2月，前年に明治天皇にガーター勲章が授与された返礼使として，伏見宮貞愛親王と山本権兵衛海軍大将が英国に派遣されるのを取材するため，楚人冠はウラジオストックからシベリア鉄道経由でペテルブルク，ベルリン，パリと列車を乗り継ぎ，ロンドンへ向かった。彼にとっては初めてのヨーロッパであり，その紀行を書き送るとともに各地で通信員や通信記事に関する調査や折衝を行った。ロンドンではタイムス社を見学し親交を深めたほか，ノースクリフ卿に会い，オペラ「ミカド」に関する批評記事を彼の『デイリー・ミラー』に寄稿し，ロンドンで大きな話題となった。翌年1月，特派員としての通信や紀行文をまとめた『大英遊記』が刊行され，楚人冠の文名を決定づけた。

　7月に帰国すると楚人冠はさっそく次の旅行企画を提案した。それは翌年の元旦に「世界一周会」として発表された，日本初の世界一周団体旅行の企画で，トマス・クック社と提携して，船と鉄道で大陸と大洋を横断する約90日の行程であった。募集による54名の参加者に楚人冠は同行して3月に出発，初めてアメリカを見て回り，またロンドンでは知己と親交を暖めた。この紀行記事も『半球周遊』にまとめられ翌年1月に出版された。

（3）明治から大正への転換——大逆事件と池辺三山の辞職

　明治の終わりに，楚人冠は大きな変動に見舞われた。まず1910年（明治43）1月に長女麗子が病死した。6月には大逆事件が起き，親しかった幸徳秋水は翌年1月に処刑された。楚人冠は逮捕直後に，菅野須賀子からと思われる針で文字を刺した跡のある手紙を受け取ったが，彼は生涯この手紙を秘匿した。一方，1908年（明治41）1月に出版された『七花八裂』が大逆事件後の9月に発禁になった。1913年（大正3）にその一部を削除し『へちまの皮』と改題して出版した。

　さらに9月には約15年間主筆を勤めてきた池辺三山が退社した。これは『東京朝日』編集部における一つの時代が終わったことを意味した。楚人冠を初めとして，三山の下には夏目漱石や石川啄木，鳥居素川，松崎天民などが集まり多士

済々であったが，要を失って編集陣は再編を余儀なくされた。楚人冠はこれを機に編集内規を制定し，主筆制を廃止し，論説選定委員の合議による論説の取捨添削という方針を打ち出し，編集体制の近代化を図った。しかし社内の派閥対立が激化し，同年11月には社会部長・渋川玄耳が退職，楚人冠も社会部副部長を解任された。なお，翌1912年（明治45）2月に三山は病死し，同年7月には明治天皇が崩御し，時代は明治から大正へと転換した。

（4）調査部とグラフ局の新設

　解任後の楚人冠の役職は，調査部長のみとなった。この調査部は，1911年（明治44）6月に発足した索引部が源であり，楚人冠がロンドンのタイムス社を見学した折りに索引部に注目し，新聞の切り抜きなどに索引を付けて分類し，必要な情報をすばやく引き出せるよう整理して保管する業務を担当する部署の創設を，三山に提言して実現したものであった。同年11月に調査部と改称してから1922年（大正11）まで楚人冠はその部長を務めた。

　この調査部の仕事から，楚人冠が発案したのが新聞縮刷版である。1919年（大正8）8月に刊行された『東京朝日新聞縮刷版』がその最初であり，世界にも類例のない索引の付いた新聞紙面の保存方法であり，他紙もこれに追随して縮刷版を発行するようになった。その編集方法や印刷手法は苦心の末に編み出されたものだが，楚人冠は独創的なアイディアを生み出すばかりでなく，それを実現する粘り強さもあった。

　また，楚人冠は1922年（大正11）11月にグラフ局を新設しその局長になり，同月25日に日刊写真新聞『アサヒグラフ』を創刊した。これは写真を中心にしたタブロイド判全16頁の新聞で，『デイリー・ミラー』のような海外の日刊写真新聞に倣った「見る新聞」として新境地を切り拓くものであった。

（5）実務的な新聞学と世界新聞大会

　楚人冠は，新聞学や記者教育の面でも先駆的な役割を果たした。1907年（明治40）9月から中央大学でロイター電の英文解釈などを教え始めたのがきっかけで，新聞記者教育の必要性を卒業生や大学当局と話し合ったところ，新聞研究科が1910年（明治43）2月から新設されることになり，楚人冠も講師となった。その前年に早稲田大学で開設された新聞研究科でも楚人冠は講話を依頼された。慶應

義塾でも1913年（大正2）課外講義として設けられた新聞科で，楚人冠はインタビュー概論を担当した。これら大学の新聞学科はみな短命に終わったが，慶應義塾では新聞科を母体に三田新聞会が生まれ，楚人冠は顧問となり，1917年（大正6）『三田新聞』が創刊されるに至った。また楚人冠は講義内容を『最近新聞紙学』にまとめ，1915年（大正4）12月に刊行した。この本は戦後も1970年代頃まで，日本の新聞記者にとって実務的な教科書として読まれ続けた。

　一方，楚人冠は世界新聞大会の第一回（1915年にサンフランシスコで開催）および第二回（1921年にホノルルで開催）に日本代表の一人として出席，世界的なジャーナリストたちの集まる場で，大会を運営する執行委員としても活躍した。第一回では，新聞紙における匿名主義について講演し，日本選出の副会長に徳富蘇峰とともに選ばれた。また第二回では，「新聞価値の論理的基礎」を講演し，日本選出の副会長に頭本元貞とともに選ばれた。

4　一管の筆に託した半生

（1）手賀沼湖畔への転居と審査部

　記者としての華々しい活躍の陰で，楚人冠は家庭での深い悲しみを抱いていた。1910年（明治43）に長女を亡くした後，1917年（大正6）3月には七男辰男が1歳に満たず死亡，1919年（大正8）7月には18歳の長男浩を病で喪った。さらに1923年（大正12）9月1日の関東大震災では，神田の病院に入院していた次男二郎と三男時雄が建物の下敷きとなり焼死した。この時，朝日新聞社も被災し，調査部の資料もすべて消失し，新聞も『アサヒグラフ』も発行不能に陥った。結局『アサヒグラフ』は7ヶ月で廃刊され，グラフ局長も解任された。

　51歳になっていた楚人冠は大森の家を売却し，1912年（大正元）に別荘として購入していた千葉県我孫子の手賀沼湖畔に，震災の翌年4月に一家で引っ越した。

　1925年（大正14）1月に楚人冠は初代記事審査部長となった。記事審査部とは，記事の正確さと報道による人権侵害を防止する目的で，楚人冠による尽力で1922年（大正11）に創設された部署である。アメリカの新聞『ワールド』などに倣って，記事を公明に審査し，必要であれば誤りの訂正や取り消し，弁解，謝罪などを行うため，読者からの意見を受け付ける窓口も開いていた。1925年には社長直属の部署となったが，戦後に形骸化した記事審査に較べても，はるかに読者に開

かれた先進的試みだったといえよう。

（2）執筆に専心した晩年と『全集』

　楚人冠は，記事審査部長，編集局顧問，論説委員を兼務しながら，夕刊コラム「今日の問題」を1930年（昭和5）まで千回以上執筆し続け，洒脱で切れ味のよい短文で読者を唸らせた。1931年（昭和6）からは読者の投書も交えた「鉄箒」欄を担当した。また，週刊誌として復活した『アサヒグラフ』にも，「白馬城」と名付けた手賀沼湖畔の家の四季を織り込んだ随筆を寄せ続けた。1927年（昭和2）には，小説「うるさき人々」を連載したりもした。

　1928年（昭和3）12月に昭和天皇の即位大典終了にあたって言論貢献者として金杯を下賜された。また1933年（昭和8）1月には勤続30年にあたり，永年勤続者として社から表彰された。この年11月に社主・村山龍平が死去し，楚人冠も翌年から，審査部長や監査役などを辞めて相談役に退き，コラムなどの執筆だけを継続するようになった。彼の皮肉が効いた端麗な文章を愛読する読者も多く，多くの随筆集が出版されたが，1937年（昭和12）からは『楚人冠全集』にまとめられ，全18巻が1943年（昭和18）に完結した。このような長大な全集が出版されたジャーナリストは空前絶後である。

　1940年（昭和15）2月母とみを見送った後も，楚人冠は戦局を憂い，執筆を続けていたが，1944年（昭和19）7月に出社した折に倒れ，自宅で寝たり起きたりの生活となった。翌年3月『アサヒグラフ』に掲載したコラムが最後の筆となった。終戦の詔勅を聞いた後，意識が朦朧となりはじめ，1945年（昭和20）10月3日に73歳で逝去した。楚人冠の命日は，「蟬噪忌」と名づけられている。

◆　参考文献

杉村広太郎『楚人冠全集』全18巻，日本評論社，1937〜43年

美土路昌一「杉村楚人冠」『三代言論人集』第8巻，時事通信社，1963年

西田長寿編『明治文学全集』91巻，筑摩書房，1980年

昭和女子大学近代文学研究室『近代文学研究叢書』第57巻，昭和女子大学近代文化研究所，1985年

小林康達『七花八裂──明治の青年杉村広太郎伝』現代書館，2005年

　　　　　『楚人冠──百年先を見据えた名記者杉村広太郎伝』現代書館，2012年

[土屋礼子]

第5章 鳥居素川・長谷川如是閑
——自主独立の言論を目指した二人のジャーナリスト

［とりい・そせん］本名は赫雄。慶応3年7月4日旧細川藩士の三男として，熊本で生まれた。済々黌，独逸協会専門学校（現・獨協大学），上海の日清貿易研究所で学ぶ。1890年『日本』に入社。1897年池辺三山の推薦で『大阪朝日新聞』（『大朝』）に転じた。1916年編集局長に就任し，護憲運動擁護，寺内内閣批判など大正デモクラシーの論陣を張るが，1918年白虹事件で退社。1919年『大正日日新聞』を創刊したが失敗した。1928年3月10日没。

［はせがわ・にょぜかん］本名は萬次郎。1875年11月30日，東京深川の材木商の次男として生まれる。東京法学院（現・中央大学）邦語法学科を卒業後，投書をきっかけに1903年『日本』に入社。『日本及日本人』を経て，1908年鳥居に誘われ『大朝』に入社。1916年社会部長に就任し，鳥居の右腕として活躍。1918年白虹事件で鳥居とともに退社。『我等』『批判』を主宰し，民主化に尽力。戦後，貴族院勅選議員を務め，1948年文化勲章受章。1969年11月11日没。

　鳥居と長谷川は共に投書を通して陸羯南の『日本』の記者となり，主義主張を第一義に政治社会の発展に寄与することを使命とする陸の新聞記者像に影響を受け，生涯その役割を担おうとした人物である。鳥居と長谷川は，『大朝』で手を携え，主義主張の「民本主義」実現のために，第一次護憲運動支持や寺内内閣批判などを展開し，大正デモクラシーを先導する役割を果たした。それは白虹事件で一端は挫折したが，屈せずに自らの主義主張の再興を図り奔走した。その結果は必ずしも実を結んだとはいえないが，ジャーナリストとしての高い理想と使命感を持ち時代に働きかけた両者の歩みは，ジャーナリズムの存在やあり方を問い直す意義がある。両者がともに活躍した第一次世界大戦前後までを中心に見ていきたい。

1　『日本』時代までの二人——ジャーナリストとしての原点

（1）生い立ちと教育

　鳥居素川は，旧熊本藩士鳥居般蔵の三男として熊本市本荘町に生まれた。鳥居の母は後妻だったので，腹違いの二人の兄と姉がいた。3歳で父が死亡し，女手一つで育てられた。異母兄数恵は，西南戦争の際に池辺吉十郎（三山の父）率いる西郷軍の熊本隊員として戦死したが，10歳の鳥居は激励の一首を作って出撃する兄を見送った。鳥居の気性の激しさと権力に媚びずに言論を展開していく反骨精神の原点を語るエピソードである。1882年（明治15），佐々友房の済々黌<ruby>済々黌<rt>せいせいこう</rt></ruby>に入学した。この学校で国家主義と儒教的徳育の洗礼を受けた鳥居は，大志を抱き1884年（明治17）独逸学協会専門学校に進んだが，荒尾精の誘いで1886年（明治19）中退し，大陸雄飛の夢を抱いて日清貿易研究所（後の東亜同文書院）に入学した。1888年（明治21）病気のため帰国し，記者を志し『大朝』などへの投書を行い，桜田文吾と天田愚庵に認められ，天田の紹介で陸羯南の日本新聞社に入社した。

　長谷川は，1875年（明治8），東京深川の材木商，花屋敷経営者の山本徳治郎の次男として生まれた。家は三河以来の城大工の棟梁だったので，旧幕臣が出入りする明治政府に批判的な雰囲気の中で育った。兄は『東京朝日新聞』（『東朝』）記者の山本松之助（笑月）であった。10歳の時に母方の祖母の養子になり，長谷川姓となった。私立の本島小学校，坪内逍遙の家塾，中村正直の同人社，杉浦重剛の東京英語学校で学ぶ。この時期に浅草の花屋敷で芸人や雇人たちと過ごしたことが下層の人々へ愛着と格差への疑問を育み，そして『日本人』『日本』を創刊から愛読し，三宅雪嶺や陸など政教社系の言論人に憧れて新聞記者を志すようになった。1893年（明治26）東京法学院に入学したが，家業の没落と病気により休学を余儀なくされた。貧困と病気という逆境が格差に対する疑問から批判に発展させ，社会批判や改造に駆り立てていく原点となった。1898年（明治31）卒業し，『大朝』や『日本』に投稿し，1903年（明治36），日本新聞社に入社した。

　以上のジャーナリストの出発点に至るまでの二人の歩みには，共通点があった。まず，明治政府に批判的な雰囲気の家庭に育ち，一貫して私学で教育を受けたことによって，ジャーナリストの要件である権力に対する強い批判意識が育まれたことである。次に，新聞や雑誌への投書を通して記者に採用され，ジャーナリス

トとしての第一歩を踏み出したことである。明治20年代
までの新聞は，読者と投書家，そして記者が一体となっ
て紙面を作っていた。新聞創設期，情報量が限られてい
たため，紙面のかなりの部分を読者の投書や通信に依存
していた。読者と記者は投書を媒介に，思想的にも同志
として結びつき，明治30年代半ばまで，読者である投書
家から記者が採用されていた。したがって，投書家から
採用された記者という共通点こそが両者の思想的一体性
の強さを物語る何よりの証拠である。また，両者が投書

『日本』を創刊した陸羯南

により『日本』に入社したことは，陸に同じ思想的基盤に立つ同志と認められた
ことを意味する。特に長谷川においては，陸に影響を受け，記者となるための鍛
練を行った成果であった。

（2）陸羯南の『日本』時代

　入社後鳥居と長谷川は，陸の影響を強く受けながら，ジャーナリストとしての
自己形成を行った。両者が影響を受けた陸羯南の思想とは，「独立的記者」，「独
立新聞」という新聞記者や新聞のあり方と，言論の理念の「国民主義」である。
　陸が新聞記者の理想とした「独立的記者」とは，「頭上に在るものは唯だ道理
のみ，唯だ其の信ずる所の道理のみ，唯だ国に対する公義心のみ」（「新聞記者
（二）」『日本』1890年10月23日，『陸羯南全集』第2巻，みすず書房，1969，738頁）とい
う営利や党派，時流にとらわれず，国家発展に有益な主義主張によってのみ言論
を展開する独立自尊の記者であった。そして，こうした記者が活躍し，国家発展
に導く役割を果たす場が「独立新聞」であり，自らの新聞『日本』でそれを目指
した。
　「国民主義」とは，日本の固有の文化による「世界の文明」「博愛」への貢献と
いう「最終の目的」のための，日本主体の西欧文化摂取の必要性と，国家の独立
とそれに不可欠な国民統合の主張であり，その手段としての政党内閣論であった
（『近時政論考』1891，『陸羯南全集』第1巻，みすず書房，1969，66〜67頁）。陸の「国
民主義」は，現国家や自国を絶対とする偏狭なナショナリズムとは一線を画し，
グローバルかつ理想主義に基づいて，現国家との対決をも辞さない峻烈な姿勢を
伴っていた。実際に発行禁止が『日本』の「名物」（鳥居素川「羯南先生は長者の

人」『日本及日本人』1923年9月，以下，前掲鳥居回想）となり，経営難の一因となったが，最後までその姿勢を貫いた。両者は，このような陸の姿勢や言論の中核をなす「国民主義」を血肉化し，ジャーナリスト人生の理念としていった。

　ジャーナリストとしての起点となった『日本』での両者は，陸をはじめとする同志的な先輩記者の中で，記者，ジャーナリストとしての鍛練に励んだ。

　「飛び出しの青書生」として入社した鳥居は当初，「僅か四，五行の雑報」を担当したに過ぎなかったが，入社4年後日清戦争の従軍記者兼通訳に抜擢され，正岡子規らとともに特派され，従軍記事で名を挙げた。鳥居の回想によれば，「何一つ出来やう筈もな」かった鳥居に，陸は「慈父の児孫に対するが如」く，「温情」（前掲鳥居回想）をかけ，記者として育て，さらに一人前となった鳥居の将来を考え，『日本』出身の池辺の誘いで，『大朝』移るのを許した。

　鳥居が退社した6年後に，長谷川は『日本』に入社したが，編集や外回りをさせられることなく，遊軍記者として，犯罪社会学研究など投書時代と同様の言論活動が許された。鳥居と同様に，長谷川も陸の庇護のもと，のびのびと記者，ジャーナリストとしての自己形成を行い，半世紀以上にわたりオピニオンリーダーとなる基盤を築いた。主義主張を第一義とし自由な言説が許された『日本』は，長谷川にとって最良の言論活動の場だった。しかし，1906年（明治39），陸の肺患と経営難により，『日本』が銀行家伊藤欽亮に売却され，商業紙への転換が図られ，長谷川は最良の場を失ってしまう。長谷川はほかの社員とともに『日本』を退社し，『日本人』と合流して発刊された『日本及日本人』に籍を置いた後，1908年（明治41）鳥居の勧誘で『大朝』に入社した。

2　『大阪朝日新聞』時代の二人

（1）『日本』記者と『大朝』

　陸の庇護と影響のもとで，『日本』で記者，ジャーナリストとしての鍛練に励み，「独立的記者」となった両者は，『大朝』を自己の主張を展開する新たな場と考え，『日本』での政論「国民主義」の展開を試みた。両者が『大朝』を新たな言論の場と考えたのは，『東朝』『大朝』の社長であった上野聖一と村山龍平が，杉浦重剛，今外三郎や池辺など，政教社系や『日本』の高名な記者を招聘していたので，一見『日本』と同一に見えたからだった。しかし，現実の『大朝』は主

大阪朝日新聞社（明治中期）

義主張ではなく，営利を優先する企業新聞だった。

　そもそも，『大朝』は，1879年（明治12）に木村平八，騰父子によって創刊された小新聞だったが，明治14（1881）年に西洋雑貨商の村山に譲渡された。以後，広範な読者層獲得による販路拡大のため小新聞から脱却し，『日本』で活躍した声望のある記者を引き抜いて言論の質と地位向上が図られたが，『大朝』は経営的意図から『日本』の記者を招聘したのであって，彼らの主義主張に賛同したわけではない。『大朝』にとって，『日本』出身記者の生命ともいうべき主義主張は，二次的なものに過ぎなかった。主義の発揚と貫徹のために経済的困難や言論弾圧に屈しない気概を持つ彼らが活躍するには，『大朝』は場違いであった。この点に両者が気づかなかったことが，後の白虹事件の悲劇の原因となる。

（2）「独立的記者」としての民本主義の発揚

　1897年（明治30）に入社した鳥居はドイツ留学後，日露戦争の従軍記者として特派され，その後，編集局長として社説の執筆や編集に従事した。鳥居に招かれ1908年（明治41）に入社した長谷川は，社会部長として，丸山幹治ら他の『日本』出身記者とともに鳥居を支えた。

　陸のもとでジャーナリストとしての鍛練を積み，陸の「独立的記者」というジャーナリズム観と「国民主義」という理念から強い影響を受けた鳥居と長谷川は，

民本主義を陸の理念に通じる思想と考え，『大朝』で民本主義にもとづく言説を展開した。鳥居らは日露戦後民衆が台頭する状況のなかで，陸と同様に国民統合の観点から政党内閣や選挙権の拡大など民衆重視の民本主義に共鳴し，大山郁夫，櫛田民蔵，佐々木惣一など民本主義さらには社会主義の論客を揃え，大正デモクラシーを先導する主張を展開したのである。

　例えば，1912年（大正元）二個師団増設問題では，「社説」や「天声人語」で，増設を拒んでいる第二次西園寺内閣を支持した。さらに内閣が倒れ桂太郎が組閣して起こった憲政擁護運動を全面的に支持し，桂を「閥族の代表者」，「政治的罪人」と厳しい言葉で指弾（『大朝』12月18日社説「桂内大臣出ず」）し，桂内閣の倒壊，大正政変に一役買った。彼らは，国家を私物化する藩閥や軍閥が政治社会不安を引き起こし，民衆を国家から離反させた原因とみなし，それらを排除し，民衆を基盤とする政党内閣の成立こそが国民統合を可能にし，民衆生活の安定とともに国家発展につながると考え，峻烈な批判を展開したのである。それは，国家と民衆，国家発展と民衆の幸福を不可分とする陸の「国民主義」とその発揚のためには権力との対峙も辞さないという姿勢を受けたものだった。以後，山本権兵衛内閣や寺内正毅内閣など閥族内閣や枢密院や貴族院など議会外勢力への批判を強め，陸と同様に国家権力と真っ向から対決し，弾圧を受けることになった。

（3）白虹事件

　鳥居，長谷川らを中心とする『大朝』は，官僚勢力を基盤として1916年（大正5）10月に成立した寺内正毅内閣に対して，特に成立前後から厳しい批判を展開した。「寺内伯爵は軍国主義の権化」で「頑迷なる非立憲思想の代表者」（1916年10月13日社説「閥族余毒の根源」）なので，寺内の組閣は「憲政の急逆転」（1916年10月6日社説「後継者は寺内伯」）とその存在自体を否定する激しい批判を展開した。当然，『大朝』は，西原借款や言論政策，シベリア出兵，米騒動などの施策に対しても峻烈な批判を展開した。対する寺内内閣も発売禁止処分などで対抗し，白虹事件は，シベリア出兵と米騒動で両者の対立が激化していくなかで起きた。

　シベリア出兵問題で内閣批判の先頭に立った『大朝』は，米騒動でも「非立憲的内政外交の盲断」（1918年8月11日社説「既に社会問題となる」）が原因として内閣の総辞職を迫る決定的な批判を展開した。その上，内閣弾劾関西新聞社通信社大会に参加し，この大会報道記事中の表現が問題となって事件が起きた。

　1918年（大正7）8月26日夕刊で，大会報道記事中の，国の兵乱の予兆を意味する「白虹日を貫けり」の一節が新聞法41条「安寧秩序紊乱」違反として告発され，発行禁止の危機に立たされた。存亡の危機に直面した『大朝』は，発行禁止回避の代償に主筆鳥居以下編集幹部の退社という当局からの提案を受け入れ，自社の温存を図った。鳥居や長谷川は，自らの退社による丸山，大山の残存と主義主張の温存を期待して裏取引に応じた（10月15日退社）が，叶わなかったうえ，その後『大朝』が出した改悛を誓う謝罪文「本社の本領を宣明す」（12月1日）により，これまでの自己の主義主張が断罪された。営業的観点から両者を登用した『大朝』にとっては当然の選択だった。長谷川は，この結果について，大山らの退社が社告された10月28日，三宅雪嶺に対し，『大朝』時代が，「屁の如」き「阿呆らしき」10年で，自身が「向ふ膾の半風子（しらみ）と同然」だったとして，「こんな生活は繰りかへし度なきもの」（『長谷川如是閑集』第8巻，岩波書店，18～19頁）と手紙で報告した。

　この文面から分かるのは，両者が主義主張を命とする「独立的記者」の自己と営業新聞『大朝』との断絶を思い知り，自主独立の言論が可能な場の確立，すなわちかつて自己にとって最良の言論の場だった『日本』の再現を決意したことである。

3　「独立新聞」の再興の試み

（1）『我等』と『大正日日新聞』

　退社から1ヶ月後，鳥居と長谷川は，大山，櫛田，丸山らとともに，新たな言論の場として雑誌『我等』創刊に着手したが，再起にかけての根本的な構想の違いから雑誌創刊の思惑も違っていた。鳥居は，大規模新聞『大正日日新聞』（『大日』）の創刊によって，『大朝』への対抗と言論の場の確保を構想し，『我等』を新聞創刊までの同志の確保と結合を図る暫定的な存在と考えていた。ところが，長谷川は小規模の雑誌こそが経営基盤の安定化と思想的基盤を同じくする同志による主義主張の保持が可能と考え，『我等』を自身の言論の場と考えたのである。鳥居は資本や販売数など規模から，長谷川は言論の質から『大朝』へ対抗しようとした。結局，鳥居は長谷川との連携をあきらめ，それぞれ1919年（大正8）11月25日創刊の『大日』と1919年2月11日創刊の『我等』による再起を図った。

　規模にこだわった鳥居の『大日』は，貴族院議員藤村義朗，実業家勝本忠兵衛ら思惑の異なる外部出資者の協力を受け，朝日新聞社に匹敵する資本金によって創刊された。『大日』の創刊は豊富な資金力をバックに順風に見えたが，肝心の主義主張は長谷川ら『大朝』の主力を欠き，豊富な資金に飽かせて記者を集めた寄り合い所帯だったため，生彩を欠いて不評だった。その上，『大朝』『大阪毎日新聞』による営業活動妨害などもあって販売部数は伸び悩み，営業不振に陥った。その結果，そもそも同床異夢の鳥居，藤村，勝本の経営三者の対立が激化し，創刊から8ヶ月で廃刊に追い込まれた。

　一方の言論の質にこだわった長谷川は，創刊の辞「『大阪朝日』から『我等』へ」と著書『現代国家批判』『現代社会批判』において，『我等』の目的と主義主張を明示した。長谷川が提示した目的とは，立場が党派や営利を超越した「純理的立場」から国家発展のための「批評」であり，主義主張とは，『大朝』での民本主義を基調とするものだった（「創刊の辞」）。

　具体的には，英国と日本を地政的に類似するものとして，国家発展のためには英国労働党をモデルとした社会民主主義的変革（社民的変革）の必要性を説いた。そして，思想的基盤を同じくする同志の他，読者の投書欄や講演活動を通して読者との連帯を図って主義主張の着実に広めようとしたのと同時に，投書家から新たな人材を発掘した。まさに，長谷川の『我等』は陸の「独立新聞」の再興であり，理念の「国民主義」を継承したものだった。『我等』（のち『批判』と改題）は，読者や同志に支えられて15年続き，蝋山政道や三輪寿壮など主義主張の継承者や実行者を輩出したので，一定の成功を収めたといえる。

（2）その後の二人──挫折と真の「独立的記者」へ

　『大日』後の鳥居は，悠々自適の隠遁生活を送り，1928年（昭和3）没した。影響力を発揮できずに隠遁した鳥居の『日本』再興の試みは挫折したが，一貫して言論界に影響力を持ち続け，「独立的記者」として成功したかに見えた長谷川も陸の理念の実現という点では挫折することになった。

　長谷川は，社民的変革を主義主張として提示し，三輪ら実行者や蝋山ら論客を育て無産政党を支援した。だが，経済的な格差の程度が英国ほどではないことや満州事変以後の好景気などの日本の現実によって，社民的変革は滞った。その結果，長谷川の言論の影響力は失われ，結局『批判』は1934年（昭和9）に廃刊に

戦後，馬場恒吾・吉田茂と長谷川如是閑

追い込まれた。にもかかわらず，長谷川は西欧（英国）志向の演繹的思考に固執して，現実を認めなかった。その結果，それ以降，大衆不信と日中戦争による対外的危機感から偏狭なナショナリズムに陥り，戦時を掲げた強権的変革論の近衛新体制運動を支持し，結果的に壊滅的な戦争に日本を導く一端を担った。

　長谷川は時流に乗って活躍はしたが，陸の掲げた「国民主義」における世界文明と平和，そして日本の発展への貢献という究極的な目標に到達しえなかった。その後，長谷川は，これまでの言説を反省し，戦中に日本（現実，歴史）と向き合う日本研究に専念した。その結果，象徴天皇制や産業立国論など，戦後日本を復興と繁栄に導く有益な提言の展開につながった。ただし，こうした主張は，戦後論壇の主流となった講座派の主張とは相容れないものなので，長谷川は論壇の傍流に追いやられたが，持論を譲らず動じることはなかった。

　一旦は挫折した長谷川だったが，時流に流されず，日本の現実や歴史からそのあり方を探求した結果，国家国民の発展に有益な提言を行うという陸の「独立的記者」に到達したのである。長谷川自身「曲折の多かつた時代を経て，老いて再び「日本的」の時代に帰つた」（『続日本的性格』1942，『長谷川如是閑集』第7巻，岩波書店，1990，195頁）と述べた通りである。長谷川は，1969年（昭和42），高度経済成長による繁栄を見届け，陸の理想に適った言論人となったことに満足し，その生涯を終えた。

　両者のジャーナリストとしての試行錯誤の歩みが，情報化や価値が氾濫する現

代の私たちに投げかけることは，時流や党派営利にとらわれず，人間やその仕組みの本質を見極めたうえでの高次の理念にもとづく言説こそが未来を切り開くということである。そして，私たちがそうした孤高の言論人の声に耳を傾けられる鋭さを持つことの重要性である。

◆　参考文献

伊豆富人「鳥居素川」『三代言論人集』第7巻，時事通信社，1962年

湯浅晃「第二章『大阪朝日』の人びと」住谷悦治他編『講座・日本社会思想史2』芳賀書店，1967年

『陸羯南全集』全10巻，みすず書房，1968-1985年

新妻莞『新聞人・鳥居素川——ペン・剣に勝つ』朝日新聞社，1969年

『長谷川如是閑選集』全8巻，栗田出版会，1970年

西田長壽編『明治文学全集91　明治新聞人文学集』筑摩書房，1979年

『長谷川如是閑集』全8巻，岩波書店，1990年

本田逸夫『国民・自由・憲政——陸羯南の政治思想』木鐸社，1994年

有山輝雄『近代日本ジャーナリズムの構造——大阪朝日新聞白虹事件前後』東京出版，1995年

冨田啓一郎『考証「鳥居素川」』共同体社，1998年

古川江里子『大衆社会化と知識人——長谷川如是閑とその時代』芙蓉書房出版，2006年

有山輝雄『陸羯南』吉川弘文館，2007年

［古川江里子］

第6章　恩田和子
——戦前期を代表する女性記者

［おんだ・かずこ］　1893年11月１日茨城県生まれ。1913年に日本女子大学を卒業し，『読売新聞』の記者となり婦人欄を担当。1917年12月に同社を退社し，『大阪朝日新聞』の記者となり，1919年新聞社の後援で「全関西婦人連合会」を結成。社会部，出版部，学芸部などの記者として活躍しながら，関西における婦人運動を主導した。1948年11月定年退職後は嘱託として社史編纂に携わり，婦人運動の記録を残した。1973年７月20日79歳で死去。

　恩田和子は，『大阪朝日新聞』の女性記者として活躍。日本の主要新聞社の社史において数頁を割いて功績が讃えられている唯一人の女性記者である。彼女は大正期に関西各地に生まれていた女性たちの団体を，新聞社の後援によってまとめ，「全関西婦人連合会」を組織し，その理事長として関西における女性運動を実質的に牽引し，それによって女性読者を拡大し，新聞社に貢献した。戦後にはその活躍が忘れられてしまっているが，一生涯を女性記者として，女性運動を推進することに捧げたその人生を顧みてみよう。

1　初期の女性新聞記者として

（1）日本女子大学から読売新聞婦人欄の記者に

　恩田和子は1893年（明治26）11月１日に茨城県に生まれた。正式の名前は恩田和だったらしいが，恩田和子が通称であった。弟が一人いたほかは家族の詳細はわからない。東京の本郷駒込上富士前町が本籍になっているので，そこで育ったのであろう。おそらく中流家庭に育ったものと思われるが，彼女自身は大学までの個人的な回想を残していない。

　恩田は，1913年（大正２）３月に日本女子大学の教育学部文科第一回卒業生として卒業した。当時の日本女子大学は，1901年（明治34）日本女子大学校として成瀬仁蔵によって創立されてからまだ十数年しか経っておらず，当時では数少な

い女性の高等教育機関であった。したがって，その卒業生たちは，1906年（明治39）に家政学部を卒業した平塚雷鳥をはじめとして，新しい時代の知識ある女性たちとして，封建的な慣習や思想と闘って，新たな道を切り拓いていかなければならない使命を背負っていた。

　彼女は卒業後しばらくは，国文学者の芳賀矢一の手伝いをしていたという。ちょうどその1年後，1914年（大正3）4月3日に『読売新聞』に「よみうり婦人附録」と題する婦人欄が誕生した。この婦人欄の記者として恩田は同年5月から読売新聞社で働き始めた。

　この「よみうり婦人附録」は，当時の社主・本野一郎が招いた主筆・五来欽造によって，パリの新聞『フィガロ』の婦人欄にならって創設された。当日の紙面は，「本日から本紙に添付した婦人付録によって東洋に初めて婦人の日刊新聞が生まれた」と自画自賛しているが，その10年前程から，新聞では女性読者向けの記事に関心が高まり，そうした記事を執筆する女性記者が登場し始めていた。女性記者第一号といわれる松岡もと子は，1898年（明治30）12月に『報知新聞』に校正係として入り，羽仁吉一と社内結婚して辞めた後に，『婦人之友』を創刊していた。また『大阪毎日新聞』で「家庭の栞」と題する婦人欄（後に「家庭欄」と改称）が同年3月に開設され，2年後には太田馨，岸本りう子が女性記者として採用された。このほかにも『時事新報』の大沢豊子，『毎日新聞』の松本英子，『萬朝報』の川越照子，『毎日電報』の菅野すが，『報知新聞』の磯村春子，『東京朝日』の竹中繁などの女性記者が続々誕生し，1915年（大正4）には「婦人記者倶楽部」が設立されるまでになった。こうした初期女性記者の一人に恩田は加わったが，記者になる前にさまざまな経歴を持っていた当時の女性記者の中で，学校を出てすぐに記者になったのは彼女が最初であった，と恩田は後に回想している。

　恩田が記者となった機縁は「よみうり婦人附録」の編集主任だった小橋三四子（1883〜1922）であろう。小橋は1904年（明治37）に第一回生として日本女子大学を卒業し，同窓会である桜楓会の機関誌『家庭週報』やキリスト教婦人雑誌『新女界』の編集に携わっていた。婦人記者倶楽部の設立にも奔走し，後に主婦之友社に入り，38歳の若さで急逝した小橋が，ちょうど10歳年下の同窓生である恩田を新聞記者の世界に招き入れる導き手となった。恩田は次のように回想している。

　……当時読売には正宗白鳥，徳田秋声さんなどが居られ，社会部長は松本雲
舟さん，婦人欄は小橋みよ子さんで，羽仁もと子さんのご主人の羽仁喜さん
（羽仁吉一のこと：引用者註）が婦人欄の社説を書き，身の上相談は大月隆杖さん，
柳八重子さんと私が小橋さんの指揮を受けて，家庭記事とか婦人問題とか社会
記事などを砕いて書く役目でした。当時読売の婦人欄は一頁を割いていて，社
説まで独立して書いていたのです。……（1950年の談話「関西の婦人運動」）

　「よみうり婦人附録」は１頁の紙面に，論説，婦人関係のニュース，女学校や
名士の夫人などに取材した記事，身の上相談，料理や家庭生活の知恵に関する記
事などを盛り込んで構成されていた。その中には女性記者が実地に探検して書い
た記事もあった。恩田の最初の署名記事と思われるのはそうした記事の一つで，
1914年（大正3）7月29日の「婦人記者の灯台見物」である。文末に「和子」と
署名があるが，犬吠岬の灯台へ到着する前に大波を頭からかぶってしまった，と
いう何ということのない体験記である。しかし次に見出される1915年（大正4）
8月14日掲載の署名記事は，「わが社の婦人記者　飛行機に搭乗す」という勇ま
しいものであった。彼女は所沢の飛行場で尾崎行輝氏に同乗して，モーリスファ
ルマン式三重号で15分間ほど空中飛行を愉しんだ。日本で初めて女性が飛行機に
搭乗するという栄誉に浴したと彼女は記している。のちに日本航空協会副会長と
なった尾崎は回想記で，「確か本田という婦人記者」について，「日本で最初に飛
行機に搭乗した日本女性というにふさわしく，貴重な数分間の風景を堪能してい
た。私はこうした場合に示し得る女子の度胸の大きさにいささか驚いた」と述べ
ている。この婦人欄の企画として，1916年（大正5）9月には上野で第一回子供
婦人博覧会が開催された。このような『読売』婦人欄記者として過ごした約3年
半が恩田の記者としての修行期間であった。

（2）『大阪朝日新聞』への移籍

　1917年（大正6）暮れに『大阪朝日新聞』の女性記者・大本花代が辞めること
になり，恩田が推薦されて『大阪朝日』へ移ることになった。その時にライバル
の『大阪毎日』からも誘いがあって，彼女はいろいろな人に相談した結果，『大
阪朝日』に決めたらしい。同年12月に読売新聞社を辞めて，12月30日付で大阪朝
日新聞社に入社したが，「3ヶ月試用」の辞令に「来てくれと言って置いて，試

用とは何事です」と憤慨して文句を言ったという。当時24歳だった恩田の初任給
は27円で，帝大出が23円だった当時としては悪くない給料であったが，弟が中学
へ行く費用を出していたため彼女には足りなかった。そこで本多精一に相談した
ところ，本多に口述してもらった内容を書いて『東京経済雑誌』の記事とする，
というアルバイトで原稿料10円を毎月もらうことになったという。

　配属されたのは社会部で，長谷川如是閑が部長であった。赴任した時に恩田は，
如是閑から「君は英語が話せるか，半年ぐらいで上手に話せるようになって貰い
たい」と注文されたという。また，「あんたは記事を毎日書く必要はない，1ヶ
月に一度で良い，そして一度の良い記事を書くには大阪の生活に慣れることが第
一だから，先ず芝居は替り目毎に必ず一度，それも一等席で見なさい」と言われ，
社からもその費用が惜しまず出されたので，「さすが朝日だ」と彼女は感心した。
また，朝日新聞社の重鎮だった小西勝一には，「婦人は参政権を持たなきゃ解放
されない」と激励され，女の服を改良しようとするなら「あんたはなぜ洋服を着
ないのだ」と諭されたという。のちに「淡いピンクのシルクのドレスをよく着て
おられた」と回想される彼女も，まだこの頃は和装だった。

　ところで当時の大阪朝日新聞社は，1916年（大正5）末に定められた編集局職
務規定の下で，鳥居素川が編集局長に就任し，整理部長原田棟一郎，通信部長丸
山幹治，外報部長稲原勝治，経済部長高原操，調査部長花田大五郎という布陣で
あった。ちょうど彼女が正式に社員となった1918年（大正7）4月前後から，シ
ベリア出兵に関する議論とそれに対する取り締まりが激しくなり，『大阪朝日』
はしばしば発売禁止処分を受けた。そして同年8月から起きた米騒動に関して報
道規制が敷かれると，言論の自由を掲げる運動の拠点として『大阪朝日』は「言
論擁護内閣弾劾」の記者大会を開催し，寺内内閣攻撃を推進した。ところが9月
に新聞紙法違反で『大阪朝日』の記者二人が起訴され，村山龍平社長が暴漢に襲
われるという，いわゆる白虹事件が起きた。これにより鳥居素川以下の編集局幹
部が一斉に退社，西村天囚が編集局を託され，本多精一や緒方竹虎が呼び寄せら
れ，社会部長には岡野養之助，次長には美土路昌一がなった。恩田は美土路の下
で社会部に籍を置きながら，家庭関係の記事も担当した。当時の社会部は26人で，
天囚の小言を美土路が受け止める役だったらしい。当時の危機的な状況で働く天
囚の姿に「下っ端で働いている私などにも，何やら感じられるものがありまし
た」と恩田は述べている。

　女性に対する差別が強固だった当時，彼女は偏見と闘いつつ自分の思ったこと感じたことをはっきりと直裁に言った。例えば大阪朝日新聞社入社当時，ある大学出の記者に生意気だと言われ，「どこが生意気ですか」と問うと，「食堂で男と同じテーブルで食事をやる。これは不可ない」と言われたので，「私はどうすれば宜しいんですか」と尋ねたら，「女は部屋で膝の上に弁当を載っけて食べるものだ」と言うので，「それは出来ません」と答えたという。また，下駄箱の順番も女性は下の方で不便になっているので，「月給の順序で並べたらよろしいでしょう」と言ったこともあった。

2　大阪における婦人運動の中心人物に

（1）全関西婦人連合会の結成

　赴任した当時，大阪の言葉や風俗習慣の違いにとまどい閉口した恩田は，「もう東京に帰りたい」と西村天囚にもらす程だったが，やがて大阪における新聞の影響力の大きさに魅せられた。「大阪の特徴の一つは，大衆と新聞社が親友，兄弟，親子の如く親密であることだ。私がいたころの東京の各新聞社の仕事はおおむね新聞を発行することだけであった。大阪に来てみると新聞社主催で講演会，演説会，見学，展覧会，野球大会など諸種の仕事をやり，大衆がそれに熱狂的に参加するのであった」とのちに彼女は述べている。

　『大阪朝日』は，1904年（明治37）7月に「婦人の活動」という社説を掲げた頃から，女性読者に積極的に呼びかける活動を始めていた。当時大阪には，愛国婦人会と基督教婦人矯風会しか婦人団体がなかったが，それらと協力して傷病兵病院慰問，出征軍人の家族慰問や遺族扶助義金をはじめ，女子教育や婦人参政権問題に関する講演会などを開催して，女性たちの社会的意識の覚醒を促す記事を掲載していた。しかし，女性自身の向上，家庭や社会の改良のためにも「婦人団休の団結の力をもって行動すべきだ」と恩田は悟り，1919年（大正8）10月頃から恩田は，名古屋から以西の各地に生まれていた婦人会を糾合し，同年11月24日に大阪朝日新聞社の主催で，婦人会関西連合大会を開催した。

　この大会は西日本の婦人運動における画期的な出来事であった。当日は近畿，山陽，四国，北陸，九州，東海各地の婦人会を代表する182名が，まず大阪朝日本社で行われた発起人会に集合した。その後，約四千人の女性たちが集まる中央

1919年11月24日に開催された婦人会関西連合大会の記事

公会堂で，恩田が開会の辞を述べ，『大阪朝日』編集長高原操が挨拶をして始められた大会では，現代の生活の改造にあたる文化運動として会の趣旨が確認され，各地方代表より出された三十余件の議題が論じられた。

　その多くは生活改善に関する問題だったが，婦選獲得の問題も論じられ，時期尚早だとする論者と熱烈な推進論者が胸ぐらを摑んで殴り合いを始める一幕もあったという，熱気溢れる会であった。講演者として招かれた平塚雷鳥は，「団結によって実際運動に入る時代」が来たと宣言したが，後に彼女は，「婦人だけのこれほどの大会合は，東京ではちょっと出来そうもないほどの盛況でした」と述べている。この大会は以後，毎年秋に開催され，各地に婦人会が叢生し，1923年（大正12）には全関西婦人連合会と改称，1941年第22回大会まで続く一大婦人運動の起点となった。この大会の事務所は大阪朝日新聞社内に置かれ，その実現に奔走した中心人物が恩田和子であった。彼女は，「大会の誕生と運営は大阪朝日新聞と各地の同社支局の尽力があったればこそ出来たのである。大阪朝日の協力なしに婦人の自力で連合会が出来るのを待つとすればいつになるかわからなかっただろう」とのちに述べている。この大会には，村山龍平社長も常に出席し，代表者たちのどんな意見発表に対しても強く頷いて傾聴していたという。

　大阪朝日新聞社は，この大会を全面的にバックアップし，女性たちが自らの問題を発言し解決していく場を与えて支援するという形で，女性運動の促進役を果たしたが，それは女性読者の支持を得るという営業的な側面も持ち合わせていた。実際，ライバル紙の『大阪毎日』は1916年（大正5）10月から「婦人社会見学団」と称する女性読者向けの社会教育事業を行い，毎回千名以上の参加者があり，1926年（大正15）の第百回記念大会の時には会員は10万以上にのぼったという。

これに対して全関西婦人連合会は，女性の服装から家事，育児，売春まで幅広い問題を扱い，婦人解放により直接的に取り組む団体であり，婦選獲得のために毎年50万枚の請願書を印刷して西日本各地に配布したという。

しかし，関東での反応は鈍かった。全関西婦人連合会誕生の体験をもって，恩田は東京の婦人たちにも東日本婦人連合会を作ってもらいたいと，上京して代表的婦人十余名に集まってもらって提案したが，「新聞社に利用されるのはいやだ」と断わられた。「利用されるのではなく，利用してはどうか，大阪では実に巧みに円満に新聞社を利用している」と説明したが，彼女らをうなずかせることはできなかった，と恩田は後に回想している。

1923年（大正12）9月に関東大震災が起きると，海軍省から大阪朝日新聞社に「軍艦一隻を差し向けるので救援物資を積み込めるよう手配されたし」との電報が入り，全関西婦人連合会も新聞社に詰めかけて被服や毛布，布団などの募集と整理にあたった。翌10月には東京婦人連合会が組織されるというので恩田も上京し，罹災者の乳児の救援に携わったが，実情調査に1週間もかけてからやおら救援の手を差し伸べる東京方式と，予算も立てずに物資の購買と配給に走る関西方式との違いに驚いた。この活動を契機に，同10月の第5回大会で婦人会関西連合大会は，全関西婦人連合会と改称し，朝日新聞社から一応独立した組織形態となった。だが同年12月に創刊された機関誌『婦人』が，「大阪朝日新聞社内　全関西婦人連合会発行」となっていたように，新聞社の後援は継続していた。

（2）渡欧と婦人団体の活動

恩田は，震災後の活動が一段落ついた翌1924年（大正13）6月5日に学芸部に配転となり，同月7日から私費で海外留学すべく渡欧した。外国語は得意ではなかった彼女だが，英国では名家を泊まり歩いて「ホームライフを研究」し，フランスやイタリアにも出掛り，最後に米国へ渡って翌年の7月に帰国した。この間に科学者キュリー夫人，画家ローランサン夫人などにも会い記事を書き送っている。また，自動車の運転もするようになった約1年のヨーロッパでの生活は，彼女の考え方に少なからず影響を与えた。

帰国後の1925年（大正14）12月に計画部へ移った恩田は，全関婦の活動を再開し，翌年10月には第八回大会を大阪朝日主催で開催した。会員が300万人を超えた全関婦は，1927年（昭和2）に理事制に改組して独立することになり，恩田が

初代理事長に就任した。ただし独立といっても，大会の会場費，講師謝礼，通信費，輸送費などの諸経費は，朝日新聞社に依存したままであり，引き続きその世話役として恩田が「不本意ながら」理事長になったという経緯だった。同年3月に起きた北丹後地震では，全関婦は救援のため慰問品を募集し，震災孤児のために託児所を設け，さらに孤児を引き取って養育する事業を始めた。恩田も10名程の婦人会員とともに現地で働いた。

　こうした活動の一方で，婦人参政権の獲得，公娼制廃止，軍縮と世界平和を唱えた全関連であるが，やがて国家政策への協力を余儀なくされていった。そのきっかけは，1929年（昭和4）浜口内閣の緊縮政策に際し，全関婦主催，大阪朝日後援で「消費経済後援会」を開催したことだった。井上大蔵大臣ら政府閣僚が講師として婦人団体に協力を切望したのは「日本開闢以來この時が嚆矢である」と恩田は述懐している。しかし，女性の力を利用する必要を実感した政府は，1931年（昭和6）に文部省内に事務所を置く大日本連合婦人会を創設し，府県市庁に支部を設立させた。これに対し全関婦は，婦選獲得同盟機関誌『婦選』第一号に，大日本連合婦人会を「官僚的団体」として排斥し，不参加の声明を発表した。さらに翌年に結成された大日本国防婦人会と，日露戦争前から活動していた愛国婦人会とがいがみ合うという状況だった。結局この三つの婦人団体を統合する形で，大日本婦人会が1942年（昭和17）に発足した。会長には山之内公爵夫人，川西元東京府知事が理事長に就任し，60名ほどいた理事の一人として恩田も名を連ねた。だが全関婦はその後も活動を継続し，朝日新聞社から委嘱されていた家賃調査を実施したり，1945年（昭和20）には食糧難緩和の一策として野草料理研究を行ったりしていた。しかし，敗戦とともに大日本婦人会は解消し，全関婦も消滅した。

3　終生新聞記者として

（1）戦後は日本主婦の会会長に
　敗戦後の新たな時代の到来に恩田は，「新日本女性講座」や「新女性文化会」など朝日新聞社主催で女性の啓蒙を支援し，1946年（昭和21）1月に復刊した『婦人朝日』にも筆を振るい家庭の主婦たちに呼びかけた。その間に，占領軍が公娼を全廃し，女性の地位向上を推進するのを恩田は目の当たりにした。「敗戦後新憲法が出来ぬ前にマ司令官はまっ先に女子に参政権を付与した。女子は財産

権も得た。教育の門戸も開放され国立大学に女子も入学できるようになった。
……いずれもマ司令官のおかげである」と恩田は述べているが，しかしそれをま
ごつくことなく遂行し得たのは，婦人運動の啓蒙によって「権利義務の受入れ態
勢ができていたからである」と言う。

　恩田の記録によれば，1945年（昭和20）10月10日阪神間の進歩的な女性十数名
が集まり「新日本婦人会」を大阪で結成した。これは大日本婦人会解消後の最初
の婦人団体で，その中心の一人は恩田であった。その後，旧全関婦のメンバーが
新たな団体を朝日新聞社の後援で立ち上げたいと恩田を頼り，1946年（昭和21）
6月に新しく結成された「日本主婦の会」の会長に恩田は就任した。翌年5月か
らは「新憲法と婦人」と題する展覧会を占領軍の支援を得て関西の各都市で開催
した。当時，左翼思想が大阪朝日新聞社の若い社員の間にも広がり，恩田も若手
から「頭脳が古い」などと批判されたりしたが，恩田は共産主義に傾くことなく
日本主婦の会にも共産党の介入を認めなかった。1948年（昭和23）11月1日恩田
は，大阪本社企画部員との肩書きを最後に朝日新聞社を定年退職した。同時に日
本主婦の会会長も辞し，それとともに同会と朝日新聞社は完全に離れた。ここに
女性の地位向上のために女性団体を新聞社が直接支援する時代は終わりを告げた。

（2）社史編集で婦人問題を記録

　定年後も恩田は客員として朝日新聞社に出入りしていたが，1954年（昭和29）
から外務省外郭団体の財団法人国際文化振興会で，奈良支部主任として3年，京
都支部で2年勤務した。その後，1959年（昭和34）7月に66歳で朝日新聞社大阪
本社文書部社史編修室嘱託となり，社史編集に携わる一方，婦人運動関係の記録
文書を執筆した。1963年（昭和38）6月末で嘱託を解かれたが，その後も客員と
して大阪本社へ出入りしていた。1971年（昭和46）2月21日には朝日新聞の女性
投書サークル「ひととき会」で「大正以後の大阪婦人の動き」という講演をした。
この時の記録が，婦人運動に関する彼女の経験と思想を最も簡潔に表した文章と
して残されている。1973年（昭和48）1月27日に大阪本社編集局の階段から転落
して脳内出血，右腕骨折等で半身不随となり，大阪市北区行岡病院に入院し，さ
らに転院した京都の病院で7月20日に心不全のため79歳で死去した。後輩社員の
十河巌は，兵庫県川西市自宅で義妹が喪主となって行われた恩田の葬儀に出席し，
「かつては婦人王国の女王のように振る舞っていた恩田さん」の葬儀に参列した

人の少なさに首をかしげたという。女性の参政権が当たり前となった時代に，
200字詰め原稿用紙約7000枚に及ぶ厖大な「婦人問題資料」を書き綴った恩田は
何を思っていたのだろうか。天ぷらが好物で油絵を好み，日本アルプスに三度登
ったという先進的な恩田は，終生女性運動を支え推進した新聞記者であった。

◆　参考文献

恩田和「女の見たる朝野の人物」『国家及国家学』3巻12号，1915年12月

恩田和子「三人の仏蘭西婦人」『全関西婦人連合会』2巻7号，1925年7月

　　　────「英国の女中」『全関西婦人連合会』2巻12号，1925年12月

　　　────「北国の旅路から」『全関西婦人連合会』3巻1号，1926年1月

　　　────「南伊太利の旅路」『全関西婦人連合会』3巻3号，1926年3月

　　　────「山を恋ふ」『全関西婦人連合会』3巻7号，1926年7月

　　　────「全関西婦人連合会が開設した峰山託児所」『全関西婦人連合会』5巻5号，
　　　1927年5月

　　　────「大日本聯合女子青年団」『全関西婦人連合会』5巻11号，1927年11月

「座談会　働く男女の交際について」大阪鉄道局『時流』1巻3号，1947年5月

恩田和子「私の巴里印象記──『お蝶夫人』」朝日新聞大阪厚生事業団『DEMOS』1948年
　　　10月

　　　────「日本のお台所」日本建築協会『建築と社会』30輯七号，1949年7月

　　　────「婦人問題資料」朝日新聞社大阪本社社史編纂室蔵

ひととき会『ひととき』94号，1971年5月15日

石月静恵「全関西婦人連合会」大阪女性史研究会『大阪女性史年表（大正編）』2001年9月

　　　────「大阪朝日新聞に見る女性問題」(1)～(4)『桜花学園大学人文学部研究紀要』4，
　　　5，6，9号（2002年，2003年，2004年，2007年）

阿久沢悦子「新聞と戦争　女を集める」『朝日新聞』夕刊連載，2008年1月18日～28日

石月静恵「『大阪朝日新聞』と女性問題」大阪女性史研究会『大阪女性史年表（明治後期
　　　編）』2010年9月

石原佳子「朝日新聞資料採訪（第25回）大阪朝日の女性記者──恩田和子が残した仕事」
　　　『市政研究』大阪市政調査会，178号，2013年

恩田和子ほか述「東京の婦人を語る──大阪婦人の座談会」『婦人雑誌』がつくる大正・
　　　昭和の女性像　第12巻（生活・家庭1）』ゆまに書房，2015年

　なお，本章の執筆に関しては，朝日新聞の社史編修センター・後藤俊明様のご協力を頂き
ました。

［土屋礼子］

第7章　大正期の女性記者
——奥むめおと先達大沢豊子・竹中繁子・小橋三四子

［おく・むめお］1895年（明治28）10月24日，和田甚三郎，はまの長女として福井市に生まれる。戸籍名は梅尾。1916年（大正5）日本女子大学校卒業。1919年『労働世界』記者，立憲青年同盟会会員。同年奥栄一と結婚。1920年新婦人協会に参加，機関誌『女性同盟』の編集に関わる。1923年職業婦人社設立，機関誌『職業婦人』。社会の後衛として社会改造を目指す。戦後参議院議員，主婦連会長。1997年（平成9）死去。101歳。

1　女性記者たち

　明治末には，女性の新しい職業として，新聞や雑誌上に女性記者の紹介が行われるようになる（松崎天民「当世婦人記者」（連載「東京の女」内）『東京朝日新聞』1909年8月29日～，真垣菊子「新聞雑誌婦人記者くらべ」『婦人世界』5巻14号，1910年12月など）。

　その中から，大沢豊子，竹中繁子，小橋三四子，奥むめおの四人にしぼって紹介していきたい。

　このほか明治期から大正期にかけて佐々城豊寿，清水豊子，福田英子，羽仁もと子，磯村春子，遠藤清，岸本柳子，菅野須賀子，松本英子，北村兼子，金子しげり，市川房枝，神近市子，望月百合子など多くの女性記者たちが活躍している。

2　速記者から『時事新報』記者へ，そして放送へ——大沢豊子

　大沢豊子は1873年（明治6）12月31日，旧館林藩（群馬県）の士族大沢師容の次女として生まれた。生活の厳しいなかで小学校卒業後に上京し，同じ館林藩出身の佃興次郎が主催する速記塾で速記を学んだ。1889年（明治22）7月には「海浴之説」と題する足立寛の講演が大沢豊筆記（『婦人衛生会雑誌』第8号）として掲載

されている。16歳で日本で初めての女性速記者として職業生活のスタートを切っ
たのである。時事新報社に速記記者として入社したのは1899年（明治32），25歳の
ときであった。さらに社会部記者になったのは数年後のことである。豊子は後年，
大勢の男性に囲まれてただ一人女性が働く状況や心境を語っている（「記者生活か
ら」『婦女新聞』1924年3月，「秘された女の心」『婦人公論』1926年1月）。

　新聞記者という職業が社会の理解に乏しく，評価が高いとは言えなかった時代
に，女性記者への社会の「侮蔑的態度や排斥に……ぢっと堪へる」ことが「職業
外の大きな努力」だったのであり，また女性記者を採用する「新聞当事者の脳中
に婦人記者を珍しいものの看板，お飾りに」しようとする差別的待遇があったと
指摘する。家族を支えるという経済的理由で新聞記者の職業についた豊子は，次
第に女性の置かれている状況や女性自身の社会的知識の不足，働く女性たちへの
差別的状態を変えていきたいと思うようになっていく。婦人記者倶楽部に参加し
たり，1919年（大正8）11月治安警察法第5条第2項撤廃（女性の政党への加入や
政談集会参加を禁じた）や，当時多く存在した花柳病（性病）男子の結婚を制限す
る請願運動を主眼とする新婦人協会の賛助員となり，婦人参政権運動にも大きな
共感を示していく。

　1923年（大正12）9月1日，関東大震災で時事新報社は焼失する。10月26日，
大沢は休職の打診をうけて50歳で退職した。1926年（大正15）1月には前年に開
始された東京中央放送局（JOAK）に請われて入局した。社会教育課家庭部で日
本初の女性プロデューサーとして家庭講座，婦人講座，家庭大学講座，朝の料理
などのプログラム編成，出演交渉，テキスト作成など放送に関する一切を担当し
た。その目的は「マイクを通して，婦人の啓蒙と教養に資」し，「放送を通じて
婦人全体を向上させたいと云う切なる願い」で献身的に働いた。1934年（昭和9），
約9年間働いた職場を女性の後進に譲りたいとして辞した。1937年（昭和12）に
死去。64年の生涯のうち，45年間を新しい分野を切り開き，かつ常に一線で働き
続けた。そして自分の持ち場を通じて黙々と女性の地位向上のために力を尽くし
た，働く女性の牽引者だった。

3　『東京朝日新聞』の女性記者第一号——竹中繁子（繁）

竹中繁は1875年（明治8）11月1日，旧幕臣竹中竹涯の次女として，神田に生

まれた。小学校卒業後，女子学院に入学し，途中から公費生として学んだ。後の
日本基督教婦人矯風会会頭となった矢島楫子や外国人教師のもと，語学力を身に
つけ高等部を卒業した。父の死後一家の経済的支え手として家庭教師，ユニヴァ
ーサリスト教会女塾や女子学院の教師や翻訳の仕事をした。その間女塾に英語の
勉強で出入りしていた鳩山一郎との恋愛で未婚の母になり，教職を追われた。

　1911年（明治44）11月東京朝日新聞社会部長をしていた渋川玄耳に誘われて，
社会部の通信員として入社した。36歳の遅い入社であった。3ヶ月後正社員にな
ったが，編集室のなかでは唯一の女性だった。いごごちの悪さのためいつも窓の
方をむいて仕事をしていたので渋川に「窓の女」（まどんな）とニックネームをつ
けられ，記事の署名もしばしば「窓の女」で書かれている。

　はじめて竹中繁子の名で書かれた記事は「矢島楫子先生の為に（上下）」（1913
年（大正2）9月21，22日）である。それは竹中が尊敬する矢島が自分の創設した
女子学院を外国人宣教師に追われたことへの抗議である。「先生を引退せしめた
ミッションの仕打とこれに関連した一切の無礼な行為」は「非文明の民と心得て
……他国人を軽蔑するような態度」と，「外国人に媚びて同胞をさへ無視」する
ような日本人に対して厳しい批判を展開する。次いで竹中の署名（窓の女）記事
が見られるのは1916年（大正5）1月28日から31日まで5回にわたって連載され
た「婦人界思ひのまま」，8月5日から11日まで5回連載された「女の観た私娼
問題」（st女）がある。この二つの連載記事を載せる前に婦人矯風会が呼びかけ
て始まった廃娼運動をきっかけに集まった女性記者たちで婦人記者倶楽部が結成
され，竹中も大沢豊子や後述の小橋三四子らと参加して毎月会合をもった。そこ
では「婦人の進歩を妨（さまた）ぐる人の説は同盟して成るべく書か」ないことが申し合わ
された（「婦人記者倶楽部の設けた制裁」『婦人週報』1916年11月）。その申し合わせは
竹中の記事中にもはっきりと示される。前の記事でも，女性団体や女子教育のあ
り方や，そこで女性が主体性をもつ必要性が説かれる。また「私娼問題」では，
女子労働が生活を支えるにはあまりに安価で，このような「生活の困難さ」が解
決されない限り問題はなくならない。さらにきびしい労働より労せず，収入を得
ようとする女性自身にも問題があり「本能的趣味性」に原因するものは救済困難
であると同性に厳しい目を向けている（この点は同僚の杉村楚人冠から批判を受けて
いる）。

　1920年（大正9）1月には，治安警察法第5条第2項撤廃と花柳病（性病）男子

139

の結婚を禁止の請願書の相談に新婦人協会賛助員として多数の女性記者が参加していく。1922年（大正11）3月25日，治安警察法が改正されて，女性も政治集会への参加が認められるようになった。

　女性の権利獲得を目指す動きのなかでは，女性記者たちは各新聞社の枠を越えて，一致した行動を見せていく。これらの動きは竹中により，大阪朝日新聞社が呼びかけて結成された全関西婦人連合会機関誌『婦人』紙上に「東京たより」をはじめ数多く載せられていく。

　1922年（大正11）には，朝日新聞社主宰の中国旅行に参加し，はじめて中国の土を踏んだ。1926年（大正15）9月から1927年（昭和2）2月にかけて中国の事情に詳しい服部升子とともに再度中国各地を訪れて，中国のさまざまな分野の女性を訪ね，また中国女性の置かれた状態を調べ，『東京朝日新聞』，『婦人』やその他の雑誌に寄稿して熱心に中国女性の状況を伝えようとしている。それは欧米女性の事情はよく知られているのに「民国の婦人の教育状態や家庭生活乃至社会生活については，私達日本婦人は余り知りもせず，また知ろうともせず……どうしても友邦の婦人達のことが知りたい，そして接近したい」という記事からも旅行の動機を知ることができる（「支邦の旅」『婦人』1926年11月）。1940年（昭和15），日中戦争の最中，市川房枝と3度目の中国旅行へ出かけ，何とか中国女性と日本女性の交流を通して悪化する両国の関係打開を目指そうとした。中国女性の状況を伝えたいという竹中のこの間の努力は『婦人』，『婦選』（婦選獲得同盟機関誌）などで毎号のように誌面に載せられる。1931年（昭和6）9月満州事変が始まると「事変と称へるには余りに重大で……日露戦争以上に新聞に，街頭に，学校に，家庭にと戦争気分を流し煽らせている」と批判（「魂を入れかへて各自の立場を認識し重大時機を感得せよ」『婦人』1932年1月）する。しかし「私はいま何もいひ度くない，何も書き度くない気分に支配されている」（1932年2月）と中国との戦争へと動いていく状況への絶望的な気持ちを吐露している。竹中の執筆活動は1940年（昭和15）4月の「支那の印象」（『女性展望』，『婦選』の改題）が最後になる。あとは座談会やアンケートに答えるのみである。

　竹中は自宅に中国人留学生を寄宿させる。「人間同士として信じ，小さい力でも役立てたい」と考え，留学生たちと深い交流を築いた。晩年は近所の子どもたちに英語を教えてひっそりと暮らし，1968年（昭和43），92歳で彼女が望んだ「黒衣」として人生の幕をとじた。

4　機関紙から読売新聞へ，さらに『婦人週報』を主宰——小橋三四子

　小橋三四子は1883年（明治16）7月23日小橋光次郎の次女として静岡県に生まれる。5歳のとき一家で上京。府立第一高等女学校卒業，当時開校された日本女子大学校に入学する。1904年（明治37）同校卒業時に創刊された同窓会機関誌『女子大学週報』（のちに『家庭週報』），『家庭』の編集に携わる。これが小橋のジャーナリストとしての出発点になった。この後クリスチャンとして日本YWCA機関誌『明治の女子』，『新女界』の編集，記事の執筆にあたる。このような経験をかわれて読売新聞が企画した「よみうり婦人附録」の発行にあたり編集顧問の羽仁吉一とともに編集主任として招聘される。この「婦人附録」は日本ではじめての女性向け日刊1頁の新聞が附録として，1914年（大正3）4月3日に発行された。この経験が新聞記事の書き方，組み方などの技術的力を小橋に与えた。しかし，翌年10月2日に突然退社する。理由ははっきりしないが，読売新聞社の「編集者がクリスチャンであったせいか，矯風会の会報じみたところがあり，貴族趣味が充満していてあまり評判がよくなかった」（読売新聞社史編纂室編『読売新聞八十年史』読売新聞社，1955）という指摘と，小橋が創刊した『婦人週報』第1号での宣言で「久しく混沌の中にあった我が婦人界は，今や新しき時代を実現せんが為に諸所に烽火は揚られつつあります。……本誌は我が同性の為に命を捐て惜まぬ勇士です。……婦人の身辺に起るさまざまの問題を」趣味や営利のためにではなく「我が血と肉を賭して……やがて同性の更に住みよき天地を開く」ため「止むに止まれぬ使命を感じて」発行する（「我は雇兵に非ず」大正4年11月）という覚悟からも，小橋と読売との間に女性の問題，紙面編集に対する考えの違いが伺われる。

　1915年（大正4）11月5日，小橋は読売新聞の同僚であった松木雲舟を編集主任に迎えて，『婦人週報』を主幹として独力で発行した。同紙は1919年（大正8）7月11日5巻27号まで約4年間にわたって発行された。そこでは女性に関するさまざまな問題が取り上げられているが，女子労働の状況や女性と政治の関連，とくに治安警察法第5条第2項の問題が繰り返し取り上げられている。これは新婦人協会の活動より4年前のことである。あるいは婦人記者倶楽部の中心的存在としての活動が示される。紙面に同倶楽部の趣旨が掲げられ，活動報告が掲載され

て参加メンバーを知ることができる。また後にふれる日本女子大学校在学中の和田むめおは献立欄を担当（3巻1号～19号，大正6年1月1日～5月11日）している。

『婦人週報』を4年で打ち切る理由は，小橋が自身を磨くためともっと激動する世界を知りたいということで，欧米に向け1919年（大正8）8月に旅立った。コロンビア大学で新聞学を学び，ヨーロッパをまわって1921年（大正10）12月に帰国した。その間の報告は『婦女新聞』，『婦人之友』などに載せられている。

帰国後は直ちに『主婦之友』に迎えられて文化事業部での講演活動を行う。また巻頭の「婦人の立場から」で時事問題の解説を載せている。第一次世界大戦後のヨーロッパを回った感想では，「今や世界は国家的の割拠から国際的提携に進み，破壊の戦争から建設の平和に向かひ」，「万人が等しく人間として生を楽しみ得る平和人道的なものでありたい」。そのための国家社会の改造は「世界の出来事に，わが事同様の鋭敏な感じを持つことができるよう」に学べば「我々の生活する社会の母胎を健全にして，新しい文化を生み出す」力となるだろうと呼びかける。また滞米中に訪問した産児制限運動の主唱者サンガー夫人の思想を紹介し，サンガー夫人会見記を掲載するなど記者としてはなばなしい執筆活動を展開する。しかし1922年（大正11）5月11日，主婦之友入社後わずか4ヶ月で急死した。まだ沢山の仕事……女性の問題解決や女性が平和への原動力になるべきであるという意欲にあふれた，39歳の早すぎる死であった。『主婦之友』6巻9号には，小橋の長い友人であった主婦之友社長石川武美の「亡き友小橋三四子氏」で小橋の人柄と生涯が簡潔に述べられている。

5　普選運動（前衛）から生活を旗印（後衛）へ──奥むめお

奥（和田）むめおは1895年（明治28）10月24日，福井市の裕福な鍛冶屋和田甚三郎・はまの長女として生まれた。15歳の高等女学校時代に，病弱で7人の子どもを出産した母が死去する。後年奥が産児制限運動に力を注いだのは，母の病弱の原因が多産にあったからと語っている。1912年（明治45），教育熱心な父の勧めで，日本女子大学校家政科に入学する。小橋三四子が創刊した『婦人週報』の編集を手伝い，編集の方法を学んで料理記事を担当した。卒業後，1年間鎌倉で家庭教師をする。

1919年（大正8）5月15日労働同盟会会員大会が開催された。その会で奥は

『労働世界』記者として「職業婦人　和田むめお」の肩書きで「工場主に対して
女工の一般的賃金増給及び衛生上の特殊的待遇を要求するの件」と題して8項目
の要求を掲げて，唯ひとりの女性として演説をした（「労働同盟大会及演説会の記」
『労働世界』1919年5月）。この『労働世界』は橋本徹馬が主宰する雑誌で，同時に
普選運動のなかでの若い世代が集まった立憲青年党と表裏一体の集団であった。
奥はジャーナリスト（雑誌記者）と同時に，普選運動を推進する運動者として社
会に出発した。このスタイルはのちの彼女の活動の原型になったといってもいい
だろう。1920年（大正9）新年号には，労働世界社社員，立憲青年党の一員とし
て和田むめおの名も記載されている。5月25日「私たち同胞姉妹の中の63万を占
める多数の工場労働者の苦しみと楽しみを共にしたい」，またそれが自分の研究
の一分になればとして，素性を偽って富士瓦斯紡績の本所太平町工場の女工にな
った。しかし女工たちの置かれた状況・待遇のひどさに憤り，10日あまりで自分
の素性を明かして工場長に面談を申し入れ，工場を追われた。この時の経験は
『労働世界』，『婦人公論』，『婦人世界』などに掲載されて，「女工」の工場労働の
苛酷さを世間に訴え，同時に労働運動の女性活動家として認知されていく。

　10月初めには詩人であり翻訳家の奥栄一と結婚した。妊娠3〜4ヶ月の時，新
婦人協会を結成して治安警察法第5条の修正と花柳病男子の結婚制限の請願運動
を始めようとしていた平塚らいてうが奥を訪ね，協力を求めた。市川房枝と平塚
に奥が加わって，1920年（大正9）3月28日に新婦人協会が発足した。ここで先
述した大沢豊子や竹中繁子たちをはじめ女性ジャーナリストや女性運動家，教員
が結集，大同団結して政治的権利拡大のための運動が始まった。奥がこの活動に
期待したものは，「婦人労働運動の萌芽が……萎縮し去ろうとし」ており，「新婦
人協会が近き将来に必ず蜂起すべき健実にして根柢をもった婦人労働運動の苗床
ともなることが出来たら，如何にも喜ばしいことであろう」という思いがあった。
奥は機関誌『女性同盟』編集の実務を担当した。そして「過去のながい男性の圧
迫に依つて奪はれ，見捨てられていた女性特有の人間としての本能や創造的才能
を正しく取りもど」すためにも「婦人全体が大同盟を作ることに依って補助し，
協力し」あおうと呼びかける（「女性総同盟へ」）。運動が継続するうち平塚，市川
が対立して二人が離れていく。奥は子供を背負いながら雑誌の発行責任も受け持
ち，議会・議員への請願を続けた。その結果1922年（大正11）4月20日に治安警
察法が改正公布され，女性の政談集会への参加と発起人になることが認められた。

５月10日には初の女性自身による政談集会が神戸をはじめ各地で開催される。しかしこの後奥は協会から離れて，協会は事実上解体していく。

　1923年（大正12）４月，奥は仲間と職業婦人社を設立，６月機関誌『職業婦人』を創刊した。誌名を『婦人と労働』，『婦人運動』と変えながら1941年（昭和16）８月に戦時下の雑誌整理まで発行されていく。『女性同盟』から『職業婦人』の発行にたどりつく奥の変化は何処にあったのだろうか。

　新婦人協会の活動は女性全体の状況を変えることを目指した運動ではあったが，議会対策へ集約された活動方法への違和感が強かった。政談集会参加の権利は獲得されたが，エリート女性ではない庶民女性や労働現場にいる女性たちの生活感覚との距離感があまりに遠かった。その思いが職業婦人社設立をうながした。奥は職業婦人という意味を「きまった俸給をもらって働いているか，さうでないかの別はあっても，とにかく，自分は働いて生きている……狭義の職業婦人といわゆる家庭婦人全般」を含む女性たちが協力しあって自分たちをとりまく生活のなかの問題の解決をはかる結集の場として，雑誌『職業婦人』の出発を宣言した。そして「働いて生きている」女性が「ぴつたりと婦人の生活に即した実際運動」，「社会運動における後衛的役割」をもって「一切の社会問題を解決」することを目指した。その生活に即した運動の一つが婦人セツルメントである。奥は託児や給食，妊娠調節相談事業などに取り組む。特に「母性」の保護を訴えると同時に産む，産まないことを「母性の権利」として「従来のやうにただ種族を孵化するだけのめんどりの愚」を繰り返すなと訴え，そのための必要な知識を女が持つことを主張した。さらに満州事変が始まると「その子が鉄砲の玉の餌食になるばかりが能の兵士になるようなら，生むべきではない」（「婦人の第一義的のものに就いて」1931年10月）とその主張は先鋭化する。

　もう一つの運動が「台所」から社会改造を目指す消費組合運動である。この消費組合運動の経験が戦後の主婦連合会の運動に引き継がれていく。しかし生活に即した実際活動を通じた社会改造，体制を動かすという主張のあり方が，結果としてこの後，戦時下においてさまざまな公職への就任（大蔵省貯蓄奨励婦人嘱託，東京府軍事援護中央相談所員，厚生省労務管理調査委員，大政翼賛会調査委員会委員，大日本婦人会審議員）というかたちをとるようになる。

　日中戦争が拡大するにしたがい，奥の主張や機関誌『婦人運動』の記事にも変化がみられるようになる。第一次世界大戦下のイギリスにおいて，戦争協力を梃

子に参政権を獲得した英国女性にたいして批判的であった奥が，自らを省みなが
らも「この非常時に……婦人の成長のためにも社会の発展のためにも，まことに
うれしいこの時機をぜひ有効に生かし，……どんな重要な職場にも，進んでこれ
に當」ろうと呼びかける（「非常時に婦人の力を試さん──地歩獲得のために絶好の機
会至れり」1937年9月）。さらに「銃後の国民われわれも，いよいよ国家総力戦のた
たかひに忠勇な兵士として立つべき時は遂にきた」（「戦争は銃後にも」1940年5月）。

　『婦人運動』廃刊後は，働く女性や家庭女性を対象にした公演活動で全国をま
わった。それらがまとめられて『新女性の道』（金鈴社，1942），『戦ふ女性──女
も働かねばならぬ』（大政翼賛会，1943）になった。

　とくに『戦ふ女性』は出版用紙不足にもかかわらず，大政翼賛会宣伝部から初
版3万5千部，再版1万4千部の大部数が発行され，さらに回覧が呼びかけられ
ているので，読者の数はさらに上回ったと考えられる。そこでは生活を戦時体制
に切り替える智恵を考え，消耗戦である近代戦を支えるために「婦人といへども
有閑無職」は許されず，また動員されて工場で働く青少年に「社会的母の手」を
差しのばせと説く。そして「十ヶ月の長い間をわが胎内で子供を育てる母として
は，人の死は涙千斗の思ひであります。この涙涸れるやうな思ひの中から……立
派に育てあげては，あとからあとからと皇国に捧げつくし，……燦_{さん}として世界に
輝く日本の母の誇りは永遠に私達婦人のものです」（「国策に添ひて」『戦ふ女性』）
というとき，かつて「鉄砲の玉の餌食になるようなら生むな」と呼びかけた奥と
は対極に立つのである。

　戦後，生活物資が非常に不足するなかで，奥は近所の主婦たちと再び生活協同
組合を結成した。また1947年（昭和22）4月，初めての参議院議員選挙に立候補，
当選した。1948年（昭和23）9月15日には主婦連合会を結成，会長になった。12
月5日には機関紙『主婦連たより』を発行。主婦連をつくる時「台所の窓を，社
会に向けて開け放ち　　生活と経済と文化の面から希望を見出そう」（『台所と政
治──団結した主婦たち』1952）として出発したのは，『職業婦人』の出発時と変わ
らない問題設定といえよう。

6　大正の女性記者たち

　大正デモクラシーのなかで活躍した多くの女性ジャーナリストのうち四人の活

動の跡を簡単に追ってきた。

　大正期の女性ジャーナリストはまだ職業としても新しく，物珍しさと女性に対する差別的まなざしと社内での孤立のなかで，所属する会社を越えて女性同志のつながりを求めた。それが婦人矯風会の廃娼運動をきっかけに誕生した婦人記者倶楽部であり，また治安警察法の改正を求めた新婦人協会の周囲に結集した女性記者たちだった。後の女性記者たちの座談会によると大正4，5年から8，9年（1915，16から19，20）頃が「婦人記者全盛時代」といわれる。（「あの頃を語る座談会」『婦選』1931年11月）それはちょうど婦人記者倶楽部の存在した期間に相当する。その記者倶楽部で中心的な存在だったのが，大沢，竹中，小橋であり，その後，前の世代の三人から「女性の差別的地位」打破のバトンを受け継いだのが奥だと言えよう。しかし，竹中繁子と奥むめおの戦争の受け止め方と対峙の方法は大きく異なっていたのである。

◆　参考文献

奥むめお『婦人問題十六講』新潮社，1925年

　　──────『花ある職場へ』文明社，1941年

　　──────『勤労女性と家庭』文部省社会局，1941年

　　──────『新女性の道』金鈴社，1942年

　　──────『戦ふ女性──女も働かねばならぬ』大政翼賛会，1943年

　　──────『台所と政治──団結した主婦たち』大蔵印刷局，1952年

新婦人協会機関誌『女性同盟』復刻版，ドメス出版，1985年

江刺昭子『女のくせに──草分けの女性新聞記者たち』文化出版局，1985年

奥むめお『野火あかあかと──奥むめお自伝』ドメス出版，1988年

中村幸「婦人ジャーナリスト小橋三四子──『婦人週報』を中心に」近代女性文化史研究会『婦人雑誌の夜明け』大空社，1989年

職業婦人社機関誌『婦人運動』復刻版，不二出版，1991年

鈴木裕子「解説──奥むめおと『婦人運動』のたどった軌跡」『婦人運動』解説・総目次・索引，不二出版，1991年

関西婦人連合会機関誌『婦人』復刻版，不二出版，1996年

香川敦子『窓の女竹中繁のこと──東京朝日新聞最初の婦人記者』新宿書房，1999年

［三鬼浩子］

第Ⅲ部

昭和前期
―― 「帝国の戦争」 に対して ――

◇各人物の活躍した時期

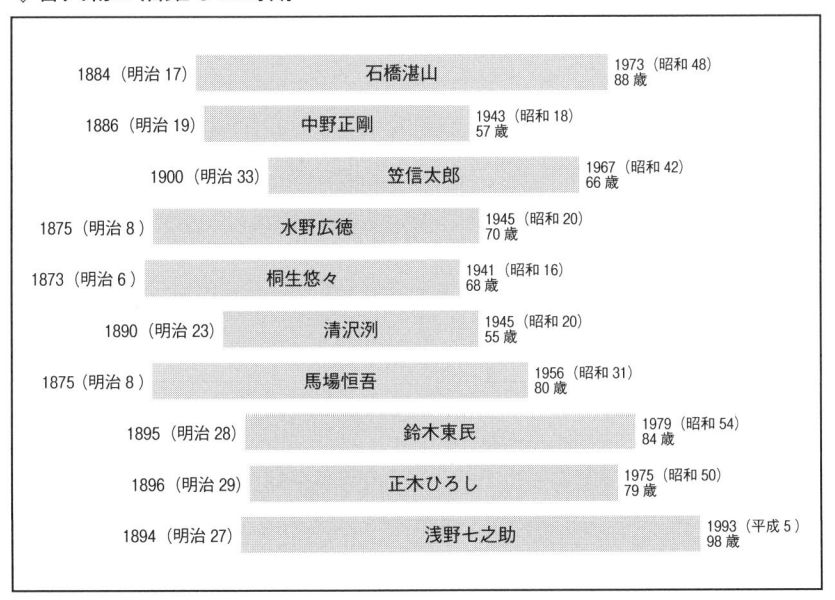

1884 （明治 17）	石橋湛山	1973 （昭和 48） 88 歳
1886 （明治 19）	中野正剛	1943 （昭和 18） 57 歳
1900 （明治 33）	笠信太郎	1967 （昭和 42） 66 歳
1875 （明治 8 ）	水野広徳	1945 （昭和 20） 70 歳
1873 （明治 6 ）	桐生悠々	1941 （昭和 16） 68 歳
1890 （明治 23）	清沢洌	1945 （昭和 20） 55 歳
1875 （明治 8 ）	馬場恒吾	1956 （昭和 31） 80 歳
1895 （明治 28）	鈴木東民	1979 （昭和 54） 84 歳
1896 （明治 29）	正木ひろし	1975 （昭和 50） 79 歳
1894 （明治 27）	浅野七之助	1993 （平成 5 ） 98 歳

（注） 年齢は満年齢

第1章　石橋湛山
——小日本主義者の見識とその孤高

［いしばし・たんざん］1884年9月25日，日蓮宗僧侶杉田
湛誓の長男として東京で出生。母方の石橋姓を継ぐ。幼名
省三。1911年東洋経済新報社に入社，1924年主幹，翌25年
代表取締役・専務取締役に就任。この頃金解禁論争で名を
高める。戦時中の言論圧迫に抵抗し，リベラリストの本領
を発揮する。敗戦直後の1946年政界に転じ，蔵相・通産相
を経て1956年首相に就任するも病気のため2ヶ月で退任。
1973年4月25日没。88歳。

　東洋経済新報社の石橋湛山は，明治末期から大正・昭和前期に至る"大日本主
義"（帝国主義にもとづく領土拡張主義）の全盛期，そのアンチテーゼとして"小日
本主義"（日本旧来の領土に依拠した平和的発展主義）の言論を掲げ，果敢に論戦を
展開した。とくに1910年代には対中国21ヶ条要求やシベリア出兵に反対し，20年
代初頭のワシントン会議では"全植民地放棄論"と"軍備撤廃論"を提唱する。
長文の社説「大日本主義の幻想」は，大正デモクラシー期におけるもっとも急進
的で希少な成熟したリベラリズムを体現していた。その根底には，日蓮宗にもと
づく仏教思想，アメリカ的なプラグマティズム・民主主義といった近代的な思想
哲学があった。
　しかし1930年代における軍部・右翼の跳梁，軍国主義台頭のなかで，湛山と新
報社は言論圧迫を余儀なくされ，苦境に立たされた。それでも湛山は政府・軍部
の公報には従わず，満州事変，日中戦争，日独伊軍事同盟，大東亜共栄圏構想等
にことごとく異論を唱えた。間接的表現に止まったとはいえ，軍部に追随する当
時の新聞・雑誌とは明らかに一線を画した。そして太平洋戦争での敗戦が濃厚と
なった時期には，大蔵省内に極秘の委員会を設置させ，年来の小日本主義にもと
づく日本再建の方途を検討した。
　戦後日本は満州・朝鮮など全植民地の放棄を余儀なくされながら，経済大国へ
の道を歩んだという事実は，湛山の主張した"小日本主義"が決して非現実的な
見識でなかったことを実証したといえる。

1　小日本主義の思想的背景

（1）湛山のおいたちと思想の形成

　湛山（幼名は省三<ruby>省三<rt>せいぞう</rt></ruby>）は，1884年（明治17）9月25日，東京市麻布区芝二本榎（現・東京都港区二本榎）に生まれた。実父杉田湛誓は日蓮宗僧侶であり，のちに日布<ruby>日布<rt>にっぷ</rt></ruby>と改名し，総本山身延山久遠寺の第81世法主となった高僧である。湛誓は当時，承教寺内にあった東京大教院（今日の立正大学の前身）の助教補を務めていた。母石橋きんは大きな畳問屋石橋藤左衛門の次女であり，石橋家は承教寺の有力な檀家で湛誓と親しかった。そのような関係から二人は結ばれ，湛山が長子として誕生したが，当時の宗教界の因習に従い，母方の石橋姓を名乗ったわけである。

　湛山誕生の翌年，父湛誓が郷里の山梨県南巨摩郡増穂村（現・増穂町）の昌福寺住職に転じたため，彼は母とともに甲府市稲門（現・伊勢町）へ移住した。以後，山梨が湛山の実質的な故郷となった。7歳から初めて父と同居するが，毎日学校から帰ると厳格な父によって漢文の素読を学ばされた。こうして世俗社会とは異質な寺院での生活が始まった。1894年（明治27），10歳の折，父が静岡へ転じたため，湛山は望月日謙<ruby>日謙<rt>にちけん</rt></ruby>に預けられた。日謙も傑僧であり，湛誓は信頼する日謙にわが子の教育を託したのである。実父と養父から日蓮宗の教義を空気のように摂取し成長したことが，のちの言論人，政治家としての精神的支柱となった。

　次に湛山に多大な影響を及ぼしたのは，山梨県立尋常中学校（現・甲府第一高等学校）の大島正健校長であった。大島は札幌農学校（北海道大学の前身）第一期卒業生でクラーク博士から直接薫陶を受けた人物である。湛山は大島に出会い，「一生を支配する影響」を受けた。敬虔なキリスト教者の大島は，細々とした校則を廃し，自主性を尊ぶアメリカ的民主主義・個人主義の教育方針をもって生徒に臨んだ。少年期の盛りにあった湛山は，従来の教育方針とまったく異質な大島の寛大な態度に強烈な印象を覚えた。当時個人主義は利己主義と即断され排斥される傾向にあったが，湛山は近代の醇化された個人主義はそうしたものではなく，「一切の行為の規準を自覚に求める」ことにその精髄があると理解したのである。

　以上のように，湛山は青少年期の十数年に及ぶ寺院生活のなかで，ヒューマニズムを体得し，平和社会確立のための献身的奉仕をごく自然に意識して，漠然としながらも宗教家，思想家，実践家となることを人生の目標としたのである。

（2）東洋経済新報社への入社

　湛山は早稲田大学高等予科に編入するため山梨から上京し，日露戦争が始まる1904年（明治37）に大学部文学科（今日の文学部）哲学科に進級した。ここで田中王堂と出会った。王堂はシカゴ大学でデューイ教授に師事し，明治期にプラグマティズム哲学を日本に紹介するとともに，個人主義や自由主義に立脚した雄渾な評論を展開した人物であった。湛山はこの王堂によって「初めて人生を見る目を開かれた」のである。当時の日本ではドイツ観念論哲学が主流であったが，むしろ湛山はイギリス経験論哲学を母体にアメリカ社会で発達した新興のプラグマティズムに傾倒し，実利主義を修得していく。王堂を通じて自由主義や個人主義を精錬したことは，以後のリベラルな言論人としての位置を決定づけたのである。

　1907年（明治40），22歳の湛山は文学科を首席で卒業，特待生として大学院に該当する宗教研究科へ進んだ。しかし湛山には大学教員の道は開かれず，『東京毎日新聞』（現・『毎日新聞』とは異なる）記者，麻布歩兵第三連隊での兵役を経て，1911年（明治44）1月東洋経済新報社に入社した。26歳となっていた。以来，終戦直後の1946年（昭和21）に政界へ転じるまで，新報社は35年に及ぶ言論活動の拠点となり，まさに「新報社の湛山」，「湛山の新報社」となったのである。

　この新報社は，日清戦争終結時に町田忠治（のち農相・商工相・民政党総裁）によって創設され，わが国の経済専門雑誌社の草分け的存在である。経済問題を中心に政治・外交・社会・教育・文芸など幅広い分野を扱い，経済人，官僚，社会人，大学生などインテリ層を読者対象とした。湛山が入社した時点では，初代の町田から2代目の天野為之（早稲田大学教授・学長）を経て，植松考昭が3代目主幹を務めていた。この植松時代に『東洋経済新報』は経済専門誌の枠を超え，政治・社会の領域へと広がり，とくに民主主義（当時「民衆主義」と呼ばれた）の観点から普通選挙の実施を迫り，藩閥・軍閥批判を強めた。

　当時の新報社は東京市牛込区天神町（現・東京都新宿区牛込）にあり，社員は編集部員，営業部員等を入れて総員17名であった。湛山と同じ編集部には社会主義者の片山潜がいた。植松が官憲から圧迫されてほかに身の置き場がない片山を引き取っていた。湛山は片山について，「その思想はすこぶる穏健着実で，少しも危険視すべき点はなかった。……私などの方が，かえって過激の思想の持主であった」と述懐している（『『湛山回想』』毎日新聞社，1951）。片山の存在は新報社の気風の一旦を物語っていて興味深い。

2　小日本主義の提唱

（1）小日本主義の形成

　言論人となった湛山の専門領域は，元来の思想哲学や文芸から，政治・外交，経済・金融，社会・教育等へと水平的な広がりを見せた。スペシャリスト兼ジェネラリストの傾向は新報社独特の学究的雰囲気に依拠するが，半面，湛山は欧米の古典や新刊書を原書で読み漁るなど独学によって学識を深めていった。ひとまずここでは，政治・外交の側面から湛山の小日本主義の言論を追ってみよう。

　「小日本主義」とは，当時の政府や軍部が進めつつあった帝国主義にもとづく領土拡張方針へのアンチテーゼであり，日本の主権的領土を旧来の主要四島に限定した上での，民主主義・経済合理主義に立脚した平和的発展論であった。

　具体的には，1910年代に対米移民不要論，満州・朝鮮・台湾など全植民地放棄論，第一次世界大戦参戦や対中国21ヶ条要求やシベリア出兵への反対論を積極果敢に掲げた。湛山執筆の社説を引用すれば，「日本政府が朝鮮と同様に満州を併合することは『由々敷き問題』であり，これほど国際関係を不安定に陥れ，衝突の原因を紛起せしめるものはない，やがて日本は世界から孤立し，頭を叩かれ，幾十億を投じた経営はことごとく没収されることになろう」と予見し，「青島も満州も旅順もその他一切の利権をすべて返還」せよと主張した。また「隣り同志が互に親善でなければならぬ，礼節を守らねばならぬと云うは，決して個人間のみの事ではない。国と国との関係に於いても亦之れと同様の態度を取らなければ，各国民の生活は永遠に幸福なるを得ない」と国家間の外交の要諦を説いたのである。

　他方，湛山は薩長藩閥軍閥の打倒，普通選挙の即時実施などの論陣を張り，第一次・第二次護憲運動に自ら関与するなど，大正デモクラシーの新潮流のなかでもっとも先鋭的な思想と行動を示した。その論説では，総人口のわずか3％の154万人にしか選挙権が与えられず，その他の5千万余は租税だけ取られ兵役義務だけ負わされながら，政治に関与できないのは不合理であり，「普通選挙にならなければ駄目である」と強調した。湛山は，民主主義・自由主義思想を「人類が最新に発明したる生活法」であり，今後ますます民衆化していくなかでこの思想は強まると確信していた。そのうえで帝国（明治）憲法に疑問を投げかけ，「如何なる場合に於いても『最高の支配権』は全人民に在る，代議政治はその発

現を便宜にする方法で，現在の処之に代るべき手段はない」として，早くも主権在君に代わる国民主権と藩閥政治に代わる議会制民主政治の実現を唱えた。

（2）小日本主義の体系化

　1910年代末から20年代初頭にかけて，湛山の"植民地放棄論"は次のように体系化された。なぜ日本は植民地を放棄せねばならないのか。第一に日本が満州などに諸種の特権を持つ限り，中国民族の反日感情は消えず，それは両国間の政治・外交・経済・貿易上の阻害要因となる。第二に満州等の植民地は天然資源や過剰人口のはけ口として一般に想定されているほど価値はなく，しかも日本は海外に領土を持つほど国内資本に恵まれていない。第三に植民地領有は軍事支出を増し，国家財政を圧迫し，結局国民生活を悪化させ，無益の戦争を引き起こす。第四に植民地領有は列国，とくにアメリカとの対立を生み，日本の国際的孤立化をもたらす。第五に民族主義（ナショナリズム）の高揚により，植民地の分離独立は将来不可避となる。したがって湛山は，満州など植民地を放棄する以外にないと説いたのである。1921年（大正10）の社説「大日本主義の幻想」（7月30日〜8月13日）は，彼の小日本主義の集大成であり，東京帝大教授の民本主義者吉野作造を凌ぐ高水準の民主主義思想を示したものといえる。

　とくに湛山はワシントン会議開催に向けて積極的言論を展開した。社内に「太平洋問題研究会」を設置し，日頃接触する政治家（鈴木梅四郎・田川大吉郎・植原悦二郎ら）や知識人を集めて議論を行った。その結論が，「弱小国に対して，この『取る』態度を一変して，『棄つる』覚悟に改めよ，即ち満州を放棄し，朝鮮台湾に独立を許し，其他支那に樹立している幾多の経済的特権，武装的足懸り等を捨ててしまえ，そして此等弱小国と共に生きよ」（社説「支那と提携して太平洋会議に臨むべし」1921年7月30日），「大欲を満すが為めに，小欲を棄てよ」（社説「一切を棄つるの覚悟」1921年7月23日）との心構えであった。なぜか。今後は「如何なる国と雖も，新たに異民族又は異国民を併合し支配するが如きことは，到底出来ない相談なるは勿論，過去に於て併合したものも，漸次之を解放し，独立又は自治を与うる外ない」からである（前掲社説「大日本主義の幻想」）。

　同時に湛山は"軍備撤廃論"も掲げ，軍縮の完全実施ばかりでなく，日英同盟の廃止も提唱した。これら主張の根底には，「戦争は愚にして無益」とのノルマン・エンゼルの戦争論があった。つまり，国際社会の緊密化された貿易・金融面

などの相互依存体制を戦争によって破壊することは，敗戦国ばかりでなく戦勝国もまた同様の損害を被ることになる，との見解である。湛山が提起した軍備撤廃論には，ヒューマニズムと経済的合理主義と独自の文明史観にもとづく戦争否定の思想があった。果たして会議の結果は，日英同盟に代わる「4ヶ国条約」，中国に関する「9ヶ国条約」，海軍軍縮に関する「5ヶ国条約」が締結されるなど，湛山らの主張はある程度の成果をみることとなった。

（3）エコノミスト湛山と金解禁論争

　湛山は1925年（大正14）1月，新報社の代表取締役専務（社長制となるのは1941年以降）に就任し，同社のトップに昇りつめた。ときに40歳であった。この頃から湛山率いる『新報』は，金解禁問題では「カッセルの購買力平価説」に従って旧平価ではなく新平価での解禁論を掲げた。つまり，「いま旧平価解禁を断行することは物価を約25％ばかり暴落させることになり，こうした物価暴落を起こしては，震災後，……せっかく立ち直りかけている我が経済に致命的打撃を与える。それよりも現在の為替相場を基準にして，すなわちこれを新平価として，金解禁をすべきである」（鳥羽欽一郎『生涯現役──エコノミスト高橋亀吉』東洋経済新報社，1992）との論旨をもって，新平価解禁論を展開した。

　これに対して浜口内閣の井上準之助蔵相は，旧平価による金解禁を決定し，1930年（昭和5）1月より実施した。ところが政府の金解禁は大失敗となった。日本経済が沈滞し始めていたところに世界恐慌が発生したため，世界の市場は縮小し，日本の輸出は減少して，かえって経常収支の悪化により金が一斉に流出した。この結果金融は逼迫し，デフレ効果が一層強まり，物価は暴落して輸出は激減していった。企業の倒産が相次ぎ，失業者が溢れ出た。もっとも悲惨な状況に陥ったのは地方の農村であり，大凶作に見舞われた東北地方は壊滅的な打撃を被った。この経済的混乱に，ロンドン海軍軍縮条約に絡む“統帥権干犯”問題が加わり，国内は騒然となった。まもなく浜口首相への狙撃，井上蔵相や団琢磨の暗殺，5・15事件といったテロが横行し，暗い軍国主義の時代へと突入する。

　湛山は，その後の日本を「悲境に立たせしめたのは，実に昭和5年の金解禁だった」と深く認識し，言論人としての限界を強く感じざるを得なかった。日本の敗戦直後，インフレ論議が沸騰するや，俄然湛山が政界出馬を決意したのも，この金解禁論争での苦い経験があったからである。

3　言論人としての限界

（1）小日本主義者の孤高

　1930年代から40年代前半に至る長い戦争の時代，自由主義を掲げる湛山と新報社は政府・軍部を相手に苦しい論戦を強いられた。湛山は多くの新聞や雑誌などとは異なり，政府や軍部が発表する公報に従わなかった。例えば満州事変に際しては，「武力行使による満蒙問題の根本的解決は困難」であり，陸軍の行動を「国家の危険此上も無い」と非難した。また"五族協和・王道楽土"といったスローガンを掲げる石原莞爾らの東亜連盟構想を「空想」であると切り捨てた。盧溝橋事件については，大半のマスメディアはこれを中国側の不法な態度から生じた必然的衝突とみなし，"支那一撃論"を支持したが，湛山はこの事件の背後に日本側の威圧行為があると指摘して，日中の全面的問題とならないよう主張した。

　その後日中戦争が長期化し泥沼化すると，湛山は中国をミミズに，日本を人間に例え，単細胞のミミズの方が人間よりも強い場合があること，蔣介石政権を甘く見てはいけないことを説いて，結局「日本はこの戦争に勝てない」と間接的表現ながら予見した。また日独伊三国同盟の危険性を説き，「大東亜共栄圏構想」については「実現性に乏しい」と批判した。表面上，湛山の小日本主義の後退は否めなかったものの，依然その主義主張は行間に貫かれていたのである。

　当然ながら新報社は当局から厳しい言論弾圧を被った。1938年（昭和13）以降，政府や軍部は新聞雑誌の原材料である用紙・インクなど諸資材の欠乏を理由として割当て制度を導入し，これをもって言論弾圧の有効な手段としており，『新報』は容赦なく割当てを減らされた。用紙が減ったために広告収入も減り，経営悪化に陥った。編集者は内閣情報局から定期的に呼び出され，差し止め事項の通達や編集内容への注文など露骨な干渉や脅迫を受けた。新報社内には自由主義を棄てない社長湛山の放逐を画策する動きもあり，また東条英機首相が内務省に新報社を潰すよう指示する経緯もあったが，湛山は何とか危機を乗り切ったのである。

（2）小日本主義の実現への自信

　太平洋戦争末期の1944年（昭和19）7月，東条内閣が倒れて小磯内閣に代わると，湛山は石渡荘太郎蔵相に働きかけて，大蔵省内に「戦時経済特別調査委員会

（調査室ともいう）」を設置させた。実はこれは戦後の日本再建策を研究するための極秘の委員会であり，翌年の終戦直前の４月まで計20数回開催され，湛山のほか，中山伊知郎，大河内一男，荒木光太郎，井上敏夫，工藤昭四郎ら八名と山際正道総務局長が参加した。この委員会で湛山は，ダンバートン・オークス会議での国際連合案に注目すると同時に，保護貿易主義に代わる新しい自由で多角的な国際経済体制に関心を示した。そのほか，「カイロ宣言」をめぐって中山と論争した。中山は「戦後の日本が満州も朝鮮もなしではやっていけない」と主張したのに対して，湛山は「植民地の維持経営には案外に大きな負担がかかっている。戦敗の結果この負担が一挙になくなることは，それだけ日本が身軽になったことで，将来は大いに望みがある」と反論した。この小日本主義こそ湛山の長年の持論であった。のちに中山は湛山の慧眼に敬意を表している。

　終戦を疎開先の秋田県横手町（現・横手市）で迎えた湛山は，８月18日の日記に，「予は或意味に於て　日本の真の発展の為に，米英等と共に日本内部の逆悪と戦つてゐたのであつた，今回の敗戦が何等予に悲みをもたらさる所以である」（『石橋湛山日記　㊤』）と記した。そして湛山は８月25日（執筆時は８月15日）社説「更正日本の門出――前途は実に洋々たり」以降，日本の国家再建案を次々と発表し，貿易立国日本の復興と発展は可能である，と断言した。日本全体が敗戦のショックに意気消沈していたのとは対照的に，湛山は大胆で楽観的な見解を打ち上げたわけである。これは長年掲げてきた小日本主義が敗戦によって実現段階を迎えるに至ったとの確信にもとづいていた。そして日本は1960年代に奇跡と呼ばれる高度経済成長を達成した。それは湛山の戦前・戦後を貫く小日本主義が決して非現実的ではなく，奇跡でもなかったことを意味したのである。

◆　参考文献

石橋湛山『湛山回想』毎日新聞社，1951年

石橋湛山全集編纂委員会編『石橋湛山全集』全15巻，東洋経済新報社，1970～72年

増田弘編『小日本主義――石橋湛山外交論集』草思社，1984年

増田弘『石橋湛山研究――「小日本主義者」の国際認識』東洋経済新報社，1990年

鳥羽欽一郎『生涯現役――エコノミスト高橋亀吉』東洋経済新報社，1992年

増田弘『石橋湛山――リベラリストの真髄』中央公論社，1995年

石橋湛一・伊藤隆編『石橋湛山日記　㊤㊦』みすず書房，2001年

［増田　弘］

第2章　中野正剛
——民権派ジャーナリストから朝野の政治家へ

［なかの・せいごう］ジャーナリスト，政治家。幼名甚太郎。1886年2月12日，福岡県福岡市西湊町に生まれる。1909年7月，早稲田大学政治経済学科を卒業，同月，日報社（のちの東京日日新聞社）に入社。12月，東京朝日新聞社に入社。1916年7月，大阪朝日新聞社を退社。1920年，衆議院議員に初当選。以後，所属政党を転変とし，1941年東方会総裁。1942年，翼賛選挙に非推薦候補ながら最高点当選。1943年，東京憲兵隊にて取り調べ後，自殺。

1　生い立ち

（1）福岡に生まれる

　中野甚太郎のちの正剛は，1886年（明治19）2月12日，父泰次郎，母トラの長男として，福岡市西湊町に生まれた。中野家は代々黒田藩の御船方，俗に船頭方という禄高二，三十石の軽輩の士族で，父の代に分家し，甚太郎が3歳の時，鳥飼八幡に近い西町に移り，質屋を家業とした。軽輩ながらも士族であったことは，中野に士族意識を培い，その最期に至るまでその矜持を示したといえた。

　中野が両親のはからいで，学齢より1年早く，満5歳で西町尋常小学校に入学したのは，大日本帝国憲法発足翌年の1890年（明治23）であった。中野は幼少時に近隣の遊び仲間からジンチャンと呼ばれていたが，長ずるにつれてその名を嫌い，中学4年の時同じ町内にいた同名の不良が悪事をして挙げられたのを機に，自ら正剛の二字を選んで改名した。「まさかた」と読むつもりだったらしいが，彼の母が最後までそう呼んだほかは，「せいごう」で通ってしまった。

　正剛という名には，一生を正しく剛毅に生き抜こうとする少年の思いが込められていた。中野は，9歳の時に日清戦争を知り，19歳の時に日露戦争を迎えている。福岡では箱田六輔，平岡浩太郎，頭山満，進藤喜平太らを中心とする当時の玄洋社の雰囲気や時代環境が，中野の人間形成に及ぼした影響は決して小さくは

なかった。玄洋社はもともと自由民権の集団結社であったが，その後，大陸進出
をモットーに対外的には強硬論に立っていた。こうした雰囲気のなか，中野は学
生時代から好きな柔道場を仲間とつくるために玄洋社の平岡に援助を頼んでいる。
改名の届けを受けつけられたのが，1903年（明治36）7月30日，当時満17歳と5
ヶ月で修猷館中学4年生の時であった。日本とロシアとの緊張が高まるなかで，
立身出世よりも，正義に剛であることを覚悟していたのであった。

（2）修猷館・早稲田時代，中国への関心

　中野は，1899年（明治32），14歳の時に，福岡黒田藩の学問所を前身とする福岡
県中学修猷館に進学する。中野の一級下で終生の友人となった緒方竹虎は，当時
の修猷館を回顧して，生徒は体育として柔道をやるかあるいは剣道をやるかで，
交遊も一生の方向も分かれたとしている。柔道の方が武断派，剣道の方が文治派
で，中野は柔道派の親玉，緒方は剣道派であったいう。「しかし中野君は柔道派
でありながら文章を書いては校内にならぶ者がなく，見るからに才気煥発な生徒
であった。そこに普通の柔道連とちがって剣道派と相通ずるところがあり，こと
にわたしは小学校時代から友人として懇意であった」としている（緒方,1951,33頁）。
　1902年（明治35）2月，中野は漢文教師・益田祐之のすすめで「菊池寂阿公」
と題する作文を書いており，これが中学修猷館『同窓会雑誌』第2号に掲載され
た。中野は，漢学の面白さの手ほどきを受け，陽明学による自発の精神を学ぶな
かで，益田の尊重した近江聖人・中江藤樹の学風よりは，その果てに出てきた西
郷南洲や大塩中齋の行動愛にひかれ続けた。
　やがて1905年（明治38）4月，早稲田大学高等予科に入学。中野は官学を嫌っ
て「初めから早稲田大学を選んだ。……彼の眼には官僚およびその卵である官学
学生は一の出世主義者としか映じなかった」（緒方，1951，24頁）。
　中野が大学最初の夏休みから上京すると，日露戦争後のポーツマス講和会議に
対する国民の不満が爆発して日比谷の焼討ち事件となり，ついには戒厳令が布か
れる物々しい情勢にあった。それだけ学生の対外的関心，とくに大陸に対する関
心は深かった。在学中，中野は郷党の大先輩・頭山満に接近し，中国からの亡命
者や留学生らと交流を深めたことは，中野の大陸への志向を決定的なものにした。
　1906年（明治39）11月，中野は同郷の緒方らと茗荷谷に部屋を借りて共同生活
を始めた。実家から送金のとだえていた中野は，中国人留学生に，講義ノートの

写しを提供したり，日本語を教えることによって，学費の一部を得ていた。また中野は福建省からの留学生・林長民との交友によって，直接，書道や漢詩の教養を教えられ，陽明学についてもその人柄，学識から学ぶことが多かった。その後，中野は実家の破産，緒方の帰郷療養などもあったため，豊多摩郡の清国留学生の下宿で生活する。この頃，早稲田大学日清協会の会員にもなり，1908年（明治41）の大学生最後の夏休みは満洲に視察旅行に出かけている。この時中野は，借金と売文によって一家を支え，他日は大臣宰相となる，と周囲に明言していた。

2　ジャーナリストとして

（1）新聞社入社から明治民権史論へ

　1909年（明治42）7月に早稲田大学を卒業，同月に日報社（現・毎日新聞社）に入社，『東京日日新聞』記者となった。入社まもなくの7月に，10日あまり東北三県への招待旅行に参加し，旅先から正剛は「東北遊記」を書き送り，これが最初の記事として新聞に連載された。同年12月には東京朝日新聞社に入社。記者になってからは政治変革のために多くの政治評論を執筆，中野は持ち前の強気と押しで取材に出かけ，記事や評論を書くことを覚えていった。

　当初，正剛が匿名で『東京朝日新聞』に書いた評論について，読者は池辺三山主筆が書いたものと思い込み，「三山未だ老いず」と評され，池辺が苦笑したというエピソードが残されている。当時，中野の漢文調の文体は，大学を出たばかりの新米記者の筆とは思われなかったようであった。中野は苦学を覚悟で勉学に励むという初心にもとづき，「みずから耕す」ことを自身の銘とし，終生，「耕堂」を筆名とした。また，学生時代に「やせた鶴」を任じた正剛は，朝日記者となってからは，太い体格をイメージする「戎蛮馬」のペンネームを用い，1910年（明治43）6月1日から47回の連載「朝野の政治家」で政界人物論を執筆した。

　1911年（明治44）11月，朝日新聞社の機構改革により，中野は大阪通信部へ移る。そして，1912年（大正元）10月2日から翌年1月25日まで，101回にわたって『東朝』に，「耕堂」の筆名で「明治民権史論」を連載，中野の文名を決定的にした。社史によれば，「（大正元年）10月2日，中野正剛の明治民権史論東朝に連載，世人の注目を惹く」とある（『朝日新聞七十年小史』朝日新聞社，1949，年譜19頁）。その後，この連載は著書『明治民権史論』（有倫堂，1913）として刊行された。

　同書序文には，正剛が政治家批判を続けることについて，かつて池辺主筆が「君が筆をとって元気にまかせて人物を論評するのは，君の将来を思えばよいことではない」と助言したと記されている。しかし，中野は同書を書いたのは，「私の単純なあたまでは，今の時代は道義の乱世であり，単に法律だけを議論していたのでは物の核心にとどかない。そのために筆をとって法制を論じ，さらにすすんで人間について議論し，それでも足りないで人間の精神動機を論じ，深夜の灯火のもとで，世の中に多くの敵をつくってしまったことに気づいても悔いることはない」と述べ，今後も政治家批判の立場を取ることを決意する。政治家の人物論は中野の得意とするところとなった。

（2）大正デモクラシー，京城特派員，欧州留学

　中野が「明治民権史論」を連載中の1912年12月，第一回憲政擁護大会が歌舞伎座で開かれ，憲政の神様，犬養木堂と尾崎愕堂の二人は，さながら「団十郎と菊五郎」のように大人気であった。中野は第一次護憲運動では犬養毅の下で護憲派記者として活躍，反藩閥・反政友の論陣を張った。当時，政友・国民両党の全国支部が各地で運動を興し，「憲政擁護・滅閥興民」の呼び声は全国に拡がった。翌年1月には京橋で第二回憲政擁護大会が開かれ，2月に開催された両党院外団主催大演説会は，来会者2万人の大盛況となった。その翌日，数万の群集が集まって御用新聞社の焼討ちを企て，騒動は東京全市に拡がった。まさに群集が公憤をもって政治を動かそうとしていた時代であり，内閣が大衆の行動によって崩壊したのが，この大正デモクラシーの第一波であった。

　中野は「明治民権史論」の連載翌日からさらに，桂公，大隈伯，政商輩，青年実業家，木堂先生，愕堂先生，浪人組への「与うるの書」七篇を連載した。また「原敬君に与うる書」と「政友倶楽部に与うる書」が三宅雪嶺主宰の『日本及日本人』に掲載されたが，この二篇は中野正剛の名で発表された。このとき，朝日新聞記者・中野耕堂は，もはや評論家・中野正剛として商業紙『朝日新聞』にその時論を発表することはできなくなっていた。護憲運動に熱中した中野は，社内で孤立して担当紙面を緒方と二人だけで仕上げなければならなかった。犬養びいきの中野の政治思想は，『朝日』には過激すぎたのであった。

　1913年（大正2）8月，朝日新聞社は，中野を京城特派員として特派し，中野も朝鮮の現状を知りたいという関心から，1年間の約束で京城行を承知した。そ

の直前，中野は7月28日，古島一雄を仲人とし，三宅雪嶺の三女多美子と結婚する。そして中野は，『日本及日本人』に，『朝日』には書くことのできない論説を毎号のように書き続け，評論家として著名になっていった。

　赴任中，総督府御用新聞の『京城日報』以外は存続を許されなかった状況下において，中野の「寺内総督論」は，『朝日』紙面に1914年（大正3）4月16日から15回連載された。中野の前任者は「寺内総督論」の連載を4回で発禁にされたが，正剛は自制しながら，この連載を書き，寺内総督の朝鮮統治を批判した。

　この時，中野は30歳を目前に焦燥感が募っていた。そこで新生面を開くため，欧州留学を考えた。京城赴任前，朝日本社との間に洋行の約束を取り付けていたのを機に，社費はなく自費で行く計画を立てていた。1914年暮，強引に京城から引き揚げると，翌年2月に，「京城特派員ヲ解キ私費欧洲留学ヲ許可ス」の正式辞令をもらい，1915年（大正4）3月から翌年7月まで欧米留学を果たす。そして1916年（大正5）7月に帰国し，大阪朝日新聞社を退社する。

（3）『東方時論』とパリ講和会議

　1916年（大正5），戦乱の欧州から帰国した中野は，政界への進出を期しつつも，当時，雑誌『東方時論』を発行していた東方時論社に移り，主筆兼社長となった。中野は，毎号巻頭の「時論」を執筆し，留学中に確信を得た反アングロ・サクソンの立場から，内外の諸問題を論評した。『東方時論』1918年9月号には，緒方竹虎が中野の代表的な文章と位置づける「大塩中斎を憶ふ」を執筆，折からの米騒動を1837年（天保8）の大塩平八郎の乱と対比して論じたものであった。かねて大塩の書を愛読し，同様に王陽明に傾倒する中野が，陽明学の「知行合一」の説を引いて大塩の挙の止むべからざる所以を論じた一節は，のちに東条政権と対決した中野を彷彿させるものがあった。

　1919年（大正8）1月，東方時論特派員の資格でパリ講和会議に参加し，日本全権団に同行するが，この会議こそが「英米の世界支配に対するプログラム」であるとして，日本を共同の敵とする英米の策動を見抜けない日本外交を「退嬰的旧外交」と批判，中野は早々に帰国の途に着いた。5月に帰国後，『大阪毎日』主催の演説会で講演，「わたしは国家の危急を国民に報ずべくパリより急拠帰朝せるものである」と語り，聴衆は喝采した。この速記が「講和会議の表裏」と題して『大阪毎日』に連載され，また『大阪朝日』には「講和会議を目撃して」を一

ヶ月以上連載，これをまとめた『講和会議を目撃して』（東方時論社，1919）はベストセラーとなった。その後1920年（大正9）5月，中野は第14回総選挙に2度目の出馬で，福岡一区から立候補し，当時電力問題で著名であった政友会系財界人の松永安左衛門との一騎打ちで圧勝した。

3　政治家に転じて

（1）代議士としての活動，政党所属の転変

　衆院議員当選後，1922年には国民党が解党し，中野は無所属倶楽部と組んで革新倶楽部を結成，政界革新のため既成政党とは異なる国民のための議会政治を目指すこととなった。1924年（大正13）5月，憲政会に入党。中野は『東方時論』でリベラリズム左派の政治的発言を続けていたが，こうした既成政党を批判する政治革新の路線から一転し，現実政治と妥協することとなった。

　憲政会とその後の民政党では安達派に属し，少壮派のリーダーとして頭角を現し，田中義一大将300万円事件，枢密院弾劾，満州某重大事件などの追及演説は議会史上に残るものとされた。なかでも，1926年（昭和元）3月の衆議院本会議で，政友会総裁・田中義一が総裁就任にあたって300万円の持参金を政友会にもたらした機密費問題は，この大金の出所がシベリア出兵当時の陸軍機密費にあったことを中野に暴露された事件であった。党首の致命的ともいえる暗部を暴かれて，政友会は狼狽，憤激し，報復のため右翼と結託して，中野はソ連から宣伝費を受け取った共産主義の同調者だと逆宣伝を行った。

　1927年（昭和2）2月，第一次若槻内閣では大蔵参与官，1929年（昭和4）7月，浜口内閣の逓信政務次官，民政党総務を歴任する。この間，1928年（昭和3）3月からは玄洋社系の『九州日報』の経営を民政党の後援を得て引き受け，翌年6月まで社長の任務を務めた。

　1931年，満洲事変時に幣原外交・井上財政に対し，党内反対派となり，協力内閣運動を起こすが，失敗し，民政党を脱党する。1932年（昭7）12月，「社会国民主義」を唱えて国民同盟を結成，1933年（昭和11）10月，『国家改造計画綱領』（千倉書房）を出版。1933年（昭和8）12月1日，遒友同志会統令となった。

　1936年の二・二六事件以降，国民の言論の自由が，圧殺されて行くなかで，言論の自由が唯一残されていたのは帝国議会であった。中野は議会でその演説力を

武器に活躍していく。同年3月には，ナチスやファシスト党をモデルにした全体主義政党・東方会の会長に就任した。

　1937年（昭和12）7月の日中戦争突入後は，同会に旧左翼大衆組織を吸収して，大日本青年党とならぶ組織政党に成長させ，親独伊，南進要求の政治運動を展開した。11月には独伊を訪問し，12月にムッソリーニ首相と，翌年2月にはヒトラーと会見している。1939年（昭和14）の独ソ不可侵条約以降，連ソ・親枢軸外交路線を主張，1940年（昭和15）には大政翼賛会総務に就任するが，その官製団体化を不満として辞任。1941年（昭和16）5月には東方会総裁となり，同年12月の日米開戦後は，戦争遂行方針をめぐって東条内閣と対立することとなった。

（2）翼賛選挙に勝利して

　1942年（昭和17）4月の総選挙は「翼賛選挙」とされるように，翼賛政治体制協議会が候補者に対する推薦を行い，臨時軍事費から推薦議員に選挙資金が与えられたが，中野はこの選挙に非推薦候補者ながらも最高点で当選する。5月，その推薦議員で構成される翼賛政治会に入会し，政事結社の東方会は解散，思想団体・東方同志会に改称させられることとなった。

　中野は，初当選以来，高度な政治理想の実現のため，自分の権力，功利のためではなく，常に国家のためにと政党，結社を行ってきたが，すべて自分の理想の実現には程遠く幻滅を覚えるのであった。この時も軍部を背景とした一党政治体制の翼賛政治会を向こうに回し，堂々と国政を論じ，迫害，圧力にも屈せず，全国の青年同志を糾合した。しかし，この年12月，日比谷公会堂における「国民的必勝陣を結成せる」の講演会を最後に，演説は禁止された。

4　「戦時宰相論」とその結末

　中野に対する東条の憎悪がいかに激しかったかは，『朝日』の1943年（昭和18）元日号に掲載された「戦時宰相論」の発禁処分に明白に表れた。同紙に掲載された写真入り，囲み10段の中野の署名記事は，諸葛孔明，桂太郎，クレマンソーなど歴史上の戦時宰相を論じ，東条を諷したもので，次のように書き出している。「大日本国は上に世界無比なる皇室を戴いて居る。忝けないことには，非常時宰相は必ずしも蓋世の英雄たらずともその任務を果たし得るのである。否日本の非

常時宰相は仮令英雄の本質を有するも，英雄の盛名を 恣（ほしいまま）にしてはならないのである」。そして，「難局日本の名宰相は絶対に強くなければならぬ。強からんが為に，誠忠に謹慎に廉潔に，而して気宇広大でなければならぬ」と結んだ。

　この原稿はあらかじめ情報局の検閲を受け，一字一句の削除もなしにパスしていたが，東条は首相官邸の一室でこれを読むや，ただちにかたわらの卓上電話を取り上げて情報局を呼び出し，『朝日』の発売禁止を命じた。

　東条は1943年2月1日，第81議会で，戦局の悪化原因の一つに国論の不統一を挙げ，「第二の場合は国の足並みの乱れることである。これは明瞭に敗戦である。したがって国内の結束を乱す言動にたいしては徹底的に今後もやって行く。たといその者がいかなる高官であろうと，いかなる者であろうと容赦はいたさない」と発言した。これは東条が近衛と中野の二人をマークしたと取沙汰された。

　1943年10月，カダルガナル島の敗戦は，陸海軍の作戦不一致のためであるとする流言蜚語が陸海軍刑法にあたるとして，東方会会員が一斉検挙され，警視庁留置場に中野も抑留された。その後，東京憲兵隊で取り調べを受け，類がほかの人に及ぶのをおそれ，帰宅後の夜中，憲兵の監視中に自決した。中野は，自決時，数通の遺書を残しているが，「混沌たる政界に於て，東方会の旗色は鮮明である」との文言は，その折にしたためた一書であった（『玄洋』21号，1984，4頁）。

　中野の葬儀は幼少からの友人であった緒方が葬儀委員長を務めた。「中野君の愛馬『天鼓』に天野少年が騎乗して先頭し，ありし日に中野君が逍遥したであろう神宮参道から外延を迂回し，沿道の人々の目送に応えながら青山斎場に着き，そこで厳粛に行われた。乗物の不自由な時であったにもかかわらず，大臣，重臣，議会人，官吏，新聞社関係，労働者，浪人，学生等々，無慮二万人。カーキ色だけは一人もいなかった。中野が東条に勝ったのだ」と記した（緒方，1951，51頁）。

　中野の墓地は多磨霊園に置かれ，記念碑は福岡市の鳥飼八幡境内に建てられた。

◆　参考文献

緒方竹虎『人間中野正剛』中公文庫，1951＝1988年
猪俣敬太郎『中野正剛』吉川弘文館，1960年
玄洋社記念館館報『玄洋』3号（1980年1月1日）〜127号（2017年4月1日）
中野泰雄『父・中野正剛――その時代と思想』恒文社，1994年

［吉田則昭］

第3章　笠信太郎

—— 最後の論説記者

[りゅう・しんたろう] 1900年12月11日福岡市生まれ。幼名與三郎。福岡県立中学修猷館を経て，東京商科大学を卒業，のち大原社会問題研究所にて研究に従事したのち，東京朝日新聞社で論説委員として経済問題を担当，戦前は昭和研究会経済部会に参加，その後欧州特派員として渡欧，戦後帰国後は論説主幹として200編余の社説を執筆する。戦後の著書『ものの見方について』，『"花見酒"の経済』は，戦後のベストセラーに数えられる。1967年12月4日没。

　優れた記者とは，豊かな学識と歴史的パースペクティブ，鋭い分析力，表現力をもっている。彼らの扱う領域は幅広く，そのいずれにおいても注目すべき仕事や発言を残しているが，笠信太郎は経済専門記者として経済論が得意であった。現場たたき上げの，報道記者出身の論説委員や編集委員の仕事が，短い風雪にも耐えられそうもないようなとき，笠は明治期の偉大な政論記者と同じように，息の長い言論活動を保ちえていた。

1　経済学者となるまで

（1）生い立ち

　笠信太郎は，1900年（明治33）12月11日，笠与平，峯子の長男として，福岡市上土居町に生まれた。商家で育ち，商人の子弟が集まる福岡市立上呉服尋常小学校に通ったが，のち黒田藩校の歴史をもつ福岡県立中学修猷館で学んだ。

　「世間での評価と違って，わたしは緒方竹虎氏と同じように，出身の福岡の玄洋社ばりの国士的風格を自ら尊しとした人物であるように感じられた」（江尻進「新聞人としての笠さん」『回想 笠信太郎』1968，415頁）というように，藩校の雰囲気のなかで学ぶうちに国士的態度を身につけたという。しかし，福岡市の玄洋社記念館で管見の限り，笠信太郎関係の資料は見当たらない。国士的気概をもちながらも玄洋社と縁が薄かったが，同時に笠が同窓の先輩である広田弘毅，中野正剛，

緒方竹虎らを強く意識し，その青年期を送っていたのは想像に難くない。

（2）大学入学・経済学研究の道へ

　修猷館中学卒業後，東京高等商業学校に入学，当時は貿易商などを夢見ていたようだが，1922年東京商科大学本科に入学，史学研究の三浦新七博士（1877〜1947年）の指導の下，同博士の「古代ユダヤの国民性」に感銘を受けた笠は，シュペングラーの史観の研究に取り組んだ。その研究成果としての卒業論文が，1926年学術機関誌『商学研究』（第6巻第2号）に「シュペングラーの経済観」として掲載され，その後同論文が最初の著書になるなど，気鋭の経済学者として頭角を現しつつあった。笠は，ひきつづき同大学研究科では高垣寅次郎教授のもとで金融貨幣論を専攻した。シュペングラーの研究と並び，笠の興味と関心が社会的な問題に徐々に移るにつれ，特にインフレーションに深い関心を抱き，理論的な問題としてマルクス経済学の側面から「貨幣論」の方法論を追求した。

　1926年には，労働問題研究者・高野岩三郎が所長を務める大原社会問題研究所に入所する。櫛田民蔵の指導を受けた後，28年には助手として大阪に赴任，『日本労働年鑑』編集のかたわら，経済学・労働問題の研究を行い，最初の著書『シュペングラーの歴史主義的立場』（同文館）を出版した。また1930年頃から『中央公論』『改造』などへの寄稿が増えるとともに，『金・貨幣・紙幣』（大畑書店，1933），『通貨信用統制批判』（改造社，1934）といった著書・翻訳書も出版し，1935年まで研究員を務めた。

　のち大原社会問題研究所の機構改革に際し，1936年1月，笠は東京朝日新聞に入社することになった。このときの心境を「経済の理論的研究はいきおい実際的研究に移り，同時に理論的領域から政策的な分野に興味が移ってきた」と述べるように，政策分野への関心が高じてジャーナリズムの世界に入ったとある（『回想　笠信太郎』年譜，501頁）。

　ジャーナリストへ転出した時点で，郷里の先輩であり論説主幹だった緒方竹虎に，運命的，方向的に強い影響を受けることになった。笠は，学識経験を買われ，入社後すぐに論説委員に就くなど，スター記者とみなされ，「最後の論説記者」とも評された。戦後の大卒記者のキャリア形成とは対照的である。

　笠の入社事情について，朝日新聞の荒垣秀雄が記すところでは，経済学者・大内兵衛が緒方から将来の朝日を背負って立つ主筆として自分の後継者を紹介して

くれるよう，と頼まれたという。そして大内は笠信太郎と美濃部亮吉の二人を推薦し，結局，笠が採用されることとなったという（荒垣秀雄「人間笠さん」『回想笠信太郎』207〜208頁）。

2　大新聞社の論説記者へ

（1）東京朝日新聞社への入社・論説委員としての活躍

　東京朝日新聞社入社後，翌月には二・二六事件が勃発，朝日新聞社も襲撃されるなど，政治や新聞などへの軍部の介入が一段と強くなってきていた。二・二六事件後，論説委員室の状況を記した次のような記述がある。

　　笠信太郎が新聞の現状に対して強い不満を洩らしたとき，緒方は「非常に残念なことだが，新聞の黄金時代は過ぎてしまったんだよ。余りいろいろ細工するとまずいことになるんだ」と述べた。軍部の政治権力がこのように拡大しては，「丸腰の新聞では結局抵抗できない。只主筆とか，編集局長が自ら潔しとする意味で，何か一文を投げ出すか，辞めるということは，痛快だが」朝日新聞のような大所帯では「そういうこともできない」と緒方は判断せざるを得なかった（緒方竹虎伝記刊行会『緒方竹虎』朝日新聞社，1963，89頁）。

　1937年には日中戦争が始まり，翌年には国家総動員法が公布され，国民経済と生活が統制下に置かれるに至ると国家をあげての戦争協力が要請されるようになった。経済学者としてスタートした笠は，上記引用のような権力と対峙する新聞観を持っていたのであったが，1930年代後半のジャーナリズムは，軍部批判を許すような状況ではなかった。だが，軍部統制を逆手にとった笠の経済論を披瀝する舞台は，1940年代の戦時ジャーナリズムにおいて準備されようとしていた。
　反軍部の最後のとりでと期待された近衛文麿首相は，1940年の近衛新体制において，近衛を中心とする国民的組織の結成を目論み，大日本帝国憲法を含めた政治，経済，社会全体の変革を目指した。戦局の進展とともに政党の凋落，軍部の台頭がみられたが，その一方で社会全体の行き詰まりを打破してくれそうな近衛への期待が高まっていた。

（2）昭和研究会における活動

　近衛文麿首相は，政策立案のため昭和研究会を擁していたが，笠はその強力な
ブレーンの一人であった。同会には，蠟山政道，東畑精一，有沢広巳，三木清，
尾崎秀美らを中心メンバーとして，朝日からは佐々弘雄や笠信太郎，尾崎秀実が
参加し中心的な活動を担った。昭和研究会では経済部会の中心となって活躍し，
1939年には『日本経済の再編成』（中央公論社）を発表した。同書は2ヶ月で16版
を重ねるほどのベストセラーとなった。経済部会では，資本主義の自由経済的側
面を排除して，企業を利潤ではなく生産目的の組織に作り変えなければならない，
企業活動の目的は生産であり利益ではない，こうした考えを笠が『日本経済の再
編成』で打ち出し，「再編成」という言葉は流行語になるなど大きな反響を呼んだ。
　1940年7月当時の新聞には，この頃の笠を紹介する記事がみられる。

　　再編成という言葉を流行語としたのは『日本経済の再編成』であろう。この
　著述は昨年秋からの経済もので，売行のトップを占めたものだそうだ。その著
　者が笠信太郎君だ。笠君の経済論文の手法は，極めて厳格だ。しかし，新聞人
　になってからの笠君は，その昔の学者的態度が，円く社会人らしくなって来た。
　もっとも，東朝の社説の経済論の中でむづかしいのは笠君だと思えば間違いな
　いとのことだが。その笠君の『再編成』はその分析で一応，日本経済の痛いと
　ころを衝き，その対策として，新経済精神の確立におくにあたり，笠君もなか
　なか政策家となったものである。そういうこの書の構成に，イデオロギー好き
　の，従ってまた一応の理論家をもって任ずる新官僚あたりの追従して来るのは，
　当然のことである。そういう点が笠君をして，新政治運動の経済綱領の執筆者
　だと世間をして思わしめる根拠であるかも知れない（「日本経済再編成の笠信太
　郎」『読売新聞』1940年7月14日）。

　経済部会では，経済新体制確立のためには，統制によらない経済界の自主性の
回復が提唱された。笠の統制経済論は経済機構全般に触れる問題を，社会全体の
機能主義的再編成という新機軸にのせることであった。政策面での具体策として，
利潤統制とそれに伴う統制案が提案された。そして笠の『日本経済の再編成』は，
官僚・軍部が唱える高度国防国家建設のための国家社会主義的計画経済といった
「革新」思想と，産業自治的な自由経済を唱える財界などの「自由主義経済」思

想の対立を，再編成し，克服していこうという政策提案の書となった。

　笠の経済新体制の理念は，昭和研究会，企画院など各種機関へと受け継がれたが，政策決定段階では，財界，観念右翼らの攻撃によって，具体化が妨げられた。経済新体制のイデオローグとして，朝日新聞においても積極的に近衛新体制支持の言論に取り組んできた笠であったが，政策選択，政策決定のプロセスにおいては，新体制当初に考えられていた理念が失われたため，笠はドイツに発つ。このときベストセラーとなった著書『日本経済の再編成』も絶版にしている。笠が経済新体制の実現可能性に失望して渡航したことは想像に難くない。

　笠は昭和研究会の関連団体であった昭和塾でも経済班の主任を担当し，また第二次近衛内閣の首相秘書牛場友彦，岸道三らを囲む朝飯会のメンバーでもあった。1940年10月，笠は欧州特派員として渡欧するが，企画院の統制派官僚らに対して治安維持法事件の捜査が行われていたなかで，朝日新聞社が逃がしたともいわれた。翌年41年 4 月，昭和研究会で笠とともに経済統制案を作成した企画院調査官であった和田耕作，勝間田清一らが逮捕されるという企画院事件が起きている。

3　戦時の滞欧時代

　笠は朝日新聞欧州特派員として 1 年の予定でドイツ駐在を発令された。1940年11月，横浜からアメリカ経由で欧州に向かい，大晦日にリスボン着。41年 1 月，ベルリン着任。当初はドイツを中心に取材を行うが， 6 月には独ソ戦が開戦となる。1942年以降は，ハンガリー，ブルガリア，スイス，イタリアなどを取材，帰国の見通しがたたぬ状況となり，戦乱を避けるため，1943年から47年まで永世中立国スイスのベルンに滞在した。

　1945年には，滞在先のスイス・ベルンでの藤村義一海軍中佐による米国 OSS（戦略諜報局）との和平工作が戦後米国側から明らかになり，藤村に同行した笠と OSS との接触記録が米国公文書館に残されている。1977年，外務省外交史料館で，笠が緒方竹虎内閣顧問に宛てた公電が発見され，同年 8 月 8 日付の朝日新聞夕刊は「笠信太郎特派員の電報，外務省外交史料館で発見」と報じた。

　1945年 8 月，チューリッヒで日本の敗戦を知り，欧州の混乱をベルンから報道，1947年11月，ジェノヴァからギリシャの貨物船で帰国の途についた。船中では英文の日本国憲法を読みながら，パナマ運河，ロスアンゼルス，マニラを経て48年

２月に横浜に到着した。この時，笠は「数年間の日記を一通り眼を通しては，過去と一緒に海神に奉納してしまった」（「海外で聞く八月十五日」『世界』1951年８月号）というように，帰国の際，船上から日記を破棄してしまったという。

4　戦後の論説主幹として

（1）朝鮮戦争・講和問題

　1948年に帰国，論説委員に復帰し，48年から62年まで論説主幹となり，51年からは朝日新聞社の役員も務めた。論説主幹となった笠は，朝鮮戦争に対しては「中立論」を説いて占領軍ににらまれながら，サンフランシスコ講和に際しては「全面講和論」の論陣を張った。当時，ソ連や中国などすべての連合国との全面講和か，米国など西側を中心に一部の国との単独講和かの大論争が巻き起ころうとしていた。国際政治において米ソの対立が深まるなか，日本は占領を終え，国際社会にどのように復帰するかが鋭く問われていた。

　朝日新聞は，講和問題では「全面講和論」を主張した。1950年５月20日から３回連続で，論説主幹の笠が自ら執筆した社説「講和に対する態度」を掲載した。

　笠は1949年２月から，日本の「中立化」を社説で主張した。全面講和論は，当時の知識人が参加した平和問題懇話会が主張をしたものであった。1949年１月，同会は講和に関する声明を発表，これは雑誌『世界』３月号に掲載され，笠も賛成の意を表明している。

　全面講和論は知識人，学生，労働者らから支持を得ていた。全面講和論の大きな支えとなったのは，連合国最高司令官・マッカーサーが1949年春に日本の中立化を主張したことだった。しかし，「日本をスイスにする」というマッカーサーの考えは，ソ連の核実験，共産主義中国の成立によって空洞化しつつあった。

　1950年６月，突如として，朝鮮戦争が勃発する。講和問題，再軍備，憲法をめぐり東西冷戦のなか，国家二分の論争となっていく過程で，朝日が一番依拠しようとしたのは，国民の「総意」であった。やがて全面講和論が敗れることになると，笠による1951年12月13日の社説「国民的見解の分裂」で，「デモクラシーとしては明らかに不出来であり，失敗であったといって，決して過言ではない」として，国民にさらなる見解一致への努力を求めている。

　笠は後年，当時の論争を振り返り，「全面講和論が事実の力の前に敗れ去った」

とも書いている。米国が朝鮮戦争前から安保条約の下準備をしていたことを知って，「繰り返し主張していたことが，いかにお人よしであったかをしみじみ思わされ……腹立たしい」と認識の甘さを率直に認めている。日本の再軍備は，朝鮮戦争を契機に着々と進んでいた。笠の理想はますます遠くなりつつあった。

　他方，戦後も水面下では笠も日本側要人の一人として，米国側の諜報機関と接触も持っていた。戦時中，笠がスイス・ベルンで和平をめぐり接触していたポール・C・ブルームは，戦後，東京で米国大使館員（アタッシェ）となっていたが，当時の日本国首相を含めた，各界のそうそうたるリーダーたちと付き合っていた。東京渋谷のブルーム宅では定期的な会合が開かれ，日本のリーダーたちから，トップレベルの正確な情報を集め，評価を加えてワシントンに報告していた。ブルームは初代のCIA東京支社長と目された人物である（春名幹男『秘密のファイル（上）』新潮文庫，2003，252頁）。

（2）60年安保と7社共同宣言

　論説主幹として全面講和論を主導した笠は，「単独講和論」に社論を転換した後も，長らく論説の顔として活躍した。10年後の1960年6月，政府は「日本国とアメリカ合衆国との間の相互協力及び安全保障条約」を新たに発足させる。こうした政治過程は「60年安保」や「安保改定」と総称されたが，国民の大きな関心事となった。旧安保条約は，それが米国の対日占領時代に米国主導のもとにつくられたために，同国の利益を一元的に確保するための軍事条約となっていた。米ソ冷戦激化のなかで，米国がその極東戦略のために在日基地を占領時代から引き継いで対日講和後も維持するというのが，旧安保条約改定の眼目であった。しかし，こうした旧条約の性格は，その締結前後から日本国内で強い批判を呼んでいた。

　1960年5月19日夜，自民党が条約批准の強行採決を行うや，朝日は政府・自民党の単独採決強行を，民主主義の原則が踏みにじるものとして，「岸退陣と総選挙を要求す」と社説で批判し，笠自身，議会制民主主義擁護の論陣を張った。

　だが，デモが激化しつつあった6月17日，朝日，読売，毎日など7新聞社は，朝刊一面に「暴力を排し議会主義を守れ」と題した共同声明を載せることとなった。この共同宣言を書く新聞社に呼びかけて起草したのは，ほかならぬ笠であった。この宣言は，「六月一五日夜の国会内外における流血事件は，その事のよってきたるゆえんを別として，議会主義を危機に陥れる痛恨事であった」という一

文で始まり，議会主義の危機を憂えた笠は，共同宣言で野党にこれまでの争点をしばらく投げ捨て，国会に帰って事態の収拾をするように，と呼びかけた。そしてこの宣言のあと，デモは鎮静化に向かった。笠としては，デモの拡大は戦時のナチス・ファシズムの再来に映り，日本における西欧的民主主義の危機を感じ取ったのであった。60年安保騒動の2年後，笠は朝日新聞社常務取締役，論説主幹を辞任した。1950，60年代における笠の言論人として華やかな活動は反面では，未解明な点も多く，今後の歴史事実の解明が待たれる。

（3）戦後啓蒙と『ものの見方について』

笠は論説主幹としての本務のほかに，何冊かのすぐれた啓蒙書を著した。帰国直後に書かれた『ものの見方について』（河出書房，1950）は，「イギリス人は歩きながら考える。フランス人は考えた後で走り出す。そしてスペイン人は，走ってしまった後で考える」というスペイン人外交官の言葉を冒頭で引用しており，この言葉も当時の流行語となった。

同書では，イギリス人，フランス人，ドイツ人の思考のしかたを対比しながら，特に論理にはしりがちなドイツ人や，直感的で振幅の大きいフランス人に比べて，経験の裏づけのある論理を尊重するイギリス人を高く評価する。そこには笠のヨーロッパでの生活と思索の結果がにじみでていた。

笠は1967年12月4日，神奈川県茅ヶ崎市の自宅にて66歳で亡くなった。笠の蔵書は，和書の大半が処分されたが，洋書（英語・ドイツ語）に関しては，長男笠大炊が自宅に所蔵していた約1100冊を一橋大学，小樽商科大学の図書館に寄贈している。これらは在欧中，笠が求めたものの大部分を占める。そうしたなかでも，とくに笠が亡くなる直前まで大切にしていた本は，東京商科大学在学中に師事した三浦新七博士の『東西文明史論考』（岩波書店，1950）であったという。

◆ 参考文献

『回想 笠信太郎』笠信太郎追悼集刊行会，1968年

『笠信太郎全集』8巻，朝日新聞社，1968～1969年

山本武利『新聞記者の誕生』新曜社，1990年

吉田則昭『戦時統制とジャーナリズム——1940年代メディア史』昭和堂，2010年

［吉田則昭］

第4章　水野広徳
——兵は凶器なり

[みずの・ひろのり] 1875年5月24日，愛媛県伊予国温泉郡三津浜村（現・松山市）に生まれる。海軍兵学校卒業。日露戦争には水雷艇長として参加した。1911年，日本海海戦での体験をもとにした戦記『此一戦』を出版し，ベストセラーになる。第一次世界大戦中および戦後の欧州視察を機に平和主義者となり，1921年に予備役に編入されてからは軍事評論家として軍縮論や反戦論を主張。満州事変以降，次第に活動を制限され，1945年10月18日に死去した。

「大正デモクラシー」期に，英米との協調外交や平和論を唱えたジャーナリストは少なくない。しかし，水野広徳のように，海軍大佐まで務めた元軍人が，軍事的な観点から戦争反対や軍縮を訴えたのは特異である。水野は，豊富な軍事知識と冷静な分析によって，日米戦争での日本の敗戦や東京大空襲を予言し，アメリカとの戦争は避けなければならないと主張し続けた。このように当時の日本では稀有な言論活動を行っていた水野の生涯を，以下に見ていくことにしよう。

1　海軍軍人を目指して

（1）生い立ち

　水野広徳は，1875年（明治8）5月24日，愛媛県伊予国温泉郡三津浜村（現・松山市）で，旧松山伊予藩士の水野光之とナホの次男として誕生した。1歳で母を，4歳で父を亡くしたため，5人の子どもはそれぞれ別の親戚に預けられることになり，末子の広徳は母方の伯父笹井家に引き取られている。

　少年時代の水野は，暴れん坊であった。彼は，笹井家で自分は異分子であると感じ，気兼ねや遠慮をしたり，伯父に理不尽な扱いを受けたりすることによる精神的鬱屈を家庭外での悪戯や乱暴で晴らしていた。ある時，喧嘩をしている最中に巡査に捕まり，交番で殴る蹴るの暴行を受けたが，喧嘩が地元の『海南新聞』に大げさに報道されたことによって小学校から停学処分を下されたことがあった。

この事件以降，水野は権力の乱用に対する反抗心を強く持ち，将来は「無茶な巡査などに苦しめられて居る弱い人を救ってやりたいと思った」という。彼は後年，政府や軍の意に沿わないことでも正しいと感じたことは信念を貫いて主張したが，このような反骨心は子どもの頃の経験にもとづいているのかもしれない。

（2）海軍兵学校への入学

　次第に伯父たちに疎まれるようになった水野は，中学生の時に笹井家を追い出されてしまう。兄と同居したが，彼の死後は慣れない一人暮らしで苦しい生活を送った。

　水野は，立身出世のためと徴兵でつらい入営生活をすることが嫌だったために，将官として軍人になれる海軍兵学校への入学を志望するようになる。痔のために身体検査で不合格になったり，試験科目が増えて苦手な作文が加わったりする不運もあって三度も受験に失敗するが，1895年12月，日清戦争後の海軍拡張によって行われた追加募集試験でついに合格した。受験資格が20歳未満だったので，二度目の不合格後には戸籍の生年月日を1877年10月に訂正し，年齢をごまかしたうえで試験を受け続けた，まさに執念の合格であった。1898年11月，約3年間の広島県江田島での学生生活を終え，海軍兵学校を卒業した水野は，少尉候補生として念願の軍人になった。ちなみに，海軍兵学校の同期には，生涯親交が続いた野村吉三郎（のちの外相・海軍大将），小林躋造（のちの国務大臣・台湾総督・海軍大将）がいる。

2　海軍での生活

（1）日露戦争という転機

　卒業の翌日から，水野は実地練習のために軍艦「比叡」に乗り込んだ。1899年の遠洋航海では，初めてアメリカを訪れている。巡洋艦「千代田」で第二期実務練習を行っていた1900年1月に海軍少尉に任官し，6月には呉水雷艦隊に配属されたが，清国で義和団事件が起きたことにより，陸戦隊小隊長として上海の警備に派遣された。上海駐在を終えて帰国すると，戦艦「初瀬」乗組，砲艦「鳥海」航海長心得などを経て，1903年12月に第10水雷艇隊の第41号水雷艇長となった。なお，「初瀬」勤務中の1901年10月に海軍中尉，「鳥海」勤務中の1903年9月に海

軍大尉に昇進している。

　1904年2月，日露戦争が勃発すると，水野は水雷艇長として旅順の封鎖作戦や日本海海戦に参加した。1905年5月の日本海海戦では，第10艇隊の一員として連合艦隊司令長官の東郷平八郎から感状を授与されるほどの活躍をしている。日露戦争は，水野の人生において決定的に重要であった。なぜなら，のちに出版されて文名を高めた戦記『此一戦』は日本海海戦での体験をもとにしているし，そもそも文筆家として世に出ることになったのも戦争中だったからである。

　転機は，1904年5月の旅順口第三回閉塞隊員収容作業の実戦記を，司令部から命じられたことにある。水野は何度も催促されたのちに嫌々書いて提出したが，締め切りを過ぎていたために軍の閉塞隊記録には収めることができず，かといって捨てるのももったいないと思われたのか，新聞や雑誌に掲載されることになった。海軍では従軍記者の乗艦が許可されていなかったために，実戦に参加した軍人が臨場感あふれる筆致でつづった手記は大いに評判を呼び，水野は「海軍部内の文章家」として知られるようになる。

（2）『此一戦』を刊行

　文章力を見込まれた水野は，戦争後の1906年3月から東京の海軍軍令部戦史編纂部に勤務することになった。そこで日露戦争の海戦史である『明治三十七，八年海戦史』を編纂する作業に携わりながら，多くの書物を読んだ。また，1908年9月に少佐となった水野は，1909年3月に大内モリエと結婚し，翌1910年3月には長男光徳が誕生した。時間的な余裕と安定した家庭生活を手に入れた彼は，日本海海戦の実状を広く紹介するために戦記の執筆に力を注ぎ，1911年3月に『此一戦』（博文館）と題して刊行した。

　『此一戦』は，日本海海戦に大勝したことは知っていても戦闘の展開には詳しくない人々の関心を呼び，またたく間に版を重ねる大ベストセラーになった。この本が百数十版も売れることになったおもな要因としては，日露戦争から5年半しか経っていなかったので多くの読者が興味を持っていたことや，日本海海戦という大戦闘に実際に参加した軍人が執筆したこと，さらに，平易になりすぎず専門にも走りすぎないように読者を意識した文章が読みやすかったことが挙げられるであろう。また，水野は執筆時の自分を「盲目的軍国主義の信仰者」で「侵略的，帝国主義の讃美者」だったと振り返るが，「兵は凶器なり」で始まり「国大

と雖も戦を好む時は，必ず亡び，天下安しと雖も，戦を忘るる時は必ず厄し」で終わる『此一戦』は，あくまでもやむを得ない手段として戦争をとらえている。勇敢な敵に対して敬意を表す公平な記述とともに，戦争に対するどこか一歩引いた姿勢も，読者の心を打ったのかもしれない。

（3）軍人としての不遇

　ところが，『此一戦』が出版上の大成功を収めていた頃，皮肉にも軍人としての水野は不遇であった。海軍ではきわめて異例な4年6ヶ月の陸上勤務を終え，1910年9月にようやく舞鶴の水雷団に赴任したが，上官と対立してわずか10ヶ月で佐世保海軍公廠副官兼検査官に転任した。さらに1912年2月には，図書監理を業務とする海軍省文庫主管となり，再び東京に戻ってきた。海軍将校にとって陸上勤務が続くのは不本意であり，舞鶴の水雷艇に立ったのが「籠から放たれた小鳥が元の林に帰った如くに嬉しかった」水野にとって，海から離れる仕事はとてもつらいことだったのである。

　だが，水野は不遇を嘆くだけの人間ではなかった。文庫主管になってからますます読書に親しむようになり，日米戦争を予想した『次の一戦』を執筆した。この仮想戦争記は，琉球南方における海戦で日本海軍の艦隊が全滅するという衝撃的な内容であったが，水野の真意は，日本に圧迫を加えているアメリカに対抗するためには海軍力の増強が必要であると訴えることにあった。脱稿後は，上官の検閲や出版願などの手続きが面倒だったこともあり，しばらく発表を見合わせていた。『此一戦』での水野の成功をやっかみ，「内職稼ぎ」などという陰口を言われることにも嫌気がさしていた。だが，1913年（大正2）12月に中佐となった水野は，友人の金銭的窮状を救うため，1914年6月，「一海軍中佐」の匿名で『次の一戦』（金尾文淵堂）を刊行したのである。

　水野は，文庫主管という閑職を利用して執筆に力を入れたが，ここでも次々と不運に見舞われる。『次の一戦』は，すぐに水野の著書であることが発覚し，無許可出版のかどで5日間の謹慎処分となった。もっとも，この騒動が話題になって製本が間に合わないほど売れたが，7月に第一次世界大戦が勃発し，日本も翌8月に参戦したために，アメリカへの配慮などの理由によって発売後わずか3ヶ月で絶版にされてしまう。また，12月には『次の一戦』絶版の埋め合わせとして，数年前に書きあげていた『戦影』（金尾文淵堂）を同じ出版社から刊行した。これ

は，日露戦争で体験した旅順海戦を題材とした戦記で，水野が「最も会心の作」
と自賛した出来だったが，あまり売れずにほどなく絶版になってしまった。

　『戦影』を出した1914年12月には，『日独戦史』編纂委員を命じられたが，海上
勤務を希望して巡洋艦「出雲」副長となり，次いで戦艦「肥前」副長に転じる。
しかし，海軍は日露戦争後にあらゆる方面で急速な進歩を遂げており，この10年
のほとんどを陸地で過ごした水野にとって軍艦勤務はきわめて困難となっていた。
彼は，海上勤務がもはや不可能なことを自覚し，方向転換を決意する。その第一
歩がヨーロッパ留学であった。

3　平和主義者への転換

（1）第一次世界大戦時のヨーロッパを視察

　水野は，第一次世界大戦中および戦後のヨーロッパを二度にわたって訪れてい
る。そして，この視察が人生における二度目の大きな転機となった。

　彼は，未曾有の世界大戦を自分の目で見たいと思い，残っていた『此一戦』の
印税と友人の援助によって私費留学を願い出て，許された。1916年7月に日本
を出発した水野は，9月にロンドンに到着し，イギリス，フランス，イタリアで
大戦の様子や影響を見聞した。2年間の予定であったが，戦争による物価の急騰
で経済的に苦しくなったので，アメリカ経由で1917年8月に帰国している。

　一度目のヨーロッパ視察で水野が痛感したのは，日露戦争の時とは異なる戦争
の大規模化であった。彼は，戦争の終結が近いと考えてヨーロッパに旅立ったが，
その見通しははずれ，大戦中に帰国せざるを得なかった。また，ロンドンでドイ
ツ軍の飛行船による爆撃を体験したことに大きな衝撃を受けた。水野は，帰国後
に『東京朝日新聞』に寄稿した渡欧記「バタの臭」（1917年11月2日～12月26日）の
なかで，日本の木造家屋は爆弾に対して脆弱であり，東京が空襲によって大損害
を受ける可能性があることを予言している。

（2）二度目の視察と退役

　このように得難い経験をした水野であったが，より大きな影響を与えたのは二
度目の渡欧である。帰国後の1918年に海軍大佐となった水野は，11月に休戦条約
が締結されると，戦後のヨーロッパを視察することを目的とした私費留学を願い

出て，1919年3月，再びヨーロッパに赴いた。

　戦後のヨーロッパで水野が見たのは，世界大戦が各地に残した凄まじい惨状である。北フランスの町や村は建物の多くが廃墟と化し，激戦地であったヴェルダンの戦跡では市街は完全に破壊され，塹壕のなかには人骨が生々しく転がっていた。また，敗戦直後のベルリンは物資の欠乏に苦しむ人々の様子が悲惨であったが，とくに戦争で身体障害者となった元兵士が乞食をしている姿に心を痛めた。

　この観察が，水野の思想に大転換をもたらすことになる。彼は，どの陣営にも膨大な死傷者を出し，敗戦国だけでなく戦勝国も大戦の傷跡に苦しんでいる様子を見て，戦争を国家発展の最良手段とみなしていた自分の軍国主義思想が根本から覆されるのを感じた。ヨーロッパに向かう直前に，東京帝国大学教授で宗教学者の姉崎正治による平和論を軍国主義の観点から批判したが，1920年5月に帰国した水野は，戦争をなくすことが必要だと考える平和主義者に転向していた。

　戦争反対論者となった水野が，軍隊を辞めるのは時間の問題であった。1921年1月，『東京日日新聞』に連載した評論「軍人心理」で軍人に参政権を与えるべきだと主張したことが問題となって謹慎処分を受けると，そのまま現役を引退することを決心する。こうして，8月に予備役に編入された水野は，20年以上にわたる海軍での生活に別れを告げた。

4　評論家として

（1）『中央公論』を舞台に活躍

　軍人を辞めた水野は，とくに軍事問題を専門とする評論家となった。そして，「大正デモクラシー」を言論界で主導した『中央公論』や『改造』などの雑誌に，積極的に評論を発表していく。

　水野がまず取り組んだのは，軍縮問題である。1921年9月に，尾崎行雄，吉野作造らが発起人となって結成された軍備縮小同志会に加わると，11月から翌年2月まで開催されたワシントン会議で海軍軍縮条約が締結されることを支持する評論を盛んに執筆した。そして，日英米仏伊の5ヶ国間で主力艦の比率を定めた条約が成立すると，海軍軍縮条約体制の維持を主張した。そのため，補助艦の制限について話し合われた1927年（昭和2）のジュネーブ海軍軍縮会議が不首尾に終わると，この会議の失敗が世界の軍備熱を煽ることを懸念する意見を発表した。

さらに，同じ問題を討議するために開かれた1930年のロンドン海軍軍縮会議で条約が成立した後は，海軍内の条約反対派を批判して，条約に賛成する論陣を張ったのである。

　また，日米開戦への警鐘も早くから鳴らしていた。例えば，1923年に改定された帝国国防方針がアメリカを仮想敵国としたことに対して，日本はアメリカと戦争すれば必ず敗北すると主張した。その後も日米戦争に反対する評論を発表し続け，1932年10月に刊行した日米戦争仮想戦記『打開か破滅か――興亡の此一戦』（東海書院）では，東京が空襲によって壊滅する姿を描き，日本の敗北を示唆した。だが，この本は出版直後に発売禁止処分となる。前年に起きた満州事変以降，言論統制が厳しくなり，水野の活動の場も徐々に狭められていくのである。

（2）徹底した合理主義

　水野は，普通選挙の早期実行を何度も主張しており，また就職難や失業問題にも言及したりするなど，さまざまなテーマで評論を発表した。だが，筆がもっとも冴えたのはやはり軍事や外交に関する問題であった。水野の評論のおもな特徴として，以下の二点が挙げられる。

　第一に，具体的なデータを重視し，一切の精神論を排した合理主義にもとづく主張を行ったことである。このような水野の姿勢は，例えば，『中央公論』1923年6月号に掲載された「新国防方針の解剖」にうかがうことができる。

　水野はこの論説で，改定された帝国国防方針がアメリカを仮想敵国としていることを批判した。そして，おもな根拠は，現代の戦争では経済力が兵力よりも重要な要素なので，経済的にアメリカに依存している日本は戦争に勝てないというものであった。水野によれば，日本は鉄の6割，石油は7割近くをアメリカから輸入しているので，戦争によってこれが途絶えれば，軍事面でも国民生活のうえでも多大な困難に直面する。また，アメリカへの輸出額も8割以上なので，日米間の通商が行われなくなれば，日本の製糸業と絹織物業は全滅する。つまり，輸出入いずれの面から見ても，アメリカとの開戦は当然想定される持久戦に日本の経済力が耐えられないことを示しているので，アメリカを仮想敵国とすることは間違っているという結論になる。彼は，この後も「米国海軍と日本」（『中央公論』1925年4月号）などの論説で日米戦争反対を訴え続けた。戦争に対する倫理的な批判というより，客観的なデータを積み重ねて自らの主張を裏づけていくのが，

水野の特徴であった。

（3）中国とソ連への冷静な視点

　第二に，軍事的な観点だけでなく，国際情勢を考慮に入れた広い視野から日本の対外政策を論じたことである。とくに，敵視されがちであった中国とソ連への冷静な分析は興味深い。

　中国について注目すべきは，ナショナリズムを侮るべきではないとの指摘である。水野は，「陸軍縮少論」（『中央公論』1922年3月号）において，中国に恐ろしいものがあるとするならば，それは中国全土にみなぎっている「排日の思想」だという。日本の軍人には日米戦争の際に中国の物資を強制的に徴収しようと考えている者もいるが，これを実行すれば，中国の軍隊を結束させてしまうであろうと警告した。また，「日支親善と対等条約」（『国際知識』5巻10号，1925）では，中国人は国家観念が乏しいと多くの日本人は言っているが，団結心の強い中国で民族的解放運動が起きるのは当然であると論じた。そのうえで，中国が解放され，覚醒したならば，これによってもっとも重大な影響を受けるのは関係の深い日本なので，中国への圧迫をやめて，中国が求める対等の条約，つまり治外法権の撤廃と関税自主権の回復を実現させるべきだと主張している。

　一方，ソ連については，ロシア革命後のシベリア出兵を批判して以来，水野は一貫して政府の敵対的な政策に反対してきた。前述の「新国防方針の解剖」では，アメリカだけでなく，中国とソ連を敵視する無謀さを指摘していたが，それゆえに1925年の日ソ国交樹立を高く評価している（「日露復交に対する直覚観」『中央公論』1925年3月号）。当時の日本には，中国への蔑視観やソ連へのイデオロギー的反発によって感情的な議論も少なくなかったが，あくまで冷静に国際情勢を分析したことも水野の議論の特徴であった。

5　言論統制下の活動と晩年

（1）活動の制限と秋山兄弟伝の刊行

　水野は1920年代に言論界で大いに活躍したが，前述したように，満州事変勃発以後は著書が発禁処分を受けるなど，徐々に活動が制限されてきた。1933年8月には，東京で開催された「極東平和友の会」創立総会に出席したが，水野の演説

中に右翼が乱入したために，途中で中止になってしまう。また，水野の評論が掲載されるはずだった『改造』1933年10月号が発売当日に発禁処分となったり，ほかの雑誌に掲載された評論にも伏字が多くなったりするなど，彼の言論活動をめぐる環境は厳しさを増していた。そのような状況でも，『中央公論』や『日本学芸新聞』などで，海軍軍拡競争の愚かさや日米戦争反対論を説き続けていた。

　また，この時期に水野が力を入れたのは，伝記や歴史上の人物に関する評論の執筆である。1937年には，『日本名将論』（中央公論社）を刊行している。だが，とくに注目すべきは，同郷の軍人であり，日露戦争での活躍で著名な秋山好古・真之兄弟の伝記編纂に携わったことである。まず1933年に秋山真之会編『秋山真之』（秋山真之会）を，次いで1936年に秋山好古大将伝記刊行会編『秋山好古』（秋山好古大将伝記刊行会）を出版した。前者は立案監修を担当して，同郷の軍人であった著者の桜井真清を助け，後者は軍事評論家で盟友の松下芳男と共同でほぼすべてを執筆した。戦史編纂部に勤務した経験を持つ水野は，史料や関係者の証言を徹底的に集め，現在に至るまで参照され続けている公式伝記の刊行に大きく貢献したのである。

（2）疎開先で死去

　日中戦争が1937年に勃発すると，憲兵隊の取り調べを受けるなど水野への監視はますます厳しくなった。さらに1941年，情報局第二課が中央公論社編集部に示した執筆者禁止リストにも入れられてしまう。前年5月に北条時宗論を掲載して以来，『中央公論』には登場していなかったが，これによって長年活動の場としてきた雑誌への執筆が禁じられ，水野の活動はほとんど封じられてしまった。

　その後，体調を崩した水野は，1943年秋から療養のために愛媛県の伊予大島に転地した。1944年2月には，いったん東京に戻ったが，戦況の悪化によって1945年4月，愛媛に疎開している。そして8月，水野がかつて予言したとおり，戦争は日本の敗北に終わった。戦争が終わったことで再び言論界で活躍することが期待されたが，急に罹った腸閉塞によって，10月18日，愛媛県今治市の病院で死去した。享年70歳。日本の行く末を案じ続けてきた言論人の，あまりに突然の死であった。

◆　参考文献

松下芳男『水野広徳』四州社，1949年（再編集したものとして，前坂俊之編『海軍大佐の反戦・水野広徳』雄山閣出版，1993年）

宮本盛太郎「水野広徳における思想の転回」宮本盛太郎・関静雄・小西豊治・坂口満宏『近代日本政治思想史発掘——平和・キリスト教・国家』風行社，1993年

粟屋憲太郎・前坂俊之・大内信也編『水野広徳著作集』全8巻，雄山閣出版，1995年

関静雄『大正外交——人物に見る外交戦略論』ミネルヴァ書房，2001年

[片山慶隆]

第5章　桐生悠々
——反骨のジャーナリスト

[きりゅう・ゆうゆう] 1873年5月20日旧加賀藩士桐生康平・きよの三男として金沢に生まれた。本名は政次。第四高等中学校を経て東京帝国大学法科大学政治学科卒。1902年『下野新聞』主筆，同年藤江寿々と結婚。『大阪毎日』『東京朝日』に勤め1910年9月『信濃毎日』主筆。1914年『新愛知』主筆。1928年1月『信濃毎日』主筆。1934年6月個人雑誌『他山の石』発刊。1941年9月10日喉頭癌で死去。

　桐生悠々は少年時より文学に親しみ，小説・詩・俳句を発表。大学卒業後，東京府属官・博文社などに一時勤めたが，1902年9月『下野新聞』主筆以後もっぱら新聞記者として活躍。『信濃毎日』主筆時代の1933年8月に発表した「関東防空大演習を嗤ふ」が筆禍にあい辞職。翌1934年より個人雑誌『他山の石』を刊行，たび重なる発禁にも屈せず，反戦・反軍の主張を展開し，死に至るまでジャーナリストの真骨頂を示し続けた。

1　新聞記者になるまで

（1）文学青年

　第四高等中学校（のち四高）在学中の悠々は文学を志す青年で，徳田秋声（1871～1943）は同学の親友であった。1892年（明治25），悠々は高等中学を退学し秋声と二人で上京，尾崎紅葉を訪ねたが面会を断わられ，後日小説原稿を送ったが送り返された。金沢に帰り高等中学に復学した。悠々は下宿で子どもたちに英語や数学を教え，その謝礼で下宿料・授業料を払った。こうしたアルバイトで生活費を稼ぎながら勉学を続けるのは精神的・物質的に大きな負担となった。苦学生悠々は神経衰弱に罹り，自殺を考えたこともあったが，何人かの先輩の知遇を得て危険を乗り切った。悠々は，石橋忍月（東大法科卒・『北国新聞』主筆），得能文（東大専科卒・『北国新聞』主筆，石橋の後任），宮井安吉（東大専科卒・真宗中学校

教師のち早稲田大教授）の名を挙げている。

　悠々は石橋に小説「紅花染」を送ったところ，石橋は悠々に会ってくれ『北国新聞』に掲載された。その後石橋の紹介で『文芸倶楽部』（博文館刊）に転載された。石橋が金沢を去った後交遊は一層密になり，石橋の論文を代筆することもあった。得能は苦学生の悠々に同情し，何かと親切にしてくれたが，法科大学に入学して上京するときには芳賀矢一（東大文科卒・国文学者）への紹介状を書いてくれた。宮井も悠々に親しくしてくれ，上京の際には博文館の大橋乙羽を紹介してもらった。

　悠々は1895年（明治28）9月帝国大学法科大学に入学した。大橋乙羽を訪ねたところ，大橋からは博文館から発行中の百科全書中の一編「勤学と処世」の編集を依頼された。その原稿料は30円（悠々の下宿料は3円50銭）という望外のものであった。芳賀矢一は，口述の筆記や大学図書館の図書の解題などの仕事を与えた。また悠々の窮状をみかねて女医高橋瑞子の給費を受けることを勧め，高橋から月12円の給費を受けた。このように悠々は何人かの人の援助や好意を受けて，1899年（明治32）7月東京帝大法科大学政治学科を卒業したのである。

（2）職業を転々

　悠々は帝大出身者の多くが官界に走るのを嫌い，銀行も国家の財政経済にあまり貢献していないとみて断念した。郷里の先輩の紹介で東京府の属官となったが半年で辞め，東京火災保険会社に転職したがここも数ヶ月で辞めてしまう。ついで大橋乙羽の紹介で博文館に入社し週刊雑誌『太平洋』の編集に従事した。同僚に田山花袋がいた。乙羽の死去後，『太平洋』の編集主任となったが，まもなく退社した。大学院に進学し，法理学を研究すべく穂積陳重の指導を受けた。1年後，穂積に新聞記者を希望していることを伝え，その紹介で稲田周之助を訪ね，稲田から『下野新聞』主筆を勧められて，1902年（明治35）9月宇都宮に赴いた。同年12月藤江寿々と結婚した。寿々は当時16歳，悠々より14歳年下であった。以来6男5女を生み育て，悠々と苦難の生涯をともにすることになる。

　翌年3月下野新聞を退社し東京に戻った悠々は滝本誠一が編集していた雑誌『明義』に論文を書いたり，同誌に連載中の穂積八束の憲法講義を代筆したりして生活費を捻出していたが，1903年（明治36），穂積陳重の紹介で一木喜徳郎（東京帝大教授）を訪ね，一木の推薦で大阪毎日新聞学芸部員に採用され，10月大阪

に移った。しかし悠々は大阪になじめず，大阪毎日が日露講和条約に微温的程度
をとったことに飽き足らなかった。悠々は同条約が無賠償で結ばれたことに痛憤
していた。悠々は自棄酒を飲み悶々とした日々を送っていたが，そのことが大阪
朝日の西村天囚の耳に入り，西村が悠々を大阪朝日に引き取ることになった。
1907年（明治40）4 月悠々は大阪朝日に入社した。東京朝日内に大阪通信部が創
設されたのを機に，悠々は翌年 1 月東京に帰ることになった。

　ここまでの悠々をみると，大学進学にしろ就職や転職にしろアルバイトにしろ，
すべて有力者に依頼し実現を果たしている。またこの間，悠々は，小説・翻訳そ
の他雑文を文芸雑誌に発表し続けている。仕事がイヤになるとふて腐れて酒を飲
み，辞職したり転職したりしている。

2 『信濃毎日新聞』主筆

（1）ジャーナリスト悠々の誕生

　悠々は，1910年（明治43）9 月，『信濃毎日新聞』主筆として長野に赴任した。
同社長小坂順造が土屋大夢（大阪朝日時代の悠々の上司）に主筆の人選を依頼し，
土屋は悠々を推薦したのである。

　悠々は信州を言論の国として敬意を抱いていたが，北信と南信とが対立し争い
が絶えないことを憂い，この弊風の打破を念願して「全信州主義」を唱えた。こ
れには北信の長野で発行され北信が主要な地盤であった『信毎』の南信への進出
という営業政策も絡んでいた。

　『信毎』への転職は悠々の一大転機となった。ジャーナリストの名に相応しい
文筆活動が開始されるのである。

　悠々が長野に移った年は大逆事件が発生した年である。最初に検挙された宮下
太吉は長野県明科製材所の工員で，天皇暗殺を狙い爆弾を製造したのが発覚し，
以後幸徳秋水らが逮捕されるが，これらの報道は禁止されていた。悠々は「二三
子」と題するコラム欄に，「二三子は後の世の物語もと思ってここに大書して置
く。明治43年11月 9 日，社会主義者幸徳秋水等の予審決定す，内閣狼狽して常識
を失う」と言論封殺を批判している。また乃木希典・静子夫妻の殉死（1912年 9
月13日）について，悠々は社説「陋習打破論――乃木将軍の殉死」を 9 月19・
20・21の 3 日間にわたり掲載した。その論旨は，殉死や自殺は封建の遺習，野蛮

の遺風で，このような陋習は一刻も早く打破せねばならぬ，というものであった。この社説には読者から反対の投書が殺到した。

（2）「関東防空大演習を嗤ふ」

　1914年（大正3）3月，悠々は信毎を退社し，6月には『新愛知』主筆として名古屋に移ったが，1928年（昭和3）1月，再び『信毎』の主筆となり長野に赴任した。

　1933年（昭和8）8月，関東防空大演習が実施された。関東防衛司令官林仙之中将は，同月1日，8～9日頃関東一帯に敵機の襲来が予想されるとし防空を発令，関東防衛司令部と関東防空演習統監部を開設，関東一帯の住民に対し防空監視・燈火管制等一切の準備を整え国都の防衛に全力を尽すよう諭告した。

　葉山で避暑中の天皇は，9日午前8時侍従武官を演習統監部に派遣し「御沙汰」を伝達し，奉答した林司令官は直ちに演習開始の命令を下した。

　御沙汰
　天皇陛下ニ於カセラレテハ此度関東地方防空演習挙行ノ趣聞シ召サレ其意義ノ重大ニシテ且酷暑ノ候演習員一同ノ労苦ヲ思シ召サレ特ニ侍従武官ヲ差遣ハシテ其状況ヲ実視セシムベキ旨御沙汰アラセラル

　実際の演習は，9日および10日の二次にわたり，太平洋上の航空母艦を発した数十機の敵機が，東京はじめ関東の諸都市をそれぞれ数回にわたり空襲し，民間の防護団・消防団や軍の飛行攻撃部隊・高射砲隊などが防衛にあたった。10日には東京上空に15機編隊2梯団の敵機が襲来し，友軍機が空中戦を演じてこれを駆逐して演習は終了した。

　第一日（9日）の空襲について防衛司令部は次のような所見を発表している。

　「天候は平穏無風で飛行容易，密雲低下して防衛軍の視野を遮るため，空襲軍は極めて安全，敵機は雲の上を羅針盤により都市上空に到り急降下爆撃を行い直に雲に乗じて姿を消す，防衛軍の監視哨は爆音を聞いても機影を発見できず，飛行方向も判断できない，実戦に際しこうした天候を利用されたら都市空襲は極めて容易に敢行されると予想される」

悠々は，防空演習が終了した11日，「関東防空大演習を嗤ふ」を発表した。

　　この演習が実戦ならば，その損害は甚大，その惨状は言語に絶する，こうした実戦は決してあってはならず，またあらしめてはならない。敵機をすべて撃墜するのは不可能で，数機は帝都の上空に来て爆弾を投下する。「この討ち漏らされた敵機の爆弾投下こそは，木造家屋の多い東京市を一挙に焼土たらしめる……まさかの時には，恐怖の本能は如何ともすること能わず，逃げ惑ふ市民の狼狽目に見るが如く，投下された爆弾が火災を起こす以外に，各所に火を失し，そこに阿鼻叫喚の一大修羅場を演じ，関東地方大震災当時と同様の惨状を呈するだろう……こうした空襲は幾たびも繰返される可能性がある」

　　「帝都の上空に於て，敵機を迎へ撃つが如き，作戦計画は，最初からこれを予定するならば滑稽であり，やむを得ずして，これを行うならば，勝敗の運命を沢すべき最終の戦争を想定するものであらねばならない……今日の科学は，機の翔空速度と風向と風速とを計算し，如何なる方向に向って出発すれば，幾時間にして，如何なる緯度の上空に達し得るかを精知し得るが故に，ロボットがこれを操縦していても，予定の空点に於て寧ろ精確に爆弾を投下し得るだろう」

　　悠々は敵機の本土侵入を未然に防ぐことが肝要で，敵機の侵入を予想した演習は無意味で，滑稽ですらあると断じた。

　　この論説に対し，信州郷軍同志会幹部らが軍服姿で信毎本社を訪れ，「其意義ノ重大ニシテ」との御沙汰の下っている演習を非難するのは不敬にあたると，桐生主筆，三沢皆山編集長の退職と小坂武雄常務の謝罪文を信毎に載せることを要求，受入れなければ信毎のボイコット運動を起こすと凄んだのである。

　　悠々は，「御沙汰」を評論したことは恐縮に堪えないと1週間の謹慎を信毎に発表したが，郷軍同志会は承服せず，結局悠々の退職，三沢の1週間謹慎，小坂は監督不行届の責任を負い謹慎することで終着した。

3　『他山の石』

（1）戦争と言論弾圧に抗して

　信毎を退職した悠々は，名古屋市郊外の守山町字二十軒屋に移った。そして

1934年（昭和9）6月，名古屋読書会をつくった。会員は300〜450人，会費は月1円（学生は半額，維持会員は3円）。会員には個人雑誌『名古屋読書会報告』（月2回刊，第14回報告より『他山の石』と改題）が送られた。読書会の事務所は自宅で，妻寿々が事務一切を引受けた。『他山の石』の刊行には，悠々とその家族（妻と子ども11人）の生活費を捻出する意味もあった。以後『他山の石』は1941年（昭和10）9月の悠々の死まで続く。全部で177冊。四六判（188×127mm）のパンフレットで，1冊のページ数は30〜40ページ。

『他山の石』は，巻頭言，緩急車欄の評論，翻訳，雑音騒音欄のコメント，自伝「思ひ出る儘」などの悠々自身の文章および会員読者からの寄稿文などで構成されていた。なかでも圧巻は，ほとんど毎号掲載された翻訳である。当代一流の学者・思想家・ジャーナリストたちの著書が紹介されている。数十ページのパンフレットであるから，抄訳ではあるが，悠々の精力的な活動を彷彿させる。G・D・H・コール（1889〜1959，イギリスの経済学者），H・J・ラスキ（1893〜1950，イギリスの政治学者），P・アインツィヒ（1897〜1973，イギリスの経済評論・ジャーナリスト）らの名が見える。

また会員読者からの寄稿も掲載された。創刊満2周年記念号（第3年第11号，1936年6月5日）は，悠々執筆の緩急車欄と翻訳以外は，水野広徳・山浦貫一ら15人の寄稿文で埋めている。ほかの号では清沢洌・暁烏敏・佐藤尚武・山崎延吉らの文章が見える。また読者のなかには，芦田均・岩波茂雄・尾崎行雄・風見章・小坂順造・下村宏・徳田秋声・永井柳太郎・浜田国松・松永安左衛門らがいた。

『他山の石』が刊行されていたのは，1934年6月から41年（昭和16）9月であるから，満州事変直後から日米開戦直前までということになる。つまり日本の軍国主義化が進み，日中戦争が長期化し，戦時体制が日に日に強化されていった時期である。この間，悠々は会員読者に支えられながら，時勢に抗し，戦争に反対し，言論弾圧（発禁や部分削除）に屈せず，文字どおり悪戦苦闘を続けたのである。

以下，『他山の石』から悠々の言論の数例を掲げる。

第3年第11号（1936年（昭和11）6月5日）「巻頭言」から

　人動もすれば，私を以て，言いたいことを言うから，結局，幸福だとする。だが，私は，この場合，言いたい事と，言わねばならない事とを区別しなけれ

ばならないと思う。

　私は言いたいことを言っているのではない。徒に言いたいことを言って，快を貪っているのではない。言わねばならないことを，国民として，特に，この非常に際して，しかも国家の将来に対して，真正なる愛国者の一人として，同時に人類として，言わねばならないことを言っているのだ。

第4年第9号（1937年（昭和12）5月5日）「緩急車欄」から

　国家あっての人民ではなく，人民あっての国家である。この根本的原理又は真理を知らないものは，単に日本の支配階級のみならず，世界各国の支配者もまたこれを知らない。否，彼等は「人民」という範疇に属している間は，能くこの間の消息を知っているけれども，一朝「支配階級」という範疇に属するに至れば，全然これを忘れて，唯国家の利益を，甚しきに至っては，自己の所属する階級の利益をのみ見て，人民の利益――人民の生活，人民の幸福――を顧ず，常に後者を以て，前者の犠牲として憚らない。そしてこれを以て政治とのみ心得ている。現在の経済的国家主義そのものが，如何に平和的なるべき，国家関係を攪乱すると共に，また如何に各国の人民をして生活不安定の嘆を発せしめつゝあるかを見れば，思い半ばに過ぐるものがあろう。

（2）「超畜生道の地球」

　悠々は，第8年第15号（1941年8月5日）から事前検閲を求めることを止めた。それは「検閲課と記者との立場及び思想が全然異っている為，今回同検閲課では煩に堪えずとしてその検閲を拒絶し，記者もまた毎月2回県に出頭して，検閲を請ふの煩に堪えざる為，本号よりその検閲を経ず，自由にこれを発行することにした」（同号「巻頭言」より）のである。この第15号は発禁となった。そこで悠々は，次の第16号（8月20日）は紙型も変え，タブロイド判（菊倍判，218×304mm）6ページで発行したが，これも発禁となった。悠々は続く第17号（9月5日）を準備したが，校正刷のまま未発行に終わったようである。この前後に愛知県特別高等警察（特高）課から『他山の石』廃刊の勧告を受けた悠々は，ついに廃刊を決断した。読者に最後の挨拶をしたいと思ったが，特高はこれを認めなかった。9月8日，悠々は次のような廃刊の挨拶を読者・友人に送った。

拝啓残暑凌ぎ難き候に御座候にもも拘らず益御健勝奉大賀候　扨小生「他山の石」を発行して以来茲に八個年超民族的超国家的に全人類の康福を祈願して筆を執り孤軍奮闘又悪戦苦闘を重ねつゝ、今日に到候が最近に及び政府当局は本誌を国家総動員法の邪魔者として取扱ひ相成るべくは本誌の廃刊を希望致居候故小生は今回断然これを廃刊することに決定致候　初刊以来終始渝らぬ御援助を賜わり居候御厚情を無にすることは小生の忍び能はざるところに有之候へども事情已むを得ず御寛恕を願上候

時偶小生の痼疾咽喉カタル非常に悪化し流動物すら嚥下し能はざるやうに相成やがてこの世を去らねばならぬ危機に到達致居候故小生は寧ろ喜んでこの超畜生道に堕落しつゝある地球の表面より消え失せることを歓迎致居候も唯小生が理想したる戦後の一大軍粛を見ることなくして早くもこの世を去ることは如何にも残念至極に御座候。

　　　昭和十六年九月　　日

　　　　　　　　　　　　　　他山の石発行者　桐　生　政　次

　　　　　　　　　　　　　　　　　　　　　　　　　（原文のまま）

　その2日後の1941年9月10日，悠々はその苦闘の生涯を終えたが，その夜半，廃刊の挨拶文に対する発禁命令が届けられた。

◆　参考文献

桐生悠々『畜生道の地球』三啓社，1952年，中公文庫，1989年

太田雅夫編『桐生悠々反軍論集』新泉社，1969年（家永三郎責任編集『日本平和論大系9桐生悠々』日本図書センター，1993年は本書の改訂増補版）

井出孫六『抵抗の新聞人桐生悠々』岩波新書，1980年

名古屋読書会編『他山の石』復刻版全4巻・別冊1，不二出版，1987年

太田雅夫『評伝桐生悠々——戦時下抵抗のジャーナリスト』不二出版，1987年

　　　——編『新版桐生悠々自伝——思い出るまま』新泉社，1991年

桐生悠々『桐生悠々著作集』全6巻，学術出版会，2007年

　　　　　　　　　　　　　　　　　　　　　　　　　　　　　　　［松永昌三］

第6章　清沢　洌
——戦時下の理想主義ジャーナリスト

[きよさわ・きよし] 1890年長野県南安曇郡北穂高村生ま
れる。1906年，北米タコマに移民。在米日系紙記者等の活
動。1920年，帰国，「中外商業新報」外報部長，1927年朝
日新聞社計画部次長，1929年4月同社を退社。フリーラン
スとして『報知新聞』，『東洋経済新報』常連論説執筆者，
『日本外交史』全2巻，『外政家としての大久保利通』，『日
本外交年表並文書』などの著訳書。『暗黒日記』は代表的
戦時日記。1945年5月21日肺炎で死去。

1　生誕から渡米時期まで

　1890年（明治23）2月8日，長野県南安曇郡北穂高村青木花見（現・安曇野市）
に地主の次男として生まれる。1906年（明治39）12月，16才で，無教会派キリス
ト教徒内村鑑三（1861〜1930）と親交のあった研成義塾の恩師井口喜源治
（1870〜1938）の「ピルグリムファーザーズの思いで渡米せよ」との薦めを受けて，
北米シアトル近郊のタコマに旅券では「研学」（外交史料館資料）の扱いで（留学），
移民。現地で，タコマハイスクール，当時同地に存在したウイットワースカレッ
ジ（現・スポケーンのウイットワースユニヴァーシティ）等に学びつつ，グリルの皿
洗いなどの勤労を行った。当時はちょうど1906年（明治39）4月18日早朝のサン
フランシスコ大地震（マグニチュード7.8，同市人口40万人で死者約3000人，22万5000人
が住居を喪失，当時の被害額約5億ドル）の直後に当たる。この地震に際して，日本
政府は国家予算の1000分の1にあたる5万円を送った。ところがこの日本の援助
で建てられた建物があったにも拘わらず，中国人や朝鮮人などと同様な他の施設
への隔離政策をとり排日運動を励ます結果となった。また1930年代の国際連盟日
本代表，外務大臣を歴任することになる松岡洋右（1880〜1946）も，清沢の少し
前からオレゴンやカリフォルニアに留学していた。清沢は井口に排日運動の影響
があったシアトル，タコマの状況にショックを受けたことを書き送っている。井

口は明治期の自由主義教育家であり，大正期以降の信州自由主義教育運動の草分けとしても知られる。

　この穂高の地は自由民権運動の指導者松沢求策（奨匡社，国会開設請願書の起草者），クリスチャンで明治期女流文学者相馬黒光（1876～1935），その夫で養蚕論，近代商業道を主唱した相馬愛蔵（1875～1954）とともに，新宿中村屋に集う知識人，芸術家を育てた。愛蔵は札幌農学校で養蚕学を学び，井口の友人であり，村の芸者置屋反対運動で行動をともにしている。愛蔵はまた画家中村彝，ロシアの言語学者ワシーリー・エロシェンコ，インド人独立運動家ラス・ビハリ・ボースらを中村屋サロンに加えた。この地は，外にも渡仏してロダンに学んだ近代日本彫刻の始祖である荻原碌山（「鉱夫」，「蹲る女」など名作を残した）など，多士済々の人材をはぐくんだ進取の気性のある地域であった。

　清沢洌の兄は松本中学に通ったが，学習意欲を理解した親の薦めで清沢は井口の門をたたいた。さらに郷土の政治家でワシントン大学に留学していた国民主権論者植原悦二郎（1878～1962，その後，卒業後ロンドン大学大学院に進学，戦時下には大政翼賛会に反対し，大戦後，日本自由党結党で鳩山一郎に協力し，国務大臣）にも知己となり，書物等によって同大学の種々の学者からも多くの知見を獲得したであろう。そのことは清沢の多角的な読書にもとづく論説を見ると明らかであり，現に彼のかつて軽井沢に存在した別荘の旧蔵書籍を見ても分かる。ちなみに清沢の活用した学術図書を見ると，井口に学んだ聖書，論語にはじまり，当時，全米で大きな影響力を与えていたプラグマティズム哲学と自由主義的教育論を主張したジョン・デューイ（1859～1952）やニアリング・スコット（1883～1983，社会主義的経済学者，リベラリスト，反戦平和思想の文明批評家，ヒロシマへの原爆投下でトルーマン大統領宛に弾劾書簡「アメリカはわが祖国ならず」を送付，第二次世界大戦後，環境保全運動の提唱者）の『ドル外交』（*Dollar Diplomacy*, 1925）に学び，レーニン，トロツキーなどの文献にも学んだことは自ら翻訳したことから，分かる。

　シアトルの日系新聞『北米時事』の評論等の常連執筆記者となり，その後，1930年代に至ってもサンフランシスコ『新世界』，『日米新聞』，ロスアンジェルス『羅府新報』など日系紙のコレスポンデンツなどとして，論説を多数執筆するなど在米日系人の間では，有数の評論家としての地位を獲得した。1918年（大正7）にいったん帰国し，早稲田大学に入学許可されながら，進学を断念し（これには異説もある），再度訪米し，翌年に最終的に帰国した。

2　大正デモクラシーと帰国

　日本帰国最初の仕事としては，英語が堪能でアメリカの思想界，政界にも詳しいことから，中外商業新報初代外報部長として健筆を揮い，「穂高太郎」「信濃太郎」「清生」などのペンネームを用いて，大正デモクラシー期の世相をコラム欄「青山椒」などで多数執筆し，「満州」や中国を探訪し政治家を訪問した。この小論のなかには，関東大震災の被災者（妻と長女を喪う）として，当時の財界人渋沢栄一の「震災は浮かれた世の中に対する天譴（＝天罰の意味）」などとする議論に真っ向から批判を向ける一方で，朝鮮人虐殺についても鋭い目を向け，まさにこの時期に清沢は，アメリカの排日土地法などの排日運動と向き合い，これと闘い，軍縮時代における日本の役割を論じ，第一次世界大戦の教訓にもとづき，軍備撤廃の意義などの議論を多彩に展開していた。これらは何れも在米経験が大いに影響したであろう。なお『日本経済新聞社130年史』「ビジュアル年表」（2006）には1919年の項に「このころ小汀利得，清沢洌ら人材を誘引」（32，33頁には顔写真を経歴），1930年の項に「ロンドン軍縮会議報道のため元記者清沢洌を特派」（34頁）とある。

　それだけではない。一国の軍備拡大が，他国の軍拡を招く，さらには他民族に対する軍事的支配が結果として，その維持のための軍備拡大を引き起こし，ついには経済的にはマイナスを招くと論じた。この認識は盟友石橋湛山の小日本主義の考え方に一致する。さらに中国その他のアジア，ヨーロッパ，アメリカの政府や財界要人との面談を繰り返し，記事を執筆している。

　それとともに日本で論じられていた女性解放運動論に対しても，米国の体験を踏まえて，「モダンガール」「モダンボーイ」の時代に，平塚雷鳥，与謝野晶子，伊藤野枝らの考え方（雑誌「青鞜」によった）に対して批判を行い，本来的に女性解放を実現するには，社会における女性の地位を現状の不当な低い地位から，経済的にも職業上の地位を男性と同等にすべきであることを主張した。

　当時，女性の労働が認められていたのは，製糸業や紡績のような結婚前の短期的労務が基本で，この外に，ようやく家庭手伝い人，電話交換手，カフェのウエイトレスなどに認められているに過ぎなかった。清沢は，これでは男女平等を打ち出す基盤がないと判断していた。清沢の当時の議論によれば，アメリカの公立

学校の教師はすでに半数以上が女性によって担われていることを指摘していた。また清沢は，社会が男女両性によって構成されているのだから，当然，人類の社会や歴史を語るときに男性のみのものとして描くことは正しくないということを強く主張していた。この議論の方法はマルクス主義者アウグスト・ベーベル（1843〜1913）の婦人論（女性論）に酷似していた。

3　フリーランサーの道とロンドン軍縮会議の取材旅行

その後，1928年（昭和3）には朝日新聞計画部次長としての処遇を受けて，関東大震災の重要問題であった甘粕正彦憲兵大尉（東京憲兵隊麹町分隊長）らによる大杉栄，妻伊藤野枝，甥橘宗一虐殺事件にヒントを得た「甘粕と大杉の対話」という架空対話を執筆し，一方の大杉の無政府思想が左の極端を，他方の甘粕の言論弾圧を生命抹殺による右の極端を代表するものと断じて，中庸思想の重要性を訴えた。中庸の思想は，井口の儒教精神をも参考にしたキリスト教的教育のなかに見られたであろうことは，井口喜源治記念館（安曇野市穂高）に残されているテキスト類からも容易に想像されるだろう。もっとも清沢は儒教思想に批判的見地を表明していたことは事実であるが，同時に，中庸の思想は，アリストテレスの「政治学」にも見られるとはいえ，かれがそれを参照した事実もみられない。それゆえ，若き日の井口の儒教的精神を空気のように清沢が吸収し学んだと推測することは難しいことではない。

この「架空対話」が原因で，右翼津久井龍雄が主宰する『やまと新聞』の攻撃を受け，その責で朝日新聞社を退社しフリーランスの評論家として一本立ちした。大杉が生前に無政府主義を唱えたのは誤りだとする反面，甘粕が思想を暴力で圧殺することは誤りだったというのである。なお朝日新聞社の公式社史にはこの清沢の事件は一切記載が見られない。

その後，清沢は中央公論社等の特派記者として，ロンドン海軍軍縮会議の取材を担当し，軍縮時代になおも日本の軍事力の対英米比率を高く維持しようとするあり方に批判を加えた。清沢は，一般的には「外交評論家」との評価を得てきたが，実際には日米の社会，政治，文化を総合的に論じる思想家として生きた。本人は『暗黒日記』のなかで「昭和の吉野（作造）博士」を目指すと述べている。

彼は，一貫して日米開戦を疑い，平和的国際関係の構築に論陣をはった。ロン

ドン取材中に，清沢はイギリス国民と王室との関係について実感的に学ぶことがあった（在英期間中の日記による）。それは日本の天皇制とはおよそ異なった国民主権の下での王権をも批判できる自由さであった。

　準戦時，戦時下を通じて，清沢は，自由主義者の組織化の一環として，二六会，二七会といった知識人の集まりを持った。彼はそれを自由主義者の砦とし，そして親睦の意味でも，その家族的な付き合いなども行っていた。これには中央公論の嶋中雄作，平凡社の下中弥三郎，東洋経済新報社の石橋湛山（1884〜1973），日清戦争従軍の元反戦軍人水野広徳，外交官吉田茂，作家永井荷風，徳川夢声，民俗学者柳田国男ら多彩な人々を含んでいた。この柔軟な自由主義者の組織化を図ったのは，清沢の厳しい現実のなかで自由主義者の相互に支え合う必要性があるとの判断にもとづいていたと思われる。

　彼の自由主義とは「心的 態 度（アティテュード）」と自ら命名しているように，他者に強制されず，自立した個人として井口の教えにも学び「中庸」を旨としていたが，同時に，当時，論争されていた自由主義論争にも積極的に関わり，独自の自由主義観を提示した。また天皇制権力による国民の自由破壊の動きには注意を払いつつ，自由主義と平和主義を希求していた。典型的には1929年（昭和4）の『自由日本を漁る』（博文堂出版部）に収録している論文にも見られるが，思想を権力的に弾圧することの愚を徹底的に批判し，思想は自由な論争を通じてこそ，人々が選択していくべきものであって，特定思想を社会から抹殺することは別の反動を呼び起こすと警告したのである。これは1928年（昭和3）3月の共産党弾圧事件に伴う「共産党裁判」を論じたなかで，強調していたことである。

　清沢の自由主義は思考方法としての自由主義（『現代日本論』では「フレームオブマインド」「心的態度」と表現していた）と評してもよいが，同時に，世界恐慌期のアメリカを取材して論じた文章によると，社会の公平性，公共性への配慮の必要を感じていた。その証拠に，彼はソ連外務大臣マクシム・リトヴィノフとアメリカ大統領フランクリン・ルーズベルトの対話で，「ソ連がアメリカに学ぶべき経済発展」と「アメリカがソ連に学ぶべき労働者保護」と述べあったというエピソードの紹介（『革命期のアメリカ経済』千倉書房，1933）でも，それはうかがえる。

　以上のことから，清沢の自由主義は，思考方法であると同時に，独占と帝国主義の時代に抗して，民衆レベルの生活の安寧を願って社会主義理念をも取り込んだものとして主張した。だからその後の著書『現代日本論』（千倉書房，1935）で

も，公然と20世紀の自由主義は社会主義の理念を容認する必要があると認識していた。佐久間俊明『清沢洌の自由主義思想』（日本経済評論社，2015）のなかでこれを評して社会民主主義者清沢洌としているが，自由主義者清沢洌のこれまでの評価の一つの切り口としておきたい。これは資本主義のみでは社会を運営できず，公共性を一定程度担保するほかなくなった過渡期の思想形態と位置づけておこう。

　特記しておくべきは，この自由主義で歩調を合わせた盟友である石橋湛山との関係である。石橋は，大正初期以来，拠点とする東洋経済新報，東洋時論において，軍備拡充の不当性と満州植民地放棄論で，独特の自由主義的思想家として活躍していた。石橋は日蓮宗総本山久遠寺の高僧であった父親杉田湛誓を承けて，僧籍にあったが，同時に雑誌編集者としても活躍し，清沢と気脈相通じる思想的協働者であり，戦時下の時期まで一貫して協力し合って，言論界に大いなる力を与え続けていた異彩の一人であった。期せずして仏教徒の石橋と，キリスト教の影響を受けた清沢との邂逅であった。

　清沢は，渡米してまもなく，キリスト教を捨てるが，実際には教会に通うクリスチャンであることを捨てたというべきで，その後も長く『聖書』に多くの書き込みをしていることが元の別荘に残されていた書庫から見つかっているので，キリスト教の精神的影響は終生あったものとみるべきであろう。

　石橋は自由主義と小日本主義論では大正期から昭和期にかけて一貫していた。そして武力による国際紛争解決ではなく，あくまで自由な国際通商を通じた平和的国際関係構築の論陣をはり，この点で清沢の主張と重なる。当時の情勢から経済面と政治面を分けて日本のアジア進出を評価するのは困難であったはずであり，この点吉野作造や石橋は一貫していたように思われる。

　清沢にはアメリカ生活で，欧米帝国主義の侵略を見ていたことが，相対的な意味での「文明国」日本の進出を容認することになったのだろう。しかも西欧の既存の帝国主義的権益擁護に対して，日本のアジアでの正当な影響力行使を要求する点では石橋と全く同意見であったわけではない。また他方で石橋にも清沢に通じる体験があったことを指摘できよう。それは石橋が甲府中学時代に師事した大島正健校長が，札幌農学校の敬虔なキリスト教的な自由主義者クラーク博士の教育を受けたことである。

4　準戦時，戦時下の平和希求の取り組み──『暗黒日記』の時期

　清沢は準戦時下の松岡洋右代表による国際連盟脱退，また戦時下には，松岡外相の対欧米強硬外交路線に徹底的に反対した。一時期，清沢は日中紛争について近衛文麿に平和解決の期待を込めて，近衛の組織した昭和研究会で，見解発表や論文発表の機会を得た。同会には哲学者三木清，中国問題では令名の高かった尾崎秀実らも加わっていた。ちなみに清沢は，NHK 海外放送で近衛文麿首相への大いなる期待に満ちた発言を行っていたこともある。しかし程なく近衛首相は「中国を対手にせず」として日中戦争本格化へのきっかけを与えてしまった。そのこともあったろうが，清沢は近衛と手を組むことを断念した。

　他方で，清沢は外務省嘱託として，後の『日本外交年表並主要文書』の編纂を行い，これは後世に残る資料集としても大きな役割を果たし続けてきたが，同時に中央公論社や東洋経済新報社などの財政的支援を得て，さらには逓信省や外務省，海軍省の嘱託として植民地を含む全国講演行脚に努め，この活動を通じて特高警察の影を常に意識するほかなかった。

　むろん幾度かの執筆停止処分をも受ける評論家でもあったので，ついに太平洋戦争期には，執筆が不可能になる状況の下で，この戦争が終結した暁には，近代日本外交史の専門的作品の制作を期待して，「戦争日記」（『暗黒日記』）という克明な戦時記録を秘かに執筆し続けたが（1942年12月 9 日～45年 5 月 5 日），これは現代にも生きる戦時下の記録として，また清沢の国際平和思想の発露として，高い評価を受けてきた。

　そもそも清沢は東條英機政権などにしばしば執筆禁止処分を受け発言機会を失っていたことが，この克明な日記を秘かにつける原因であった。それは膨大な戦時情報を新聞記事の切り抜きによって分析する形を取っている。その願望の基本には，東條ら軍部による軍事的指導と，これに追随し戦争世論の鼓舞激励に走った徳富蘇峰らをはじめとする言論界，また新聞記事や，清沢の主催する二七会にも加わっていた水野広徳とは真っ向から対立していた日露戦争で瀕死の戦闘被害を受けた軍人であり，『肉弾』の著者櫻井忠温らの「戦争は文化の母だ」といった議論にも厳しい批判を加えた。そして権勢を誇った東條首相・陸軍参謀総長に対しても徹底批判を加えていた。

　戦時下の記録「戦争日記」のなかで清沢は，東條が民衆の生活ぶりをゴミ箱ま
でのぞくなど事細かに点検することを，指導者の深い配慮として絶賛した報道に
対しても，その瑣末なあり方が人々の心を縛り，抑圧していることを隠して，現
実には無謀な戦争動員に明け暮れる指導でしかないことを批判すべきだと見てい
た。また誤った戦争指導を容認する国民的土壌に，近代教育の弊害を指摘した。
すなわち一方的価値観の注入主義の手法が，人々に指導者に対する無批判な認識
を形成しやすくしてきたこと，それに技術主義に特化して人文学的素養を欠如さ
せる日本の教育のあり方に厳しい批判を行った。

　すでに満州事変期に，当時のジャーナリズムの戦争賛美に対しては，その企業
からの広告費確保の必要から，さらには大規模企業体維持・経営の必要上から，
大衆迎合的な報道に走っていることにも目を向けた。こうした厳しい状況のなか
で，清沢は石橋という強靱な自由主義と小日本主義の思想家の盟友として，石橋
に「東洋経済新報」での執筆機会を受け続けた。

　戦時下を前にして，マルクス主義者戸坂潤らとも共同で「自由主義とはなに
か」を講演し，戸坂の『日本イデオロギー論』（白揚社，1935）と同時期に，清沢
は『現代日本論』を出版した，そのなかで強調した一つの論点は，日本の国家主
義的教育への懸念である。この書が，中国でも翻訳されたことは興味深い。それ
を彼は，日本の教育の特徴を「教育の国有」という表現でとらえた。そもそも日
本の教育が，先進国の技術や思想に学ぶことを基本的目標としていたために，教
育を受ける者の自由な発想に期待することはむしろ疎まれて，応用力を欠如した
暗記，瑣末な技術主義にあると見ていた。またほぼ同時期に『ソ聯の現状とその
批判』（東洋経済新報社，1937）を著わして，ソ連の国家主義的国民統合と安易な
「労働者と農民の国家」という言説の横行が人々の自主性，自発性を奪い，何れ
国家の崩壊を招くと断じた。これは天皇制国家体制の昭和を暗に見通すものであ
ったろう。

　戦時下の作品である『日本外交史』（東洋経済新報社出版部，1942）という 2 巻の
大著，『外政家としての大久保利通』（中央公論社，1942）の一冊を含めてとくに征
韓論以降に生じた日清間の外交トラブルであった征台の役を巡る終結交渉過程で
の大久保のねばり強い外交交渉の顛末について編集した外交史料を駆使して，詳
細に紹介説明を与え，東條政権の軍事一辺倒の政治への厳しい批判を内在させ，
また近代日本の外交史が幕末開港の時期からどのような変遷をたどったかを示す

ことによって，当面の政治のあり方を静かに批判した内容になっている。これら
の著作は，実は当面の東條政権の軍部一本槍の戦争指導，外交路線への批判を内
在させたものであったことは明白である。

5 第二次世界大戦後を展望する

　第二次世界大戦も終結段階に入った1944年（昭和19）末には欧米諸列強による
ダンバートン・オークス会議が開催され，そこで戦後の和平の機関として国際連
合憲章の草案提示が行われた。これについて，清沢はすかさず東洋経済新報の
1944年11月から45年2月の連載を通じて分析批判した。その趣旨は，この憲章草
案が依然として列強による世界支配の枠組みを超えられず，またドイツ，イタリ
ア，日本という戦争主導国家に対する一方的制裁を基本にしていること，さらに
は植民地諸国のなかでも自治国家には国際連合への参加権利を与えるべきこと，
五大国による拒否権の構成には，国際連合の本来果たすべき世界諸国の平等な位
置づけを果たす任務から見て不適切であるとしたのである。恐らく当時の世界情
勢から見ても，これほど明解な国際平和論はなかっただろうし，今日も未解決の
まま21世紀を迎えている深刻な意味を考えるべきであろう。
　またすでに見たように，清沢は，女性の地位の向上と，歴史と文化の形成者と
しての男性と女性の社会における平等，言論，思想の自由の社会発展における根
本であること，さらに1930年ロンドン海軍軍縮会議取材の過程で確信した，軍備
による平和ではなく，軍拡競争を排除することの重要性を指摘した。これらは何
れも，戦後の日本国憲法体制の精神に至るものであり，イギリス王権の象徴性の
事実もこの時に学んだのである。このように，21世紀の今日であって，一層重要
な視点を戦前に打ち出したのである。

6 その教育観と国際平和の思想

　よく知られるとおり，清沢は，男女平等の戦前の議論を含め，戦時下『暗黒日
記』で，戦後には言論思想の自由，そして平和，民主主義，男女平等を期待して
いた。言論思想の自由についても，言論を操る学者，評論家などの特権としてで
はなく，それが民衆の権力への適切な批判と緊張を与えるものとして意義づけた。

清沢は戦前，戦時を一貫して，「教育の国有化」が実践されている日本の近代教育の危うさに批判の目を向けてきた。愛国主義の過度の強調への批判もこれに連なる。その意味で，清沢は，戦後を見通した言論活動を実践していたといってよいだろう。それは軍事大国化，その前提の産業立国化を推進するための教育の役割から，無批判に西欧の学に学び記憶依存の教育が行われたために，認識主体としての個人の自由な発想や見識の創造に目を向けてこなかったからである。清沢は，大正期にいち早くジョン・デューイの自由主義哲学と教育論に着目していたのである。要するに清沢洌とは戦前戦時を生き抜く自由主義と国際平和，男女平等と民主主義の定着を一刻も早期に願っていた希有な先進的思想家の一人であった。

◆　参考文献

山本義彦「戦時下自由主義評論家清沢洌・生誕覚書」田中浩編『近代日本におけるジャーナリズムの政治的機能』御茶の水書房，1982年

北岡伸一『清沢洌——日米関係への洞察』中公新書，1987年（増補版は2004年）

山本義彦編『暗黒日記——1942-1945』岩波文庫，1990年

家永三郎責任編集『日本平和論大系12　正木ひろし・清沢洌』日本図書センター，1994年

山本義彦『清沢洌の政治経済思想——近代日本の自由主義と国際平和』御茶の水書房，1996年

————編『清沢洌選集』全8巻，日本図書センター，1998年

————編『清沢洌評論集』岩波文庫，2002年

北岡伸一「清沢洌と『暗黒日記』」橋川文三編『暗黒日記3』ちくま学芸文庫，2002年

山本義彦『清沢洌——その多元主義と平和思想の形成』学術出版会，2006年

————「日本国憲法の論理と戦時下自由主義者清沢洌」『憲法と現実政治』本の泉社，2010年

佐久間俊明『清沢洌の自由主義思想』日本経済評論社，2015年

［山本義彦］

第7章　馬場恒吾
——あるリベラリストの戦前と戦後

［ばば・つねご］1875年7月13日，岡山県邑久郡牛窓町（現・瀬戸内市）生まれ。1900年にジャパン・タイムス社に入り，1909年，ニューヨークに渡り，英文雑誌の発刊に関わる。1913年に帰国後は，ジャパン・タイムスの編集長や国民新聞社外報部長，編集局長などを歴任。1945年12月，第一次読売争議の最中に正力松太郎の後継の社長に就任し，1951年まで在任。1949〜51年には，日本新聞協会会長も務めた。1956年4月5日没。

　馬場恒吾は，戦前は英字紙や，ニューヨークでの新聞発行に携わり，自由主義者として知られた。戦後は，読売新聞社社長として，組合側と厳しく対峙する。戦前から戦後にかけての日本の民主主義のあり方を体現する人物であったと言える。

1　迷える学生時代

（1）生い立ち

　のちに新聞記者として活躍する馬場恒吾は，1875年（明治8）7月13日，瀬戸内海に面する岡山県邑久郡牛窓町（現・瀬戸内市）に生まれた。その頃，父親が岡山県の官史をしていたので，岡山市のほか，和気，津山など，父の転勤に従って移動した。小学時代には，放課後や休日に教師から『太閤記』，頼山陽の『日本外史』，それに『十八史略』や『史記』の歴史書の講義を聞くのが楽しみだったという。さらに中学に入ってからは『水滸伝』や『里見八犬伝』といった大著も読破した（馬場，1952，16-17頁）。歴史や地理に興味を持った少年であった。

　しかし，その後の進学に際して選んだのは，京都の第三高等中学校の予科（工科）であった。その後，大学進学のため，仙台の第二高等中学校の工科（造船）に在籍したが，工科の科目に興味がわかず，キリスト教会での聖書の講義に通った。結局，二高を中退し，宗教家を志し，同志社の神学校へ行ったが，これも半

年程度でやめてしまった。その後，東京専門学校（現・早稲田大学）政治科に入学
する。そこでは大隈重信の援助で仲間と『二十世紀』という雑誌を出したり，講
演会を開催するなどの運動に関わった。しかし，経済的な理由から，これも1年
半ばかりで中退してしまう。

（2）読書の日々

　馬場は，それほど身体が丈夫ではなかったようで，それに学校での勉強に身が
入らなかったこともあり，青春時代を読書に費やすことが多かったようだ。前述
の歴史書などに加え，英国の詩人バイロンやロバート・バーンズなどを愛読した。
中でも，馬場の心をとらえて離さなかったのは，ビクトル・ユーゴーの『ノート
ルダム・ド・パリ』や『レ・ミゼラブル』であった。馬場は，後年，「何故それ
ほどユーゴーに憧れるかと云えば，……かれに依って初めて人の心の潔さを示さ
れたからである。……ユーゴーのは小説であるが故に，面白さにつり込まれつゝ，
人間の魂の貴さ，荘厳さ，人情の美しさ，悲しさ，犯すべからざる不朽性がわか
るように思われた」と記している（馬場，1949，7頁）。ほかにもシェークスピア，
ドストエフスキーの『罪と罰』，キプリングなども読破したという。馬場は，『自
伝点描』のなかで，「私は新聞記者，或は新聞寄稿家として五十年の生活をした
のであるから，専門的の学識というものには全く縁がないのは恥かしい」（馬場，
1952，86頁）と謙遜しているが，のちにリベラリストとしてバランス感覚に富ん
だ政治評論や人物評論にペンを奮う素地は，若い頃の読書体験によって培われた
ものであった。

2　新聞記者として

（1）『ジャパン・タイムス』に入社

　経済的な理由から東京専門学校を中退した馬場は，同志社校長の横井時雄の紹
介で，1900年（明治33）に頭本元貞のジャパン・タイムス社に入り，新聞記者と
しての第一歩を踏み出した。当時のジャパン・タイムス社は，社長の頭本のほか，
編集長が武信由太郎，主事が高橋一知らであった。武信は，研究社の『和英大辞
典』の編纂者としても知られ，高橋は慶應義塾の教師でもあった。こうした編集
部において，馬場は，日本の新聞からおもしろい記事を探して英文記事に翻訳し

たり，逆にルーター（ロイター）からの配信記事の翻訳などに従事した。

　馬場は，頭元を評して「何と云っても堂々たる文章は頭本先生に限った。その文を読むと自然に信頼と尊敬の念を起さした。それは先生の念頭に常に天下国家があったからであろう。只英語を上手に書くというのではなく，是に依って世界を説服し納得せしめようという気魄があった。先生は何時でも日本を背負って立つという心持で筆をとられた」（馬場，1952，159頁）と記している。それほど，駆け出しの英文記者の馬場にとって，頭元は大きな存在であった。

　ちょうど馬場がジャパン・タイムス社に在籍していた当時に日露戦争が起こり，その後ポーツマス条約を巡って日比谷焼き討ち事件がおこる。この時のことを馬場は，「私は日露戦争を終らしめたポーツマス条約が悪いという意見ではなかった。只官憲と群衆が争う時になると，自然に群衆に味方をする気持ちになった」（馬場，1952，40頁）と記している。

　日露戦争後，頭本は朝鮮の平壌に渡り，*The Seoul Press*（『ソウル・プレス』）という英字新聞を創刊した。さらに1909年（明治42）7月，ニューヨークで英文雑誌 *The Oriental Review*（『オリエンタル・レビュー』）を創刊することになる。このとき，馬場は，9年間のジャパン・タイムスでの生活に終止符を打って，頭本に同行してアメリカに渡ることになる。

（2）ニューヨーク生活

　馬場は，頭本を手伝って，ニューヨークではウォールストリート近くにオフィスを借り，日本を紹介するための英文雑誌 *The Oriental Review* を創刊した。内容は政治評論から，日本の歴史，文化，風俗など多岐にわたった。頭本は1年で帰国し，本田増次郎に後を譲った。この雑誌は，もともと日本の実業家が出資したものであったが，結局，出資を打ち切られたため廃刊し，馬場も帰国することになった。馬場のアメリカ滞在は4年間であったが，この間にアメリカ人の生活習慣や思想に肌で触れたことは，その後の彼にとって貴重な体験であったと思われる。

（3）リベラリストとしての馬場

　1913年（大正2）2月に帰国した馬場は，ジャパン・タイムス社に戻り，編集長となった。しかし，その後，ジャパン・タイムスが頭本からJ・R・ケネディ

の手に渡り，それを機に馬場は退社した。

　翌年8月，馬場は，同志社時代の友人であった伊達源一郎（読売新聞主筆，のち国民新聞社社長，参議院議員）の紹介で，徳富蘇峰の国民新聞社に入社した。以後，外報部長，編集局長などを歴任した。

　馬場は，結局10年間，国民新聞社に在籍するが，そのなかでももっとも大きい出来事は，1919年（大正8），第一次世界大戦のパリ講和会議の取材であった。パリ講和会議には，朝日の鈴木文四郎，毎日の高石真五郎，時事新報の伊藤正徳，萬朝報の黒岩周六（涙香）ら，日本の各新聞社からそうそうたる記者たちがパリに特派された。馬場も彼らに肩を並べ，取材活動にあたった。このとき，西園寺公望の日本全権団には吉田茂，重光葵，芦田均らが若手外務官僚として加わっていたが，彼らとの人脈を作ったことも馬場にとっては大きな財産であった。また，鈴木文治（のち友愛会を結成），永井柳太郎，中野正剛（東方時論），長島隆二らともパリで親交を深め，帰国後は彼らとしばしば演説会を開いたりもした。

　1923年（大正12）9月1日，関東地方は，関東大震災に見舞われ，国民新聞社も大きな被害を生じた。このため，大正中期には，『東京日日新聞』『報知新聞』『時事新報』『東京朝日新聞』と並ぶ東京の五大新聞の一角を占めていた『国民新聞』も急激に経営が悪化してしまった。国民新聞社は，いったんは主婦之友社の石川武美が経営に加わることで社業の立て直しを図ろうとする（結局，石川は手を引き，根津嘉一郎の出資を受けることになる）が，馬場は1924年（大正13）2月，これを機に10年間勤めた国民新聞社を退社してしまった。

　こうして馬場は，新聞記者生活に自ら終止符を打った。1926年（大正15）2月に行った講演で，馬場は「公衆よりほかに主人を認めるということになると，その新聞はいわゆる新聞としての立場からしてよい新聞はできない。公衆を主人として認めるというところに一つの新聞記者としての人生観がある」（馬場，1926。ただし，ここでの引用は鶴見，1965，209頁による）と述べている。当時の時勢を反映して，「民主主義」という言葉を避けた慎重な言い回しをしているが，新聞記者としての馬場の根底には，民主主義への信奉があったのだと言える。それは，公衆である読者を第一とする信念である。ただ，これは読者に対する尊敬とも言えるが，そこには読者を楽観的に信頼するという馬場の楽天性を示すものでもあった。

3　評論家時代

　この頃，馬場には衆院選への出馬を勧めるものもあったようだが，結局，馬場は選挙には出ず，しかしこれまでのように新聞社に属することもなく，フリーの言論人として評論活動に没頭するようになるのである。50歳を目前に控えてのことである。

　フリーとなった馬場は，人物論，政治評論などを『中央公論』や『改造』などの総合雑誌に執筆するようになる。それらは，平易な文体で好評を博し，『現代人物評論』（中央公論社，1930），『政界人物風景』（同，1931），『大隈重信伝』（1932年，改造社）などの著書としても出版された。しかし，馬場の人物評論は，対象となる人物への批判性には乏しかった。後年，作家の正宗白鳥は，馬場の人物評論は人物がはつらつとは描かれていないと批判している（正宗，1956）。

　また，この頃から，馬場は『読売新聞』日曜夕刊の「日曜時評」欄にコラムをたびたび執筆している。しかし，そのリベラリズム的な主張のため，太平洋戦争下はしだいに執筆活動が困難となり，戦中はほとんど執筆の機会がなかった。ただ，このときの読売新聞社の正力松太郎社長との関係が，戦後の馬場の運命を変えることになる。

4　戦後の混乱のなかで

（1）読売新聞社の社長に就任

　馬場が，再び表舞台に登場するのは戦後の1945年（昭和20）12月である。第一次読売争議の最中に，A級戦犯容疑者として巣鴨拘置所に収監されることになった正力松太郎が，後継の社長に指名したのが馬場だった。馬場は，正力が釈放されるまでとの約束で，社長就任を承諾した。このときすでに70歳に達していた馬場が社長になったのは，戦前から自由主義者として知られていたこと，ニューヨーク生活の経験からGHQとの交渉に適していると考えられたこと，それに吉田茂ら日本の戦後の政治家とのつながりがあったことなど，いくつかの要因が考えられるが，その穏健な言動や温和な性格が，後を託す正力にとっても，それを後押しするGHQにとっても，そして対峙することになる組合の側にとっても受け

入れやすかったのであろう。その意味で，馬場の社長就任は，三者三様の思惑の上に成り立った，ある種の妥協の産物だったと言える。こうして，馬場は，新聞経営者としての道を踏み出すことになった。

　実際，組合委員長の鈴木東民が自ら編集局長となった『読売報知新聞』（『報知新聞』を合併したため，1942年（昭和17）8月5日から1946年（昭和21）4月末まで，この題号が使われた）は極端に左傾化し，共産党の機関紙とも言える状況にあった。社長の馬場の書いた論説でさえ，改変されることがあった。

（2）第二次読売争議

　しかし，馬場はたんに神輿として担がれていたわけではなかった。1946年（昭和21）に入り，帰国した共産党の野坂参三を絶賛する記事が『読売報知新聞』にたびたび掲載された。こうした状況に，馬場は，3月18日の「月曜評論」欄に「わが新聞の立場」と題する論説を執筆している。これは，自紙の記事に社長自ら反論を加えるものであり，極めて異例であった。そこでは，「新聞は社会の公器である。……新聞は社長の所有ではない，株主の所有でもない，従業員の所有でもない。ただ読者が所有してゐるものである」と述べている。ここには，戦前，馬場が示した読者を第一とする新聞観が現れている。そして，「民主々義とは何ぞや。民主主義とは人民自身が誰にも頭を壓へられずして，人民自身の判断に依って，最もよしと思ふ政治を行ふことにある。戦争中に軍部と官僚がファッショ風を吹かして，それに國民が足をさらはれた状態は民主々義ではない。それと同じく，今日共産主義の旋風に足をさらはれるのも民主々主義ではない」と続けている。共産主義者に支配された新聞の状況は，馬場にとっては戦中の状況と同じく，許容できるものではなかった。

　1946年（昭和21）6月4日付の記事「食糧供出促進に新措置」がプレスコード違反に問われ，GHQのインボーデン新聞課長が乗り込んでくると，馬場は鈴木に編集局長辞任を要請する。鈴木がこれを拒否すると，馬場は，いったんは自らの辞意を表明するが，インボーデンの協力を背景に鈴木ら6名の社員の解雇を決定した。この背後には，旧知の吉田茂首相やマッカーサー元帥の支持もあった。共産主義と全面的に対決する「戦う民主主義者」（御厨，1997）として馬場の姿がそこにはあった。

　その後発生した第二次読売争議は，結局は同年10月には鈴木ら37名が退社する

ことで妥結し，経営側の勝利のもとに終結した。第一次読売争議の際には組合側
を全面的にバックアップした GHQ は，もはや組合側の味方ではなかった。共産
主義の台頭，米ソ対立の深刻化を背景に，いわゆる右旋回をしていた。そのため
GHQ は，共産主義と戦う馬場を全面的に押し上げたのである。以後，読売は，
保守派の新聞として躍進していくことになる。講和問題では単独講和を唱え，吉
田首相を一貫して支持する姿勢を示したが，再軍備論を唱えるなど，時には吉田
路線を越えることもあった。

　こうして読売争議を解決した馬場は，1947年（昭和22）9 月に正力が釈放され
ると，当初の約束どおり，辞意を表明するが，正力は公職追放の身であり，いま
だ社長に復帰できる状況ではなかった。さらに，読売社内では，正力不在の間に，
務臺光雄，武藤三徳らが台頭し，対立していた。そうした経営陣内での不協和音
の中で，馬場は社長の座に留まらざるを得なかった。

　結局，馬場は，務臺らに追われる形で，1951年（昭和26）1 月，社長を退く
こととなった。しかし，公職追放が解除された後も正力は社長に復帰せず，社主と
なった。次の社長に務臺が就任するのは，実に正力の死後の1970年（昭和45）5
月のことである。それまで，馬場が社長を辞任してから約20年にわたり，社長は
空席のままであった。

5　リベラリストとしての生涯

　馬場には，戦前・戦後として一貫して新聞への信念があった。それは，新聞は
第一に読者のためのものであるという信念である。それが，馬場の自由主義的あ
るいは民主主義的な思想の根底にあった。温和な性格な馬場にとっても，その一
線だけは何ものにも譲れないものであった。その点，馬場自身は，戦前と戦後で
大きく変わったのではない。

　しかし，戦後の馬場は，オールド・リベラリストと評されることが多い。それ
は戦後になって，世の中が大きく変わったことに由来している。馬場の眼には，
戦後勃興してきた労働運動や共産主義は，戦中に自己を苦しめたファシズムと同
じように自由を阻害するもののように映り，受け入れることができなかった。し
たがって，馬場は，そういった「革新」的ないしは「進歩」的な考え方に与する
ことはなかった。それが，馬場をオールド・リベラリストと評価させてきたので

ある。

◆　参考文献

馬場恒吾『新聞製作者と其人生観』日本青年館，1926年（一部は，鶴見俊輔編『現代日本思
　　想大系第12　ジャーナリズムの思想』筑摩書房，1965年に所収）
　　────『平和と自由への驀進』高山書院，1945年
　　────『回顧と希望』読売新聞社，1948年
　　────「私の学生時代」『University』日本私立大学協会，1949年6月20日
　　────『自伝点描』東西文明社，1952年（新版，中央公論新社，2005年）
正宗白鳥「馬場恒吾素描」『中央公論』71(6)，1956年6月
和田守「ある大正デモクラットの民衆政治論とファシズムへの抵抗──馬場恒吾の言論活
　　動を通して」日本政治学会編『近代日本の国家像』岩波書店，1983年
岩見隆夫「馬場恒吾」内田健三ほか編『言論は日本を動かす』第8巻，講談社，1985年
御厨貴『馬場恒吾の面目──危機の時代のリベラリスト』中央公論社，1997年

［井川充雄］

第8章　鈴木東民

——不屈のジャーナリスト

[すずき・とうみん]　1895年6月25日，岩手県気仙郡唐丹村（現・釜石市）に生まれる。東京帝国大学経済学部卒業後，1926年に日本電報通信社特派員としてドイツに渡る。1935年に読売新聞社へ移り，外報部長兼編集委員を務めるが，反ナチスの論調から休職処分となる。戦後，復職し，従業員組合委員長として読売争議を指導。1946年，退社した。1955年から1967年まで，岩手県の釜石市長を務めた。1979年12月14日没。

　戦前から電通や読売の記者として活躍した鈴木東民は，占領期，組合委員長として読売争議を指導し，経営陣と激しく対立し，一時期は組合による経営管理を実現した。それは，まさに不屈の人生であった。

1　デモクラシーとの出会い

（1）生い立ち

　鈴木東民の家は，代々医師の家系であった。父の太仲も医者で，東民はその長男として1895年（明治28）6月25日に生まれた。東民が生まれたのは，実際には，父の太仲と母のヨソが東京にいた時代で，そのため，名前に「東」の字を入れたとも言われているが，故郷は岩手県気仙郡唐丹村（現・釜石市唐丹町）であった。太仲は，のちに岩手県議や唐丹村長も務めたが，1910年（明治43），東民が15歳の時に早世してしまう。このため，鈴木家は困窮してしまった。東民は，旧制の遠野中学（現・遠野高校）に在籍していたが，このあと，仙台にある私立の東北中学（現・東北高校）に転校している。あてにしていた叔父からの経済的援助も十分に得られず，極度の貧困にさいなまれてしまったが，ちょうどこの頃，幸徳秋水らの大逆事件が起こる。東民は，後年，「わたしが中学二，三年のころ，幸徳秋水らの『大逆事件』が起こった。この事件は私の思想に強い影響を与えた。私は幸徳が無実で殺されたものと信じた。かれの弁護に立った弁護士で，文芸評論家と

しても著名であった平出修に，私はこの事件以来深く傾倒した。……私が社会主義というものを知り，それを自分の思想の道標とし，生涯と思いさだめるに至った契機は『大逆事件』であったと思う」（鈴木，1962年8月2日）と記している。東民の反骨精神の原点はここにあった。

　おそらく，これがきっかけとなって，東民は，医師ではなく弁護士を志すようになる。そして，中学を卒業すると，東民は，1914年（大正3），仙台の旧制第二高等学校・独法科に進学した。

　その当時，いわゆる大正デモクラシーが起こる。その代表的論者の吉野作造は，1914年（大正3）に「民衆的示威運動を論ず」を，1916年（大正5）に「憲政の本義を説いて其有終の美を済すの途を論ず」を発表し，「民本主義」を唱えた。また，鈴木文治らの友愛会による労働運動も広がり，堺利彦（枯川），山川均，山川菊枝，荒畑寒村ら社会主義者の活動も盛んであった。学生の間でも，吉野作造から思想的影響を受けた者たちによる新人会が活発に学生たちを指導した。そうした東京での動きは，地方にも拡散し，東民のいた仙台の二高にも波及していた。

　東民によれば，「わたくしの学んでいた二高では，『雄大剛健』をモットオとするだけあって，保守的な傾向が校内を支配していた。しかしわたくしの属していた独法のクラスだけには，ごく少数ではあったが進歩的な学生たちがいた。かれらは小さいグルウプをつくり，新人会と連絡を取っていた。このグルウプは無味乾燥な詰込み主義の教育と軍事の教育と軍事教練とに反抗していた」（鈴木，1949，94〜95頁）という。東民は，二高時代に二度も落第しているが，それは「学科に対する不勉強ももちろんその原因であったが，最大の原因は軍教に対する反抗とサボタァジュであった」（鈴木，1949，95頁）と，その頃のことを振り返っている。若き東民にとって，高校はデモクラシーを初めて体感する場であった。

（2）吉野作造との出会い

　ようやく二高を卒業した東民は，1920年（大正9），東京帝国大学経済学部に入学した。東民は，高校時代に影響を受けた新人会に入ることを希望したが，経済的事情から断念し，『帝大新聞』の記者となった。記者には手当が支給されたからである。ただ，当時の『帝大新聞』は，新人会と強い結びつきがあった。こうして，『帝大新聞』記者となったことが，東民のジャーナリストとしての第一歩であった。

　東民にとって，大学時代の最大の出来事は，吉野作造との出会いであった。「わたくしはある偶然の機会から，吉野博士に親しく接するようになった。大学では博士の政治史の講義をきいたが，その家庭にも出入し，研究室では『共産党宣言』の翻訳の浄書を命ぜられたことなどがある。吉野博士へのわたくしのこうした日常の接触が，わたくしの思想形成の上に大きな影響をおよぼさずにはおかなかった。吉野博士のおかげで，わたくしは自分の思想的進路をはっきり見出すことができたと信じている」（鈴木，1949，106頁）と記しているほどである。右派からの脅迫や弾圧に屈することなく，「民本主義」の持論を毅然と主張する吉野の姿に，東民は深く傾倒したのである（鈴木，1948a）。

2　ドイツ留学

　大学時代も経済的には苦しかったようだが，その東民が卒業できたのは，吉野を介して，ある篤志家からの援助を受けられたからであった（鈴木，1949，106頁）。大学卒業後，東民は，いったん大阪朝日新聞社に入社した。しかし，日本電報通信社（現・電通）が，創業25周年事業として，欧米の新聞を研究させるために海外留学生の募集を始めると，東民は迷わずに応募し，採用された。

　ドイツに渡るに際しても，吉野から援助を受けたようであるが，1926年（大正15），東民は朝日をやめて，電通のベルリン特派員としてドイツに赴いた。彼を待っていたのは，第一次世界大戦後の混迷のさなかにあるドイツであり，そして次第に台頭を始めたヒトラーであった。電通との契約が切れたあとも，東民はベルリンに残り，その状況を『帝大新聞』などに寄稿している。1929年（昭和4）には，ドイツ人の女性ゲルトルートと結婚し，長女マリオンが生まれている。

　1929年の世界恐慌によって，さらに経済状況の悪化したドイツでは，ドイツ社会民主党政府への支持が低下し，ヒトラーの指導するナチ党（国家社会主義ドイツ労働者党）が躍進する結果となった。そして，1933年1月，ついにヒトラー内閣が発足する。政権を握ったヒトラーはすぐさま議会を解散し，国会議員選挙を行うこととした。そして，選挙直前の1933年2月27日におこったのが，ドイツ国会議事堂放火事件である。これは，のちにナチ党による自作自演であることが判明したが，当時は，共産党員の仕業とされ，4000人に及ぶ共産主義者やその支持者が摘発され，逮捕された。東民は，当時から，当局から発表される情報の矛盾点

を指摘し、「共産主義者の陰謀」とする当時の新聞各紙の論調に敢然と疑問を呈した。そして、社会の不安をあおり、共産主義者やさらにはユダヤ人への迫害を強めるヒトラーやナチ党の横暴を、ベルリンから日本へ書き送り続けた。

　さらに、東民は、放火事件の公判を傍聴し、またヒトラーによる焚書の様子を雑誌『改造』などの日本のメディアに送り続けた。また、ベルリンでも邦字新聞を発行した。しかし、こうしたナチス批判は、当然、ドイツにおける東民の立場を苦しくさせていった。有色人種への人種的偏見もあり、日本人のジャーナリストがドイツに滞在するのは困難であった。妻ゲルトムートの希望もあり、1934年（昭和9）3月、妻子を連れて、7年半過ごしたドイツの地を離れた。

　日本に帰国した東民は、ドイツから日本へ送り続けたルポルタージュを1冊の本にまとめている。福田書房から出版した『ナチスの国を見る』である。日本は、その前年の1933年（昭和8）に国際連盟を脱退し、国際的孤立を深めつつあった。そのため、同様に国際連盟から脱退したドイツ・イタリアと接近しつつあったのであるが、その当時のナチス・ドイツの現実を人々に伝えるものであった。

　例えば、同書のなかで、東民は、ヒトラーを評して「ヒトラアを私は度々見た。その演説も度々聞いた。その度に私は、彼は畢竟、俳優だといふ感じを深くした。……彼の唯一の取り柄は、普通の人間なら恥ずかしくつて出来ないやうな芝居を、平然としてやつてのける点である。さういふ点を、彼はドイツの軍閥や資本家に見込まれたわけだ」（鈴木、1934、193～194頁）と述べ、その本質を喝破していた。しかし、日本は、結局は東民の警告を無視し、1936年（昭和11）11月25日に日独防共協定を締結してしまう。翌年11月にはイタリアを加え、1940年（昭和15）の日独伊三国同盟へと突き進んで行ってしまった。

3　読売新聞社での日々

（1）読売新聞社への入社

　帰国後、東民は、日本の雑誌に反ナチ、反ファシズムの寄稿を続けたが、その東民を迎え入れたのが読売新聞であった。主筆兼外報部長だった高橋雄豺が、東民のドイツ語の能力を買って、外報部次長に据えたのである。東民は、読売入社後もナチス批判に記事を書き続けた。そのため、ドイツ大使が社長の正力松太郎に対して鈴木の解職を要求することさえあったが、社長の正力は特段の処置をと

らなかった。正力には，右派であれ左派であれ，有能な人物を積極的に登用するという親分肌の一面があった。

　しかし，東民のナチス批判の記事や論説は，ドイツ・イタリアとの連携を強める陸軍から睨まれる結果となった。そうしたなか，1944年（昭和19）7月31日の「重光外交の三原則」という社説で，「重慶政権と尖鋭に対立する延安政権の存在にわれらはふかく注目することを要する」などと書いたことが延安の毛沢東との連携を模索したものとして問題視された。さらに，その年の9月には，細川嘉六らが日本共産党再結成の謀議を行ったなどとして逮捕された横浜事件に関係して，東民も警察の取り調べを受けた。結局，高橋らの働きかけにより，起訴は免れたものの，東民は，休職扱いとなり，病気療養という名目で岩手県湯田村に引きこもることとなってしまった。事実上の断筆である。

（2）第一次読売争議

　終戦から5日目の1945年（昭和20）8月19日，読売新聞社内の民主化を行う機会が到来したと感じた東民は上京した。そして，高橋に復職を申し出たが，拒否されてしまう。そこで，社長の正力に面会し，復職を認めさせた。

　その頃，多くの新聞社では労働組合が結成され，経営者の「戦争責任」の追及と経営民主化を要求する運動がわき起こった。読売の場合，まず，東民らが社内に民主主義研究会を設置することを決め，正力に承認を求めたが，正力はそれを拒否するとともに，研究会の発起人を馘首する動きにでた。そこで，東民らは10月23日に社員決起大会を開き，「われらは戦争責任を明らかにするため読売新聞従業員大会の名において，社長，副社長以下全重役ならびに全局長の総退陣を要求する」との決議案を可決し，従業員組合の結成を議決した。これに激怒した正力は，翌日，東民らに退社を申し渡すと，組合側は争議（第一次読売争議）に突入したのである。東民は「私個人について言へば，正力氏の庇護をうけたことは事実であり，この点では今でも深く正力氏に感謝してゐる」（鈴木，1948b，53頁）としながらも，民主化に一切理解を示さない正力と対決しないわけにはいかなかったのである。

　この時，組合は，労働者側で一時的に経営を管理するという経営管理闘争を展開した。すなわち，最高闘争委員会のもとで，経営者側を排除して，新聞の製作を行った。こうした争議の方式は，「生産管理闘争」の先駆として，その後の労

働運動に取り入れられていった。

　争議のさなかの12月3日，戦争犯罪容疑者の氏名が公表され，正力がA級戦犯容疑者として収監されることになった。正力は，やむを得ず後任の社長に馬場恒吾を推し，自らは退陣することで争議の収拾が図られた。都労委（東京都労働委員会）の調停の席で，団体交渉権，労働協約の締結，経営協議会の設置などが認められ，組合側の全面的勝利であった。12月12日付の社説「讀賣争議の解決」は，「今日以降讀賣新聞は真に民衆の友となり，永久に人民の機関紙たることをここに宣言する」と高らかに述べている。

　こうした第一次読売争議の労働者側の勝利には，労働組合結成を奨励し，軍国主義の排除のために労働運動を後押しするGHQの意向が働いていた。

（3）第二次読売争議

　正力の後継社長となった馬場のもとで，東民は編集局長兼主筆に就任する。組合の委員長を兼務したままであった。また，これまで経営陣が兼務していた編集部門の要職も刷新されるなど，大幅な人事異動が行われた。

　しかし，「人民の機関紙」となった讀賣の紙面は，その後，野坂参三の「民主戦線論」を支持するなど，「左傾化」していった。共産党の機関紙とまで評された。第一次読売争議で組合側を支持したGHQも，共産主義の浸透は容認できるものではなかった。1946年（昭和21）1月26日には，GHQの民間情報教育局新聞課長のインボーデン少佐が読売新聞社を訪れ，「新聞は一党一派に偏した報道をすべきではない」と共産党一辺倒になっている紙面に警告を発した。そんななか，同年6月4日の紙面に掲載された農林省の食糧供出促進政策の記事がプレス・コードに違反するものとして，インボーデンから指摘を受けた。記事の末尾に載せられた記者の見解が，共産党寄りのプロパガンダとされたのである。社長の馬場は，東民に責任を取って編集局長を辞任するように求めた。東民は，インボーデンに直接面会し，その必要はないとの言質を取った。しかし，読売社内では，これを好機ととらえ，小林光政専務，武藤三徳業務局長らが東民の解雇を唱えた。馬場は，GHQの高官と会い，その支持を得られることを確認すると（馬場，2005，86～88頁），6月12日，東民ら6名に解雇を通告した。これに抗議した組合側は，ストライキに突入する（第二次読売争議）。

　争議期間中の6月26日，インボーデンは読売に来社し，「民主的新聞」と題す

る講演を行い，編集権の確立（経営側が編集方針に責任を持つこと）を主張し，経営陣を断固支持する姿勢を示した。組合側では，工場労働者のストライキによって，7月13日から4日間にわたって新聞が発行できなくなる事態になったものの，結果として，第2次読売争議は組合の敗北に終わった。すなわち都労委の調停を経て，東民ら6名の依願退社，31名の自発的退社で幕引きとなったのである。

　今回は，共産主義の浸透を忌避したGHQが，一貫して経営陣を支持したこと，そして東民らを排除して実権を握ろうとする読売社内の策動によって組合の足並みが揃わなかったなどが原因であった。

　また，第一次の際には，いわば読売社内からの自主的な民主化運動として争議がわき上がったのに対し，第二次は外部から仕掛けられた争議という側面があった。しかも，前者では，外部からの指導が一切なかったのに対し，後者は日本共産党の指導のもとで闘争が行われ，結果として組合そのものが分裂していった。東民自身，朝日新聞労働組合委員長で全日本新聞通信労働組合の委員長だった聴濤克巳らに都労委の調停の際，入場を拒否されたとし，「昨日までの『輝ける？委員長』は忽ち路傍の石にまで転落したのであった」（鈴木，1956年12月号，33頁）と自嘲的に回顧している。

4　その後の東民

　ジャーナリストとしての道を閉ざされてしまった東民は，その後，政治家を志すこととなる。「私は権力の前に，ペンを曲げはしなかった。しかし折られた。折られてしまっては，曲げなかったことなど，何の誇りになるだろう？　私は私のペンを折ったものへの，復讐を思った。そして政治活動に身を投じました」（鈴木，1966，序文）とその真情を吐露している。

　東民は，1947年（昭和22），公選となった初の岩手県知事選挙に立候補したが，3位に終わった。1949年（昭和24）1月の衆院選も，共産党公認で立候補したが落選。その後，1955年（昭和30）5月に釜石市長選に当選し，3期12年を務めた。市長としては，橋上市場の設置を実現する一方，地元の有力企業による公害と奮闘することとなった（鈴木，1973）。

　そのなかで1965年（昭和40）に市長として書いた文章に「新聞の勇気」というものがある。このなかに，ジャーナリストの道を断たれた東民の熱い思いが込め

られているように思えてならない。

　　日本の新聞の特徴は中立性を強調していることです。特定のイデオロギイを
　もたず，政治的傾向や色彩をもつことを，極端に避けています。そのために政
　治上の問題に対する立場がぼやけ，その態度がどっちつかずのものとなり勝ち
　です。……「平和を守る勇気」とは，新聞自身の立場をはっきりさせ，その主
　張を徹底的に貫く努力をいうのだろうとわたしは思うのです，権力に屈せず，
　世俗に媚びず，独自の主張を堅持して，社運を賭してもこれを貫くという決意
　があってこそ，初めて世界の平和を守る勇気が生まれるでしょう。

（鈴木，1966，30〜31頁）

◆　参考文献

鈴木東民『ナチスの国を見る』福田書房，1934年
　　　――「民主主義の先駆者吉野作造先生」学生書房編集部編『闘うヒューマニスト　近
　　　代日本の革命的人間像』学生書房，1948年 a
　　　――「正力松太郎氏と私」『丸』1 （6），聯合プレス社，1948年 b
　　　――「デモクラシイの黎明」学生書房編集部編『学生の頃――決定版』学生書房，
　　　1949年
馬場恒吾『自伝点描』東西文明社，1952年（新版，中央公論新社，2005年）
鈴木東民「血戦！　讀賣ストライキ」『特集文藝春秋』，1956年12月号
　　　――「私の読書」『岩手日報』1962年8月2日朝刊
　　　――『市長随想――東北の一隅から』刀江書院，1966年
　　　――『ある町の公害物語――元釜石市長の12年のたたかい』東洋経済新報社，1973
　　　年
増山太助『読売争議――1945-1946』亜紀書房，1976年
山本潔『読売争議（1945・46年）』御茶の水書房，1978年
鎌田慧『反骨――鈴木東民の生涯』講談社，1989年
佐野眞一『されど彼らが人生――新忘れられた日本人3』毎日新聞社，2011年

［井川充雄］

第9章　正木ひろし
——権力への抵抗を貫いた人権派弁護士

［まさき・ひろし］1896年9月29日，東京市本所区林町
（現・東京都墨田区立川）に生まれる。東京帝国大学法学
部卒業。職を転々とした後に弁護士を開業する。1937年に
個人雑誌『近きより』を創刊し，戦争や政府を批判した。
戦後は，八海事件・菅生事件などの冤罪事件や，プラカー
ド事件・チャタレイ事件のような言論・表現の自由をめぐ
る裁判の弁護人として活躍し，1975年12月6日に79歳の生
涯を閉じた。

　人権派弁護士と呼ばれる人は数多いが，正木ひろしはその先駆的かつ代表的な
人物である。正木の活動は，戦時体制を批判した前半生と，冤罪事件の弁護に奔
走した後半生に分けることができるが，自身の主張の正しさを訴えるためにメデ
ィアを活用したことは一貫した大きな特徴であった。個人の自由や人権を何より
も重んじ，生涯を通じて国家権力への抵抗を続けた彼の人生を振り返ってみたい。

1　『近きより』発刊以前

（1）義侠心あふれる少年

　正木ひろしは，1896年（明治29）9月29日，東京市本所区林町（現・東京都墨田
区立川）で生まれた。なお，戸籍上の本名は正木昊だが，本人は正木ひろし（あ
るいは「まさきひろし」）を使用していたので，本章の表記でも正木ひろしで統一
する。

　後年，弁護士として多くの冤罪事件に関わった正木は，子ども時代から義侠心
が強かった。小学校では，級友たちをいじめて金を奪っていた乱暴な同級生を教
師の協力を得て転校させた。さらに鹿児島の第七高等学校でも，日本の対中政策
に抗議して一時帰国していた中国人留学生の出席日数が足りずに進級できなくな
った際に，これに反対する運動を組織し，留学生全員の進級を可能にしている。
これらの例から明らかなように，正木は「自分より弱い者に対する親切心，周辺

の不合理に対する怒り」を人一倍持っている少年であった。

　1920年（大正9），正木は東京帝国大学法学部に進学する。しかし，真面目に通ったのは3ヶ月だけで，学費を稼ぐためと英語を身につけるために，大学に在籍しながら英語教師となった。最初は千葉県の佐倉中学校，次に長野県の飯田中学校で教え，東大を卒業してからも教師を続けていた。だが，問題のある教員を転任させるために刺し違える形で自らも辞職し，その後は新聞記者や雑誌への寄稿などをしながら生活するようになった。

（2）弁護士開業

　さまざまな文章を書き，好きな絵を描いて過ごしていた正木の人生を変える出来事が1930年（昭和5）に起きる。東京府立第三中学校時代の恩師である哲学者の北昤吉（北一輝の弟）が主宰していた雑誌『祖国』の編集を手伝っていた正木は，同誌が名誉毀損で告訴されたことをきっかけとして，専門弁護人に交じって法廷に立つことになったのである。当時は東京帝国大学法学部法律学科を卒業すると無試験で弁護士の資格が得られたが，彼が法廷で実際に弁護を担当したのは，これが初めてであった。そして，正木が『祖国』の弁護活動に携わったことが雑誌関係者や読者に知られるようになると，法律相談に訪れる者が徐々に増え，ついに彼は弁護士事務所を開業した。これ以降，正木は他界するまでの40年以上にわたって弁護士として活躍することになる。

　ただし，弁護士になったとはいうものの，この時期の正木は戦後の活動とは全く違うことを行っていた。民事弁護士として財閥を弁護したり，破産管財人となったりして金儲けにいそしみ，多くの収入を得ていたのである。戦後は刑事事件を主たる活躍の舞台とし，報酬にこだわらなかった人権派弁護士として有名なので，意外に感じる読者も多いかもしれない。しかし，弁護士の仕事を通じて法律の知識を吸収し，数々の裁判を経験したことは戦後の冤罪事件闘争にも活きている。また，裕福になって豊富な資金があったからこそ後に『近きより』を個人雑誌として刊行し続けられたので，この時期の活動ものちに影響を与えているということができよう。

2　戦時下の抵抗

（1）『近きより』創刊

　1937年4月5日，正木は個人雑誌『近きより』を創刊した。「発刊の言葉」によれば，「余り遠大な仕事のみを考えていると，考えているうちに年をとってしまう」ので，あらゆる意味で「近きより」始めるためにこの題になったようである。『近きより』は，日中戦争中に政府や軍を批判したことで名高いが，当初から反体制的な態度を執っていたわけではない。それどころか，日中戦争で南京を陥落させたことを喜んだり，中国人を「劣等民族」と呼んだりするなど，戦争への批判的な視点に乏しく，中国への蔑視観もうかがえる。

　このような正木の姿勢を変化させた大きなきっかけは，中国への旅行であった。徐々に戦争や政府による言論統制に疑問を呈するようになっていた彼は，1939年4月から5月にかけて戦争中の中国各地を回った。のちに，この旅行を経て「反戦・反軍・反官的な色彩が，露骨になった」と回顧しているように，戦地での人生初の外国旅行に強い印象を受け，これを契機に戦争や政府を批判する姿勢が決定的になったのは間違いない。そして正木は，1945年5月25日の空襲で自宅が焼失する苦難に見舞われても，『近きより』を敗戦後まで発行し続けたのである。

（2）巧みなレトリックとカモフラージュによる批判

　日中戦争が長期化し，1941年12月に対米英戦争が開始されると，政府による言論弾圧はますます強化された。すでに2月には，政府に批判的な言論活動をしていた水野広徳，清沢洌，矢内原忠雄らを，情報局第二課が中央公論社編集部に示した執筆者禁止リストに入れていたが，1944年7月には彼らが活動の舞台としていた『中央公論』『改造』が廃刊に追い込まれた。また，1943年1月には，東条英機首相を批判した衆議院議員の中野正剛による「戦時宰相論」を掲載した『朝日新聞』が発禁処分を受けている。では，言論活動が厳しい制約を受ける時代に，なぜ正木は『近きより』を刊行し続けることができたのであろうか。

　第一に，彼が一見すると尊王主義者や戦争支持者であるかのような言葉を巧みに用いることによって，自らの立場をカモフラージュしたことにある。すでに1930年に刊行した『上級学校選定より突破まで』（木星社書院）で，受験指南書と

見せかけて徴兵制や国粋主義などを批判していた正木にとって，このような手法は得意であった。例えば，「国内における国民の幸福を保全向上させるために国外で闘うのである。国内の幸福を無視した戦争は無意味である。一派の人間は国民の幸福を考えることすら罪悪のように言っているが，それは君民一体の国体を曲解するものであって，仁徳天皇の故事を引くまでもなく，民の福利を他にして大御心を安んじ奉る途はないのだ」（『近きより』第3巻第10号，1939年11・12月号）という文章のように，国体，大御心，あるいは不忠，不臣といった言葉を使用することによって，尊王主義者を装ったのである。『近きより』の読者は，レトリックにひそむ正木の真意を読み取り，溜飲を下げたのであった。

　第二に，少数の限定された読者にだけ配布される個人雑誌だったことも，『近きより』が廃刊をまぬがれた要因だと考えられる。しかも，時々実施される読者アンケートでは，この雑誌が清沢洌，馬場恒吾，津田左右吉など政府批判で知られた言論人・大学教授だけでなく，宇垣一成（元陸相・元外相）や芦田均（衆議院議員・のちの首相）といった元軍人や政治家，あるいは現職の大審院（現・最高裁判所）判事や検事のような法曹界の人々にまで広く支持されていることが明らかにされた。このように，各界の有力者との幅広い人脈を誇示していたことも，治安当局が『近きより』を廃刊させるのを躊躇わせたのであろう。

　正木は，おもにこの二つの理由によって，戦争や軍，さらに東条首相をはじめとする戦時下の政府を批判する活動を続けることができたのである。

（3）首なし事件

　戦時下に行った正木の活動には，ほかにも特筆すべきものがある。それが，首なし事件である。

　1944年1月22日，茨城県那珂郡長倉村（現・常陸大宮市）で同県大宮警察署の巡査部長が，被疑者を拷問の末に殺害したのが事件の発端であった。警察と検事局は病死の鑑定書で偽装工作を行ったが，関係者を通じて事情を聴いた正木は不審を抱き，遺体を掘り出して首を切断し，東京帝国大学医学部教授に鑑定を依頼して他殺であることがわかった。そして，鑑定結果をもとに，巡査部長を拷問致死罪，鑑定医を証拠隠滅罪で告発した。これが，首なし事件の概要である。

　この事件は，日本の裁判への不信感をもたらしたという意味で，正木の人生に決定的な影響を与えた。彼は9月の公判に出席するまで，日本の裁判は「少なく

ともマジメに行なわれるものと信じていた。ところが，かならずしもそうでない
ことを発見した」のである。傍聴席はほとんど警察関係者で固められ，検事は他
殺説を否定して病死だと主張し，裁判長も被告に有利な答えを用意して訊問して
いた。その結果，11月には無罪判決が出たが，閉廷後に廊下で裁判長に会った正
木は，「この卑怯者！」と大声で怒鳴りつけたという。彼は，すでに『近きより』
第8巻第8号（1944年9・10月号）で事件に関する詳細な記事を掲載していたが，
無罪判決の後も批判の手を緩めず，司法関係者にも働きかけて上告に持ち込んだ。
裁判は長期化し，予審から最高裁まで無罪判決と有罪判決を繰り返し，ようやく
被告に懲役3年の有罪判決が下されたのは，戦後10年を経過した1955年であった。
正木は実際に法廷で闘争したわけではないが，私訴原告代理人として裁判を傍聴
し続け，無罪判決を批判し続けることで，側面から被害者側を支援した。この事
件での裁判不信が，戦後の冤罪事件での活躍の原点となったのである。

3　表現の自由を求めて

（1）プラカード事件
　戦争が終わると，『近きより』もほとんど発行されなくなり，1946年と1949年
に数号出ただけで自然に終刊してしまった。代わりに正木が全精力を注いだのは，
裁判を通して権力と闘うことであった。
　戦後まず取り組んだのが，プラカード事件である。これは，1946年5月19日の
食糧メーデーで，日本共産党員が「詔書　ヒロヒト曰く　国体はゴジされたぞ
朕はタラフク食ってるぞ　ナンジ人民飢えて死ね」と書いたプラカードを持って
デモ行進をしたことによって，不敬罪で起訴された事件である。正木は共産主義
者ではなかったが，天皇が戦争責任を取らなかったことを厳しく批判していたこ
と，戦後もまだ不敬罪が残っているのはおかしいと考えたこと，そして，国家権
力による表現の自由の制限に憤りを覚えたことによって，弁護人を引き受けた。
　裁判では，戦後もまだ不敬罪が存在しているか否かが最大の問題となったが，
11月の公判では名誉毀損罪で有罪の判決になったものの，不敬罪は否定する判決
を下している。だが，不敬罪にこだわる検察官は控訴し，6月の控訴審は不敬罪
に該当する有罪だと認定したうえで，日本国憲法公布による大赦令で免訴されて
いるとした。あくまでも不敬罪の存在を認めなかった被告側は上告したが，1948

年５月に最高裁判所は控訴審の判決を支持して上告を棄却し，被告の期待した無罪判決は下されなかったのである。なお，裁判中の1947年10月に刑法から不敬罪が削除された（施行は11月）。

　この裁判には多数の弁護士が参加したが，中心的存在として活躍したのが正木である。彼の弁護活動は，名誉毀損罪を適用するならば，どのように名誉が毀損されたのかを本人が述べなければならないはずだと主張して，天皇を証人として喚問することを要求するなど，実に型破りであった。正木は，新憲法下では不敬罪が成立しないことを論理的に説く一方で，戦争責任を取らなかった天皇，および日本における民主主義の発展を阻害している天皇制を徹底的に批判した。その批判は，上告趣意書があまりに激烈な言葉に満ちていることに驚いた裁判長が，法廷でそのまま陳述しないように弁護団の一人にひそかに依頼したり，検察庁が正木を不敬罪で起訴することを検討したりするほど凄まじかったのである。

　免訴されたとはいえ，不敬罪該当の有罪扱いとされたことで，裁判には負けた。だが，この敗北によって正木の闘志はますます燃え上がることになった。

（2）チャタレイ裁判

　表現の自由に関わる裁判で，次に正木が参加したのがチャタレイ裁判である。プラカード事件は反天皇制に力点があったが，まさに表現の自由をめぐって争われたのがこの裁判であった。

　1950年４月，イギリスの作家Ｄ・Ｈ・ロレンスの『チャタレイ夫人の恋人』上下巻が伊藤整の翻訳で小山書店から刊行された。ところが，小説中の性描写が問題視され，９月に伊藤と発行人の小山久二郎は刑法175条（猥褻物頒布販売）にもとづいて猥褻罪で起訴された。「芸術か猥褻か」の問題で法廷外でも論争を巻き起こして，世間の耳目を集めたチャタレイ裁判が幕を開けたのである。

　正木は，小山の依頼を受けて主任弁護人となった。また，表現の自由を脅かす事件だと考えた文芸家協会が伊藤と小山を支援し，文芸評論家の中島健蔵と福田恆存が特別弁護人となるなど，言論人や学者が支援者として多数参加したので，彼らのまとめ役としても尽力した。

　裁判は三審までもつれこみ，長期化した。まず，1952年１月に東京地方裁判所は，翻訳書は猥褻ではないが，販売方法によって猥褻文書になったと判断し，伊藤は無罪だが小山は罰金25万円の有罪となっている。検察と被告の双方が控訴し

たので東京高等裁判所に闘いの場は移ったが，1952年12月，翻訳書も猥褻文書と認定され，伊藤は罰金10万円の有罪となった。被告側は上告したが，最高裁判所は1957年2月に上告を棄却し，二人の有罪が確定した。6年半にわたる裁判は，被告側の敗北に終わったのである。

　この結果に正木は憤慨した。しかし，負けた裁判ではあったものの，収穫も少なくなかった。さまざまな支援者が集った裁判の過程で，彼は多くの友人や知人を得た。また，メディアの多くも被告側を支持し，最高裁を批判している。さらに，裁判で知名度が上昇したこともあってベストセラー作家となった伊藤が，ノンフィクション『裁判』（筑摩書房，1952）で正木の活躍を描いたので，反骨の弁護士としての彼の声名も高まった。

　伊藤は，勝ったら世の中が冷たくなるから「負けた方がよかった」と最高裁の上告棄却後に正木に言った。勝訴してしまうと世間の関心は急速に失われるが，有罪になれば注目を浴び続けられると伊藤は考えたのだろう。その後も「芸術か猥褻か」が日本で話題になるたびに，常にチャタレイ裁判の敗北が思い起こされるので，この発言は的を射ていたのかもしれない。

4　冤罪事件の弁護

（1）八海事件

　プラカード事件やチャタレイ裁判は正木の活動を語る上で無視できないが，戦後に彼が大きな精力を傾けたのは何と言っても冤罪事件の弁護である。そのなかでもとくに注目すべきは，八海事件である。

　八海事件とは，1951年1月24日に山口県熊毛郡麻郷村字八海（現・田布施町）で60歳代の夫婦が殺害された事件のことである。直後に被疑者として逮捕された5名が犯行を自白して起訴され，1952年6月，地方裁判所で1名に死刑，4名に無期懲役の判決が下され，全被告が有罪になった。控訴審でも全員の有罪は変わらなかったが，1953年9月の判決では，死刑・無期懲役・懲役15年が各1名，懲役12年が2名となり，一審より罪が軽くなったものが3名いた。この控訴審の判決から2ヶ月後の11月に，一審・二審ともに死刑を宣告された被告から無罪を訴える手紙を受け取ったことから，正木は八海事件と関わるようになる。

　判決や事件に関する資料を読んだ正木は，犯行時刻にアリバイが成立すること

などを根拠に，死刑判決を受けた被告の無罪を確信した。事件は，無期懲役で有罪となった被告の単独犯行であるにもかかわらず，この被告が罪を軽くするために共犯者としてでっちあげられたほかの被告は自白を強要させられたと考えた彼は，懲役刑となった被告も含めた4名の弁護人を引き受けた。その後，1957年10月に最高裁判所は原判決を破棄し，高等裁判所に差し戻した。広島高等裁判所で事実審理をやり直した結果，1959年9月，事件は単独犯によるものと認められ，4名の被告は全員無罪判決を受けている。正木は，裁判に勝利したかに見えた。

　ところが，裁判の展開はさらに紆余曲折を経た。まず検察庁の再上告に対して，最高裁判所は原判決を破棄し，再び高等裁判所に差し戻したが，死刑を含む全員有罪が言い渡された。被告は上告し，1968年10月，第三次上告審となった最高裁判所での判決で，ようやく四被告は無罪を勝ち取ったのである。実に逮捕から17年9ヶ月もの年月が過ぎ去ってからの，逆転に次ぐ逆転の無罪判決であった。

　正木は，被告たちの無罪を訴えるため，1955年に『裁判官』（光文社），1956年には『検察官』（光文社）を刊行し，知名度を飛躍的に高めた。特に前者はベストセラーとなり，数々の映画賞を獲得した『真昼の暗黒』（1956年公開）の原作ともなった。また，最終的に無罪判決が出るまでの経緯を『八海裁判——有罪と無罪の十八年』（中央公論社，1969）にも記している。これらの著作を通して，冤罪事件のために奔走する人権派弁護士としての正木のイメージが確立されたのである。

（2）戦後のジャーナリズム活動の特徴

　正木は，八海事件以外にも多くの事件に弁護人として関わった。例えば，八海事件と同じく冤罪事件だった菅生事件がある。これは，1952年6月に大分県菅生村（現・竹田市菅生）で巡査駐在所が爆破され，共産党員ら5名が逮捕されて有罪にされたが，結局共産党員を逮捕するために警察が仕組んだ自作自演の事件だったことがわかり，被告全員を無罪に導いた正木の功績が大きい事件である。このように，彼は多くの裁判で法廷闘争を行ったが，その際に著作や雑誌・新聞での文筆活動でも自らの主張の正しさを繰り返し訴えた。では，メディアを活用した「ジャーナリスト」として正木をとらえるならば，彼の活動にはいかなる特徴があったのであろうか。

　第一に，裁判に関する資料を徹底的に調査して，自らの論理を組み立てたこと

である。正木は第一審判決後に裁判に関わることが多かったが，八海事件で被告たちのアリバイが成立することを明らかにしたように，いずれの事件でも資料を読み込んで被告に有利な新事実を発見し，それをメディアで訴えた。また，菅生事件では，事件現場の写真を見ただけで内部からの爆発によるものと気づき，東京大学教授の鑑定でそれが裏づけられたように，豊富な科学知識と鋭い観察力も彼の特徴であった。チャタレイ裁判でも，依頼からわずか10日ほどで翻訳の上下巻に口取り紙がハタキのようにたくさん貼ってあったので驚いたと被告の小山が回顧しているように，徹底した調査は冤罪事件に限らず，いかなる裁判でも行っていたのである。

　第二に，きわめて強い反権力・反権威の姿勢である。正木は，戦後の民主化された日本でも不敬罪が適用されたことや，自白の強要によって冤罪事件が何度も起きたことによって，天皇制の構造や警察・検察の強引な捜査には戦前の体質がまだ残っていると考え，激しい怒りを感じていた。そして，戦時下に『近きより』を刊行していた時代とは異なり，戦後には言論の自由が保障されたので，率直すぎるほどの批判を行ったのである。プラカード事件では，天皇制に対して法廷外でも激しい言葉を浴びせていた。また，最高裁判所長官の田中耕太郎から，係争中の事件を裁判外で批判することで裁判の公正を損なうと攻撃されたが，八海事件や菅生事件のような実例を示して正木は反論し，冤罪事件を法廷外で批判して世論を喚起する必要性を繰り返し主張した。

5　刑事被告人のまま死去

　正木は裁判の弁護人になるたびに，著作や雑誌・新聞で冤罪事件であることを訴えたので，田中と同様の批判や売名行為という非難は絶えず浴びていた。なかには，静岡県で起きた殺人事件（丸正事件）で被告以外に真犯人がいると著作で告発したために，逆に名誉毀損罪で起訴されて正木自身が被告人になったこともある。このように，正木は賛否両論のある人物だったが，注目を集めることで裁判に関心を向けることがまさに彼の戦略だったのである。

　正木は，60歳代後半になっても，医者には40歳代の肉体だと言われたことを自慢しており，壮健であった。そのため，晩年になっても冤罪事件の弁護人として活躍する一方で，著作や評論で旺盛な執筆活動を行っていた。しかし，急速に肝

臓がんに侵され，1975年12月6日に79歳で逝去した。がんと告知されていなかったとはいえ，病状が悪化するまで入院を拒否して自宅で仕事を続けていたのは，ヴァイタリティあふれる正木らしいエピソードである。また，丸正事件の刑事被告人であったまま他界したことも，常に法廷内外で話題を提供し続けた彼らしい最期と言えるかもしれない。

◆　参考文献

正木ひろし『近きより』全5巻，旺文社文庫，1979年

家永三郎『正木ひろし』三省堂選書，1981年（初版は，家永三郎『権力悪とのたたかい
　　　——正木ひろしの思想活動』弘文堂，1964年）

家永三郎・佐伯千仭・中野好夫・森長英三郎編『正木ひろし著作集』全6巻，三省堂，1983
　　　年

後藤昌次郎「正木ひろし」粕谷一希編『言論は日本を動かす第6巻　体制に反逆する』講談
　　　社，1986年

正木ひろし『正木ひろし——事件・信念・自伝』日本図書センター，1999年（初版は，正
　　　木ひろし『事件・信念・自伝』実業之日本社，1962年）

[片山慶隆]

浅野七之助
——日本にも影響を与えた日系人ジャーナリスト——

　アメリカの日系人ジャーナリストに傑出した人物は多いが，強いて１人選ぶとすれば，浅野七之助（1894〜1993）を挙げたい。その理由は，日系人特有の苦難と戦いながら日米開戦前から戦中・戦後にかけて長期間活躍し，しかもアメリカの日系人社会にとどまらず，日本にも大きな影響を及ぼしたからである。

　浅野は，戦前はサンフランシスコの日刊紙『日米』の編集長として，また戦後は同地で『日米時事』を創刊し，長年にわたりアメリカの日系人ジャーナリズムを牽引した人物である。日米開戦までの略歴を紹介すると，1894年（明治27）に岩手県盛岡市で生まれた浅野は「一世」，つまり，日本からアメリカに移住した第一世代の日本人移民であった。1914年（大正３）に上京して原敬（のちの首相）の書生となり，『東京毎夕新聞』の記者を経て，1917年（大正６）に23歳でアメリカへわたった。『日米』に入社したのは1921年（大正10）で，その後，『東京朝日新聞』の通信員を務めながら，1934年（昭和９）に『日米』の編集長となり，1941年（昭和16）12月に日米開戦を迎えるまでその職にあった。当時，『日米』は「北米に於いて一二を争う大新聞」，「アメリカの日本人の過酷な歴史のなかでつねに灯台でありつづけた」と形容されるほど，日系人ジャーナリズムを代表する新聞であった。

　有力紙『日米』の編集長を務めたことだけでも特筆に値するが，注目すべきは，日米開戦後の浅野の奮闘ぶりである。真珠湾攻撃を境にして，日系人は突如として「敵国人」とみなされ，『日米』も「敵国語」新聞として苦しい立場に追いやられた。実際，開戦直後にFBIの捜索を受け，その後，約３週間にわたり発行停止命令まで受けている。しかし，そうした逆境にもめげず，浅野は『日米』の発行再開にこぎつけ，政府が強制立ち退き政策を実施する1942年（昭和17）５月まで発行をつづけた。西海岸の日本語新聞のなかで，開戦後もっとも長く発行をつづけたのが『日米』であった。前例のない最大級の危機に直面しながら，日系人社会のために自己犠牲的な献身をしたわけである。発行停止後，浅野はほかの日系人とともに内陸部の収容施設に入れられ，３年以上もそこに隔離された。

　しかし，浅野の業績はそれだけではない。戦後もひきつづきジャーナリストとして力を発揮した。1946年（昭和21）５月18日，立ち退き・収容政策で生活基盤を失った日系人が再出発しようとしているその時，サンフランシスコで『日米時事』を創刊したのである。人種的偏見・差別が依然として根強く，かつ物資等も不足しているなかで，人材を集め，活字や印刷機などを調達し，日系人社会の復興を助けるために立ちあがった。

　頼るべき言論機関をもたなかった当時の日系人にとって，『日米時事』の誕生は光明であった。サンフランシスコはもちろん，全米各地，メキシコをはじめ南米諸国からも購読の申し込みが殺到したという。浅野は1974年（昭和49）まで28年間にわたり『日米時事』

の社長を務め，その間，人権擁護運動をはじめ多方面で日系人の地位向上に貢献した。

　ここまではアメリカの日系人社会における功績を概説したが，浅野について特筆すべき　は，言論・報道人として，かつ篤志家として，出身国である日本にも多大な影響を及ぼしている事実である。いうなれば，浅野は戦後の日本の復興・発展を支えた「恩人」の一人である。本コラムがほかの誰でもなく浅野を取り上げるのは，それゆえである。

　まず言論・報道人としては，日米間の情報チャンネルが極端に不足していた戦後しばらく，浅野や彼の『日米時事』は両国をつなぐ架け橋のような役割を果たした。アメリカに情報網をもたない日本の政府や報道機関にとって，アメリカに関する一次情報をすばやく日本語で提供し，時に取材まで代行してくれる浅野たちの存在はきわめて貴重であった。日本全体の特派員のような活躍ぶりであった。

　さらに，浅野は篤志家としても日本に尽くした。戦争に完敗した日本は，文字どおり焼け野原から再出発しなければならなかった。敗戦した日本国民は衣食住にこと欠き，路頭に迷う者も多かった。浅野はそんな彼らの窮状を知り，日本救済運動にのりだしたのである。『日米時事』を創刊したのは，救済運動を軌道にのせるためでもあった。浅野は『日米時事』を使って多くの賛同者を集め，その結果，飲食料・衣類・医薬品・雑貨など大量の物資が日本に寄贈されている。

　浅野ら日系人が送った物資は，一般的に「ララ救援物資」とよばれる。「ララ」は正式名称を LARA (Licensed Agencies for Relief in Asia，アジア救済公認団体) といい，戦後のアジア（とくに日本と朝鮮）の復興を促進・援助したアメリカの慈善活動組織群を意味する。「敵国」「敵国人」であった日本・日本人を援助するにはアメリカ政府の許可が必要であったため，浅野ら日系人は，許可を受けた13の民間加盟団体からなるララを通して日本を支援した。日本に供給されたララ救援物資の約20％は，浅野をはじめとする北米・南米の日系人が集めたといわれる。ララが戦後日本の復興に果たした役割の大きさは計り知れない。1946年（昭和21）11月から1952年（昭和27）6月までつづいたララの救援活動では，総計458隻の輸送船が日本に物資を運び入れ，その総額は約1100万ドル（当時の円に換算して400億円強ともいわれる）に及んだ。ララ物資の恩恵を受けた日本人は約1400万人で，これは当時の日本の総人口の約15％を占める。

　残念なのは，浅野をはじめとする日系人の自己犠牲的な善意が，今日，その恩恵を受けた日本でほとんど顧みられていないことである。浅野は1973年（昭和48）に勲三等瑞宝章を受けているが，彼以外にも日本の「恩人」と呼ぶべき日系人，日系人ジャーナリストは多数いる。彼らは海外に移住し，その土地を終の住処としながら，出身国である日本に愛着をもちつづけ，戦後日本の奇跡的ともいえる発展を支えてくれた。自身の生活もけっして豊かでなかったにもかかわらず，敗戦に打ちひしがれた「同胞」に救いの手をさし伸べてくれた。現在，世界でも有数の豊かさを享受している我々は，そんな人々が海外にいた事実を後世に語り継がなければならない。

[水野剛也]

昭和後期
——戦後とは何だったのか——

◇各人物の活躍した時期

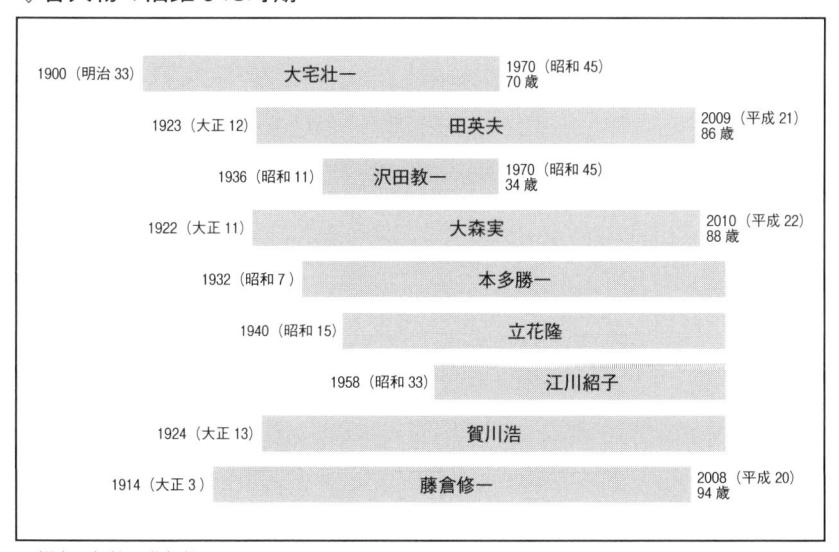

（注）　年齢は満年齢

第1章　大宅壮一
—— 二つの大衆社会化状況を生きた，「無思想」の「マスコミの王様」

［おおや・そういち］1900年大阪府生まれ。東京帝大文学部中退。1926年「文壇ギルドの解体期」で評論家として本格的なデビューを飾る。1941年ジャワ派遣軍宣伝班に徴用。戦後は1950年にジャーナリズムに完全復帰，1955年「『無思想人』宣言」を発表。各マスメディアを横断して活躍し「マスコミの王様」等と称された。1969年「大宅壮一ノンフィクション賞」が創設。1970年没。生前収集した雑誌・書籍をもとに，財団法人大宅文庫が翌年設立された。

　大宅壮一の眠る鎌倉・瑞泉寺には，「男の顔は履歴書である」という大宅の言葉が刻まれた石碑がある。戦後「マスコミの王様」と呼ばれた大宅は，戦前から半世紀にも及ぶ活動期間のなかで，評論・ルポルタージュ・各種座談・翻訳といった膨大な数の著作を発表したばかりか，「口コミ」「虚業」などさまざまな言葉をつくりそれらは広く人口に膾炙した。多岐に渡る活動を精力的に見せた大宅の履歴はどのようなものであったのだろうか。

1　誕生からデビューまで

　大宅は1900年（明治33）9月13日に大阪府三島郡富田村（現・高槻市）の醤油醸造小売業者の三男に生まれている。1906年（明治39）4月，村立富田尋常小学校に入学し，1912年（明治45）4月，高等科へ進んだ。生家は父方の祖父が興した事業を手広く営んでいたが，父親の浪費により家運は傾いていた。大宅は12歳のときに姉の嫁ぎ先の質屋に手伝いに行ったほか，家業に励んだ。

　1914年（大正3）4月大宅は府立茨木中学校に入学する。1学年上に川端康成が在学していた。大宅は，『少年』（時事新報社），『少年世界』（博文館），『日本少年』（実業之日本社），『少年倶楽部』（講談社）などの雑誌に頻繁に投稿し掲載に至っていた。

　1916年（大正5）9月大宅は漢文の時間に「教育勅語」の文法上の誤りを指摘

し，注意を受ける。1918年（大正7）中学4年生の時，母校の小学校で米騒動を礼賛する演説をしたとして，茨木中学を放校処分になった。

　1919年（大正8），大宅は専門学校入学者検定試験に合格し第三高等学校文科乙類に入学した。弁論部に所属するとともに，マルクス主義経済学者・河上肇の労学会に参加。弁論部主催の講演会にアナーキスト・石川三四郎を招き，官憲から注意人物とされる。1922年（大正11）東京帝国大学文学部に入学し，新人会に所属する。1924年（大正13）には日本フェビアン協会の創立に参加し主事となり，機関誌『社会主義研究』の編集に従事した。

　同協会の解散後，1925年（大正14）新潮社嘱託となり，『社会問題講座』（全13巻）の企画・編集に携わった。同書は1926年（大正15）3月より刊行され，ベストセラーとなった。大宅を新潮社社長・佐藤義亮に推薦した木村毅は，「円本の旋風の最も早い予兆は，この時にあったとも云える」とのちに述べている（木村毅「『社会問題講座』の頃」新潮社出版部編『新潮社四十年』新潮社，1936，21頁）。大宅は1925年（大正14），授業料未納のため，東大を除籍された。

2　戦前における活動

（1）戦間期におけるデビュー

　大宅が本格的なデビューを飾った作品は，『新潮』1926年（大正15）12月号発表「文壇ギルドの解体期――大正十五年に於ける我国ジャーナリズムの一断面」である。大宅は，大家を中心とした徒弟ギルドに，文壇をなぞらえる。そのうえで，第一次世界大戦後の大衆社会化状況到来に伴う文芸作品の市場の拡大とともに，小説が（芸術作品ではなく）商品となり市場の判断が重要性を高めるなかで，「ギルドがまさに解体に瀕している」模様を活写する。この論文は大宅の1冊目の著書『文学的戦術論』（中央公論社，1930）に収録された。

　その半年後に刊行された2冊目の著書は，『モダン層とモダン相』（大鳳閣書房，1930）である。これは，大衆社会化状況到来の波頭を，都心の新中間層の「相」にとらえたものである。例えば，「キネマ，レビュー，ラジオ，レコード，スポーツ等々」に新中間層の「モダン・ライフなるもの」を見いだす。同書が収録された『大宅壮一全集』第2巻の解説で加藤秀俊が述べるように，「日本における大衆社会化現象はすでに1930年代にはじまっていた」が，「大宅はのちに『大衆

社会』と呼ばれるようになった現象の初期微動を敏感にそのアンテナのなかにとらえていたのである」(469頁)。

（2）「智的労働の集団化」

　大宅は『新潮』1928年（昭和3）6月号に「智的労働の集団化について」を発表し，集団分業による芸術・文学の制作を提唱する。翌7月号では，「智的労働の集団化の実例」を発表する。そのなかで「翻訳に於ける集団化」を提唱している。この年彼は「綜合翻訳団」を結成し，理論を実地に移す。これは，最初の下訳をするもの・誤訳を見つけ訂正するもの・生硬な表現をやわらげ用語を統一するもの・韻文専門のもの・最後の仕上げをするもの，といった順序で，流れ作業を行うものである。

　大宅はさらに，人物論も集団で作成することを提唱する。彼は言う。「新しい人物論の形式としては，ある重要な一人物を論ずる場合に」，「数人でそれぞれの材料をもちよったり，或は彼の思想，経歴，性格，業績などを各自分業的に調べあげて，一つの綜合的な人物論を完成する方法が今のような時代には，もっと盛んに行われていいと思う」(『ヂャーナリズム講話』白楊社，1935)。大宅は1933年（昭和8）から1934年（昭和9）にかけて雑誌『人物評論』を主宰・刊行し，集団での人物論の制作を行う。松浦総三，植田康夫らも指摘するように（松浦，1973，219〜228頁，植田，1992，98〜106頁)，こうした「集団製作のシステムは，戦後の週刊誌時代における原稿制作の原型となった」(粕谷，2008，258〜259頁)。

　大宅は1930年（昭和5）に全日本無産者芸術連盟（ナップ）に名を連ねる。1932年（昭和7）10月5日には，共産党員にカンパをしたかどで検挙され1週間勾留されている。

（3）戦中から敗戦まで

　大宅は1935年（昭和10）に朝鮮・満州・香港，1936年（昭和11）に南洋諸島，1937年（昭和12）から翌年にかけて中国・香港，1940年（昭和15）蒙古，1941年（昭和16）満州へと渡っている（『大宅壮一全集』別巻，218頁)。また1940年（昭和15）に理研科学映画常務取締役兼製作部長に，1941年（昭和16）10月に満州映画協会啓民映画部次長となっている（阪本，2015，88頁，同，2016，120頁)。

　1941年（昭和16）12月太平洋戦争不可避の状況下，大宅はジャワ派遣軍宣伝文

「啓民文化指導所本部及び映画部指導委員」として紹介されている大宅壮一
（『ジャワ・バル』第 9 号（1943 年 5 月），復刻版：龍渓書舎）

化部隊に徴用された。1942年（昭和17）10月ジャワ映画公社が成立し，大宅はその理事長となった。同社は1943年（昭和18） 3 月末をもって解散し，業務を日本映画社ジャカルタ支局と映画配給社ジャワ支社に譲渡移管した。大宅は，同年 4 月に設立された啓民文化指導所の総務に就任する（阪本，2015，89頁，同，2016，121頁）。その後10月に帰国した。

　翌1944年（昭和19）年初から東京都世田谷区八幡山で本格的な農業に従事した。妻・昌によるとこれは，「自給自足を目ざしてはじめた農耕であ」り，「米を作り，麦がとれ，いも，野菜類がとれ」「養蜂，養豚，養鶏と発展していった」（大宅昌，1971，125頁）。この生活を大宅は1948年（昭和23）まで続けた。

3　「マスコミの王様」へ

（1）　占領期――大宅壮一と猿取哲
　占領期の大宅についてはある通説が存在する。それは，大宅は敗戦後しばらく沈黙を続け1948年（昭和23）から翌年にかけて（「サルトルの哲学」をもじった）「猿取哲」のペンネームで復帰し，1950年（昭和25）頃から本名での活動を本格的に始めたというものである。しかし筆者の調べでは大宅は占領初期から本名で著述活動をしており，1948年（昭和23）から1950年（昭和25）ごろまでは本名とペンネームを使い分けて活動している（阪本，2011，106〜111頁）。そして，本名で発表した文章とペンネームでのそれをまとめた『人間裸像』（板垣書店）を1950年（昭和25） 6 月に刊行している。この作品によって，「大宅壮一」としての再登場を完全に果たしたと言えよう（阪本，2012，94〜95頁）。

（2）　「『無思想人』宣言」と「マスコミの王様」
　1955年（昭和30）に大宅は「『無思想人』宣言」を『中央公論』 5 月号に発表した。ここで大宅は，「世間に通用している主義主張を決してもた」ず「厳正中立，

不偏不党，徹底した是々非々主義で押し通す」「名実ともに“無思想人”」「であることを天下に宣言」した。冷戦下の日本における左右の二項対立を背景とするなかで無思想であると宣言することは，インパクトを持つものであった。

　松浦によると，この1955年（昭和30）前後から大宅は「マスコミの王様」と呼ばれるようになる（『大宅壮一全集』別巻，197頁）。大隈秀夫も，半世紀に渡る活動期間のなかで1956年（昭和31）を「最も脂が乗ってきたころ」としている（大隈，1996，596頁）。

　昭和30年代は，戦前から存在するマスメディア（新聞・月刊誌・新聞社系週刊誌・NHKラジオ）に加え，新たなメディアが台頭した時代であった。具体的には，ラジオ民間放送開始（1951年（昭和26）），週刊誌ブーム（1956年（昭和31）の『週刊新潮』を皮切りとして10年間で50を超える週刊誌が創刊され，そのほとんどが出版社系週刊誌），テレビ本放送開始（1953年（昭和28）），テレビの普及（1950年代末から1960年代前半）である。

　そのなかにあって彼はマスメディアを横断し，「もっともひろい守備範囲をもつ評論家」（鶴見，1991，85頁）として活動を展開した。例えば『週刊新潮』1959年（昭和34）7月14日号巻頭グラビア「現代の顔　マスコミ選手　評論家・大宅壮一」によると，新聞・週刊誌・月刊誌の連載に臨時のものを加え原稿が月に50本，ラジオ・テレビ・対談・座談・講演等が月に50本あったという。

　大宅がそれだけポピュラリティーを得た大きな要因は，巧みな比喩と独特の造語によろう。広く知られるようになった「駅弁大学」は山本明が述べるように，大宅のもともとの意図を離れて「一人歩き」し独自の影響力を持つようになった（山本，1987，60頁。「一億総白痴化」について北村充史も同様の指摘をしている（北村，2007，192頁））。

　この昭和30年代大宅は，1954年（昭和29）から翌年にかけて中近東・ヨーロッパ・アフリカ・中南米・アメリカ合衆国に，1960年（昭和35）東南アジア・中近東に，1961年（昭和36）ソ連・東欧諸国へと，精力的に取材旅行をしている。また大宅は1951年（昭和26）頃から資料収集を始め17万冊の雑誌を遺したが，1956年（昭和31）頃から，収集した雑誌の記事のカード化に着手している。そのほか，1957年（昭和32）8月にはノンフィクション・クラブを発足させた。このとき青地晨，蘆原英了，藤原弘達，村上兵衛，丸山邦男，末永勝介，草柳大蔵，大隈秀夫らが集まった。

　この時期の連載の主要なものとしては，「昭和怪物伝」（『文藝春秋』1955年（昭和30）4〜12月号），「世界の裏街道を行く」（『サンケイ新聞』1955年（昭和30）2月1日〜9月20日），「日本の裏街道を行く」（『文藝春秋』1956年（昭和31）1〜12月号。第10回昭和31年度上半期「文藝春秋読者賞」），「日本の企業」（『週刊朝日』1957年（昭和32）7月14日号〜58年（昭和33）11月9日号）などが挙げられる。そして大宅は，1963年（昭和38）元日から，ライフワーク『炎は流れる——明治と昭和の間』の連載を『サンケイ新聞』紙上で開始した。

（3）晩年の大宅壮一

　この『炎は流れる』執筆のあいだに大宅は肥満体になり，それを解消するべく「コンニャク療法」を行った結果，栄養失調に陥ってしまう。そのため『炎は流れる』の連載を1964年（昭和39）10月3日をもって断念した。さらに1966年（昭和41）2月13日未明，期待をかけていた長男・歩が心不全で他界した。享年33歳であった。肉体的原因としては『炎は流れる』が，精神的原因としては歩の死が，大宅を疲弊させた。

　これらからも，昭和30年代は，マスメディアの基盤が整地されるとともに，大宅個人のコンディションが最盛期を迎えた時代であった。この最盛期を過ぎた1965年（昭和40）以降を，本項では大宅の晩年と位置づける。

　この年，大宅の晩年のいわば二大連載と言えるものが始まっている。一つは，「大宅壮一人物料理教室」「大宅対談」（『週刊文春』1月4日号〜70年（昭和45）11月30日号）であり，もう一つは「サンデー時評」（『サンデー毎日』10月17日号〜70年（昭和45）11月1日号）である。

　1966年（昭和41）7月に大宅は建国記念日審議会委員の10名のなかに選ばれた。大宅の出席は9回の審議会のうち1回で，12月8日に審議会が「2月11日」を答申する直前に辞任した。政府は9日の閣議で建国記念日を2月11日とする政令を公布した。大宅は辞任にいたる経緯を，『サンデー毎日』12月25日号の「サンデー時評」において説明した。

　同年9月，大宅は中国の文化大革命の最中に大宅考察団を組織し，三鬼陽之助，大森実，藤原弘達，梶山季之らを引き連れて訪中する。彼らは自前で一般旅行客として17日間中国各地をめぐり，詳細なルポを発表した。当時，「巨人大宅が激動の中国を探訪したことは，最大級の話題だった」（藤井，2010，53頁）。

　1967年（昭和42）1月大宅は，大宅壮一東京マスコミ塾を開講した。ここではノンフィクション・クラブの多くのメンバーが指導に当たった。同年5月には，ノンフィクション・クラブと同塾第1期の優秀者で東南アジアを訪問している。同塾は1970年（昭和45）の閉講までに8期480名の修了者を送り出した。

母校・茨木高校（旧制茨木中学校）創立70周年記念の講演会での大宅壮一と川端康成（昭和40年（1965）10月3日，同校久敬会所蔵）

　1969年（昭和44）9月文藝春秋社長・池島信平より，「大宅壮一ノンフィクション賞」の創設が発表された。これは大宅の「半世紀にわたるマスコミ活動を記念して」設けられた，「ノンフィクション分野における“芥川賞・直木賞”を目ざすもの」であった（「大宅壮一ノンフィクション賞応募規定発表」『文藝春秋』11月号，344頁，文藝春秋『文藝春秋七十年史』文藝春秋，1991，283頁）。

　1970年（昭和45）10月24日大宅は午後から3本の対談とテレビの収録を終え，山中湖の別荘に向かったが，26日息苦しさを訴え東京女子医大附属心臓血液研究所に入院した。11月22日早朝，心不全のため帰らぬ人となった。28日東京・青山斎場でマスコミ合同葬が行われた。池島が葬儀委員長を務め，川端が弔辞をよんだ。

4　大宅壮一の生涯と近現代メディア史

　以上の大宅の生涯を近現代日本のメディア史とともに整理したい（阪本，2008，129～130頁）。大宅が文章力を培った投稿活動は，近代日本を代表する新聞社・出版社の出版活動と重なるものだった。そして大宅が編集・評論活動を開始した戦間期は，都市部を中心に到来した大衆社会化状況のもと円本ブームの起きた時代であった。この時期彼は，大衆社会状況の萌芽をキャッチするとともに，小説・評論を商品ととらえる認識を抱き，大衆社会化状況のなかで活動を展開した。総力戦を挟んだ昭和30年代は，前田愛も指摘するように（『大宅壮一全集』別巻，

205～206頁），戦間期円本ブームなどにその萌芽が見られた大衆社会化現象が国民的に進行した時期である。そのなかで，「『文藝春秋』や多くの週刊誌に表現される知的中間層が拡大してゆく過程」（粕谷，2008，239頁）が見られた（しかもその週刊誌の形成は，戦間期における大宅の集団制作の考案とつながるものであった）。評論を商品ととらえる認識を抱き続けた大宅は，これを背景に「マスコミの王様」となったのである。

◆　参考文献

大宅昌『大きな駄々っ子——大宅壮一と共に歩んだ四十年』文藝春秋，1971年

松浦総三「トップ記事の製作——大衆文化の尖兵」江藤文夫・鶴見俊輔・山本明編『講座・コミュニケーション 4　大衆文化の創造』研究社出版，1973年

『大宅壮一全集』全30巻・別巻，蒼洋社，1980～82年

山本明「大宅壮一——偉大なる野次馬ジャーナリスト」扇谷正造ほか監修『ビジュアル版・人間昭和史 8　風俗の演出者』講談社，1987年

鶴見俊輔「後期新人会員——林房雄・大宅壮一」『鶴見俊輔集 4　転向研究』筑摩書房，1991年

植田康夫「大宅壮一の『知的労働の集団化』が戦後の週刊誌編集に与えた影響」『コミュニケーション研究』22号，1992年

大隈秀夫『裸の大宅壮一——マスコミ帝王』三省堂，1996年

北村充史『テレビは日本人を「バカ」にしたか？——大宅壮一と「一億総白痴化」の時代』平凡社，2007年

粕谷一希『戦後思潮——知識人たちの肖像』藤原書店，2008年

阪本博志「大宅壮一研究序説——戦間期と昭和30年代との連続性／非連続性」『文学』2008年 3・4月号

紀田順一郎監修『紀伊國屋書店評伝シリーズ　学問と情熱　第14巻　大宅壮一無思想の思想』紀伊國屋書店，2009年（DVD）

藤井淑禎「大宅壮一の文化大革命レポート」『大衆文化』第 3 号，2010年

阪本博志「占領期の大宅壮一——『大宅壮一』と『猿取哲』」『Intelligence』第11号，2011年

————「大宅壮一の『再登場』——1950年刊行の『日本の遺書』『人間裸像』に着眼して」『出版研究』第42号，2012年

————「大宅壮一の戦中と戦後——ジャワ派遣軍宣伝班から『亡命知識人論』『「無思想人」宣言』へ」『現代風俗学研究』第16号，2015年

————「没後45年『マスコミの王様』大宅壮一の知られざるプロパガンダ映画」『東京人』2月号，2016年

［阪本博志］

第2章　田　英夫
—— ニュースキャスターの草分け

[でん・ひでお] 1923年，東京生まれ。1947年，東京大学経済学部を卒業後，共同通信社に入社し，社会部長，文化部長を歴任。1962年，「JNN ニュースコープ」の初代キャスターに就任。1964年，TBS に入社し，解説室長兼キャスターとして活躍した。1968年，前年の「ハノイ・田英夫の証言」に対する政府の圧力にからみキャスター辞任。TBS 退社後，1971年から2007年まで参議院議員を務めた。2009年死去。

「JNN ニュースコープ」（以下「ニュースコープ」）の初代キャスターを務めた田英夫は，そのスマートで柔らかい語り口によってテレビの前の視聴者から人気を集めた。一方で，「報道の自由」「反戦・平和」を生涯にわたって唱え続けた骨太のジャーナリストでもあった。日本初のニュースキャスターはどのように誕生したのか。テレビ時代のジャーナリズムに求められる役割とはどのようなものなのか。「ニュースキャスターの草分け」と言われる田の生涯をたどりながら考えてみたい。

1　原体験としての戦争

（1）学徒出陣で特攻隊へ
　田英夫は1923年（大正12）6月9日，鉄道省の官僚だった父・誠，母・栄子の次男として，東京府東京市（現・東京都世田谷区）に生まれた。祖父は第八代台湾総督や第二次山本権兵衛内閣の農商務大臣兼司法大臣を務めた男爵の田健次郎である。敷地1万5000坪の自宅の庭には，こんもり茂った林や森があり，子どもの頃の田英夫は，野兎が跳ね回る林の中を真っ黒になって探検して歩いたという。
　戦中派世代である田英夫は戦争の拡大とともに育った。田が学習院初等科に入学したのは1930年（昭和5），その翌年に満州事変がはじまった。中等科に進んだのが1936年（昭和11），その翌年に盧溝橋事件が起こり，戦争は中国全土に拡大し

た。さらに高等科に進んだ1941年（昭和16）には太平洋戦争が勃発した。大正デモクラシー育ちの両親は軍部や戦争に対して強い批判を持っていたが，田自身は典型的な軍国主義教育を受けて，軍国少年として育った。

　1943年（昭和18）10月，田英夫は東京帝国大学経済学部に入学する。そのわずか2ヵ月後に田自身が戦争に行くことになった。いわゆる学徒出陣である。ボートに爆薬を積んで敵艦に体当たりする海軍震洋特攻隊に所属し，本土決戦に備えて特攻艇の訓練に励んだ。多くの若い仲間が戦争で死んでいった。敗戦は宮崎県の特攻隊基地で迎えた。こうした強烈な戦争体験が，のちにジャーナリストとして生涯にわたって平和を訴え続ける原体験となった。

（2）敗戦後，共同通信に入社

　敗戦後，復学した田英夫は，新憲法と民主主義の新しい日本に胸を躍らせた。1947年（昭和22），東京大学経済学部を卒業し，共同通信社の記者となった。

　　戦争に行くまでは，基本的には国際問題に興味がありましたから，外務省の役人は面白いかもしれないな，などと役人になることを私は考えていました。しかし，特攻隊から帰り，大学に戻ってからは，新しい憲法ができたり，民主主義の問題がでてきて，世の中が急速に大きく転換することになりました。そうした中で，日本の社会の変化というものを追うことができるのではと考えて選んだのが新聞記者という仕事です（田，2002，86〜87頁）。

　共同通信社に入った田英夫は，新聞記者として幅広い経験を積んだ。最初に校閲部に所属した後，社会部記者として1949年（昭和24）の下山事件，三鷹事件などを取材した。1950年（昭和25）には入社3年目にして労働組合の書記長に抜擢された（その後レッドパージでしばらく静岡支局へ転勤することになった）。また1956年（昭和31）には第一次南極観測隊報道担当隊員として南極観測にも参加した。1960年（昭和35）には36歳の若さで社会部長となり，60年安保報道に取り組んだ。田英夫のジャーナリストとしての批判精神は，この共同通信社時代に鍛え上げられていった。

2　ニュースキャスターの誕生

（1）「ニュースコープ」初代キャスターに就任

　1962年（昭和37）9月，社会部長から文化部長となったばかりの田英夫に転機が訪れた。

　　ある日，TBSの報道局から電話がかかってきて，今度新しいワイドニュース番組を制作することになったので，「お知恵を貸していただきたい」と言ってきた。そこで新番組作りのアドバイスをすればいいのだろうと，気軽な気持ちでTBSへ行ってみると，ロビーでお茶を飲みながら軽い雑談を交したあと，「チョットこちらへ」とFスタジオという所に連れて行かれた。その薄暗いスタジオの中央にカメラがあって，真ん中に椅子が置いてある。そこに坐って原稿を読んでくれというのである。あとで判ったことだが，それがオーディションだった（田，1972b，102〜103頁）

　TBSはこの年，ラジオとテレビの報道部を統合して報道局を発足させ，新しいテレビニュース番組「ニュースコープ」（月から土曜日，18時30分〜18時50分）をスタートさせようとしていた。「テレビドラマの制作力は芸術祭の賞を独占するほどのレベルに達したので，次は報道に力を入れる，という今道潤三専務の意向が背後にあった」（東京放送編，2002，199頁）という。「ニュースコープ」が目指したのは，テレビ時代にふさわしい，キャスターを起用した本格的なニュース番組を実現することだった。

　それまでのテレビニュースはニュース映画の手法を脱却できていなかった。そもそもテレビの初期には，ニュースは朝・昼・夜に5分から10分程度，番組間の穴埋めとして放送されるだけだった。しかもその一部は各新聞社系のニュース映画社によって制作され，映像で表現するのが難しいニュースは敬遠されがちだった。フィルムで取材してきたそれらの映像の背後で，アナウンサーが顔を見せずに原稿を読むスタイルが主流を占めた。

　「ニュースコープ」の準備に当たったニュース課長の宿屋禮一によれば，「速報性を命とするテレビの機能からすれば，このやり方はどうしても不合理でした。

政治，経済といった映像になりにくい素材も取り上げたい。また，ニュースの中に生中継や解説をスムーズに入れたい。そのためには，スタジオからじかにニュースを発信する『スタジオニュース』でなければダメ，という気持ちが底流にあった」という（読売新聞編，1994，591頁）。

　オーディションの結果，田英夫はこの新しいテレビニュース番組のキャスターに抜擢された。田はかつてマスコミ代表として南極観測隊に参加するなど，記者として十分な実績もあり，テレビ出演時の受け答えも明快だった。またもう一人のキャスターには，読売新聞社出身の戸川猪佐武（のちの衆議院議員）が選ばれた。月火水の週前半を田が，木金土の週後半を戸川が担当することになった。こうして1962年（昭和37）10月1日，日本初のキャスターニュース「ニュースコープ」はスタートした。

（2）新しいテレビニュースを目指して

　そもそもニュースキャスターというのは日本独特の呼び名である。「ニュースコープ」の準備チームの間で，いつからかニュースを伝える人をキャスター（caster）と呼ぶようになっていったという（東京放送編，2002，200〜201頁）。アメリカのテレビではニュースキャスターという言葉を使わない。日本のニュースキャスターにあたる職業は，アメリカではアンカーパーソン（anchor person）あるいは単にアンカーと呼ばれる。

　アンカーとは「リレーの最終走者」を意味する。つまりニュース番組におけるアンカーとは「集められたニュースを最終的に視聴者に受け渡す役」のことである。アンカーという言葉には，記者や編集者がリレーしてきたニュースを，最後に責任を持って視聴者に届けるものだという意識が込められている。したがってアンカーは単なるテレビ出演者ではなく，ニュースの取材編集過程に対しても実質的な責任を負うジャーナリストだと考えられている。

　アメリカの放送でアンカーの元祖と言われるのはエド・マロー（1908〜1965）である。マローは第二次世界大戦中，CBSラジオのロンドン特派員として活躍した。戦後，テレビに移ったマローは，1951年にテレビ初の本格的報道番組「シー・イット・ナウ（See It Now）」をはじめる。赤狩りの恐怖に揺れる当時のアメリカで，マッカーシー上院議員の策謀を正面から批判，彼を辞任に追い込んだ話はとりわけ有名である。マローは草創期のテレビにジャーナリズムの礎を築いた

人物としていまも高く評価されている。

　同じ CBS でマローの伝統を継いで，本格的なニュースアンカーとして活躍したのが「アメリカで最も信頼される人物」と言われたウォルター・クロンカイト（1916～2009）である。1962年に「CBS イブニングニュース」のアンカーとなったクロンカイトは，1981年までこの看板ニュース番組のアンカーを務め，アメリカのネットワークで絶大な人気を誇った。クロンカイトはアンカーとコメンテーターの役割を明確に区別し，画面上では個々のニュースに論評を加えることはしなかった。抑制の効いた声で，淡々とニュースを伝えるそのスタイルは，視聴者から大きな信頼を獲得し，その後のアンカーの手本となった。

　「ニュースコープ」が目指したのは，CBS のクロンカイトのようなキャスターニュースを日本にも導入することだった。「ニュースコープ」の準備チームは，「CBS イブニングニュース」のビデオテープを取り寄せ繰り返し見て，フィルム映像だけに依存しないテレビニュースの伝え方を勉強した。田英夫もニューヨークの CBS スタジオを訪ね，1 日中クロンカイトに付き切りで勉強したことがあるという。

　こうして誕生した日本初のキャスターニュース「ニュースコープ」は視聴者に新鮮なイメージを与え，テレビニュースのあり方を大きく変えた。TBS はこの「ニュースコープ」の開始と，民放で最初の報道局の設立をきっかけに，やがて「報道の TBS」と呼ばれる時代を迎えていく。田英夫も1964年（昭和39），共同通信社を退社し TBS に正式入社，解説室長として「ニュースコープ」に専念することになった。

3　「ハノイ・田英夫の証言」の波紋

（1）ハノイの微笑

　キャスター田英夫にとって大きな転機となったのはベトナム戦争である。田は言う。「私は正直いって，ニュースキャスターとして，自らの信条を明確に述べたことは数えるほどしかない。少なくとも，定時ニュースである『ニュースコープ』のなかでは，努めて，私見を混えるのを排除してきた」「ただし，私が取材し，確認した情報については，私は恐れることなく，番組のなかで発表し，その事実をもとに，私なりの見解と見通しを述べた。『特別番組ハノイ・田英夫の証

言』がそれである」（田，1972a，41～43頁）。

　1967年（昭和42）8月，田は西側のテレビ局として初めてハノイを取材し，北ベトナム側から見たベトナム戦争の実態を芸術祭参加の特別番組「ハノイ・田英夫の証言」で伝えた。当時，ベトナム戦争に関する報道は，アメリカ側の立場からなされたものがほとんどだった。田は，スタジオで北ベトナムの状況を伝えるフィルムを映写しながら，自分で取材した結果に基づきベトナム戦争に関する見通しを解説した。「意外にも，ハノイの街には『明るい微笑』が溢れている。アメリカがいかに北爆を強化しても，北ベトナムの人民は決してこの戦争に負けないだろう」と述べた。

　しかし，これが自民党の電波族から共産主義を宣伝する偏向番組であると非難された。「ハノイ・田英夫の証言」の放送後，TBSの今道潤三社長，橋本博常務，島津国臣報道局長が東京・平河町の自民党会館に呼ばれ，長谷川峻広報委員長をはじめ，田中角栄，橋本登美三郎らから圧力を受けたという。当時，日米安保体制を堅持したい政府・自民党はベトナム戦争や国内の反戦活動に関する報道に神経をとがらせていた。

　実際，TBSではこの時期，政府・自民党からの介入・圧力が相次いだ。萩元晴彦が演出したドキュメンタリー「現代の主役　日の丸」をめぐって，閣議で小林武治郵政大臣が「偏向している」と発言したため，電波監理局の調査が行われた。またTBS取材班のマイクロバスが成田空港建設に反対する農民とそのプラカードを乗せていたことが「暴力行為に加担している」として問題視された。政府・自民党からの非難・圧力が強まるなか，TBSは社内に多くの処分者を出さざるを得なくなった。1968年（昭和43）3月27日，ついに田英夫も「ニュースコープ」のキャスターを降板することになった。

（2）キャスター降板，国会議員へ

　キャスターをやめた田英夫は，報道制作部長，調査部長を務めた後，フリーのジャーナリストになることを決め，1970年（昭和45）10月にTBSを退社した。考えに考え抜いた末の結論だったという。1971年（昭和46），「ジャーナリストとして政治に参加する」を旗印に，参院選全国区に社会党から立候補し，192万票を集めてトップ当選を果たした。

　私がニュースコープをやめたとき，TBS 労働組合と報道人は，ただちに抗議の行動を起し，ゼッケンをつけ数寄屋橋までデモ行進をしてこのことを市民に訴えた。ただそのとき，私は，その中に完全に自分自身をおくことができなかった。本来ならば，その人たちと闘いを共にし，さらには，その闘いを全ジャーナリストに拡め，国民に訴えるべきであった。そうすれば，もっと強力な闘いも可能であったはずだと深く反省している。この反省が，参議院選挙に立候補することを決心したひとつの原因にもなっている。あのとき，もっと闘うべきだったという反省も含めて，これからは政治の世界で「報道の自由」を守る闘いを展開していく（田，1972a，26頁）

　その後，田英夫は1977年（昭和52）の参院選全国区でも 2 期連続でトップ当選を果たした。1978年（昭和53） 3 月，菅直人や江田五月らと「自民党政権の打倒」を掲げて社会民主連合（社民連）を結成し，代表に就任した。1997年（平成 9 ）には，土井たか子が党首を務める社会民主党に復帰した。当選 6 回，通算34年におよぶ議員生活では，市民感覚で主として外交・防衛問題に取り組んだ。とくに晩年は戦争の語り部として，自らの特攻隊での体験をもとに，民主的な平和憲法の尊さを訴え続けた。

4　生涯ジャーナリストとして

　その著書『真実とはなにか――わが体験的ジャーナリズム論』の冒頭で，田英夫は次のように述べている。

　民主主義が本当に守られ，国民が政治の主人公であるということが具現するためには，ジャーナリズムが常に世の中の「真実」の姿を伝えられるようになっていなければならないはずである。なんらかの権力が，その力にものをいわせて自分たちに都合の悪い事実を，国民に伝えないようなことがあったならば，もはや民主主義は絶対に守られないはずである。だが残念ながら現在の日本では，政治権力が経済的権力と手を握って「真実の報道」を抑圧しているのが実態である。私がいまの日本の政治にとって民主主義の確立こそが最大の課題であると言っている意味はここにある（田，1972b，2頁）

　田英夫は，国会議員となってからも，日本のジャーナリズムの危機的状況を憂い，民主主義を守るためにはこうした状況を打破する必要があると繰り返し訴えた。新聞記者から，テレビのニュースキャスター，国会議員へと立場は変わっても，権力を監視するジャーナリズムの役割，報道の自由の大切さを唱え続ける姿勢は終始一貫して変わらなかった。その意味で，田英夫は生涯ジャーナリストだった。

◆ 参考文献

田英夫『ハノイの微笑——戦う北ベトナムの素顔』三省堂，1968年
『マスコミの危機——権力に屈する日本のジャーナリズム』市民書房，1972a 年
『真実とはなにか——わが体験的ジャーナリズム論』社会思想社，1972b 年
松田浩『ドキュメント放送戦後史2』双柿舎，1981年
田英夫・岩附茂『こちら現場——田英夫の国会・緊急発信』JPP 神保印刷出版社，1989年
読売新聞芸能部編『テレビ番組の40年』日本放送出版協会，1994年
田英夫『特攻隊だった僕がいま若者に伝えたいこと』リヨン社，2002年
東京放送編『TBS50年史』東京放送，2002年
萩元晴彦・村木良彦・今野勉『お前はただの現在にすぎない——テレビになにが可能か』
　　朝日文庫，2008年

［丹羽美之］

第3章　沢田教一

——ベトナム戦争報道写真でピュリツアー賞を受賞した日本人カメラマン

［さわだ・きょういち］1936年2月22日，青森県青森市に生まれる。高校卒業後，地元の写真店を経て，1961年12月にUPI通信社東京支社へ入社。1965年9月に撮影した「安全への逃避」で世界報道写真展ニュース写真部門大賞やピュリツアー賞を受賞。その後も米軍に従軍し，戦争に翻弄される兵士や農民たちを撮り続け，ロバート・キャパ賞など多くの写真賞を受けた。1970年10月28日，取材の移動中にカンボジア国道2号線で狙撃され亡くなった。享年34歳。

　沢田教一は，世界でもっとも著名な日本人ニュースカメラマンである。ベトナムで，爆撃から逃れようと必死で川をわたる親子を撮った「安全への逃避」のほか，「泥まみれの死」「敵を連れて」「フエ王宮の攻防」など，撮影した戦争記録写真は約5万枚に及ぶ。しかし，プロの職業写真家でありたいと願う沢田の前には常に，学歴重視や白人優位といった社会制度の厚い壁があった。戦場を行く沢田の歩みは，その壁に挑む戦いでもあった。

1　青森から東京へ

（1）13歳。新聞配達で買ったカメラ

　沢田教一は，1936年2月22日，青森県青森市に生まれる。父は郵便局員，母は内職で家計を支えた。橋本国民小学校4年生の時に日本の戦争が終わった。父は第二次世界大戦で召集されたが病気で復員した。1945年，沢田が9歳の時に1歳の妹が亡くなっている。同年7月，青森市の中心部にあった実家周辺が空爆を受け，焼夷弾のなかを逃げた。沢田自身の戦争の原風景は，米軍機に焼かれる故郷の戦争体験にある。

　焼け出されて沖館小学校に転校し，沖館中学校を経て，1954年に市内有数の進学校である青森高校を卒業した。中学校の頃から写真に興味を持ち，学校の部活では写真部に所属した。新聞配達のアルバイトで貯めたお金を頭金に，カメラを

月賦で購入したのは13歳の時だった。まずカメラを向けたのは，内職をする母だった。

　高校の同級生だった劇作家の寺山修司は，のちに沢田のことを聞かれて「体が大きくて，にきびがいっぱいで，人懐っこくて，相手にのめりこんでいく性格」と答えている（記録映画『サワダ』）。

　二回の早稲田大学受験後に進学を断念した1955年，青森市内の小島写真店に就職する。その後，同店の親戚が経営する第五空軍三沢基地内のPXショップに転勤し，ポートレートなどを撮るようになった。当時の三沢市は，朝鮮戦争が収束に向かいつつある米空軍基地の街だった。

（2）三沢基地での二つの出会い

　このPXショップには，沢田の人生を方向づける二つの大きな出来事があった。一つは，妻となる田沢サタとの出会いである。自らも写真を撮り，英語力と抜群の社交性のあった11歳年上のサタと，沢田は会ってほどなくして結婚した。長男のこの就職や結婚の選択に，沢田の父親は猛反対したが，沢田は自分の決めた道を歩む。

　もう一つは，米軍基地内での米軍将兵たちとの交流である。沢田は，ゲート前に新居を構え，基地内の職場と行き来しながら，日本の中の米国，そして，米国の中の軍と，付き合い始めた。米兵の家族に頼まれて記念写真を撮り，ホームパーティに誘われてダンスを楽しんだ。そういった夫妻の付き合いの輪のなかに，写真技術に詳しいエドワード・グラフ大尉がいた。グラフから教わった写真技術などを，びっしりと書きとったノートが残っている。沢田は，軍仕込みの写真技術や，英語による写真表現の専門用語，兵士たちとの日常英会話などをここで身につけた。

2　ニュース通信社UPI東京支局（アジア総局）

（1）プロのカメラマンを目指して東京へ

　夫婦での撮影旅行なども楽しんだ三沢だったが，朝鮮戦争が終わって静かになってきた。1961年，本格的にプロのカメラマンになることを目指して，沢田夫妻は東京へ出る。三沢で知り合った米軍将校の口添えを得て，米国のニュース通信

社 UPI の東京支局（アジア総局を兼務）に入社した。

　UPI 東京支局で，ジャーナリストとしての経験のない沢田の主業務は，内勤の写真編集，すなわち，暗室作業と配信事務だった。支局内でのランチは，いつも持参のサンドイッチ弁当とインスタントコーヒー。音楽はクラシックを楽しんだ。

　写真記者として実績を積みたい沢田は，撮影に人手が必要でチャンスがあれば，すかさず撮影した。1964年6月の新潟地震や，同年10月の東京オリンピックなどでも撮影している。

　この頃日本の新聞社写真部から，転職の誘いがあった。沢田は気持ちが揺れたが，妻のサタは反対した。年功序列，学歴重視の日本企業に中途入社するより，実力主義の外資系企業の方がいい，との理由からであった。それに沢田も共感し，転職ではなく，社内転勤の可能性を探り始めた。

（2）休暇を取って自費取材を敢行

　ベトナムの内戦状態が激しくなってくると，沢田は支局長に「サイゴンで働きたい」と打診した。しかし，支局長は沢田をベトナムへ出さなかった。理由は，アメリカの戦争はアメリカ人の方がアメリカにとっていい写真が撮れると思った，という（記録映画『サワダ』）。

　米国企業の現地法人には，米国本社採用と，現地採用と二つの採用方法がある。これは，今日でも多くの外資系企業がとっている方法である。沢田は，外資系企業 UPI の東京現地採用だった。現地採用は，その現地責任者の裁量と現地の予算のなかで運用されるもので，本社採用人事とは異なる。本社採用は高給で，諸手当や，事故に遭ったときの補償などもしっかりしているが，現地採用はあくまでも本社採用スタッフの補助役なので，待遇も仕事もそれなりだった。当時の東京支局長の沢田に対する評価もそれなりだった。

　沢田は，いずれ本社採用のカメラマンになることを目標にした。現地採用のデスクワーク要員から，そこまでの道のりは遠い。必要なことは，プロのカメラマンとしての優れた実績である。米国の国際通信社にとって，当時もっともホットな取材現場はインドシナにあった。そこでの写真を会社が認めれば，可能性が開けるかもしれない。しかし，日々の内勤業務だけでは，実績を作ることはできない。

　沢田の思いは募る。1964年12月に皇太子夫妻のタイ訪問を撮影した帰路，沢田は南ベトナムの首都サイゴンに立ち寄った。サイゴンでは，1963年5月あたりから仏教徒の弾圧が激化し，それに抗議する僧侶の焼身自殺が続いた。1964年8月にはトンキン湾事件が起こり，内戦状況は明らかに変化してきていた。

　沢田は，UPI 東京支局に休暇願を出し，自費で取材を敢行する決心をする。渡航費，滞在費，取材費のいずれも自前となるが，予定出費50万円のおよそ半分しか手持ちがなかった。そこで，いくつかの通信社に声をかけた。フォト・ジャーナリストの小川卓によると，UPI －サンの森垣辰己取締役が，地方紙11社の在京編集部長会に話をつなぎ，週一本の記事と写真を送る条件で150ドル，という契約が7社と成立した（沢田，1985，180頁）

　ベトナム戦争の前線取材では，当時フリーのカメラマンはストリンガーと呼ばれ，1枚15ドルで写真を切り売りする者もいた。のちに，UPI サイゴン支局勤務になった沢田の週給は80ドル。いずれにせよ，ハイリスクの対価としては，まったく金銭的には見合わないスタートだった。

（3）岡村昭彦に会う

　戦争取材経験がない沢田は，日本人として初めて南ベトナムの戦場からルポを伝えた PANA 通信の岡村昭彦を訪ねた。PANA 通信社は，「アジア人による，アジアのための，アジア通信社」を標榜する通信社だった。この頃，ベトナムから現地の様子を映像で日本に伝えていたのは，岡村のほか，ABC 放送の平敷安常，石川文洋や嶋本啓三郎など，まだ数人だった。

　沢田は岡村に，二つのことを訊ねている。一つは，これからベトナム戦争取材を始めて遅くないか，ということだった。もう一つは，取材は個人で行うので資金があまりなく，取材中の荷物を岡村のアパートに置かせてもらえるだろうか，ということだった。岡村は申し出を受け入れ，取材に出ようとする沢田の背中を押した。

　岡村はもともと，日本で筑豊炭田の労働者たちを取材していた。社会的不条理に傷つけられ，しかし幾度でも立ち上がる人々を見つめるまなざしを持っていた。ベトナム戦争取材でも，写真記録が「戦争をやめさせる最大の力」であり，「平和のためにたたかう人間のいるかぎり，私はその人たちの中に生き続けてゆきたい」と，自らのスタンスをはっきりさせている（岡村，1986，7頁）。一つの戦争

を闘う両者それぞれの側から取材する，という目標も最初から持っており，実行した。その結果，南ベトナム政府から入国を禁止されることになった岡村は，次のように記している。

　「……解放戦線の英雄的な戦闘についてよりも，むしろ解放区に生きる無名の平凡な民衆──ヴェトナムの土に生き土に眠る農民たちや婦人や子供たちの，素朴な，あるがままの生活の真実に触れたいと願った」「……アメリカのいうように，ヴェトコンと呼ばれる人々が，北ヴェトナムから潜入してきた共産主義者によって操られる，赤い狂信者の集団であるか，それとも南ヴェトナムの民衆がみずからの解放をもとめて結集した，たぐいまれなアジア的抵抗組織であるのか，という問いを解くための一つの資料となればさいわいである」（前掲書，218頁）

　岡村は，訪ねてきた沢田に，何のためにベトナムへ行くのかと問うている。沢田は，写真展に出す写真を撮りに行きます，ときっぱり答えたという（記録映画『サワダ』）。この時点で，自らの戦災体験以外に戦場を知らない28歳の沢田の，さまざまな思いはまだ言語化されていない。それはやがて，ベトナムで撮った5万枚を超える写真となって，あふれ出てくることになる。

3　1965年2月　サイゴン

（1）従軍カメラマンの第一歩

　UPI 東京支局から休暇をとって，沢田がサイゴンのタンソンニャット空港に降り立ったのは，1965年1月31日。サイゴン市内は旧正月を迎え，人々が寺院で祈りを捧げていた。

　UPI サイゴン支局には，アンリ・ユエがいた。従軍取材の現場には，AP 通信のエディ・アダムスやピーター・アーネットらもいた。いずれも，ベトナム戦争取材で，後世に残る記録写真を多数残している。そういった人々が，サイゴン市内と前線を行き来しながら，ニュース写真取材を続けていた。

　米軍は，ジャーナリストを少佐待遇以上とし，輸送の優先順位の3番目に位置づけ，希望があれば移動手配に力を尽くした。ケネディ大統領が，ジャーナリストの報道の自由を認めて協力するように，と軍に指示を出したからだった。

　前線からのニュース写真は，いつ，どの部隊に同行し，どの作戦に従軍するかで，成果が大きく左右された。戦場取材を始めたばかりの沢田が，ベテランの写

真家と同じ部隊に同行しながら撮影の数をこなし，前線取材に必死に食らいついていたエピソードが，いくつも残っている。最初は装備もままならず，ワイシャツに革靴だった。

　カメラマン同士のスクープ合戦は，戦場でも同じだった。生死の分かれ目に直面する現場で，会社のバックアップのない沢田は，良い写真を撮るためのカメラマン同士の厳しい競争にも身をさらしながら，前線取材の感と技術を磨いていった。

（2）北爆が始まった

　沢田は到着後すぐの2週間で，サイゴン，ビエンホア，フックトイ，ダナンの4ヶ所を歩いている。ダナンを除き，まだのどかなベトナムの庶民の暮らしがあった。しかし，1965年2月7日早朝にブレイクにある米軍キャンプが襲撃され，同日夜には南ベトナム在住の米国人家族1800人の即時引き上げ命令が出た。ベトナム戦争の様相は，ここで一気に変容し，米国の本格的な武力格介入によって，全土が激しい戦闘状態へと突入していった。まさに，ニュース写真のタイミングからいえば，ハイライトの時期に沢田はサイゴンに入ったことになる。

　休暇中の沢田の自費取材写真を，UPIサイゴン支局の写真部長ダーク・ハルステッドは高く評価した。サイゴン支局は，エスカレートする米軍の作戦展開のため，急に多忙となった。沢田は最初から即戦力として，サイゴン支局の人々に評価され，良い交流が生まれていった。

　沢田は1ヶ月の休暇のあと，もう1ヶ月サイゴン支局にとどまることを依頼された。政府軍内部のクーデター，解放戦線容疑者の公開銃殺，沖縄駐留の米海兵大隊のダナン上陸。情勢は刻々と変化した。東京に戻った沢田はサイゴン支局行きを希望し，やがてサイゴン支局からも声がかかり，沢田はようやく7月にサイゴン支局へ転勤した。

4　従軍取材の日々

（1）「安全への逃避」

　沢田のベトナム写真のなかでもっとも著名な1枚が，「安全への逃避」である。1965年9月6日，クイニョン北部のロクチュアン村の掃討作戦に同行した時に撮

影したものだ。村への掃討爆撃作戦の直前に退避勧告を受けた二組の母子が，川を泳いで逃げる。赤子を片手に抱いた母親，女児を抱えるもう一人の母親，すぐ後ろに少年。寄り添う五人はいずれも，川の流れのなかで必死の形相だ。

　沢田は，この親子を追って，何回かシャッターを切っている。沢田は，親子が川から這い出るときに手を貸して引き上げてやっている。川からあがった親子は寒さに震える。後で，親子が避難した小屋にやってきた沢田は，催涙弾でただれた子供の目を，しぼったタオルで拭いてやった。

　この写真は，UPI から 'Flee to Safety' とのタイトルとともに世界に配信され，その年の世界報道写真展ニュース写真部門で1位となった。授賞式はハーグで開かれ，招待された沢田は，オランダのベルンハルト殿下から賞金や金色のトロフィーを祝福ともに受けとった。

　続いて，翌年のピュリツアー賞写真部門，アメリカ海外記者クラブ賞，US カメラ賞なども受賞。米国で開かれた受賞式には，UPI 本社上層部もそろって出席し，ホワイトハウスで開かれたプレス主催の大きなパーティーにも招待されて出席した。世界的なニュースフォトグラファーらと肩を並べ，無名の日本人カメラマンは，1枚の写真によって世界にその名を知られるスターカメラマンとなった。

　ピュリツアー賞写真部門は，米国メディアに掲載された1年間のニュース写真のなかで，もっともすぐれたものを表彰する。日本人カメラマンでは，1961年に長尾靖（毎日新聞社）が浅沼稲次郎社会党委員長の刺殺の瞬間を捉えて受賞している。同賞は1968年に企画写真部門とニュース速報写真部門の2部門構成となった。その最初の企画写真部門では，沢田の後輩であり，のちに沢田の遺骨を家族に届けた酒井淑夫（UPI 通信社）が，ベトナム戦争に従事する米兵たちの束の間の休息を写して，受賞した。

（2）「泥まみれの死」

　沢田は，サイゴン支局に赴任後2ヶ月で，この写真を撮った。しかも，戦争のニュース写真でありながら，戦闘中でも兵士でもない庶民の姿をとらえ，戦争が人間にもたらす普遍性を凝縮して見せている。確かな技術とゆるぎない眼差しが，そこに見てとれる。

　沢田はのちに，この親子を探して村々を歩き，再会して受賞賞金の一部と写真

を手渡している。添え書きには,「幸せに」と記した。

　その後も,「敵を連れて」(1966年1月29日,ボンソン北部),「泥まみれの死」(1966年2月21日,タンビン)などで写真賞をとるなど,前線で米軍従軍取材を続けた。

　沢田の写真を時系列で見ていくと,ベトナムの戦況が刻々と激しいものになっていく様子がよく分かる。米兵の表情も,交戦の行われている市街やジャングルの様子も,すさまじい破壊の一途である。農婦や子供たち,あるいは,兵士たちの底なしの恐怖,嘆き,爆撃によって傷つき苦しむ呻き。死が続く,激しい現場ばかりだ。

　沢田は,米軍の白人兵士と黒人兵士がたがいに助け合う姿,同じベトナム人が敵味方に分かれて対峙する姿を,1枚に収めて撮ることが多かったという(「NHK特集　カメラマン・サワダの戦争」)。戦場でふと見せる農民たちの姿にもレンズを向けた。傷ついた兵士や現地の人々の生活など,ニュース配信されにくいことが分かっていても,沢田は撮り続けた。

(3)沢田の夢

　戦局は拡大したまま硬直した。1967年6月,『サンデー毎日』に掲載されたルポで沢田は,爆撃中でしばらくそこに仰向けになる以外どうしようもなくなり,弾丸の飛びかうなかでみた青い空のことに触れている。翌年1月,解放戦線は,ジャングルでのゲリラ戦から,市街も含めた全土での徹底抗戦へと戦術を変え,一斉蜂起した。生きていることが不思議なくらいの激戦に突入した。いわゆるテト攻勢である。

　その翌月,沢田の代表的な取材の一つとなるフエ王宮の争奪戦がおこった。砲弾をよけるために戦車の後ろに身を寄せ合っている米兵たち。戦車の上には負傷兵を乗せている。生死が紙一重だと一目で分かる激戦だった。ここでも,沢田は一組の親子の姿を追っている。顎を撃たれて口の中が血でいっぱいの子どもを抱え,歩いてきた母親がしゃがみ込む。沢田は母親を米軍トラックへ連れて行き,野戦病院への搬送を頼んだ。後でどうなったかを病院で訊ね,命は助かったことを確認した。

　1968年9月,沢田はUPI香港支局の写真部長として転勤する。ニューヨーク採用を希望したが,管理職としての経験がないとの理由から,会社側は沢田に香

港行きを指示した。本社採用は依然として遠かった。香港では，支局長チャールズ・スミスの内勤手伝いとなった。現地採用のどのスタッフも特別扱いしない，という支局長の方針のもとで，写真家沢田は行き場を失った。

　1970年1月，沢田はサイゴン支局に再赴任した。4月にカンボジアへ侵攻した米軍とともに，プノンペン支局を拠点として，カンボジアやラオスの取材を続けた。同年10月28日，大雨の夕方にカンボジア国道2号線をジープで移動中，プノンペンの南34km あたりで襲われ射殺された。同じく射殺されたプノンペン支局長のグランク・フロッシュに同行していた時の出来事であった。

　戦場取材で沢田が意図的に持たなかったものが，二つある。望遠レンズと銃である。遺品にはアンコールワットの資料が入っていた。同業の友人には，「戦闘服を脱いで，村から村へ歩いてみたい。民衆の生活をまだ撮っていない」と語っていたという（記録映画『サワダ』）。平和になったベトナムの美しい農村で，水牛の首の鈴の音を聞きながら歩きまわって撮る沢田の写真は，どんなものになっただろうか。

（4）ベトナム戦争とカメラマン

　ベトナム戦争を取材したジャーナリストは，1965年からの10年間でも3千名を超えるだろうと，石川文洋は記している。日本人スチールカメラマンだけでも約50人。ベトナム，ラオス，カンボジア取材で亡くなったジャーナリストは172人と考えられている。そのなかには，日本人15人と，南と北のベトナム人ジャーナリスト72人が含まれている（『戦場』14頁）。

　ホーチミン市（旧・サイゴン）の戦証博物館に，沢田の「安全への逃避」が大きく展示されている。2004年に筆者が現地を訪問した時，多くの人々が，その写真の前に足を止めては指さし，親しみをもって語りあっていく。2005年，香港のプレスクラブの1階でも「安全への逃避」を見かけた。国際ニュース取材のプロ中のプロたちの拠点に掛けられる写真は多くない。力ある写真は撮り手の心をも写し，その思いは時の流れに埋もれることなく，伝わるものだ。

　それにしても，「安全への逃避」というタイトルを，沢田はどう思っていただろう。米軍がやって来なければ，もともとはのどかな農村だ。沢田の撮った「泥まみれの死」は，死んだ解放戦線兵士の素足を縄でしばって引きずっていく米軍装甲兵員輸送車を写したものだ。装甲車の上には，米兵二人が乗っている。通信

社からの配信時には，その装甲車上部がカットされていた。状況の因果関係が巧みに隠された配信である。

　米国通信社 UPI は，解放戦線をベトコン，敵，と呼ぶ。米軍に従軍していた米国通信社のカメラマン沢田もそこに身を置いた。しかし，遺された写真には，確かに別のものを見つめていた沢田の意思が映りこんでいるようだ。

◆　参考文献

毎日新聞社編『沢田教一写真集　戦場』毎日新聞社，1971年

「NHK 特集　カメラマン・サワダの戦争〜5万カットのネガは何を語るか〜」NHK，1982年2月26日放送

沢田教一『泥まみれの死——沢田教一ベトナム戦争写真集』講談社文庫，1985年

岡村春彦・暮尾淳編『岡村昭彦集1　南ベトナム戦争従軍記』筑摩書房，1986年

沢田サタ監修，沢田教一（撮影），鍵和田良輔・豊崎博光編『サワダ——遺された30,000枚のネガから　青森・ベトナム・カンボジア』くれせんと出版部，1990年

（記録文化映画）五十嵐匠監督作品『サワダ　青森からベトナムへ　ピュリツアー賞カメラマン沢田教一の生と死』グループ現代／みちのく銀行制作，1996年

共同通信社編『戦場——二人のピュリツアー賞カメラマン　澤田教一・酒井淑夫写真集』2002年

沢田サタ監修，沢田教一（撮影）『沢田教一プライベートストーリー』くれせんと出版部，2005年

[別府三奈子]

第4章　大森　実
──‘エンピツ一本’の国際事件記者・評論家

［おおもり・みのる］1922年1月13日，神戸市生まれ。神戸高商（現・兵庫県立大学）卒。1945年に毎日新聞社に入社，大阪社会部所属。1954年からワシントン支局ニューヨーク支局で勤務，1962年に帰国して外信部長，1966年に退社。大森国際研究所の設立，週刊新聞『東京オブザーバー』の発刊，洋上大学などを試み，雑誌や書籍でも活躍した。1971年以降，米国西部に居を移して執筆や評論の活動を続け，2010年に亡くなった。

　泥と炎のインドシナ。直撃インタビュー。エンピツ一本。戦後秘話……。大森実を思い起こさせるキーワードは多い。敗戦の日に23歳で新聞記者を志し，毎日新聞社大阪社会部で記者業に専心したのち，外信部で‘外信の毎日’時代を築いた。ベトナム戦争では北爆下のハノイに自由主義圏の記者として初めて入ったが，米国政府の言論封殺の圧力により44歳で退社。その後はフリーの国際事件記者として健筆をふるい，日米関係の現代史ものでも数々のベストセラーを生みだした。

1　敗戦の日に決めた新聞記者への転職

（1）神戸高商で磨いた英語力

　「ゴテ坊ん」。少年時代の大森のニックネームである。神戸市湊区千島町生まれ。五人兄弟の末っ子で，一度決めると妥協しない生き方は，幼少期からの持ち味だった。父の基苔は1873年（明治6）生まれで，岡山　池田藩の藩校に学び，独学で英語も使いこなす税務官吏だった。大森が生まれ育った神戸は国際交流の先端にあり，学校の英語教育も熱心で，兄弟いずれも英語が達者だった。姉の夫は朝日新聞記者，その弟に『眠狂四郎無頼控』などを書いた著名な作家の柴田錬三郎がいる。新聞記者は大森の漠然とした将来の夢だったが，父親は賛成しなかった。

　小学校の時に事故から肋膜炎を患った。旧制第三神戸中学校（現・長田高校）から神戸高等商業学校（神戸高商／現・兵庫県立大）に進むが，真珠湾攻撃で繰り

上げ卒業となった。学生時代にはサッカーの東西対抗試合で甲子園に出場したこ
ともあるスポーツマンだったが，兵役のための健康診断は当意即妙の答えもあっ
て丙の評価を受けた。動員には至らず，日本窒素熊本工場に就職して徴用令を受
けた。3年後に大阪本社に転勤となり，本社会計部で原価計算に携わる。空襲が
激しく大阪も危ないと見た大森は，一人荷物を担いで田舎への疎開を試みるなど，
機を見るに敏だった。

（2）毎日新聞社大阪本社社会部記者

　1945年8月15日の玉音放送を聞きながら，新聞記者への転職を決意し，翌日に
辞表を出した。さまざまな縁をたどって下調べをし，すでに学歴エリートとの評
判が高かった朝日新聞社より，毎日新聞社を選んだ。英文の筆記試験では，事前
に山をかけた。

　しかし，通訳・翻訳が主業務の通辞扱いでは取材・執筆のチャンスが減る体験
をしたことから，単なる通訳はやるまいと決めて，勇猛果敢な取材を次々に敢行
した。マッカーサー夫人への初単独直撃インタビュー，朝日が囲い込んだ被取材
者を乗せた朝日の車にいきなり同乗しての取材，引揚者を搾取する悪徳施設に潜
入しての暴露ルポなど。敗戦直後の日本で，社会部の仕事は幅広かった。

　敗戦から2年，社会部長からヒロシマ特別企画を打診された。同僚からジョ
ン・ハーシーの『ヒロシマ』を取材前に読むことを勧められ，大森は本にでてく
る六人の被爆者のその後をたどる取材企画を思いついた。週末や夜間に取材・執
筆を進め，似島の千人塚の横穴では被爆直後に亡くなった550を超えると思われ
る頭蓋骨の山を目撃する。この惨状を，英語で書いてアメリカで出版したいと思
い，先輩記者で英語が達者な今村得之に相談，二人三脚で英文を書きつづってい
った。その一部はリーダース・ダイジェストに紹介された。

　今村は大森に，内幕もので世界的に著名なジョン・ガンサーの話をし，『イン
サイド・アメリカ』を取り寄せてやった。そして，50歳になるときに一緒に毎日
新聞社を退社し，二人で世界を自由に歩き回り，日本のゼンガーをやろうと誘っ
た。これがいずれ，大森の生涯を左右する指針となっていく。1949年，今村との
共著『ヒロシマの緑の芽』（世界文学社）が出版された。

（3）病気療養と作家業，そして復帰

　頭角を現した大森に，アメリカ特派員の人事が打診された。大森は希望を膨らませたが，出国前の健康診断で進行性の肺結核が見つかり，即刻入院。そのまま3年近く，絶対安静の療養生活に入った。

　入院が2年を過ぎ，一人息子も手術を繰り返すなか，社の規定で給料が打ち切られ，大森は窮した。そこで，ベッドに仰臥したまま，『サンデー毎日』の「百万円懸賞小説」に挑戦した。自らの入院体験をネタに爆笑ものの味付けを加えて応募した懸賞小説『終油の秘蹟』は，風刺第二席（佳作）に入選。賞金10万円を得て生活・入院費用に充てた。その余波で，森繁久弥のラジオドラマの脚本依頼などもあり大当たりした。

　その後，従兄の作家柴田錬三郎の助言を機に健康診断書を工面して，毎日新聞社へ復帰した。毎日新聞社では本田親男社長も気にかけていると伝え聞いていた。兄貴分の今村得之は，朝鮮特派員を経てロンドン支局長になっていた。

　職場復帰した社会部では，シベリアからの引揚船を待つ家族を取材し，号外をヘリコプターから日本到着直前の船に投げ込むという画期的なアイデアで人々の心を摑んだ。無実の罪を背負って死刑となった若者を知った時は，公権力の理不尽に憤るなど，社会部記者の本領を発揮した。この時期に培われた大森の権力に対する不信が，大森ジャーナリズムの原点となったという（大森，1992，322頁）。

　ペンは生きている。

　ペンは正義である。

　ペンはガンバリだ。

　これは，1952年（昭和27）に大森が自らの社会部記者体験をベースに書いたフィクション『ペンは生きている』（河出書房）の冒頭の一節だが，大森の記者信条と読み替えることができる。

2　米国特派員から外信部長へ

（1）3段跳びの昇進でワシントン特派員

　1954年（昭和29）春，ニューヨーク支局長の今村からの引き抜きもあり，ワシントン支局勤務となった。大阪社会部からの抜擢は異例だった。その頃日本では，警察予備隊を自衛隊へ変える法案の強行採決のために，政治史上名高い乱闘国会

で荒れていた。

　ワシントン支局は二人態勢で同僚は山本進，ライバルは朝日新聞の中村貢だった。朝日新聞社ワシントン支局には，各通信社からの入電のほかに，『ニューヨーク・タイムズ』に掲載される予定記事も入電されて有利だった。大森は企画で勝負した。米国原子力委員会経由でいち早く原子炉に入った特集「第三の火」は社内で編集主幹賞をとり，外信部でも存在感を持つようになっていった。

　1955年（昭和30）の暮れにニューヨーク支局長の今村が病に倒れたため，大森がニューヨーク支局長に着任した。今村は先が危ぶまれていた。大森は今村のつきそい看病を希望し，病気中の今村の経済的な負担の軽減を本社に願い出ていた。翌年末，自ら運転する車が分離帯の縁石に激突して大破し，九死に一生を得る大けがを負った。このときに頸椎を破損したために，その後生涯にわたって，めまいなどの後遺症に苦しむことになる。

（2）国際ジャーナリズム賞の受賞

　米国での大森は，取材ではアポの１時間前に現場に行く，原稿は取材したその日に書く等々，大阪社会部の先輩たちから得た記者の‘戦陣訓’を守った。国連取材でスクープを続けたことが高く評価され，1957年に創設されたカリフォルニア大学ロサンゼルス校の国際ジャーナリズム賞第一回の国連部門に選ばれている。

　大事故の後だったが，大森にとってこの受賞式での体験は最良の思い出となった。同賞は，ピュリツァー賞が米国国内メディアに掲載された記事を対象とするのに対し，米国以外のメディアに掲載された記事を対象として設立されたものだった。国連部門のほかに，国際政治部門，国際経済部門，企画部門の４部門からなっており，いずれもフランスやイギリスのメディアで著名なベテラン記者が受賞している。第一回の審査委員会代表挨拶は，ニューヨーク・タイムズ社副社長兼ワシントン総局長のジェームズ・レストンが行った。

　その後も，アイゼンハワー大統領の訪日団に日本人として唯一選ばれた。同大統領への単独会見では，ボーン・上田記念国際記者賞を受賞した。大森の仕事は，国際ジャーナリズムのトップクラスと互角のものとなっていった。大森は，国際政治を動かしている要人や，世界的な活躍を続けているジャーナリストたちとのネットワークを広げた。この人脈は，その後フリーとなった大森の重要な情報源となっていった。1960年（昭和35），大森は支局長としてワシントンに戻った。

　昭和30年前後の日本は，自衛隊法の成立，第五福竜丸事件，国際連合への加盟，日ソ通商条約の調印，新日米安全保障条約の調印をめぐる騒乱，日韓基本条約の調印等々，さまざまな懸案を抱えていた。米国も，赤狩り旋風，冷戦構造の先鋭化のなかで，アイゼンハワー大統領やダレス国務長官の外交政策，ケネディ政権の誕生と暗殺，キューバ危機，公民権運動の激化，ジョンソン政権の誕生とベトナム戦争の泥沼化等々，激変の時期を迎えていた。

（3）外信部長時代

　大森は1962年（昭和37）に帰国して外信部長職に就き，1966年（昭和41）1月に退社するまで，外信部の紙面改革に取り組んだ。利用頻度の低い通信社への支払いや無駄な通信費を削り，その分を特派員の直接取材費にあてた。外国語力ではなく取材力のある人材，熱意のある人材を特派員として海外に出した。やがて'外信の毎日'と呼ばれるようになり，部数を伸ばす。

　しかし，大森の仕事が世界的に脚光を浴びるとともに，社内の風当たりも強くなり，とくに上層部との摩擦が起きるようになった。大森の回顧録には，のちに社長となる田中早苗編集主幹や外信部長経験者の橘善守，林三郎などが，大森の新路線に賛同していなかったことが記されている。

　田中はのちに，フリーとなっていた大森のスクープを掲載しようとした編集局長決定に対し，社長として拒否権を発動，編集権への侵害だとして社内的な大反発を引き起こして退陣することになる。このとき大森は，憲法九条を起草したチャールズ・ケーディスへの取材から，戦争放棄が天皇の発想にあった事情を聞き出していた。

3　ベトナム戦争報道

（1）調査報道『泥と炎のインドシナ』

　サイゴン（現・ホー・チミン市）では，1963年（昭和38）5月あたりから仏教徒の弾圧が激化し，同11月，ゴ・ジン・ジェム政権に対するクーデターが勃発した。米国ではケネディ大統領が暗殺され，ジョンソン副大統領が昇格した。1964年8月にはトンキン湾事件，翌年3月には北爆（ローリングサンダー作戦）が始まった。

　日本人として初めてベトナム戦争の現地報告をしたのは，PANA通信社の岡

村昭彦である。1963年7月から現地取材を行い，『朝日ジャーナル』や『LIFE』ほか多数のメディアに記事と写真を提供した。岡村はラオスを取材中の大森を訪ね，『サンデー毎日』のグラビアにも紹介された。1965年4月，北ベトナム取材をした岡村を，南ベトナム政府は入国禁止にした。石川文洋は1964年8月から，開高健と秋元啓一は11月から，ベトナム取材を始めていた。

　クーデター以降，北爆が始まるまでの14ヶ月間に，大森は4回南ベトナムを取材している。1964年11月，大森は外信部記者，小西健吉，石塚俊二郎，芦田定男，吉沢孝治，山本潔によるベトナムのチーム取材を試みた。各自分担しながら南ベトナム情勢を取材し，新聞や雑誌に報告するほか，北側に強いウィルフレッド・バーチェット記者の北側の取材報告を加えて，『泥と炎のインドシナ──毎日新聞特派員団の現地報告』（大森実監修）を毎日新聞社から出版した。

　従軍の前線（炎），戦時下の人々の暮らし（泥），国道沿いの南北縦断，鉄道による北上，隣国ラオスの内戦と多角的に現地取材することで，戦場の広がりの実情を摑もうとする大森の狙いに応え，記者たちはまさに体当たり，命がけの現地取材を行った。本紙への掲載は，翌年1月4日からだった。ワシントン・ポストのキャサリン・グラハム社主は，この記事の自社新聞への掲載を大森に直接会って申し込んでいる。

　サイゴンで取材中の大森を，UPI通信特派員だったニール・シーハンが訪ねてきた。のちに調査報道の旗手となるシーハンは，すでに2年間取材してきたベトナムを語った。大森はそれを7回連載用の新聞記事にするよう依頼した。シーハンの記事は4月の英文毎日（Mainichi DailyNews）にも掲載された。シーハンはその後，南ベトナムからの圧力を受けてUPI東京支社に呼び戻されたが，この記事が出たことが縁でニューヨーク・タイムズに引き抜かれることになる。

　大森は，同じ4月の紙面に，ウィルフレッド・バーチェット記者の南ベトナム解放戦線潜入ルポも掲載した。バーチェットは広島の原爆投下直後の惨状を世界に初めて伝えた記者で，朝鮮戦争でも北側の事情をルポしていた。米国政府にとっては，都合の悪い記者だった。

　しかし，こうした大森外信部長の編集方針や執筆は，社内で論説委員たちの役割を超えるほどのものとなり，本紙での執筆自粛措置が取られた。大森は辞意を表明するものの，さまざまな人々の助言を得てひとたびは思いとどまった。

　この4月，米国上院外交委員会の秘密公聴会で，ボール国務次官らが，日本の

毎日新聞と朝日新聞の編集局が共産党員に浸透されている，と証言したとの伝聞が伝えられる。5月，日本テレビは『南ベトナム海兵大隊戦記』（牛山純一プロデューサー）三部作の第一作を放映した。これに対し，内閣官房長官の橋本登美三郎が米国側からの発言などを受けて残酷すぎると発言，日本テレビは二作目以降を自主規制した。米国からの言論統制の圧力は，ベトナムでの北爆のエスカレーションの拡大に正比例して，日本国内で目に見えて強くなっていった。

（2）『北ベトナム報告』に対する米国の圧力

　北爆が始まると，大森はこれまでの取材で築いた人脈をたどり，北に強いスカルノ・インドネシア大統領などの推薦を得て，9月に北ベトナムのハノイへ入った。2週間の取材予定の半ばから，朝日新聞外報部長の秦正流も合流した。東西冷戦下の西側陣営に属する国の記者としては初めての現地入りだった。この頃には，B52戦略爆撃機が，米国行政下にある沖縄基地からベトナムへ出撃し始めており，日本の反戦世論が強まっていた。

　取材記が UPI や AP 通信からも世界の新聞，テレビに配信されていった。とくに，ハンセン病の病院への米軍の爆撃は，民間人への被害はないとする米国の立場を足元から崩すものだった。日本の反米・反戦意識を押さえたいライシャワー駐日大使は大阪商工会議所で政財界人を前に，ベトナムの共産化に伴う経済的な打撃について力説するとともに，毎日新聞と大森を名指しし，記事の偏向と捏造を批判した。

　ジョンソン大統領らの意向を受けたこの種の大使発言は，戦争を遂行する米国が，占領地から同盟国へと変わった日本へ放った，戦時言論統制の典型的な圧力である。大森はこの一報を，ハノイから移動中の香港のホテルに着いたところで聞いた。国際電話で TBS の記者から感想を聞かれ，「赤坂の米大使館の安楽椅子に腰かけているライシャワーに戦争の実体が分かるか，といいたいね」と答えた。オンエア中の生中継とは知らなかったが，その声は日本全国に伝えられた。

　毎日新聞は，米国政府からの圧力に抗する姿勢を示さなかった。毎日新聞は堂々と反論する社説をあげて戦うべきだとの建白書を，大森は代表権を持った編集主幹の田中香苗に提出していた。しかし，その田中がライシャワー大使を訪問して，大森に非があると詫びを入れたことを聞くに及び，大森は退職を決意した。

　のちに，国際報道に精通したベテランの元・東京新聞外信部記者で，閉め切り

の関係から大森に大きなスクープを譲ったこともある坂井米夫記者は，この時にライシャワーが朝日と毎日の言論を分断し，ベトナム戦争への批判を強める日本国内世論の機先を制する狙いがあったと指摘をしている（『総合ジャーナリズム研究』1966年10月号：41～46頁）。占領されている国としてではなく，初めて米国の同盟国としての日本の報道機関は，新聞社もテレビ局もともに，準戦時下に置かれた自国の言論の自由のために戦うことはなかった。

　大森はベトナム戦争について，単なる"民族戦争"でもなければ，また単なる"イデオロギー戦争"でもなく，双方の要素が複合しあった"民族的イデオロギー戦争"，絶体絶命の抵抗戦争だった，と述べている（大森，2003，228頁）。

4　エンピツ一本で，一人で「書く」

（1）雑誌ジャーナリズムの黄金期

　大森は，21年間全力で勤めた新聞社を44歳で退く。その意志を後押しし，退社後の道筋をつける時に力を貸したのは，大宅壮一だった。また，書き続けることを励ましたのは，講談社の野間省一・惟道親子ほか，各出版社の編集者たちだった。社会部時代からの長い付き合いで，当時電通プランニングセンターの取締役社長になっていた小谷正一も，具体的な支えとなった。大森のそばには大森研究所での出会い以来，ずっと大森の仕事を支え，途中で結婚した恢子夫人もいた。

　退社のいきさつについては，潮出版社から1971年に刊行された『石に書く』に記されている。いきさつは口外せず，が退社時に社が出した条件だったが，内部告発や歴史的記録の意義から反論の記録を堂々と残す米国のジャーナリズムを範として，書くことにしたという。紙に書けなかったことを石に書く，との意味を込めたタイトルは小谷正一の案だった。

　退社後，チャーターした船に大勢の若者を乗せて，実際に東西冷戦下の国際情勢を見せて学ばせる「太平洋大学」の開催や，独自の新聞発刊にも取り組んだ。『週刊現代』では「直撃インタビュー」の連載がヒットし，雑誌ジャーナリズムは最盛期となった。現代史を検証する大部の著作によって，さらに分析に深みがでた晩年，カリフォルニア大学で米国の学生に向かって日米関係史の教鞭をとり，日本に向けては衛星回線を使ってテレビ番組にコメントを寄せた。

　身内の資金横領事件に巻き込まれるなど，さまざまな挑戦の失敗と成功の事情，

雑誌企画やライフワークとなった大型書籍シリーズの発刊事情と取材方法などは，講談社から発刊された自伝『エンピツ一本（下）』(1992) 等に詳しい。

（２）ライフワーク

　カリフォルニアでは，ライフワークの執筆に取り組んだ。最初のシリーズ本『戦後秘史』（全10巻，講談社，1975〜76）は，以下の構成になっている。「崩壊の歯車」「天皇と原子爆弾」「祖国革命工作」「赤旗と GHQ」「マッカーサーの憲法」「禁じられた政治」「策略と冷戦の十字路」「朝鮮の戦火」「講和の代償」「大宰相の虚像」。公権力を持った人々が公に語らなかったことを，資料から分析し，インタビューして確かめていった戦中・戦後史だった。このシリーズは百万部の発行部数を超え，引き続き『人物現代史』（全13巻，1978〜80），『ザ・アメリカ　勝者の歴史』（全10巻，1986）を講談社から刊行。日本の経済破たんを見通した『恐慌が迫る』（講談社，1981）などでも，分析の確かさを示し続けた。

　大森は，金大中誘拐事件に韓国政府が関わっていることを指摘する記事によって，命を狙われたことがある。大森は，波紋の大きすぎる出来事に，ジャーナリストがどこまで絡むべきかを熟慮し続けたが，その答えは常に一つだった。「ジャーナリストの生命は，『書く』ことだけなのだ」（大森，1992，473〜474頁）。

　新聞社を出て，日本国も出て，世界のポリティカル・パワーの構造や特質を観察し続けた。一人の人間として，資料を分析し，話を聞き，現地に赴いて自ら考え，事実を突き止め，発信する。大森のジャーナリストとしての自立性は，日本の同時代においてほかに類を見ないものだった。

◆　参考文献

大森実『ペンは生きている』河出書房，1952年
　　─────監修『泥と炎のインドシナ──毎日新聞特派員団の現地報告』毎日新聞社，1965年
　　─────『北ベトナム報告』毎日新聞社，1965年
総合ジャーナリズム研究所編『季刊　総合ジャーナリズム研究』東京社，1966年10月号
大森実『石に書く　ライシャワー事件の真相』潮出版社，1971年
　　─────『エンピツ一本（上）（中）（下）』講談社，1992年
　　─────『わが闘争　わが闘病』講談社，2003年

［別府三奈子］

賀川　浩

──日本代表よりも早く世界に評価されたサッカー記者──

　賀川浩は，90歳を迎える年に，W杯ブラジル大会（2014）を現地取材した。74年ドイツ大会以来，10回，現地取材をし，その長年のW杯取材活動に対して2015年世界サッカー連盟（FIFA）会長賞が贈られている。

　賀川浩は，1924（大正13）年12月，神戸市で生まれた。37年，神戸一中（現・神戸高校）に入学，41年秋の神宮大会で優勝している。翌42年4月神戸商大予科（現・神戸大）に入学，44年特別操縦見習士官となり，当時の朝鮮黄海道の特攻基地で終戦を迎えた。復員後，再びサッカー選手として東西対抗出場，天皇杯準優勝などを経験しつつ彷徨の6年間を過ごした。1951年11月に来日したスウェーデンチームの記事を「夕刊京都」から依頼されたことを契機に，52年に産経新聞に入社した。当時，産経はセンカ紙を使用し増頁して発行部数を増やし，51年9月には日刊紙初のスポーツ欄一頁を設けていた。

　ただ，賀川はサッカー取材に専念できたわけではない。70年代にはサンケイスポーツの編集長として現場を指揮し，阪神タイガース中心の記事によって，販売部数増加に貢献している。しかし，サッカーへの情熱は衰えることなく，とりわけ阪神間で開催されてきた高校サッカー選手権にも力を注いだ。その地道な取材から，早くから才能ある選手たちを見出し，釜本邦茂をはじめ，後に代表選手となる選手も継続的に取材した。さらに，高校サッカーは人格形成の場との自らの経験を踏まえ，指導者への取材にも熱心であった。例えば1958年大会，剣道家の内山監督が率いる東北勢初の秋田商業の優勝時は，監督の情熱，選手たちの規律正しさも読者に伝え，後年，内山監督に焦点を当てた評論も書いた。

　さらに，50歳でのW杯西ドイツ大会の取材は，それまで蓄積してきた膨大な知識で世界と向き合う最初の取材機会となり，それ以降，世界のサッカーの魅力を個々の選手の技量や人格を含めて読者に伝えた。

　賀川は70歳を越えてさらに本領を発揮する。1980年代後半からのサッカービジネスの世界的な展開に伴い，日本でもJリーグ開始，W杯初出場，W杯招致とサッカーへの注目が集まり，サッカー専門の記者が急増する中，世界のサッカーを取り巻く社会的・歴史的な文脈のもとで記事・評論を書くことができた賀川は，そうした後進の拠り所にもなった。

　1920年代，新聞がスポーツに注目して以来，スポーツ専門記者が配置されるようになる。アムステルダム五輪の金メダリスト織田幹雄をはじめ，多くの先達が存在する。しかし，関西でスポーツを地道に取材しつつ，日本人の意識の外にあったW杯やヨーロッパサッカーをはじめ，世界のサッカー文化を紹介したという点では，間違いなく「草分け」の存在である。1920年代以降日本のサッカーの普及と発展が稀代のサッカージャーナリスト賀川を生んだが，逆に，日本のサッカーの発展には賀川のペンの貢献もあったといえよう。

［黒田　勇］

第5章　本多勝一
——探検家・民族学者・国際派社会部記者

[ほんだ・かついち] 1931年11月22日，長野県下伊那郡生まれ。50年地元・飯田高校卒業後，千葉大薬学部に進学。54年卒業後，生物学を志して京大入学，農林生物学科応用植物学教室で学ぶ。探検部に属し，ヒンズークシ学術調査に参加。58年京大中退，朝日新聞社に途中入社，東京本社校閲部勤務。59年同社北海道支社報道部に転任，62年東京社会部へ。63年からカナダ北極圏，西イリアンで特派員として記者活動を本格化。

　本多勝一のルポ『カナダ・エスキモー』は今にいたるも，彼の最高傑作といえよう。4ヶ月も現地住民の住居に同居，彼らと生活行動をともにした観察記録は，現在も高い民族誌的価値がある。取材方法，取材対象への客観的だが温かい眼差し，未開の文化が示唆する近代文化の危機に関する警告など，あらゆる面で本多らしさのすべてを，すでにこの作品が宿している。本多のこうした体当たりの取材は，戦争，日本とアジア，社会病理などにも向けられていくが，それはまた，いたるところでさまざまな波紋を巻き起こす。

1　報道の世界に新境地を開いた民族学的探訪ルポ

　1955年に植物学者の木原均教授を隊長とする京大カラコルム・ヒンズークシ学術探検隊が帰国すると，木原教授に憧れて京大に入った本多は，翌56年，仲間を誘って，全国初の学生探検部を創設，同年と翌年，学術調査をかねた登山旅行をヒンズークシに試みた。この活動を朝日新聞が援助していた縁で，本多は朝日に入社したが，一通りの記者修行を経た63年，社命でカナダ北極圏の島に赴き，探検の経験を生かし，同年7月11日から9月6日までの夕刊に，現地からのルポ「カナダ・エスキモー」を連載，報道界の注目を浴びた。「エスキモー」は「生肉を食う人間」の意味。自分たちを「イヌイット」と呼ぶカナダ・エスキモーも優秀な狩猟民族であり，アザラシ，クジラなどのほか，カリブーと呼ぶトナカイの

一種の，文字通り生肉を好んで食す。こうした非近代の世界に生きる人々の暮らしのルポは驚きの連続であり，夕刊のくるのが毎日楽しみだったことを思い出す。

　冷たい海でクジラを仕留める仲間との協力，氷雪の下のコケを食べるカリブーを追跡する，冬季の厳しい狩り。そこには獣たちの神々しいまでの生き様と，彼らに畏敬の念を払いつつ，その命を自分たちの糧とする人間の暮らしとが，一対のものとして見事に描かれており，感動的でさえあった。本多は当時，文化人類学者，レヴィ・ストロースの古典的名著『悲しき熱帯』日本語初訳版（川田順造訳，中央公論社，1967，原著，1955）を未見のはずだが，ストロースがアマゾン奥地の先住民の生活のなかに見いだした「野生の知」を，本多は自力でイヌイットの暮らしのなかに発見，その視点から西欧近代文明の退廃と危機を告発する思考方法をも，熟成していくことになった。

　その後，64年にはインドネシア（西イリアン）へ，65年にはサウジアラビアへと出かけ，同様の探検ルポを連載したが，前者「ニューギニア高地人」も実に面白かった。だが，3部作最後のルポ「アラビア遊牧民」はやや期待外れだった。前者はイヌイット同様，近代文明と隔絶したままの先住民であるが，その暮らしには現代人にも通じる人間的な文化が遍在し，文化人類学の構造主義的な理論を裏づける知見を，本多は魅力的に披瀝した。ところが，後者における観察の対象，ベドウィン族は，14世紀のイスラムの歴史学者，イブン・ハルドゥーンのいうとおり（森本公誠訳『歴史序説（一）』岩波文庫，2001），イスラム化する以前からのアラブ人を体現する部族であり，中東全域からサハラ砂漠の太平洋沿岸部に至る広大な砂漠地帯を往き来する遊牧民だ。彼らはこれらの地域がイスラム化し，いくつもの王国ができても，アラブ文化の原質を強く残しながら，それらの国々と関わりつづけている。観察対象の文化特性がまるで違う。本多の慧眼もここでは，老獪な英国の植民者，"アラビアのロレンス"の観察には敵わなかった，ということか。

　探検ルポ3部作は，ジャーナリストとしての本多の特徴，その長所と短所を，すでによく現していた。フィールド・ワークを得意とする民族学者はだしの現場密着主義は，その後の報道取材でも遺憾なく発揮され，本多ならではのルポルタージュに生かされていく。対象をみる優しさと厳しさを兼ね備えた本多特有の眼差しが，ルポに生彩を与え，とくに本多の正義感が読者に感銘を及ぼし，多くの本多ファンをつくることとなった。反面，ベドウィンに対する理解のすれ違いの

ときのように，対象が彼の心の琴線に触れてこないときは，彼のペンは対象に対する好悪の感情に強く左右され，批判が一面的かつ強引になる弱点があった。それが本多嫌いの読者を少なからずつくるなりゆきともなった。

2　ベトナム戦争から見えてきたアメリカの正体

　本多の新聞記者としての長所，能力がフルに発揮されたのが，朝日新聞に67年5月から12月まで，98回にわたって連載されたベトナム戦争ルポ「戦争と民衆」。のちに加筆され，『戦場の村』として68年に朝日新聞から刊行されるが，それは『カナダ・エスキモー』と双璧をなす彼の傑作といえる。ルポは，「サイゴンの市民」「山地の人々」「デルタの農民」「中部の漁民」「戦場の村」「解放戦線」の6部構成となっており，第4部までの南ベトナム各地における，戦争に巻き込まれた現地民衆の生活実態のルポは，民族誌的観察の経験を積んだ本多にして初めてなし得た戦争ルポといえる。そして圧巻が第5部「戦場の村」だ。米軍の戦闘行動に徹底して密着した本多の取材は，米軍が思うがままに農民を追い立て，勝手に「戦場」としていく村々の惨状を，余すところなく暴いており，やがて68年3月に発生するソンミ村虐殺事件がけっして偶然の出来事ではないことを，あらかじめ警告したかっこうだ。さらに第6部「解放戦線」は，西側の新聞記者が計画的に現地最前線の南ベトナム解放民族戦線の幹部に接触，そちら側からみたベトナム戦の実態把握に成功した，本格的なルポとして評価されてよい仕事だ。

　本多は68年秋には特派員として北ベトナム，ハノイにも滞在，アメリカの手詰まりが明らかとなりつつあるベトナム戦の模様を取材するが，彼の関心は，無謀な蛮行を重ねるアメリカそのものにも向けられ，69年春から秋にかけて，黒人のベトナム帰還兵を追跡することから始まるアメリカ現地での取材を敢行，成果を同年夏から70年2月にかけて朝日新聞に「黒い世界」と題する連載で発表した（70年，『アメリカ合州国』として同社から刊行）。すでにアメリカでは公民権法ができ（64年），黒人解放運動は一定の勝利を収めていたが，過激なマルコムXの暗殺（65年），「ブラック・パワー」を提唱するカーマイケルの台頭やブラック・パンサー党の結成など（67年）の動きがあり，本多の訪米直前の68年にはキング牧師が暗殺され，黒人革命はまだ終息したとはいえない状況にあった。彼はニューヨークのハーレムでは差別された黒人の暮らしを，サウス・カロライナではベト

ナム戦争に狩り出された黒人兵を，フロリダではアポロ11号の月面着陸成功に沸く白人社会に背を向ける黒人を取材した。しかし，ミシシッピーでは"black is beautiful"を叫ぶ黒人アーテイストの活動にも注目した。さらにアリゾナのインディアン保留地を訪ね，先住民の歴史はまさに「反アメリカ史」を構成するものだとする認識を新たにし，諸民族の平等と融和・統合を謳う大国アメリカの理念に潜む偽善と虚構を告発，批判した。

　本多は，72年，73年（米軍ベトナム撤退），75年（サイゴン陥落），77年（76年に南北ベトナム統一。カンボジアではポル・ポト指導のクメール・ルージュが政権樹立），78年と，5回も南北ベトナムで取材を繰り返し，インドシナ全域の民族独立戦争の最終過程を見届けた。75年，プノンペンを陥落させたポル・ポト軍が首都住民を農村に追い立て，虐殺した，とする風評が立ったとき，ベトナムにいた本多は「欧米人記者のアジアを見る眼」と題する記事を書き（月刊『潮』75年7月号所収），噂は，彼ら欧米人記者の偏見によるもので，根拠は乏しいと，これを否定した。しかし，80年にカンボジアの現地取材を行った本多は，ポル・ポト政権下の大量虐殺を確認する結果となり，そのルポを同年8〜9月，朝日新聞に連載した（「カンボジアの旅」）。本多嫌いの人たちは，待ってましたとばかりに批判を加え，今でもその余波がつづくが，本多の前段での見立て違いは，カンボジアの最底辺から立ちあがったポル・ポトたちに対する過剰な肩入れが原因であろう。

3　日本は本当に過去の戦争責任を償ったのか

　本多のベトナム取材で培われたアジアにおける戦争を見る目は，欧米人の有色人種に対する差別観や，アメリカが平然と行う差別と暴力による支配を，厳しくとらえるのと同時に，そうした差別や支配に甘んじ，屈従に慣れていく日本の鈍感な姿をも見抜くものとなった。本多の目には，そうした鈍感さは，日本自体が過去に同様の戦争をアジアで行ったにもかかわらず，その反省をまともにはしておらず，戦争責任の問題も曖昧にしたままできているせいではないか，と映った。72年のニクソン訪中・米中国交正常化，これにつづく日中国交正常化を指呼の間に置く71年，名古屋での国際卓球選手権大会に初めて中国の選手が招かれる，いわゆる「ピンポン外交」が日中間の民間交流の開始に弾みをつけていた。本多は機敏に動いて中国当局に取材のための入国申請を行い，71年6〜7月の40日間，

日本軍の侵略のあとを訪ねる旅をつづけ，そのルポを同年 8 月から12月にかけて連載，また『朝日ジャーナル』『週刊朝日』『アサヒグラフ』でも発表，さらにそれら全体をまとめて『中国の旅』を刊行した（朝日新聞社，1972）。

　彼は，取材目的について，「戦争中の中国における日本軍の行動を，中国側の視点から明らかにすることだった。それは，侵略された側としての中国人の『軍国主義日本』像を，具体的に知ることでもある」「戦後26年すぎた……『いまこそ』やらなければならないことではないかと思う」と述べている（同前書）。新聞掲載分は「平頂山事件」「万人坑」「南京事件」「三光政策」の 4 部だったが，『中国の旅』には，進出日本企業の横暴，労働者強制連行，731部隊，上海作戦など，中国各地の都市・農村部における日本軍の関与した多様な残虐行為が取り上げられている。それまでこのような日中戦争の実態を伝える作物は，50年代に中国から帰還した元戦犯将兵たちの証言集，『三光――日本人の中国における戦争犯罪の告白』（神吉晴夫編，光文社カッパ・ブックス，1957）だけだったから，本多のこの時点での日中戦争における日本の加害責任の全体的な解明は，ジャーナリストの仕事として画期的なものだった。その後，現代における日中関係のあり方を語るだれもが，本多の摘示した事実にどう向き合うか，問われることとなった。

　だが，それだけに反発も大きく，本多の“敵”も多くなっていく。ノンフィクション作家，鈴木明は，本多のこの作品に刺激され，『「南京大虐殺」のまぼろし』（文藝春秋，1973年）を書き，第 4 回大宅壮一ノンフィクション賞をもらった。その論法は，中国側がいう虐殺被害者30万の数字は誇大だ，日本人将校二人の百人斬り競争というのも，軍刀の強度からしてあり得ないなど，実証的な根拠が薄弱だとするものだった。しかし，個別の事実の細部に正確さを欠く点があっても，南京事件そのものがなかったとは，到底いえない。だが，鈴木を推す文藝春秋や同誌を支持する文化人・メディアがしだいに多くなり，本多と鈴木にみるような対立構図は，731部隊，従軍慰安婦，沖縄「集団自決」などをめぐる報道や作品も含むものに拡大，あちこちで本多は目の敵にされることとなった。筆者は，百人斬り競争の記事を書いた東京日日新聞（現・毎日新聞）の一人，浅海一男記者と60年代初め，労働運動・ジャーナリスト運動のなかで親しくさせてもらったことがあり，彼から当時の話を直接，聞いたことがある。軍はヒーローを出す必要があり，社は販売競争の有利さを求め，自分もスクープを追うことに熱中，百人斬りの話題が独走するにいたった顛末を明かす彼の表情には，拭いようのない深

い悔悟と自責の念が刻まれていたのを，覚えている。

4　みずから新しいメディアをつくる取り組み

　本多は1964年，『カナダ・エスキモー』で菊池寛賞を受賞した。しかし，66年から68年までのベトナム報道全般に対するボーン国際記者賞（69年）は受賞したのに，その後の72年から80年に至るベトナム・カンボジアを含む報道に対する菊池寛賞（81年）の受賞を，彼は拒否した。菊池寛賞も大宅賞（ノンフィクション）も文藝春秋主宰の賞だ。本多は，アジアを眺めつづけた結果，支配するものの目が，支配されるものにも生存への願望があるのに，それをみず，自分の支配に必要なことしかみないものであることに，大きな怒りを示す。白人のアジア支配が端的な例だが，矛先は，無理心中を子に強いる親，ヒロシマにおける大量殺人，三島由紀夫の自死の美化，滅亡に向かう民族を助けず，調査だけつづける文化人類学，ペシミズムをもてあそぶイザヤ・ベンダサン（山本七平）などにも向けられていった（『殺される側の論理』朝日新聞社，1971，『殺す側の論理』すずさわ書店，1972）。そして，自分の人間，社会，歴史の見方と相容れない右派ジャーナリズムの台頭に警戒を強めるとともに，高度成長に慣れた日本の社会が，そうした次元での成功のみに価値を置く硬直したシステムとなっていき，そこから排除される弱者の怒りが行き場もなく溜まっていく社会の病の重症化に，本多は危機感を募らせていった。

　本多は，77年の開成高校生殺人事件（父が家で暴力を振るう一人息子を殺害，母親も自殺した事件），79年の祖母殺し高校生自殺事件（世田谷の大学教授宅で起きた事件）を徹底的に取材し，二つの事件は特異な悲劇でなく，いい高校・大学からいい会社に入り，安定して昇進することに最大の価値を置く社会の画一性が，家庭をも学校をも毒し，個人の尊厳や自由，希望をも失わせていく危険を，この時点で予言した。朝日新聞への執筆分は少なかったが，同社週刊誌のほか，外部の総合誌や教育雑誌にも多くの原稿を書き，それらをまとめて『子供たちの復讐（上下）』（朝日新聞社，1979）を刊行した。

　このころから本多は，社会の退行にまともな警告も発せないどころか，その画一的趨勢に迎合さえみせるメディアのあり方にも，苛立ちと怒りを強めるようになっていった。最初の攻勢は，『NHK受信料拒否の論理』（未来社，1973）だった。

体制べったりのNHKがその姿勢を改めない限り支払いを拒否する，というのが
その言い分だが，必ずしも系統的な番組批判が続行されたわけでもなく，メディ
ア批判として成功したとはいいがたかった。さらに戦闘的な『朝日ジャーナル』，
そのほか『潮』，『サンデー毎日』など他社の雑誌に，政治・社会ほか，あらゆる
問題を網羅する時評，「貧困なる精神」を連載，健筆を振るったが，そこでもメ
ディア批判が多くなり，ときには朝日をもその俎上に載せた。そして91年，朝日
の定年退社を迎える頃，本多は自由なジャーナリストが，歯に衣着せずものがい
える日刊紙をつくりたいと考え，努力を試みたが，実現できなかった。92年には
『朝日ジャーナル』が事実上，廃刊に追い込まれた。すると本多は93年，久野収
やかつての僚友，筑紫哲也らと語らって『週刊金曜日』の創刊に参加，95年から
3年間は二代目編集長を務め，その後今日まで編集委員として活躍，「貧困なる
精神」も継続している。

　本多の直情径行は，ときに味方のなかにさえ“敵”をつくりかねない危うさが
ある。文藝春秋の芥川賞をもらい，その選考委員をしているからと，大江健三郎
のすべてを認めないとするかのごとき発言（『貧困なる精神 X集 大江健三郎の人生』
毎日新聞社，1995）には，閉口するばかりだ。だが，そうした突っ張りが，家永教
科書裁判第三次訴訟を勝訴（97年8月最高裁判決。中国侵略と関連事件の記述は原告勝
訴）に導く証人としての本多の働きを生み（『裁かれた南京大虐殺』晩声社，1989），
また，本人が虚偽記載で訴えられた「百人斬り」問題でも勝訴（2006年12月最高
裁）をかち取らせたのだ。並みのジャーナリストには，容易にできることではな
い。

5　むすび

　本多の『カナダ・エスキモー』を改めて読み直し，2004年，惜しくも33歳で早
世した保苅実の著書，『ラディカル・オーラル・ヒストリー　オーストラリア先
住民アボリジニの歴史実践』（御茶の水書房，2004）を思い出した。そうか，保苅
は本多の子か孫なのだ，と思った。本多がイヌイットの暮らしのなかに感じたの
と同じものを，保苅はアボリジニのなかにはっきり発見し，先住民の身につけた
歴史性のほうが，人間・自然・世界の関係性をトータルに解読するうえで，欧米
人の歴史の方法より優れていることを，説得的に解明している。本多の遺した仕

事の優れた部分は，いつの間にか受け継がれ，発展していたのだ。同じことは，現代社会の生き辛さとたたかう雨宮処凛，湯浅誠ら，新しい若者の仕事についても感じる。また，アフガニスタンで井戸を掘る医師，中村哲や，国際的な紛争処理活動に従事する伊勢崎賢治外語大教授などをみると，欧米支配の限界を超えた国際秩序改革の方向をリードできる日本人の姿も浮かんでくる。メディアの世界も変わる。本多の大部の選集を出してくれた朝日も，アメリカ一辺倒ではもうやっていけない。ガーディアンやル・モンドのように，ウィキリークスからパートナーとして選ばれるぐらいにならなければだめだ。こうした変化のなかでの，本多の職業的晩年の活躍を期待したい。

◆　参考文献（文中で詳細を記したものを除く）

『本多勝一著作集』全10巻，すずさわ書店，1972～77年

『本多勝一集』全30巻，朝日新聞社，1993～99年

『疋田桂一郎という新聞記者がいた』新樹社，2009年

［桂　　敬一］

第6章　立花　隆
——永遠に未完の文明批評家

[たちばな・たかし] 1940年（昭和15）5月28日長崎市生まれ。42年父の転勤で北京へ移住，46年帰国，少年期を主に水戸市で過ごす。64年東大仏文科卒業・文藝春秋社入社，『週刊文春』記者となるが，67年退社，東大哲学科に再入学。翌年の東大紛争による休校中に文春の月刊誌『諸君』を足場にフリーライターとしての活動を開始。74年『文藝春秋』本誌に「田中角栄研究——その金脈と人脈」を発表，ジャーナリストとしての評価を確立。

　立花隆は，「田中金脈」報道で一躍名声を獲得，余勢を駆って1976年には「日本共産党の研究」の文春本誌連載でも話題を呼び，その後も政治的発言を活発に行ってきたため，政治ジャーナリストとしての印象が強い。だが，残された作品では先端的な科学技術の開発動向，それがもたらす文明的な問題などに関わるものの方が圧倒的に多く，科学ジャーナリストとしての声望の方が大きいといえる。マスコミの一部から彼を「知の巨人」と称える声が出てくるゆえんだが，その仕事の内容はどのようなものであろうか。

1　科学ジャーナリストとしての出発

　立花が処女作と自認する単著刊行物は，『思考の技術』（日経新書，1971）だ。これは最初，雑誌『諸君』のために取り上げた「生物革命」「宇宙船地球号」「石油資源」などのテーマに関する取材を通じて知った，最先端の分子生物学や生態学からの知識や，学問思想・思考様式を生かし，地球環境や歴史文明の現況をどのように捉えるべきかを提言した作品だ。筆者30歳，若書きの小著であり，結論めいた部分は，立花流に俗に落とした危うさがあるが，科学文明の転換を見渡す展望の幅の広さ，射程の長さは申し分なく，若き俊英科学ジャーナリストの誕生を証明する産物といえる。

　新聞社の科学部創設は，57年朝日の例が嚆矢をなす。54年のビキニ原爆実験・

第五福竜丸被爆事件，そのころからの原子力平和利用の社会的機運の高まり，自社の南極観測隊派遣計画（第一次は56年）の立案・実施への関与が発端だ。こうして科学ジャーナリズムという分野が意識され，マスコミ界全体に専門的な科学ジャーナリスト育成の空気が醸成された。それは，60年代の高度経済成長を背景に，「人類の進歩と調和」をテーマとする70年の大阪万博へと向かう，科学技術の進歩への希望を反映する動きだった。しかし，世界的にはすでに，人口増加や資源乱費による地球環境の悪化を懸念し，容積の限られた地球をいかに安定的に保つべきかとする論議が起こり（例えばケネス・E・ボールディングの『来たるべき宇宙船地球号の経済学』1966），72年に報告書「成長の限界」を発表し，人類の危機を警告することになる国際研究組織，ローマ・クラブが70年に設立されていた。青年・立花はいち早く，そうした歴史的な潮流の変化に着目したのだ。

　そして注目すべきは，地球を閉鎖系の環境としてとらえる見方からの対策は，人口増加の抑制，資源消費の節減などばかりを重視する，消極的なものとならざるを得なかったのに対して，立花は別な視点を提示したことだ。すなわち，ジャック・モノーらのリードする新しい分子生物学の成果や，地球は太陽からエネルギーを受ける開放系の環境であり，生物の進化・多様化によって独自の生態系を実現できる自己組織化する存在だ，とする生態学の紹介を試みたからだ。それらは20世紀末になると，生物としての人間が地球環境の改善に積極的に関わり得るとする科学技術のあり方を明確に示し，地球温暖化対策への戦略的取り組みを緒につかせることとなる。立花の着眼は実に卓抜なものだった。

　しかし，変化に対する鋭い嗅覚をもつ若き科学ジャーナリスト，立花は，目まぐるしく出現する現代社会の変化の兆しに，ハンターのようにつぎつぎと食らいついていったものの，肝心の生態学が示唆する，人間による環境制御の可能性などについては追求が不十分だった。当時，目前に出現する社会病理は，幼児虐待，子殺し，動機不明の犯罪，ノイローゼ，心身症などの現象だった。立花は76年，『文明の逆説――危機の時代の人間研究』（講談社）を著し，それらは，40億人を超す人間と150万種にも及ぶ生物を乗せた満員の地球という宇宙船に乗った現代人の，ストレスからくる病だと見立てた。しかし，対策はローマ・クラブのそれと同様のネオ・マルサス主義的なものしか浮かばず，現在の文明は滅びるしかないとする，成長限界のペシミズムが色濃く漂う見解を示したに過ぎなかった。それでいて，現在の文明の死の後にくる新しい文明がどんなものになるかは見当つ

かないが，「次の文明の誕生を見守るためにも，ますます野次馬根性を発揮して
この巨大なドラマの山場を見落とさないように努めていきたい」と，強気に語る
のだった（同前書，24頁）。

2　政治ジャーナリストへの変身

『文藝春秋』1974年11月号（10月初め発売）に，児玉隆也「淋しき越山会の女王
──もう一つの田中角栄論」と同時に掲載された立花の「田中角栄研究──そ
の金脈と人脈」が政界とマスコミ界に及ぼした衝撃は凄まじいものだった。東
京・目白に豪邸を構え，広大な屋敷内の池に高価な錦鯉をたくさん飼い，膝下に
集まる自派閥の政治家には気前よく政治資金を配る，伝説的な田中首相の金満家
ぶりのカラクリを，克明に暴露したのが立花の仕事だった。立花の連載は2年間
つづき，田中の地元における信濃川河川敷買収，公共事業でのその土地の利用や
土木建設会社など「ファミリー企業」による仕事の獲得，バス会社の支配，刎頸
の友・小佐野賢治国際興業オーナーとの連携など，角栄流錬金術がつぎつぎに暴
かれていった。10月22日，外人記者クラブ（日本外国特派員協会）で，かねて予定
されていた田中首相の記者会見が開かれると，記者たちの質問はすべてこの問題
に集中，激しい質疑応答の模様がテレビ中継で国内外に報じられた。国会が追及
を初め，政治問題化した結果，11月，田中は首相を辞し，三木武夫に政権を譲っ
た。

　連載開始当初，大メディアの政治部記者たちは立花の仕事に高をくくっていた。
新しいことはなにもないじゃないか。俺たちがとっくに知っていることばかりだ，
と冷笑したのだ。しかし，外人記者たちの関心の大きさ，田中の首相辞任という
事態は，彼らを狼狽させた。読者・視聴者，雑誌記者，メディア研究者などから，
知っていてなぜ書かなかったのかという，至極もっともな批判が殺到した。確か
に新聞社の政治記者たちは，「刑務所の塀の上を歩いても，その内側には絶対に
落ちない」田中のやり方を知っていた。落ちたらば事件として書ける。しかし，
そうでない限り，権力側情報源との親密な関係維持を重視する彼らは，すべてを
書くことはできず，無意識のうちにある種のモラル・ハザードに陥っていた。十
分な高等教育を受けていない田中の首相就任を「今太閤」と称え，計算づくで目
的に突進する田中を「コンピューター付きブルドーザー」と褒めたりした大メ

ィアの甘さを，立花は苦々しく思っていたに違いない。彼は，田中的政治の清算を求めただけでなく，そのことをもって既存の政治ジャーナリズムにも痛烈な反省を迫る，新しいタイプの政治ジャーナリストとして立ち現れていた。

だが，この領域でも立花は限界を露呈する。一つは，「田中金脈問題」の延長線上にある，ロッキード疑惑の追及の仕方だ。田中首相がロッキード社から５億円を受領，同社製トライスター導入の全日空決定に影響力を及ぼした，とする疑惑だ。彼の首相退任後，１年以上もたったころ，ロッキード社幹部が企業問題調査の米上院公聴会に呼ばれ，処罰が免じられる司法取引のなかで「贈賄」の証言をし，火の粉が日本に飛んできた。田中は，収賄と外為法違反の容疑で76年７月，逮捕され，刑事被告人とされた。田中側はこれを政治資金だと主張した。裁判は事実認定のしかたや立証手続に問題があり，法的な公正さが慎重に検討される必要があった。だが立花は，田中的金脈政治を熱心に否定するあまり，そうした問題点の批判的な検討には，十分な意は尽くさなかった。

もう一つが，『日本共産党の研究』（文春本誌掲載は1976年１月号から77年12月号）。1930年代，どの国の共産党もコミンテルンの支部となるのがほぼ通例であり，さらに日本では共産党は，治安維持法の厳しい弾圧の下，非合法活動しか行い得ない存在だった。そこに必然的に生じた閉鎖性，政治的未熟さなどの欠陥を，当時の司法当局の資料をもとにあげつらい，それらが依然として今日の共産党の体質であるかのように語る論じ方には，ズレが感じられ，あまり感心できるものではなかった。むしろ，松本清張が『昭和史発掘』において，1920年代末から約20年間の，破滅的な戦争へと向かう政治的諸事件とともに「3・15共産党事件」「スパイ"M"の謀略」「小林多喜二の死」を考察，当時の共産党が置かれた時局的な状況を立体的に描くことに成功しているが，こちらの方が説得的だ。

3　つくり上げられた"知の巨人"

立花が，みずから意図して政治ジャーナリストを志したとは，とても思えない。しかし，それまでの政治ジャーナリズムの盲点を衝いた「田中金脈報道」と，従来の政治記者には思いもよらない「共産党研究」は，大きな話題となり，論壇ジャーナリズムは立花に一目も二目も置くなりゆきとなった。その結果，政界になにか変事があると，メディアは立花にコメントを求め，また，立花自身も進んで

政治的な発言を行うなどのことが多くなり，いつの間にか彼は政治ジャーナリストになっていた，というのが実情だろう。

　しかし，2009年8月の総選挙で自民党が敗北，民主党への政権交代が起こる前後からの，民主党代表，のちに党幹事長となる小沢一郎に対する立花の「政治とカネ」にまつわる一貫した批判を読む限り，果たして彼が現代の政治ジャーナリストとして適格者なのかどうか，深刻な疑念が生じる。彼の目に映る小沢は，田中的金脈政治を体現する最後の一人なのだ。そうした政治を消滅させるためには小沢を葬れ，とするのが立花の持論だが，小沢訴追をめぐる司法の公正さの問題は一切顧慮していない（例えば，『産経新聞』「【話の肖像画】小沢一郎研究（下）」立花隆インタビュー，2010年3月11日）。在京紙は東京新聞がやや異なる傾向をみせるほかは，全紙が"民主党は小沢を切れ"で足並みを揃えている。そうしたキャンペーンが政治的に公正なものなのかどうかは，大いに疑問だ。

　このように，マスコミに祭りあげられ，ある意味ではマスコミに利用される立花のありようは，科学ジャーナリストとしての場合にも通じるものがある。この間の事情は，「……生態学にはじまって，宇宙科学，脳，バイオテクノロジー，インターネットを一大結節点とする電子工学等について，専門家はだしの文章を精力的に発表しつづけてきた立花は，いつのころからか『知の巨人』と称せられるに至った，いわばマスコミ界の大御所である」（朝倉喬司『立花隆の正体　"知の巨人"伝説を斬る』リム出版新社，2003年12月）とする評のなかにうかがえる。なんでも屋の彼を祭りあげ，彼を「大御所」扱いして都合よく使うマスコミ界の方が，一枚上手だった，という話だ。

　実際，彼の科学ネタの渉猟は，いくところ可ならざるはなし，といった趣であり，実にバラエティに富んでいる。ところが，彼の関心の寄せ方は，米アポロ11号の月面着陸と地球帰還，脳死判定のための最新検査基準と生体臓器移植の可能性追求，スーパーコンピュータから量子コンピューター，バイオコンピューターなどにまたがる新しい電脳技術の開発と応用領域の拡大，遺伝子技術による人工生命体の創造など，個別の研究領域ごとの最先端の開発の成果に，無邪気に飛び付いていくといった体のものだ。まるで一つの大きな箱に，気に入った新しいおもちゃをあれもこれも詰め込む，といった調子なのだ。ついには臨死体験にまで科学的に関心を寄せるが，印象的にはそれはカルトに近い。

　科学史を専門とする村上陽一郎は『人間にとって科学とは何か』（新潮選書，

2010）で，経済の持続的発展，地球環境の再生能力の拡大，平和の実現など，人
間と社会の進歩に役立つ学問・知識の体系的発展を保障するものが科学であり，
このような科学のあり方から遊離し，高度な技術が独走，勝手に新奇な物理化学
現象・生命現象をつくり出すことは危険だ，とする科学技術観を披瀝しているが，
そうした観点から立花の科学技術の愛好ぶりを見直すとき，そこに一抹の不安を
禁じ得ないのも，偽らざるところだ。

4　本領発揮は科学・技術の啓蒙

　敗戦後まもなく，『ポピュラーサイエンス』という，同名のアメリカの人気科
学雑誌の日本語版が出現，科学少年の心をとらえた。博文館の科学もの，Ｈ・
Ｇ・ウェルズやＪ・ヴェルヌの翻案本，海野十三のSFなどに親しんできた彼ら
は，これを歓迎した。立花の科学技術愛好，そこに流れる尽きない好奇心の質を
考えるとき，それは，少年たちを『ポピュラーサイエンス』に飛びつかせたもの
と，同じなのではないかという気がする。もちろん立花の好奇心の向かう先は，
敗戦直後の『ポピュラーサイエンス』が想定していた未来の科学の産物など，ま
ったく相手になるものではなく，当時は想像さえできなかった，極微の生命現象，
精妙な脳の働きから広大な宇宙の仕組みの解明にまで至る，現代先端科学の成果
や，もっとその先の展望だ。だが，その好奇心は，かつての，そして現在の多く
の科学好きの人々のそれと同根のものであり，だから立花の仕事は彼らの想像力
と知識への欲求を刺激するのだ。立花は2000年代半ば頃から請われて大学で話を
するようになり，2010年当時，東大大学院情報学環と立教大21世紀社会デザイン
研究所で特任教授を務めたりしたが，学生に科学技術と現代文明について考えさ
せる，啓蒙的に重要な役割を果たしている。その啓蒙の力の源泉こそ，彼の飽く
なき好奇心であろう。

　だが，課題も残る。理工系研究者でありながら市民運動に協力し，ジャーナリ
スティックな情報発信も手がけた人物を思い出すからだ。一人は核物理学者の高
木仁三郎だ。彼は原子力研究に携わった結果，原子力発電が石油エネルギーの過
剰な消費のうえにしか成り立たないことを理解し，核廃棄物による長期の環境汚
染・事故による環境破壊の危険にも気づき，反原発運動に加わっていった。もう
一人が技術史家の中岡哲郎だ。彼はみずからの溶接技術者としての体験にもとづ

き，労働を，全体の工程のなかでの位置が見えないものに解体したり，製品の質量改善の目的でなく，資本の効率向上の目的に隷属させたりすると，労働者を疎外し，仕事そのものにもマイナスが生じるとして，そうした性格の合理化に科学者の立場から反対した。二人はごく自然に，村上陽一郎の提唱する科学への献身を実践していたのだといえる。立花もその博識を生かせば，真に科学といえるもののあり方を，別なやり方で若い研究者，ジャーナリストに教えることができるのではないか。E・サイードのいう「後期の仕事（late work）」として，ぜひ試みてほしいと思う。

　彼自身が，大学の卒論でフランスの哲学者，メーヌ・ド・ビランを取り上げた，と語っているのを読んだ。主意主義とともに神秘主義的な傾向を強く示すメーヌから学んだことが，カルトへの寛大さにつながっているのでは，ちょっと情けない。彼はまた，ウィーン学派のヴィトゲンシュタインへの傾倒を好んで口にする。であるならば，言語ゲームとしての言語活動の意義を明らかにした師の教えに従い，まず語るべき科学の世界について，しっかりしたコンテクストを定めてもらいたい。

　一般の生活者に科学への親しみを抱かせ，人間と自然の関係に対する正しい理解を促す文筆活動への期待は，ますます大きくなっていく。そうした役割を果たしてきた先人たちもたくさんいる。多彩な科学随筆を残した寺田寅彦，名作『雪』（岩波新書）を著した中谷宇吉郎，「生態」という情景を見事に描ききった『アユの話』（同前）の宮地伝三郎などのことを思い出すことができる。また，50年代から科学誌『自然』（中央公論社，80年代に廃刊）に，数十年にわたって数人の科学者が，「ロゲルギスト」という共同筆名で広範囲の科学現象にまつわる秀逸なエッセイを連載していたのも，思い出す。科学ジャーナリズムをより魅力あるものとするためにも，Late Tachibana の出番ではないのか。

5　むすび

　20世紀までの科学は，より早く，より強く，より大きく，に適う技術の開発と実用化を目指すべし，とされてきた。だが今や，それでは生態バランスは崩壊，人間の存在さえ危うくなることが明白となりつつある。科学のあり方を根本から転換しなければならない。トマス・クーンの「パラダイム・シフト」の意味を，

あらためて考えてみる必要がある（中山茂訳『科学革命の構造』みすず書房，1971を参照）。40年も前に生態学の重要性に気づいた立花の先見性は後世に記憶されてしかるべきだが，そうであるがゆえに今，彼はこのパラダイムの転換にも大きな責任を負う立場にある。

◆　参考文献（立花隆主要著作。文中で詳細を記したものを除く）

『田中角栄研究――全記録』上下巻，講談社，1976年

『文明の逆説――危機の時代の人間研究』講談社，1976年

『日本共産党の研究』上下巻，講談社，1978年

『アメリカ性革命報告』文藝春秋，1979年

『宇宙からの帰還』中央公論社，1983年

『脳死』中央公論社，1986年

『電脳進化論』朝日新聞社，1993年

『臨死体験』上下巻，文藝春秋，1994年

『証言・臨死体験』文藝春秋，1996年

『宇宙・地球・生命・脳――その原理を求めて』朝日新聞社，1999年

［桂　　敬一］

第7章　江川紹子
——心と社会をつなぐジャーナリスト

［えがわ・しょうこ］1958年，東京生まれ。早稲田大学卒業後，『神奈川新聞』記者を5年間勤める。フリーに転じて，冤罪事件や雲仙火砕流災害を中心に取材。1989年，坂本堤弁護士一家行方不明に際しオウム真理教の関与を疑うと同時に，同教の危険性を警告した。1995年の地下鉄サリン事件で彼女の指摘の正しかったことが判明。警察・検察の事件対応やメディア報道に対し，批判的議論を展開している。若い人たちの心の問題や教育問題にも取り組む。

　記者クラブででは得られない真実を求めて，物言えぬ弱者の立場から別の事実を掘り起こし真実に近づける。時には犯罪者の側にも立ちながら，事件の深層にある人の心を掘り起こして問題点をさぐり，それを組織や社会全体のあり方につなげていく。それは21世紀が必要とするジャーナリストの姿である。

1　ふつうの学生から地方紙記者に

　江川紹子は，1958年（昭和33）8月4日，東京の山の手の住宅地，杉並区に生まれた。本人の書いたプロフィールによれば，「実にのほほんと平凡でテキトウな学生生活を送ってしまった」「あまりにも世の中のことを知らない」と思い，「世の中のことを見たり，聞いたり，知ったりするには，マスコミが一番」と，新聞社を志望した（Egawa Shoko Journal：プロフィール）。

　もっとも，彼女の原点については，父親がこう記述している。「娘は高校時代に人権意識に強く目覚め，『将来は人の権利を守る仕事に付きたい』と言っていた。それがジャーナリストへと路線転換したが，テーマは人権擁護と変わらなかった」（江川，2006，294頁）。

　1982年（昭和57）4月から1987年（昭和62）12月まで，神奈川新聞社で社会部記者として働いた。『神奈川新聞』はその名の通り神奈川県の県紙として900万人口の情報源であると同時に，隣接する東京の全国紙とも対抗しなければならず，し

かも，県民の社会・政治・文化意識は高い。そういう土地柄を踏まえて記者としての訓練を受け，警察や裁判所での事件取材をした。それに加え，連載企画等を担当し，内容を掘り下げた原稿を書く機会も与えられた。ただ，彼女自身は神奈川という地域に限定せず，もっと広い世界で活動をしたいという思いが強く，29歳で退社を決意。フリーライターとしてのスタートを切った。

2　フリー時代の仕事──「人権」と「メディアのあり方」を問う

　フリーになってしばらくは，新聞記者時代の経験をもとに事件・事故などのテーマを中心に取り上げ，週刊誌に掲載するとともに，本にまとめている。

　一つは，『大火砕流に消ゆ』（文藝春秋，1992）で，1990年から91年にかけ雲仙普賢岳の大噴火で大勢の犠牲者を出した際の，災害取材のあり方とマスコミの対応をめぐっての問題である。犠牲者と同僚・上司，そして家族の証言をもとに，なぜメディアとその関係者が火砕流の被害にあったかを丹念に検証し，関係者たちの無念の思いを伝えている。事件の伝え方として，どのような被害があり何人亡くなったという無機質の事柄より，一人のカメラマンがよい仕事をするためにどのような思いで現場へ行き取材をしていたかを伝え，ジャーナリストとしての気持に寄り添うのが身上だ。しかし，最後の章「報道と安全」では，災害取材の難しさに言及しつつも，その後のマスコミ各社の報道姿勢について問題提起する。

　まず批判の矛先は，あまりにも自己防御的なマスコミの態度に向けられる。雲仙岳測候所が「山に設置した傾斜計に大きな変化が観測された」として厳重注意を呼びかけると，多くのマスコミの人々は，住民たちが生活を続けている島原市からいっせいに撤退してしまったという（江川，1992，205〜266頁）。情報を伝えるのが役目のはずのメディアが，市民への情報提供を怠って逃げ出してしまったことに江川は首をかしげる。

　その結果，普賢岳取材が自衛隊頼みになっていったが，ルポライターの鎌田慧は自分の目で現地を見ようとカメラマンとともに警戒区域に入り写真週刊誌『フライデー』に掲載した。すると，読売新聞の記者が「我々は中に入らないでいるのに，こういうのを放っておいていいのか」と島原署に駆け込んだという（同，207頁）。同様のことを朝日新聞も『フォーカス』に対して行っている。これらの行動に対し，規制に従うのはルールではあるが，と断ったうえで，「報道が規制

され，あるいは，自己規制したままでいる」ことを「ジャーナリズム精神の衰弱」と批判する（同，213頁）。

　江川は，「行政の引いた一本のラインを絶対視し，無条件に服従してしまう今の報道陣の姿勢」に不安を感じ，「判断することを放棄してしまった現状に疑問を抱」き，個々の記者が取材したことを自己規制ゆえに報道できない」ことに納得がいかない。まして，「自分がやらない仕事を為し遂げた他者を，警察の手にゆだねようという根性が私は気に入らない」（同，221頁）と述べている。

　もう一つは，警察や検察の取調べ方法が冤罪を生む温床になっていることを問題とした『冤罪の構図——やったのはおまえだ』（社会思想社，1991）。同書には，彼女がその後に展開する議論の原点が見える。例えば，警察は取調べに際し，自分たちの見込んだストーリーに添った証言だけを取り上げ調書を作成する。それが，冤罪を作る原因になっていることを，当事者たちの取材によって明らかにしている。でももし，裁判が公正に行われるなら問題は少なくなるが，必ずしもそうはいかない。警察・検察側の出してくる証拠の問題点を指摘して判決を下す裁判官は少なく，そうでない例が実は多い。裁判官は担当する事件が多いので，"仲間内"の検察を信じてそのまま判決を下すほうが楽なのだ。こうして冤罪を蒙った人々を国家権力と言う圧倒的な力から救い出し，人としての普通の生活を取り戻すことに力を貸すのが弁護士であり，それを社会に伝えるのがジャーナリストとしての役割と彼女は考えている。

　このほか『六人目の犠牲者　名張毒ぶどう酒殺人事件』（文藝春秋，1994）でも冤罪事件を扱い，この事件では五人が犠牲になったが，「もし，勝（死刑囚）を……絞首台に送れば，この事件の犠牲者は……六人であったと事件簿を書き改めなければならないだろう」と述べて（同，306頁），烈しく捜査と裁判のあり方を非難している。

　冤罪事件は当人の人生をめちゃくちゃにする出来事であるうえに，真犯人を世の中に放置することになる。「捕まらなかった」という犯罪の成功体験が真犯人自身を増長させ，次の犯罪に向かわせることにもなる。そうして起こったのが一連のオウム真理教事件であり，その端緒となったのが坂本弁護士一家拉致殺害事件であった。

3　坂本弁護士一家拉致殺害事件

　1989年 5 月11日，江川は一人の女性から電話を受ける。「子どもが宗教団体に入ってしまい，家出をして，今どこにいるかもわからない。教団に尋ねても居所を教えてくれない」という相談だった（江川，1995，11頁）。そこで彼女は，かねてから知り合いだった横浜法律事務所の坂本堤弁護士にこの女性の相談にのってくれるよう頼んだ。彼は快く引き受け，数日後には女性に会った。それ以来，オウム真理教（以下，オウム）に子どもが出家した悩みを抱える親たちや，教祖・麻原彰晃の血を飲む儀式を受けた元信者などから相談を受けるようになる。坂本はこの宗教団体の被害がかなり広がっていることを認識し，「オウム真理教被害者の会」の結成を勧め，同教との交渉に正面から向き合うことになった。

　一方，その当時のメディアは，オウムの「空中浮揚」などを面白おかしく取り上げ，その危険性に対しては言及しなかった。

　江川の紹介から半年ほどたった同年10月31日，オウム幹部の三人が横浜法律事務所を訪れ，弁護士側と緊迫したやりとりを行った。その 3 日後の11月 3 日夜，坂本弁護士，妻の都子（さとこ）さん，長男の龍彦ちゃんの三人の姿が，横浜市の自宅から忽然と消えたのである。現場にはオウムの会員バッジ“プルシャ”が落ちていたからオウムの犯行である疑いは濃厚だったが，警察は事件性は不明であるとして失踪として扱い，メディアはオウムの名前さえ出さなかった。

　なぜ，新聞もテレビも教団の実名を出せなかったかについて，江川はこう述べている。「一つは警察の……動きが消極的だったからだ。教団は11月18日の夜に記者会見を開いていたのだが，その際『警察からの事情聴取の依頼は一度もない』と言明している」（同，52頁）。県警は慌てて翌日，教団に事情聴取の申し入れをしたが，修行を理由に断られた。その直後に教祖ら幹部一行がヨーロッパに向けて出国するが，これもたまたま空港で目撃した人が弁護士に連絡して分かったことである。さらに，神奈川県警の捜査員は富士宮の教団総本部周辺の聞き込みをほとんどやっていなかった（同，85～98頁）。

　このような警察の姿勢は，坂本の所属する横浜弁護士事務所が，法廷で県警と対立する関係にあったためと思われる。旧国鉄労働組合横浜人材活用センター弾圧事件での県警による誤認逮捕事件や，警察による日本共産党幹部宅盗聴事件の

裁判は，横浜弁護士事務所が原告の弁護をしていたからである。このような県警の不作為が，坂本弁護士一家拉致殺害事件（以下，坂本事件）の初動捜査の失敗につながったものと思われる。

　報道機関で最初にオウムを取り上げたのは『サンデー毎日』である。子どもが入信して戻ってこない親からの訴えや，さまざまな修行に大変なお金が動くことを告発し始めた。すると，教団側は，同誌の牧太郎編集長の自宅周辺に宣伝カーで押しかけたり，嫌がらせ電話で攻撃を仕掛けたりした。このような異常な行動に対しても警察は動いていない。

　テレビ各社はワイドショーなどで競ってオウム真理教のことを取り上げたが，その危険性を取り上げるよりも，オウムからの取材条件提示に唯々諾々と従い，彼らの思うままにメディアを使われた。TBSは坂本事件とオウムのかかわりを否定する放送を行い，弁護士の身内を犯人視する報道を行った。テレビ朝日は，オウムの圧力に屈して麻原彰晃を出演させ，修行について語らせたという（同，54頁）。そればかりでなく，ほとんどすべてのワイドショーが競ってオウム幹部の生出演を許した。なかでも広報担当の上佑史浩は多弁でどんな批判もたくみに言い返し，「ああ言えば上佑（こう言う）」という流行語まで生んだ。若い女性のなかには彼の追っかけも出てくる始末。テレビ局ワイドショー間の節操のない競争は目に余るものがあり，それがオウムに利用された。

　そうしている間にも次々と不可解な事件がつづく。1994年6月27日には，長野県松本市でサリンが撒かれ8人が殺害され，660人が重軽傷者を負った。これにも警察はオウムが原因であることを突き止められず，事件の第一発見者でサリン被害者である男性を犯人視して多大な迷惑をかけた。誤った捜査をし，真犯人を突き止められない間に，「オウム被害者の会」関係者が次々に襲われた。江川自身も自宅に有毒ガスであるホスゲンの噴射攻撃を受けている。

　翌年1月1日，読売新聞がオウム施設で松本サリン事件の残留物質があることをすっぱ抜き，3月，滝本弁護士がオウムのサリン撒布可能性を警察庁長官と検事総長に上申するに及んで，警察がやっと動き出そうとした矢先の3月20日，「地下鉄サリン事件」がおきた。東京営団地下鉄の霞ヶ関駅付近の車内でサリンガスを発生させ，通勤途上の人々や地下鉄職員13人を殺害，5510人に重軽傷を負わせ，現場をパニックに陥らせた無差別テロ事件である。この地下鉄サリン事件が起こって初めて，警視庁がオウム真理教施設などを一斉捜査したのだが，それ

ではあまりにも遅すぎた。連続的に起こった事件と被害の大きさを考えると，警察の過失は見過ごすことができない。坂本事件からしっかりと捜査していれば起こらなかった一連の事件の犠牲者を思うとき，この初期の警察の不作為がオウムの犯罪行為を増長させ，多くの被害者を生んだことは，明白である。当初からそれを知っていた江川の憤りはよく分かる。

4　ジャーナリストとしての立ち位置

　江川は，自分の紹介がもとで坂本弁護士一家がオウムにより拉致・殺害されたことに大きな責任を感じていた。それまでの事件取材では，いわば第三者の記者として関わってきたが，この事件では，自分自身を「準当事者」と位置づけ，その角度から事件のさまざまな局面を考えるようになった。その体験が，ジャーナリストとしての新しい出発を促した。すなわち，1）警察発表に頼らない事件の真相解明，2）メディアが当然としてきたさまざまな取材方法の反省，3）被害者の視点に立ったものの考え方，4）加害者でさえも，それに至った過程を考えるべき，5）それをしなければ社会の安寧は得られないこと……などである。

　それらの意識をジャーナリストとして具現化するのに，フリーの立場は自律的な行動をするうえで大いに役立った。より深く知るための取材と考察の時間，その内容を書き記すためのスペース，最後に，自分が責任を取ることではじめて表現できる数々の問題点の指摘……こういうことが大手メディア企業所属の記者はしにくいからである。そうして，坂本事件をきっかけに，運命的にオウム事件に巻き込まれていった彼女は，従来のジャーナリストとは違う歩き方を始めた。

　オウムから危害を加えられていたときも，江川はひるまずに言論活動を展開した。それまで，オウムを弁護するような発言をしていた一部の宗教学者が，今度は批判される立場になり，逆に，以前から事実を積み上げて，その危険性を指摘していた江川は，オウムをもっともよく知る人として今度は注目される番となった。あちこちのワイドショーに次々と呼ばれ，オウムのありようと問題を説明することになった。それは，メディアを批判的に見てきた彼女には皮肉なことだったが，推測でものをいうコメンテーターが多いなか，彼女を出演させることでオウムの実体を知り，番組のバランスをとろうという意図がテレビ局にもあった。彼女にとってもテレビ出演は真実を知ってもらうための必要な手段だった。

　オウム事件は二つの側面をもっている。一つは事件・事故としての側面で，「地下鉄サリン事件」「松本サリン事件」などの不特定多数の人を巻き込んだテロリズムの面。もう一つは，社会の深層でじわじわと進行している社会現象としての側面。どうして東大や京大，早稲田や慶應などの一流大学卒業生や，医師や弁護士という高度専門職の人が，オウムのようなカルト集団に入るのか。彼らの実社会では満たされなかった思いを，麻原が満たすことが出来たのだとすれば，それは何だったのか。

　江川の姿勢には人間を理解しようという強い欲求があり，そこで知りえたことを世間に伝えるのがジャーナリストの使命と考えている。オウム裁判に関するコメントでも，幹部としてさまざまな事件の実行に関わった人には相応の刑罰を受けることを当然としながらも，彼らの被害者的側面，心的過程に言及しているのである。とくに，医師であったオウム幹部の林郁夫に関しては，彼の烈しい後悔の念と被害者とその遺族へのつきることのない謝罪の意を汲み取って，死刑でなく無期懲役の判決をむしろ願ってもいた（江川，1995）。

　こうした，精神的・身体的・時間的にトータルな人間としてのあり方を，ニュースや出来事のなかに取り入れることは，これまでの主流のジャーナリズムにはあまりなかったのではないか。事件の一部を切り取るのではなく，人間心理と社会全体の動きとを関連づけながら総合的に把握するのである。もちろん，彼女がそのすべて成功したとは言えないが，でも，それに挑戦していることは事実であり，それは新しいジャーナリズムの模索につながっている。

　現役バリバリの江川紹子に対しジャーナリストとしての評価を下すのはまだ早い。しかし，オウム事件という彼女にとっての運命的な出会いの事件をつうじて，すでに，今までにはない境地を切り開いている。オウム事件のほとんどが，20世紀の最後の10年に起こっていることを考えれば，彼女が模索しているものは，20世紀型のジャーナリズムとの決別ではないか。

　新しいジャーナリズムのあり方として注目されているのは「ケアの倫理」である。ケアの倫理を立ち上げた一人，倫理学者兼心理学者であるキャロル・ギリガンは，師のコールバーグの道徳発達のモデルは，正義や責任・責務などについて，男性的な観点で作られていると批判した。*In a Different Voice*（Gilligan，1982）のなかで，「女性は（男性に比べ），道徳的概念よりも，共感や同情を優先する傾向がある」と女性が未成熟であるかのようにいう，男性的視点による評価に疑問を

投げかけ，女性の視点による評価の導入を提案している。

　その考えはジャーナリズムにも取り入れられていて，林香里は『＜オンナ・コドモ＞のジャーナリズム』（岩波書店，2011）のなかで，メディアは「絶対的弱者に優先的な言葉を与えるような手当（ケア）を積極的に行う責任を負っている」とし，それがメディア組織の本質的な義務だと導いている。

　江川の活動にはケアの倫理にもとづくジャーナリズムとの共通点が多い。弱い立場の個人が権力に翻弄されているとき彼女は立ち上がらずにはいられない。ただし，日本における権力は“主流の人々”（小玉，2012，参照）により形成される組織的な社会常識や社会慣習であることが多い。また，彼女は最初は取材対象であった人々をのちに，支援することがよくある。例えばオウム事件の麻原彰晃の娘は，事件後数々のバッシングにあっていた。江川は彼女の環境がそれを招いたと考えて，後見の役割をしている。オウム事件ののちに深く悔悟し，捜査に全面的に協力するようになった林郁夫の支援にも回っている。

　大阪地検による「官製談合事件」の冤罪被害者（江川，2012，53〜62頁）取材を通じて，江川は大阪地検のでっち上げ体質を知った。「郵便不正事件」で嫌疑をかけられた厚生労働省官僚・村木厚子に対し，無罪を信じた江川は彼女の支援に回った。465日に及ぶ勾留と検察の攻撃に耐え，無罪を獲得した村木からその体験を聞きだし，事件の全貌を正しく一般の人にも理解してもらうために，本の構成も担当した（村木・江川，2013）。

　江川は，権力をかさに着た不正に対しては，取材を通して徹底的に戦うが，生まれついての事情や，弱者であるがゆえに十分説明できなかったり，社会に受け入れられないことが原因で，犯罪に加担してしまった人々に対しては，罪を憎んでも人は憎まない態度を持ち続けている。

　これは，20世紀後半からフェミニズムがはぐくんできたケアの倫理にもとづくジャーナリズムのあり方と理念的に共通している。男性中心に作られた従来の公式的な「正義」のあり方からは逸脱しても，それは必ずしもジャーナリズムの衰退を示すものではない。むしろ，それぞれの状況に応じた対応のほうが，より深い真実を追求できるのである。一見，同じような環境にあっても，ほとんどの人は事件を起こしてはいないことを考えると，事件とはそのような個別の事情により起こっていると理解すべきではないだろうか。表面的な共通の原因をさぐり画一的な結論に至るよりも，さらに深い人間の心理に近づき，その根底にあるもっ

と大きな共通項を見いだすことで，より多くの人の心の内を理解できようになるかもしれない。

　江川紹子が過去のジャーナリストと一線を画するのは，そういうところである。

◆　参考文献

Gilligan, C., *In a different Voice, Psychological Theory and Women's Development,* Harvard University Press, 1982.

江川紹子『冤罪の構図——やったのはおまえだ』社会思想社，1991年

————『救世主の野望——オウム真理教を追って』教育史料出版会，1991年

————『大火砕流に消ゆ』文藝春秋，1992年

————『六人目の犠牲者——名張毒ブドウ酒殺人事件』文藝春秋，1994年

————『「オウム真理教」追跡2200日』文藝春秋，1995年

————『全真相坂本弁護士一家拉致・殺害事件』文藝春秋，1997年

————『魂の虜囚——オウム事件はなぜ起きたか』中央公論新社，2000年

————『父と娘の肖像』小学館文庫，2006年

————『勇気ってなんだろう』岩波ジュニア新書，2009年

————「官製談合裁判　大阪地検が描いた"天の声"」文藝春秋編集部編『真相開封』文藝春秋，2012年

カナリヤの会編『オウムをやめた私たち』岩波書店，2000年

小玉美意子『メジャー・シェア・ケアのメディア・コミュニケーション論』学文社，2012年

JCJ ジャーナリズム研究会編『キーワードで読み解く現代のジャーナリズム』大月書店，2005年

土屋礼子編『近代日本メディア人物誌——創始者・経営者編』ミネルヴァ書房，2009年

林香里『＜オンナ・コドモ＞のジャーナリズム——ケアの倫理とともに』岩波書店，2011年

村木厚子・江川紹子『私は負けない——「郵便不正事件」はこうして作られた』中央公論新社，2013年

参考サイト

Egawa Shoko Jouranal : http://www.egawashoko.com/c005/　2010年 8 月17日確認

"Gilligan a pioneer in gender studies". President and Fellows of Harvard College.　2016年 5 月 4 日確認

[小玉美意子]

藤倉修一
──「マイクの職人」──

　のちに NHK アナウンサーとして活躍する藤倉修一は，1914年（大正3）3月12日に東京で生まれた。両親は木綿問屋を営み，修一自身も法政大学を卒業するまでは家業を継ぐつもりであった。そのかたわら，フィギュアスケートに夢中になっていたことが彼の人生を大きく変えることになった。というのも，家業は統制経済下で休業を余儀なくされ，スケートで知己を得た松田義郎（JOAK 東京放送局アナウンサー）にＡＫを受けるように勧められたからである。1940年（昭和15）に JOAK に入局。先輩アナウンサーの和田信賢らから指導を受けた。以後，仙台，福島放送局を経て，1944年（昭和19）に戦時下の東京に戻った。1945年（昭和20）6月には，観客が誰もいない国技館から大相撲の本場所の中継を行ったが，それは国内には放送されず，対敵謀略放送にのみ使われたという（藤倉修一『マイク人生うらおもて』エイジ出版，1982）。

　終戦後の1945年（昭和20）11月，ラジオ番組「街頭にて」（翌年5月「街頭録音」と改題）の担当となる。これは，町行く人にインタビューする形式の番組であったが，開始当初は答えてくれる人を見つけるのに苦労したという。この「街頭録音」は，その後，"ガード下の娘たち"（パンパン娘）にもマイクを向ける。それまでのラジオにはなかった，社会の暗部をえぐるような内容は大きな反響を巻き起こし，評判となった。これを機に，ドキュメンタリー番組「社会探訪」が生まれ，藤倉はその担当となる。こうした番組で，藤倉は，決められた原稿だけを読み上げるという旧態依然としたアナウンサーのスタイルを打ち破り，インタビュアーという新しいスタイルを作っていった。

　その一方で，「二十の扉」や「紅白歌合戦」（第1回・1951年（昭和26），第2回・1952年（昭和27）の白組司会など娯楽・芸能番組でも活躍し，NHK の看板アナウンサーとしての地位を確立した。1953年（昭和28）1月からイギリスの BBC 日本語部に出向し，現地からエリザベス女王戴冠式中継放送を行った。翌年8月に帰国すると，ラジオの「即興劇場」，テレビの「陽気な休憩室」を担当するかたわら，NHK アナウンス室の高橋圭三，木島則夫，小川宏らと「音楽・演芸・司会班」と称する勉強会を組織し，新しい司会のあり方を模索した。1970年（昭和45）に NHK を定年退職した後は，民放の番組へ出演したり，高橋圭三が学園長を務めるアナウンス学園の校長を務め，後進の育成にも尽力した。

　藤倉は「マイクと共に」を座右の名とし，つねに古いアナウンサーのスタイルを壊しては新しいスタイルを作り続けた「マイクの職人」であった。

[井川充雄]

年　　表

西暦	和暦	月	人物・メディア	社会状況
1847	弘化 4	11	中江兆民生まれる	
1849	嘉永 2	2	末広鉄腸生まれる	
1852	嘉永 5	11	島田三郎生まれる	
1854	嘉永 7			3月　日米和親条約
1858	安政 5			6月　日米修好通商条約 9月　安政の大獄
1860	安政 7 (万延元)	5	三宅雪嶺生まれる	3月　桜田門外の変
1863	文久 3	9	志賀重昂生まれる	7月　薩英戦争
1864	元治元	2 12	池辺三山生まれる 山路愛山生まれる	7月　禁門の変
1865	慶応元	10	福田英子生まれる	
1866	慶応 2	3	松本英子生まれる	1月　薩長同盟
1867	慶応 3	1 7	宮武外骨生まれる 鳥居素川生まれる	
1868	慶応 4 (明治元)			1月　戊辰戦争始まる 9月　明治へ改元
1869	明治 2	9	木下尚江生まれる	6月　版籍奉還
1871	明治 3			7月　廃藩置県の詔書
1872	明治 5	7	杉村楚人冠生まれる	8月　学制公布
1873	明治 6	5 12 12	桐生悠々生まれる 島田三郎，横浜毎日新聞社に入社 大沢豊子生まれる	1月　徴兵令 7月　地租改正条例布告
1874	明治 7			1月　板垣退助ら，「民選議員設 　　　立建白書」を提出 2月　佐賀の乱 5月　台湾出兵
1875	明治 8	4 5 6 7 8	末広鉄腸，東京曙新聞社に入社 水野広徳生まれる 讒謗律・新聞紙条例制定 馬場恒吾生まれる 末広鉄腸，新聞紙条例批判の記事・投書を	5月　千島樺太交換条約

西暦	和暦	月	人物・メディア	社会状況
			掲載，同条例により禁固2ヶ月，罰金20円に処せられる	
		10	末広鉄腸，『朝野新聞』編集長に就任	
		11	長谷川如是閑生まれる	
		11	竹中繁子生まれる	
		12	末広鉄腸，井上毅・尾崎三郎を批判し，成島柳北とともに起訴される	
1876	明治9			10月　神風連の乱，萩の乱
1877	明治10			2月　西南戦争
1878	明治11	5	松崎天民生まれる	
1879	明治12			9月　教育令公布
1880	明治13	12	山川均生まれる	
1881	明治14	3	中江兆民ら，『東洋自由新聞』を創刊	10月　国会開設の勅諭
		10	末広鉄腸，自由党に入党	
1882	明治15			1月　軍人勅諭
				7月　壬午事変
1883	明治16	5	中江兆民ら，東洋出版会社を設立	
		7	小橋三四子生まれる	
		9	末広鉄腸ら，独立党の創設を宣言	
1884	明治17	9	石橋湛山生まれる	9月　加波山事件
1885	明治18	11	福田英子，大阪事件で逮捕される	11月　大阪事件
1886	明治19	1	島田三郎，植村正久から洗礼を受ける	10月　ノルマントン号事件
		2	中野正剛生まれる	
1887	明治20	4	志賀重昂，『南洋時事』を刊行	12月　保安条例公布
		4	宮武外骨，『頓智協会雑誌』を創刊	
		8	荒畑寒村生まれる	
		12	中江兆民，保安条例により東京退去の処分を受ける	
1888	明治21	1	中江兆民ら，『東雲新聞』を創刊	4月　市町村制公布
		4	志賀重昂・三宅雪嶺ら，政教社を結成し『日本人』を創刊	
		12	池辺三山，『経世新報』編集長に就任	
1889	明治22	2	宮武外骨，『頓智協会雑誌』に「頓智研法発布式付研法」を掲載して不敬罪に問われる	2月　大日本帝国憲法発布
		3	末広鉄腸，『東京公論』の主筆となる	
		6	末広鉄腸，『関西日報』の主筆となる	
1890	明治23	2	清沢洌生まれる	7月　初の衆議院選挙
		6	末広鉄腸，『大同新聞』の主筆となる	11月　第一回帝国議会
		7	末広鉄腸，第一回衆議院議員選挙に当選	

西暦	和暦	月	人物・メディア	社会状況
		11	山川菊栄生まれる	
1891	明治24	3	中江兆民ら，『自由平等経綸』を創刊	5月　大津事件
		7	山路愛山ら，『護教』を創刊	
		11	村嶋歸之生まれる	
1893	明治26	1	山路愛山，『国民之友』に「頼襄を論ず」を発表	
		11	恩田和子生まれる	
1894	明治27	7	池辺三山，『日本』に「巴里通信」を掲載	7月　日清戦争（～95）
		10	志賀重昂，『日本風景論』を刊行	
		11	浅野七之助生まれる	
1895	明治28	6	鈴木東民生まれる	4月　下関条約
		10	奥むめお生まれる	4月　三国干渉
1896	明治29	2	末広鉄腸死去	9月　民法公布
		9	正木ひろし生まれる	
		12	池辺三山，大阪朝日新聞社に入社	
1897	明治30	7	木下尚江ら，普通選挙同盟会を結成	3月　金本位制確立
		12	池辺三山，東京朝日の主筆を兼務	
		12	鳥居素川，大阪朝日新聞社に入社	
1899	明治32	2	木下尚江，『毎日新聞』記者となる	
		10	大沢豊子，時事新報社に入社	
1900	明治33	4	島田三郎ら，廃娼同盟会を組織	3月　治安警察法公布
		5	山川均ら，『青年の福音』に皇太子嘉仁と九条節子の結婚を非難した「人生の大惨劇」を掲載し不敬罪に問われる	6月　北清事変
		6	木下尚江，『足尾鉱毒問題』を刊行	
		8	松崎天民，大阪新報社に入社	
		9	大宅壮一生まれる	
		12	笠信太郎生まれる	
1901	明治34	1	宮武外骨，『滑稽新聞』を創刊	2月　八幡製鉄所操業開始
		5	木下尚江ら，社会民主党を結成	
		11	松本英子，『毎日新聞』に「鉱毒地の惨状」を掲載	
		12	中江兆民死去	
		12	木下尚江・田中正造ら，足尾鉱毒地救済演説会を開催	
1902	明治35	10	松本英子，渡米	1月　日英同盟
1903	明治36	1	山路愛山，『独立評論』を創刊	8月　対露同志会結成
		1	松崎天民，大阪朝日新聞社に入社	
		9	池辺三山，山県有朋に対露開戦論を力説	
		12	杉村楚人冠，東京朝日新聞社に入社	
1904	明治37	1	木下尚江，『毎日新聞』に反戦小説「火の	2月　日露戦争（～05）

西暦	和暦	月	人物・メディア	社会状況
		8	柱」を連載（同43年 9 月発禁） 木下尚江，『毎日新聞』に『良人の自白』 を連載（同43年 9 月発禁）	
1905	明治38	8 11	山路愛山ら，国家社会党を結成 木下尚江・阿部磯雄ら，『新紀元』を創刊	5 月　日本海海戦 9 月　ポーツマス条約
1906	明治39	6 10 11 12	山路愛山，『社会主義管見』を刊行 木下尚江，『新紀元』に「旧友諸君に告ぐ」 を発表，社会主義運動から退く 松崎天民，国民新聞社に入社 山川均，幸徳秋水に招かれ『平民新聞』の 編集に参加	11月　南満洲鉄道株式会社設立
1907	明治40	1 1 2 6 9	三宅雪嶺，『日本人』を『日本及日本人』 に改題 福田英子，『世界婦人』を創刊 福田英子ら，治安警察法第 5 条改正の請願 を衆議院に提出 宮武外骨ら，『大阪平民新聞』を創刊 山川均・幸徳秋水・堺利彦ら，社会主義金 曜講演会を開催	2 月　足尾銅山暴動
1908	明治41	5 6 2	山路愛山，『現代金権史』を刊行 荒畑寒村ら，赤旗事件で逮捕される 長谷川如是閑，大阪朝日新聞社に入社	
1909	明治42	1 1 7 8	三宅雪嶺，『宇宙』を刊行 松崎天民，東京朝日新聞社に入社 中野正剛，日報社に入社 『世界婦人』廃刊	10月　伊藤博文がハルビンで暗殺 される
1910	明治43	9	桐生悠々，信濃毎日新聞社に入社	5 月　大逆事件
1911	明治44	1 3 6 7 9 11	石橋湛山，東洋経済新報社に入社 水野広徳，『此一戦』を刊行 杉村楚人冠の発案で東京朝日新聞社内に索 引部（同年11月調査部に改称）を創設 島田三郎，廓清会を結成 池辺三山，東京朝日新聞社を退社 竹中繁子，東京朝日新聞社に入社	1 月　大逆事件で24名に死刑判決
1912	明治45 （大正元）	2 10	池辺三山死去 荒畑寒村・大杉栄ら，『近代思想』を創刊	9 月　乃木希典殉死
1913	大正 2			2 月　大正政変
1914	大正 3	1 3 8 10	島田三郎，シーメンス事件につき政府を攻 撃 藤倉修一生まれる 馬場恒吾，国民新聞社に入社 荒畑寒村・大杉栄ら，月刊『平民新聞』を	1 月　シーメンス事件 6 月　第一次世界大戦始まる 8 月　日本，第一次世界大戦に参 戦

西暦	和暦	月	人物・メディア	社会状況
			創刊	
1915	大正4	1	むのたけじ生まれる	
		6	村嶋歸之，大阪毎日新聞社に入社	
		11	小橋三四子，『婦人週報』を創刊	
		12	杉村楚人冠，『最近新聞紙学』を発刊	
1916	大正5			
1917	大正6	2	村嶋歸之，『大阪毎日新聞』に「ドン底生活」を掲載	
		3	山路愛山死去	
		12	恩田和子，大阪朝日新聞社に入社	
1918	大正7	8	白虹事件	7月　米騒動
		10	鳥居素川・長谷川如是閑ら，白虹事件の責任をとり大阪朝日新聞社を退社	8月　シベリア出兵
1919	大正8	2	鳥居素川・長谷川如是閑ら，『我等』を創刊	6月　ヴェルサイユ条約調印
		4	山川均・堺利彦ら，『社会主義研究』を創刊	
		8	杉村楚人冠の発案で『東京朝日新聞』が縮刷版を発行	
		10	山川菊栄，『現代生活と婦人』，『女の立場から』を刊行	
		11	恩田和子，大朝の後援を受けて婦人会関西連合大会を開催	
		11	鳥居素川ら，『大正日日新聞』を創刊	
1920	大正9	3	奥むめおら，新婦人協会を発足	1月　国際連盟成立
		5	中野正剛，衆議院議員に当選	
1921	大正10	1	水野広徳，『東京日日新聞』に「軍人心理」を発表	11月　ワシントン会議
		4	山川菊栄・伊藤野枝ら，赤瀾会を結成	
		4	山川均ら，日本共産党準備会を発足	
		6	長谷川如是閑，『現代国家批判』を刊行	
		7	石橋湛山，『東洋経済新報』に「大日本主義の幻想」を掲載	
1922	大正11	1	山川均・山川菊栄ら，『前衛』を創刊	3月　水平社創立大会
		1	大森実生まれる	12月　ソビエト社会主義共和国連邦設立
		1	長谷川如是閑，『現代社会批判』を刊行	
		1	笠信太郎，東京朝日新聞社に入社	
		5	小橋三四子死去	
		8	山川均，『前衛』に「無産階級運動の方向転換」を掲載	
		11	杉村楚人冠，グラフ局を新設し局長に就任	
		11	島田三郎・尾崎行雄・犬養毅ら，政界革新	

西暦	和暦	月	人物・メディア	社会状況
			普選同盟会を結成	
1923	大正12	6	田英夫生まれる	9月　関東大震災
		6	水野広徳，『新国防方針の解剖』を刊行	
		6	奥むめお，『職業婦人』を創刊	
		9	宮武外骨，『震災画報』を創刊	
		10	三宅雪嶺，『我観』を創刊	
		11	島田三郎死去	
1924	大正13	12	賀川浩生まれる	1月　摂政裕仁・久邇宮良子女王結婚
1925	大正14	1	石橋湛山，東洋経済新報社代表取締役専務に就任	4月　治安維持法公布
		1	杉村楚人冠，記事審査部長に就任	5月　普通選挙法公布
1926	大正15（昭和元）	1	大沢豊子，東京中央放送局に入社	
		12	大宅壮一，『新潮』に「文壇ギルドの解体期——大正十五年における我が国ジャーナリズムの一断面」を発表	
1927	昭和2	4	志賀重昂死去	
		5	福田英子死去	
		11	恩田和子，全関西婦人連合会理事に就任	
		12	山川均・荒畑寒村・堺利彦ら，『労農』を創刊	
1928	昭和3	3	鳥居素川死去	3月　三・一五事件
		3	中野正剛，九州日報社長に就任	8月　パリ不戦条約
		4	松本英子死去	
		4	松崎天民，『食道楽』の主筆に就任	
1929	昭和4			10月　世界恐慌始まる
1930	昭和5			1月　ロンドン海軍軍縮会議
				1月　金解禁
1931	昭和6	11	本多勝一生まれる	9月　満州事変
1932	昭和7	11	長谷川如是閑，『日本ファシズム批判』を刊行	3月　満州国建国宣言
				5月　五・一五事件
1933	昭和8	8	大宅壮一，『人物評論』を創刊	2月　日本が国際連盟を脱退
		8	桐生悠々，『信濃毎日新聞』に「関東防空大演習を嗤ふ」を掲載	5月　塘沽停戦協定
		10	中野正剛，『国家改造計画綱領』を刊行	
1934	昭和9	6	桐生悠々，『他山の石』を創刊	
		7	松崎天民死去	
1935	昭和10	1	鈴木東民，読売新聞社に入社	5月　内閣情報局設置
1936	昭和11	1	笠信太郎，東京朝日新聞社に入社	2月　二・二六事件
		2	沢田教一生まれる	11月　日独防共協定

西暦	和暦	月	人物・メディア	社会状況
		3	中野正剛ら，東方会を結成	
1937	昭和12	4 6 11 12	正木ひろし，『近きより』を創刊 大沢豊子死去 木下尚江死去 山川均・荒畑寒村ら労農派など400人余が 検挙される（第一次人民戦線事件）	7月　盧溝橋事件
1938	昭和13	―	笠信太郎，昭和研究会に参加	5月　国家総動員法施行
1939	昭和14	12	笠信太郎，『日本経済の再編成』を刊行	5月　ノモンハン事件 9月　第二次世界大戦始まる
1940	昭和15	5 10 12 ―	立花隆生まれる 笠信太郎，欧州特派員として渡欧 内閣情報部改組，情報局設置 藤倉修一，JOAK に入社	9月　日独伊三国同盟成立
1941	昭和16	1 2 9 12	国家総動員法に基づき，新聞紙等掲載制限 令公布 水野広徳・馬場恒吾ら，情報局により執筆 禁止者に指定される 桐生悠々死去 国家総動員法に基づき，新聞事業令公布	12月　真珠湾攻撃
1942	昭和17	4 12 12	中野正剛，翼賛選挙に非推薦候補ながら最 高点当選 清沢洌，「戦争日記」の執筆を開始 大日本言論報国会創立（会長徳富蘇峰）	6月　ミッドウェー海戦
1943	昭和18	1 2 10	中野正剛，『朝日新聞』に「戦時宰相論」 を発表（東条首相批判で発売禁止） 出版事業令公布 中野正剛，自宅で割腹自殺	12月　学徒出陣
1944	昭和19	1 7	正木ひろし，「首なし事件」で警察の拷問 を告発 石橋湛山の働きかけで大蔵省内に戦時経済 特別調査委員会設置	7月　サイパン島陥落 10月　神風特別攻撃隊編成
1945	昭和20	5 8 9 9 9 10 10 10 11	清沢洌死去 むのたけじ，朝日新聞社を退社 GHQ，言論及び新聞の自由に関する覚書 を指示 GHQ，プレスコードを指示 GHQ，報道に対する制限法令の撤廃を指 示 杉村楚人冠死去 水野広徳死去 第一次読売争議 三宅雪嶺死去	8月　広島・長崎に原爆投下 8月　ポツダム宣言受諾 12月　第一次農地改革

西暦	和暦	月	人物・メディア	社会状況
		11	藤倉修一，ラジオ番組『街頭にて』の担当となる	
		11	荒畑寒村，日本社会党の結成に参加	
		12	馬場恒吾，読売新聞社長に就任	
		12	情報局廃止	
		一	大森実，毎日新聞社に入社	
1946	昭和21	1	山川均，人民戦線の結成を提唱	1月　天皇の人間宣言
		4	荒畑寒村，衆議院議員選挙に当選	5月　極東国際軍事裁判開廷
		5	藤倉修一，『街頭録音』のインタビュアーを務める	11月　日本国憲法公布
		5	宮武外骨，『アメリカ様』，『幸徳一派大逆事件顚末』を出版	
		5	浅野七之助，『日米時事』を創刊	
		6	恩田和子，日本主婦の会会長に就任	
		6	第二次読売争議	
		10	鈴木東民，読売新聞社を退社	
1947	昭和22	4	奥むめお，参議院議員選挙に当選	3月　教育基本法，学校教育法公布
		5	石橋湛山，公職追放に指定される	4月　労働基準法公布
		9	山川菊栄，労働省婦人少年局の初代局長に就任	
1948	昭和23	2	むのたけじ，『たいまつ』を創刊	11月　極東国際軍事裁判判決
1949	昭和24	5	新聞紙法・出版法廃止	7月　下山事件
		7	三宅雪嶺の『同時代史』公刊	7月　三鷹事件
				10月　中華人民共和国成立
1950	昭和25	5	笠信太郎，『朝日新聞』に「講和に対する態度」を掲載	6月　朝鮮戦争
		6	日本放送協会（NHK）設立	8月　警察予備隊発足
		7	主要新聞・通信社・NHK，「共産党員またはその同調者と見られる者」に解雇通告（レッドパージ始まる）	
1951	昭和26	1	藤倉修一，第一回紅白歌合戦の白組司会を務める	9月　サンフランシスコ平和条約・日米安全保障条約調印
1952	昭和27			4月　対日講和条約，日米安全保障条約発行
1953	昭和28	2	日本放送協会，テレビ本放送を開始	
1955	昭和30	5	大宅壮一，『中央公論』に「『無思想人』宣言」を発表	
		5	鈴木東民，釜石市長に当選	
		7	宮武外骨死去	
1956	昭和31	4	馬場恒吾死去	10月　日ソ国交回復に関する共同宣言
		11	田英夫，第一次南極観測隊報道担当隊員として南極観測に参加	

西暦	和暦	月	人物・メディア	社会状況
		12	石橋湛山内閣成立	
1957	昭和32	8	大宅壮一，ノンフィクション・クラブを創設	
		11	富士テレビジョン設立	
1958	昭和33	3	山川均死去	
		8	江川紹子生まれる	
1959	昭和34	4	フジテレビジョン，テレビ本放送を開始	4月　皇太子・明仁・正田美智子結婚
		10	本多勝一，朝日新聞社に入社	
1960	昭和35	5	わが国初のFM局としてFM東海開局	
		7	国産カラーテレビ受像機発売	
		9	NHK・日本テレビなど8局がカラーテレビ本放送開始	
		11	ラジオ東京，東京放送に社名変更	
1961	昭和36	12	沢田教一，UPI通信社東京支社に入社	
1962	昭和37	3	テレビ受信契約数一千万突破	10月　キューバ危機
		10	田英夫，ニュースキャスターとして『ニューススコープ』を担当	
1963	昭和38	1	大宅壮一，「炎は流れる──明治と昭和の間」の連載を開始	11月　ケネディ大統領暗殺
		7	本多勝一，ルポ「カナダ・エスキモー」を連載	
		9	岐阜県群上八幡町にわが国初のCATV自主放送局が誕生	
		11	日米間テレビ宇宙中継受信成功（ケネディ大統領暗殺のニュースが流される）	
1964	昭和39	─	立花隆，文藝春秋社に入社	8月　トンキン湾事件 10月　第18回オリンピック東京大会開催
1965	昭和40	1	村嶋歸之死去	2月　北爆開始
		5	日本テレビ，「ベトナム海兵大隊戦記」第一部を放映。自民党の干渉により第二部放映中止発表	
		9	「毎日」外信部長大森実，「朝日」外報部長秦正流，北ベトナム入り	
		9	沢田教一，「安全への逃避」で世界報道写真展ニュース写真部門大賞などを受賞	
		10	大森実・秦正流，ベトナム戦争報道でライシャワー駐日米大使から抗議を受ける	
1966	昭和41	1	大森実，毎日新聞社を退社	5月　文化大革命はじまる
		5	沢田教一，ピューリッツァー賞を受賞	
1967	昭和42	1	大宅壮一，「大宅壮一東京マスコミ塾」を	6月　第三次中東戦争

西暦	和暦	月	人物・メディア	社会状況
		5	開講 本多勝一・藤木高嶺，ベトナム戦争・ルポ「戦争と民衆」の連載を開始	8月　ASEAN 発足
		10	TBS，『ハノイ——田英夫の証言』を放送	
		12	笠信太郎死去	
1968	昭和43	3	田英夫，『ニューススコープ』のキャスターを辞任	
		10	竹中繁子死去	
1969	昭和44	9	「大宅壮一ノンフィクション賞」が創設	7月　アポロ11号，月面着陸
		11	長谷川如是閑死去	
1970	昭和45	10	沢田教一，カンボジア戦線の取材中に銃撃を受け死去	
		10	田英夫，TBS を退社	
		11	大宅壮一死去	
1971	昭和46	3	大宅壮一文庫開館	6月　沖縄返還協定
		6	田英夫，参院選に社会党から立候補，当選	
1972	昭和47			9月　日中国交正常化
1973	昭和48	4	石橋湛山死去	
		7	恩田和子死去	
1974	昭和49	10	立花隆，『文藝春秋』に「田中角栄研究——その金脈と人脈」を発表	7月　ウォーターゲート事件
1975	昭和50	12	正木ひろし死去	4月　ベトナム戦争終結
1976	昭和51			7月　ロッキード事件で田中角栄前首相逮捕
1977	昭和52	3	毎日新聞社，経営危機打開のための再建三か年計画を発表	
1978	昭和53	3	田英夫，社会民主連合を結成，代表に就任	
1979	昭和54	12	鈴木東民死去	1月　米中国交回復
1980	昭和55	11	山川菊栄死去	
1981	昭和56	3	荒畑寒村死去	
1982	昭和57	4	江川紹子，神奈川新聞社に入社	
1986	昭和61			4月　ソ連，チェルノブイリ原発事故
1988	昭和63			7月　リクルート事件
1989	昭和64 平成元			6月　天安門事件 12月　東西冷戦の終結
1990	平成2			10月　バブル経済崩壊
1991	平成3	3	江川紹子，『冤罪の構図「やったのはおまえだ」』を刊行	1月　湾岸戦争 12月　ソビエト連邦崩壊

西暦	和暦	月	人物・メディア	社会状況
1992	平成4	12	江川紹子，『大火砕流に消ゆ』を刊行	
1993	平成5	3	浅野七之助死去	
		11	本多勝一・筑紫哲也ら，『週刊金曜日』を創刊	
1994	平成6			6月　松本サリン事件
1995	平成7	7	江川紹子，『「オウム真理教」追跡2200日』を刊行	1月　兵庫県南部地震（阪神・淡路大震災） 3月　地下鉄サリン事件
1997	平成9	7	奥むめお死去	
2008	平成20	1	藤倉修一死去	9月　リーマン・ショック
2009	平成21	11	田英夫死去	
2010	平成22	3	大森実死去	
2011	平成23	7	アナログテレビ放送終了，地上デジタルテレビ放送に完全移行	3月　東日本大震災
2015	平成27	1	賀川浩，FIFA会長賞を受賞	

1．本年表は左から西暦，和暦，本書の各章で取扱う人物の事績およびメディア関連事項，社会状況を掲げた。

2．年の区切りは西暦を基準としているが，1872年（明治5）12月3日の太陽暦への改暦以前は，原則として陰暦の年月を使用した。

3．本年表では事項の記載に原則として年（西暦・和暦）月を表示したが，月が不明なものについては該当年の末尾に「－」として記載した。

◆　参考文献

岩波書店編集部編『近代日本総合年表（第4版）』岩波書店，2001年

臼井勝美ほか編『日本近現代人名辞典』吉川弘文館，2001年

山本武利責任編集『メディアのなかの「帝国」』岩波書店，2006年

日本放送協会編『20世紀放送史　年表』日本放送出版協会，2001年

芳賀登ほか監修『日本女性人名辞典』日本図書センター，1998年

［中嶋晋平］

人名索引

あ　行

アインツィヒ（Einzig, Paul）　188
青江秀　5
青地晨　235
秋山真之　181
秋山好古　181
暁烏敏　188
朝倉夢声　37
芦田均　188, 204, 220
蘆原英了　235
安達吟光　34
姉崎正治　178
安部磯雄　28, 30, 95, 111
甘粕正彦　194
天田愚庵　118
天野為之　151
荒尾精　118
荒木光太郎　156
荒畑寒村　83, 210
有馬頼寧　96
イーストレーキ博士（Eastlake, Frank W.）　109
井口喜源治　191
池島信平　237
池辺三山　83, 112-114, 120, 159
石川三四郎　232
石川啄木　84, 113
石川文洋　255
石橋湛山　55, 193, 195
石橋忍月　183, 184
石原莞爾　155
石渡荘太郎　155
磯村春子　128
板垣退助　16, 18
一木喜徳郎　184
伊藤欽亮　120
伊藤整　222, 223
伊藤野枝　193
伊藤博文　14, 17, 20, 59, 69, 71
伊藤正徳　204
稲田周之助　184
稲原勝治　130
犬養毅　7
井上円了　43
井上馨　17
井上準之助　154
井上毅　14, 17
井上哲次郎　63, 64
井上敏夫　156
今道潤三　244
岩倉具視　14
岩波茂雄　188
巌本善治　57, 58
インボーデン（Imboden, Daniel C.）　206, 214
ウィラルド（Willard, Frances E. C.）　60
植田康夫　233
上野聖一　120
上野理一　71, 73
植原悦二郎　192
植松考昭　151
植村正久　58, 59
宇垣一成　220
潮田千勢子　28
内村鑑三　63, 64
江田五月　245
エンゼル（Angell, Norman）　153
大石正巳　8
大隈重信　8, 14, 16, 18, 26, 59, 61, 202
大隈秀夫　235
大河内一男　156
大沢豊子　128, 137
大島正健　150
大杉栄　194
太田馨　128
乙部鼎　8
大橋乙羽　184
大本花代　130
大森実　236
大宅歩　236
大宅壮一　234, 264

大山郁夫　122, 123
大宅昌　234
岡崎鴻吉　89, 91
緒方竹虎　130, 158, 166
岡野養之助　130
岡村昭彦　262
小河滋次郎　88, 89
小川宏　292
荻原碌山　192
奥むめお　137
尾崎紅葉　183
尾崎秀実　197
尾崎行雄　9, 17, 178, 188
織田幹雄　266
小野瀬不二人　85
小汀利得　193

か　行

快楽亭ブラック　34
賀川豊彦　87, 89-92, 94, 95
角田浩々歌客　80
風見章　188
梶山季之　236
片岡健吉　17
片山潜　28, 30, 79, 151, 111
桂太郎　67, 72, 73, 122
加藤高明　61
加藤秀俊　232
金尾種次郎　80
仮名垣魯文　34
河上清　111
河上丈太郎　96
河上肇　88, 232
川越照子　128
川端康成　231
菅直人　245
菅野すが（須賀子）　83, 113, 128
菊池幽芳　80
聴濤克巳　215
岸田吟香　6
木島則夫　292
岸本りう子　128

北村透谷　58, 62
北村充史　235
北昤吉　218
木下尚江　60
木村毅　232
木村熊二　58
木村騰　121
木村平八　121
清沢洌　188, 219, 220
桐生悠々　83
陸羯南　44, 53, 69, 71, 117-122, 124
草野茂松　79
草柳大蔵　235
櫛田民蔵　122, 123
工藤昭四郎　156
国友重章　68-70
黒岩周六（涙香）　204
黒田清隆　17, 18
幸徳秋水　30, 111, 113, 185
コール（Cole, George D.H.）　188
小坂順造　185, 188
小坂武雄　187
後藤象二郎　16, 17
小西勝一　130
近衛篤麿　72
近衛文麿　197
小橋三四子　128, 137, 141
小林躋造　174
小林光政　214
小山久二郎　222
五来鉄造　128
今外三郎　120

　　　さ　行

西園寺公望　204
西郷従道　20
西郷隆盛　68
堺利彦（枯川）　30, 65, 111, 210
鷺山彌生　83
佐久間象山　41, 64
佐久間俊明　196
桜井真清　181
桜井義肇　109
櫻井忠温　197
桜田文吾　118

佐々木惣一　122
佐々木雄　168
佐々友房　118
佐藤尚武　188
佐藤義亮　232
猿取哲　→大宅壮一
讒謗律　5
三遊亭圓朝　34
志賀重昂　43-45
重光葵　204
柴田錬三郎　259
渋川玄耳　83, 139
渋澤栄一　193
島田三郎（沼南）　23, 24, 28, 55
嶋中雄作　195
下田歌子　24, 83
下中弥三郎　195
下村宏　188
蒋介石　155
正力松太郎　205, 214
末永勝介　235
杉浦重剛　43, 53, 118, 120
杉田湛誓　150, 196
杉村楚人冠　83
杉山元治郎　95
スコット（Scott, Nearing）　192
薄田泣菫　80
鈴木東民　206
鈴木文治　89, 204
鈴木文四郎　204
須藤南翠　80
頭本元貞　115, 202, 203
瀬木博尚　39
相馬愛藏　192
相馬黒光　192

　　　た　行

高石真五郎　204
高木仁三郎　280
高野房太郎　79
高橋圭三　292
高橋瑞子　184
高原操　130, 131
高山義三　87, 91
滝田樗陰　84
滝本誠一　184

田口卯吉　8, 55, 63
竹中繁（繁子）　128, 137
竹久夢二　37
橘宗一　194
田中王堂　151
田中角栄　244
田中耕太郎　225
田中正造　24, 25
谷干城　17
田山花袋　184
津久井龍雄　194
佃與次郎　137
津田梅子　22
津田仙　22
津田左右吉　220
土屋大夢　185
坪内逍遙　9, 34, 108, 118
デューイ（Dewey, John）　151, 192, 200
寺内正毅　122
寺田寅彦　281
寺山修司　248
土井たか子　245
東郷平八郎　175
東条（條）英機　155, 219
頭山満　157, 158
戸川猪佐武　242
徳川夢声　195
徳田秋声　185, 188
徳富蘇峰　44, 51, 53, 55, 57, 62-65, 67, 72, 74, 79, 108, 204
得能文　183, 184
戸坂潤　198
鳥居素川　81, 113, 130

　　　な　行

永井荷風　195
永井鳳仙　82
永井柳太郎　87, 188, 204
中岡哲郎　280
中島健蔵　222
中島信行　19
長島隆二　204
中田薫　38
中野正剛　45-47, 204, 219
中村古峡　109
中村三徳　93

中村彝 192
中村正直 118
中谷宇吉郎 281
中山伊知郎 156
夏目漱石 67, 73, 113
生江孝之 93
成島柳北 5
西尾末広 90
西村天囚 81, 130, 185
仁徳天皇 220
沼間守一 8, 59
乃木希典 186
ノースクリフ卿（1st Viscount Northcliffe） 113
野坂参三 206, 214
野田律太 90
野村吉三郎 174

は　行

芳賀矢一 128, 184
橋本登美三郎 244, 263
長谷川時雨 83
長谷川峻広 244
長谷川如是閑 130
花田大五郎 130
羽仁吉一 128
馬場辰猪 8
馬場恒吾 214, 220
浜田国松 188
林止 94
林仙之 186
原田棟一郎 130
久留弘三 87, 89-91
平塚雷鳥 128, 193
福沢諭吉 6, 15, 63
福田恆存 222
福地源一郎（桜痴） 6
藤江寿々 184
藤田茂吉 6
藤村義朗 123
藤本忠兵衛 123
藤原弘達 235, 236
ブラウン（Brown, Samuel R.） 59
古河勇 107

ブルーム（Blum, Paul C.） 171
降旗元太郎 23
ベーベル（Bebel, August） 194
ボアソナード（Boissonade, Gustave É.） 17
星亨 9, 16, 17
細川嘉六 213
穂積陳重 184
穂積八束 184
本多精一 81, 130
本多庸一 59

ま　行

前田愛 238
前原鉄洲 110
正岡子規 120
町田忠治 151
松浦総三 233, 235
松岡駒吉 89
松岡もと子 128
松岡洋右 191, 197
松方正義 19, 20
松崎天民 113
松沢求策 192
松下芳男 181
松永安左衛門 162, 188
松原岩五郎 81
松本英子 128
松山忠太郎 83, 112
丸山幹治 121, 123, 130
丸山邦男 235
三木清 197
三鬼陽之助 236
三沢皆山 187
三島海雲 109
水谷幻花 83
水野広徳 188, 195, 197, 219
美土路昌一 83, 130
南方熊楠 39, 108
宮井安吉 183, 184
三宅雪嶺 51, 74, 118, 123, 160
宮下太吉 185
宮地伝三郎 281
三輪寿壮 124

務臺光雄 207
武藤三徳 214
武藤三徳 207
村上兵衛 235
村山龍平 10, 71, 73, 116, 120, 121, 130, 132
望月日謙 150
本野一郎 128
本山彦一 39, 87, 93, 94
森近運平 36, 40
森律子 83

や　行

矢嶋楫子 28
矢内原忠雄 219
柳田国男 195
山浦貴一 188
山県有朋 15, 19, 20
山川菊枝 210
山川均 210
山際正道 156
山崎延吉 188
山路愛山 73
山室軍平 61
山本明 235
山本権兵衛 122
山本松之助（笑月） 83, 118
結城禮一郎（桂陵） 80, 82
横山源之助 24, 60, 81
与謝野晶子 83, 112, 193
吉田茂 195, 204
吉野作造 31, 38, 92, 153, 178, 210, 211

ら・わ行

頼山陽（襄） 65
ライシャワー駐日大使（Reischauer, Edwin O.） 263
ラスキ（Laski, Harold J.） 188
リサール（Rizal, José） 10
蝋山政道 124
ロレンス（Lawrence, David H. R.） 222
渡辺霞亭 37, 81

事項索引

あ 行

愛国公党　18
愛国婦人会　131
『青服』　100, 105
赤旗事件　100
『秋山真之』　181
『秋山好古』　181
『あけぼの』　5
『曙新聞』　3
『アサヒグラフ』　107, 114-116,
　271
『朝日ジャーナル』　262, 271,
　273
『朝日新聞』　219
足尾鉱山（銅山）　77, 82
足尾鉱毒事件　21, 25, 27
足尾鉱毒問題　25, 26, 29, 57
アナルコ・サンジカリズム
　105
『アメリカ様』　39
「アラビア遊牧民」　268
『暗黒日記』　197
「安全への逃避」　252
『維氏美学』　13
一億総白痴化　235
「伊藤博文論」　73
いろは倶楽部　100
「岩倉具視論」　73
浮世絵　36
『潮』　273
映画配給社　234
『英文国民新聞』　109
駅弁大学　235
絵葉書　38
冤罪　287
演説会　8
円本　232, 237, 238
王道楽土　155
『欧文反省雑誌』　110
「欧米人記者のアジアを見る眼」
　272
『欧米政理叢談』　13

オウム真理教事件　287
嚶鳴社　8, 23, 24, 59
『大大阪』　92
「大久保利通論」　73
『大阪朝日新聞』　77, 80, 81, 117,
　118, 120-124, 129, 131
大阪朝日新聞社　45, 132, 185
『大阪新報』　80, 81, 85
『大阪平民新聞』　36, 104
『大阪毎日新聞』　80, 124, 128,
　132, 184, 185
大阪毎日新聞慈善団　93
大阪労働学校　87
大宅考察団　236
大宅壮一　234
「大宅壮一人物料理教室」　236
大宅壮一東京マスコミ塾　237
大宅壮一ノンフィクション賞
　231, 237
「大宅対談」　236
『岡山日報』　78
『唖之旅行』　10

か 行

海軍軍縮条約　178
『外交家としての大久保利通』
　198
『開国始末』　60
『改造』　46, 105, 178, 181, 219
「街頭にて」　292
「街頭録音」　292
カイロ宣言　156
『我観』　46, 47
『化間鶯』　9
『革命期のアメリカ経済』　195
『革命前法朗西二世紀事』　14
華族女学校　24
『活眼』　18
『活殺』　36
カッセルの購買力平価説　154
『家庭雑誌』　79
『家庭週報』　128
「家庭の栞」　128

金尾文淵堂　80
『カナダ・エスキモー』　267,
　272, 273
川崎三菱争議　90
『関西日報』　10
官製談合事件　292
『寒村自伝』　105, 106
関東大震災　86, 91, 115
「関東防空大演習を嗤う」　183,
　186
議会制民主政治　153
企画院事件　169
記事審査部　115
『驥尾団子』　32
「君死にたまふこと勿れ」　112
『救済研究』　88
救済研究会　89
9ヶ国条約　154
教育の国有化　199
協調会　91
共同通信社　240
玉音放送　258
『清沢洌の自由主義思想』　196
基督教婦人矯風会　27, 131
義和団事件　174
金解禁問題　154
『銀座』　85
『近事評論』　33
『近代思想』　104, 105
口コミ　231
首なし事件　220
『雲の柱』　92
軍備縮小同志会　178
軍備撤廃論　149, 153
ケアの倫理　291
啓民文化指導所　234
月刊『平民新聞』　105
建国記念日審議会　236
『検察官』　224
憲政護憲運動　122
「現代日本教会史論」　57, 62
『現代日本論』　195, 198
健民運動　95

玄洋社 157, 165
言論弾圧 155
5・15事件 154
『公私月報』 39
『鴻雪録』 10
『幸徳一派大逆事件顛末』 39, 40
『鉱毒地の惨状』 29
鉱毒飛沫 26
高度経済成長 156
「紅白歌合戦」 294
神戸聯合 89
5ヶ国条約 154
『護教』 57
国安妨害 8
国際平和教会 96
国際連合憲章 199
国体 65
『ごくないばなし』 7
国民英学会 107
国民主義 119-122, 125
国民主権 153
『国民新聞』 44, 53, 55, 57, 58, 62, 63, 67, 72, 77, 82, 109
国民新聞社 83, 204
『国民叢書』 79
『国民之友』 33, 51, 53, 58, 62, 64, 79
国友会 8
護憲運動 152
小新聞 121
五族協和 155
『国会』 3, 11, 53
「国会問答」 14
『国会論』 14
『国家改造計画綱領』 162
国家社会党 57, 65
国家主義 64
国家総動員法 190
『滑稽新聞』 31, 35, 37
『子供たちの復讐』 274
『此一戦』 173, 175-177
近衛新体制 167
近衛新体制運動 125
『此花』 37
米騒動 89, 122, 232

さ 行

『最暗黒の東京』 81
『最新新聞紙学』 107
財団法人大宅文庫 231
『裁判』 223
『裁判官』 224
坂本弁護士一家拉致殺害事件 285, 287
サボタージュ 90
『サンケイ新聞』 236
産経新聞 266
『サンケイスポーツ』 266
『三酔人経綸問答』 14
三大事件建白運動 17
「サンデー時評」 236
『サンデー毎日』 236, 254, 259, 262, 273
三面記者 81
『山陽新報』 78
シーメンス事件 61
『思考の技術』 275
『時事新報』 15, 112, 128
『慈善団』 94
『七花八裂』 113
『実業之世界』 46
支那一撃論 155
『信濃毎日新聞』 58, 64, 183, 185, 186, 188
『東雲新聞』 13, 14, 17, 78
シベリア出兵 122, 152, 180
『下野新聞』 183, 184
ジャーナリズム精神の衰弱 284
社会教育事業 132
社会講談 105
『社会事業団』 94
『社会主義』 101
社会主義 36, 57, 58, 60, 65
社会主義協会 28
『社会主義研究』 101, 232
社会主義研究会 111
社会主義伝道行商 104
社会進化論 42
社会民主党 28, 245
社会民主連合 245
『社会問題講座』 232

『ジャパン・タイムス』 203
ジャパン・タイムス社 202
ジャワ映画公社 234
ジャワ派遣軍宣伝文化部隊 233
『週刊朝日』 271
『週刊金曜日』 273
週刊誌ブーム 235
『週刊文春』 236
週刊『平民新聞』 99, 100
『宗教』 109
従軍記者 7
「自由主義とは何か」 198
『自由主義を漁る』 195
自由神学校 107
『自由新聞』 8, 13-16, 42
『自由新聞（第一次）』 14
『自由新聞（第二次）』 13
聚星泊 110
自由党 9, 16, 18
『自由平等経綸』 13
自由民権 59
ジュネーブ海軍軍縮会議 178
主筆制 114
巡回病院 93
準当事者 290
『上級学校選定より突破まで』 219
『小天地』 80
小日本主義 149, 152, 155, 156
『少年倶楽部』 231
『少年世界』 231
消費経済後援会 134
「昭和怪物伝」 236
昭和研究会 168, 169
『女学雑誌』 33, 57, 58, 60, 62, 63
『食道楽』 77, 86
植民地放棄論 153, 196
『女性日本人』 46
『少年』 231
『新愛知』 186
人権 284
『新神戸』 89
「新国防方針の解剖」 179, 180
壬午軍乱 15
『震災画報』 37, 38

『新社会』 100
『新女界』 128
新人会 232
「人生相渉る」論争 62
『新世界』 192
新中間層 232
『新潮』 232
新潮社 232
心的態度 195
新日本婦人会 135
新婦人協会 138, 143
『新仏教』 110
新仏教運動 107
『人物評論』 233
『信府日報』 23
『新聞及新聞記者』 86
『新聞記者修業』 77, 83
『新聞雑誌』 5
新聞紙条例 3
新平価解禁論 154
人民戦線事件 105
『信陽日報』 23
菅生事件 217, 224, 225
『生活不安』 88, 89
政教社 43, 45, 46, 51, 118, 120
正則英語学校 110
『青鞜』 101
『青年の福音』 100
青年文学会 108
『政友』 54
『政理叢談』 13
『政論』 13
世界一周会 113
世界恐慌 154
『世界国家』 96
「世界の裏街道を行く」 236
世界新聞大会 115
『雪中梅』 3
『戦影』 176, 177
『前衛』 105
全関西婦人連合会 128, 132-134
『戦後の日本』 11
戦時経済特別調査委員会 155
戦時宰相論 163
『戦場の村』 269
全植民地放棄論 149

『前進』 101, 105
蝉噪忌 116
「戦争と民衆」 269
全日本無産者芸術連盟（ナップ） 233
前面講和論 170
『綜合ヂャーナリズム講座』 86
綜合翻訳団 233
総力戦 237
『統一年有半』 14
『祖国』 218
『楚人冠全集』 116
外島保養院 93
『ソ連とその批判』 198

た　行

第一次護憲運動 117
第一次世界大戦 152, 173, 176, 177, 232
『大英遊記』 113
大逆事件 40, 77, 83, 84, 100, 105, 113, 185
第五空軍三沢基地 248
大衆社会 232, 237, 238
大正政変 122
大正デモクラシー 100, 117, 121
『大正日日新聞』 123, 124
対中国21ヶ条要求 152
大東亜共栄圏構想 149, 155
大同倶楽部 10
『大同新聞』 3, 10
大同団結運動 9, 16
第二次西園寺内閣 122
「大日本主義の幻想」 153
大日本帝国憲法 17, 34
大日本婦人会 134
人口本連合婦人会 134
対米移民不要論 152
『太平洋』 184
太平洋問題研究会 153
『タイムズ』 112
『太陽』 45
「打開か破滅か――興亡の此一戦」 179
『他山の石』 183, 188-190
「田中角栄研究――その金脈と

人脈」 279
探検ルポ3部作 268
単独講和論 171
ダンバートン・オークス会議 156
探訪 80
治安警察法 138, 141, 143
『近きより』 217-221
地下鉄サリン事件 289
知的中間層 238
「智的労働の集団化について」 233
「智的労働の集団化の実例」 233
『ヂャーナリズム講話』 233
チャタレイ裁判（事件） 217, 222, 223, 225
『チャタレイ婦人の恋人』 222
『中央公論』 45, 46, 74, 84, 109, 110, 178, 179, 181, 219, 234
『中央新聞』 85
中間小説 85
『中国の旅』 271
調査部長 114
『朝野新聞』 3, 33, 34, 42
『直言』 104
直接行動論 100
『千代田毎夕』 13
『次の一戦』 176
帝国国防方針 179
帝国主義 64
帝国婦人協会 24
『帝大新聞』 210
『帝都日日新聞』 47
「デイリー・ミラー」 113
「転獄親話」 7
『東亜』 110
東亜同文書院 118
東亜同文会 72
東亜連盟構想 155
『東京曙新聞』 5
『東京朝日新聞』 77, 83, 112, 118, 120, 128, 177, 185
『東京朝日新聞縮刷版』 114
『東京経済雑誌』 130
『東京公論』 10
『東京新誌』 33

『東京日日新聞』　5, 37, 42, 178
『東京の女』　77
『東京毎日新聞』　151
『東京毎夕新聞』　85
『東京横浜毎日新聞』　15, 23, 59
同志社　100
統帥権干犯　154
『東大陸』　47
動物虐待防止会　112
『東方時論』　46, 161, 162
『東洋自由新聞』　13-15
徳風尋常小学校　93
独立新聞　119, 124
独立的記者　124
独立党　9
『栃木新聞』　24
『泥と炎のインドシナ――毎日新聞特派員団の現地報告』　262
トンキン湾事件　261
「ドン底生活」　88, 89, 94
『頓智協会雑誌』　31, 33

な　行

浪花節　82
二個師団増設問題　122
『ニコニコ』　85
西原借款　122
『二十三年未来記』　9
「二十の扉」　292
日英同盟　153
日独伊軍事同盟　149
日独伊三国同盟　155
『日独戦史』　177
『日米新聞』　192
日米戦争　176, 179
日露戦争　62, 112, 121, 151, 173, 175-177, 181
『日新真事誌』　5
日清戦争　64, 120, 174
日清貿易研究所　118
日中戦争　124, 149, 219
『日本』　44, 45, 69, 70, 117-121, 123
『日本イデオロギー論』　198
日本映画社　234
『日本及日本人』　45, 46, 119, 120

日本海海戦　173, 175
『日本外交史』　198
『日本学藝新聞』　181
日本共産党　101, 105
『日本共産党の研究』　280
日本基督教婦人矯風会　28, 139
『日本経済の再編成』　168, 169
日本社会党　103, 105
日本主婦の会　134, 135
『日本少年』　231
日本女子大学　127
『日本人』　43-45, 50, 51, 53, 54, 118
日本新聞社　45
日本電報通信社　211
日本農民組合　87
「日本の裏街道を行く」　236
『日本之下層社会』　60, 81
日本フェビアン協会　232
『日本名将論』　181
『日本労働新聞』　105
「ニューギニア高地人」　268
ニュースコープ　241, 244
『二六新報』　85, 104
『人間裸像』　234
ノンフィクション・クラブ　235, 237

は　行

廃娼　24, 60
廃娼運動　23, 30, 57, 58
排日運動　191
売文社　100
白十字会　94
白十字林間学校　94
博文館　184
「バタの臭」　177
『八海裁判――有罪と無罪の十八年』　224
八海事件　217, 223-225
白虹事件　45, 117, 121, 122, 130
『巴里通信』　70
『半球周遊』　113
『反省雑誌』　109, 110
ハンセン病　93, 94
「非開化論」　13

非戦論　99, 103
『筆禍史』　31
『一年有半』　14, 19
非武装中立論　101
『百零一』　13
ピュリツァー賞写真部門　253
閔氏政権　15
「貧乏物語」　88
『フィガロ』　128
フェミニズム　290
福本イズム　101, 105
不敬罪　35, 100, 221, 222
『婦人』　133
婦人会関西連合大会　131
婦人記者倶楽部　128
『婦人公論』　102
婦人社会見学団　132
『婦人のこえ』　103
『婦人之友』　46, 47, 128
『婦選』　134
普選運動　57, 58
婦選獲得　132
普選派　91
普通選挙　152
普通選挙期成同盟会　23, 111
普通選挙法　61
仏学塾　14
仏教清徒同志会　110
『仏和辞林』　14
冬の時代　105
ブラウン塾　57-59
プラカード事件　217, 221-223, 225
プラグマティズム哲学　151
『文学界』　62, 63
『文学的戦術論』　232
文化大革命　236
『文芸倶楽部』　184
『文藝春秋』　236, 238
文藝春秋（会社名）　237
「文壇ギルドの解体期」　231, 232
『文明の逆説――危機の時代の人間研究』　278
米国 OSS（戦略諜報局）　169
平民社　99, 100, 111
『平民新聞』　100, 104, 111

『平民の目さまし』 14
平和女学校 95
『へちまの皮』 113
ベトナム戦争 243, 244, 262, 269
編集権 215
保安条例 10, 17
貿易立国 156
『報知新聞』 37, 128
方面委員 88, 92
「暴力を排し議会主義を守れ」 171
北爆 262, 263
『北米時事』 192
『北門新報』 13
母性保護論争 102
北海道開拓使払下事件 8
『北国新聞』 183, 184
『炎は流れる――明治と昭和の間』 236
本所基督教産業青年会 92

ま 行

『毎日新聞』 21, 23-25, 27, 28, 30, 57, 128
毎日新聞社 258, 259, 262
『毎日電報』 128
『毎夕新聞』 77
マスコミの王様 231, 234, 235, 238
松本サリン事件 287
『真昼の暗黒』 224
丸正事件 225, 226
『団団珍聞』 32-34, 36
満韓巡遊船 112
満州映画協会 233
満州事変 149, 144, 173, 179, 180
『三田新聞』 115
三田新聞会 115
『都新聞』 37, 77, 85
民権運動 3
民主主義 117, 121, 124

民撰議員設立建白書 5
『民約訳解』 13
民友社 57, 58, 63, 79
「無血虫の陳列場」 18, 19
『『無思想人』宣言」 231, 234
『牟呂新報』 104
室戸台風 94
『明義』 184
『明治三十七, 八年海戦史』 175
明治14年の政変 57, 59
明治女学校 58
明治新聞雑誌文庫 31, 39
『明治日報』 42
「明治の青年」 62
明治文化研究会 39
明倫館 4
『モダン層とモダン相』 232
『ものの見方について』 172

や 行

『谷中村滅亡史』 83, 104
『山川均自伝』 106
『山梨民声新聞』 85
友愛会 89
友愛会関西労働同盟 89
『郵便報知新聞』 5, 15, 42
ユニテリアン教会 107
陽明学 4
『善き隣人』 92
横浜事件 213
横浜バンド 59
『横浜毎日新聞』 23, 57-59
『読売新聞』 128, 129, 212
読売争議
　第一次―― 205, 213, 214
　第二次―― 207
「よみうり婦人附録」 128, 129, 141
『萬朝報』 99, 103, 111, 128
4ヶ国条約 154

ら 行

『LIFE』 262
ラジオ民間放送 235
『羅府新報』 192
『理学沿革史』 14
『理学鉤玄』 14
理研科学映画 233
立憲改進党 8, 16, 18, 23, 57, 59
『立憲自由新聞』 13, 19
立憲自由党 18
『淪落の女』 84
『倫理学参考道徳学大原論』 14
冷戦 235
労学会 232
労働組合期成会 79
『労働研究』 96
『労働者新聞』 89-91
労働総同盟 91
『労農』 101, 102, 105
労農派 101
60年安保 171
盧溝橋事件 155
『ロセッタ朝日』 113
「論外交」 15, 16
ロンドン海軍軍縮会議 179
ロンドン海軍軍縮条約 154

わ 行

『ワールド』 115
『和歌山新報』 108
ワシントン会議 178
『我等』 123, 124

欧文

AP 通信 251, 263
Dollar Diplomacy 192
『NIIK 受信料拒否の論理』 272
PANA 通信社 250, 262
TBS 241, 244, 263
The Oriental Review 203
UPI 249-254, 256, 263

《執筆者紹介》（担当順，＊は編者）

＊土屋　礼子　早稲田大学政治経済学術院教授。はしがき，第Ⅰ部第1章，第Ⅱ部第1章，第4章，第6章。

＊井川　充雄　立教大学社会学部教授。はしがき，第Ⅲ部第7章，第8章，コラム（藤倉修一）。

松永　昌三　茨城大学名誉教授，岡山大学名誉教授。第Ⅰ部第2章，第Ⅲ部第5章。

福井　淳　大正大学文学部教授。第Ⅰ部第3章。

福井　純子　立命館大学非常勤講師。第Ⅰ部第4章。

中野目　徹　筑波大学人文社会系教授。第Ⅰ部第5章，第6章。

岡田　章子　東海大学文学部准教授。第Ⅰ部第7章。

小宮　一夫　駒澤大学非常勤講師。第Ⅰ部第8章。

木村　和世　桃山学院大学非常勤講師。第Ⅱ部第2章。

志村　正昭　学校法人河合塾公民科講師。第Ⅱ部第3章。

古川　江里子　青山学院大学兼任講師。第Ⅱ部第5章。

三鬼　浩子　メディア史研究会会員。第Ⅱ部第7章。

増田　弘　立正大学法学部特任教授，石橋湛山研究センター長。第Ⅲ部第1章。

吉田　則昭　立教大学兼任講師。第Ⅲ部第2章，第3章。

片山　慶隆　関西外国語大学英語国際学部准教授。第Ⅲ部第4章，第9章。

山本　義彦　静岡大学名誉教授。第Ⅲ部第6章。

水野　剛也　東洋大学社会学部教授。コラム（浅野七之助）。

阪本　博志　宮崎公立大学人文学部准教授。第Ⅳ部第1章。

丹羽　美之　東京大学大学院情報学環准教授。第Ⅳ部第2章。

別府三奈子　法政大学社会学部教授。第Ⅳ部第3章，第4章。

黒田　勇　関西大学社会学部教授。コラム（賀川　浩）。

桂　敬一　ジャーナリズム研究者，元東京大学新聞研究所教授。第Ⅳ部第5章，第6章。

小玉美意子　武蔵大学名誉教授。第Ⅳ部第7章。

中嶋　晋平　大阪市立大学都市文化研究センター研究員。年表。

《編著者紹介》

土屋　礼子 (つちや・れいこ)

1995年　一橋大学大学院社会学研究科博士課程単位取得退学。
現　在　早稲田大学政治経済学術院教授。博士（社会学）。
主　著　『大衆紙の源流——明治期小新聞の研究』世界思想社，2002年。
　　　　『近代日本メディア人物誌——創始者・経営者編』（編著）ミネルヴァ書房，2009
　　　　年。
　　　　『対日宣伝ビラが語る太平洋戦争』吉川弘文館，2011年。

井川　充雄 (いかわ・みつお)

1995年　一橋大学大学院社会学研究科博士課程単位取得退学。
現　在　立教大学社会学部教授。博士（社会学）。
主　著　『戦後新興紙とGHQ——新聞用紙をめぐる攻防』世界思想社，2008年，ほか。

近代日本メディア人物誌　ジャーナリスト編

2018年1月30日　初版第1刷発行　　　　　〈検印省略〉

定価はカバーに
表示しています

編著者　　土屋礼子
　　　　　井川充雄
発行者　　杉田啓三
印刷者　　大道成則

発行所　　株式会社　ミネルヴァ書房
607-8494　京都市山科区日ノ岡堤谷町1
電話代表　（075）581-5191
振替口座　01020-0-8076

©土屋礼子・井川充雄，2018　　　　太洋社・藤沢製本

ISBN978-4-623-07482-2
Printed in Japan

近代日本メディア人物誌

———————————————————土屋礼子編著　A 5 判　288頁　本体2800円

● **創始者・経営者編**　本書は，近代日本におけるメディアの歴史を経営者，とくに創始者から読み解くものである。彼ら，彼女らの歩みは日本のメディアの歴史を，さらには日本近代史そのものを物語っている。メディアとは人である。そのことを，本書は明確に示している。

よくわかるメディア・スタディーズ［第 2 版］

———————————————————伊藤　守編著　B 5 判　248頁　本体2500円

本書は，メディアをめぐる知の系譜をたどり，研究対象の広がりをカバーしつつ研究方法の革新と多様化にも対応した定番テキスト，待望の第 2 版である。アップデートした記述によって変化の激しい私たちをとりまくメディア状況を丁寧に解説する。

メディアの卒論［第 2 版］

———————————————————藤田真文編著　A 5 判　288頁　本体3200円

● **テーマ・方法・実際**　第 I 部で研究の進め方，論文執筆のプロセスを解説し，第 II 部では主なテーマごとに調査・執筆方法を解説。メディアをテーマに卒業論文を書く場合，さらに新聞・雑誌記事やテレビ番組などのメディアを資料として卒業論文を書く場合，いずれにも対応した内容となっており，メディア系専攻の学生のみならず，政治・社会・歴史・文学などで卒論を書く人にも役立つ一冊である。

石橋湛山

———————————————————増田　弘著　四六判　424頁　本体3500円

● **思想は人間活動の根本・動力なり**　東洋経済新報社でリベラル派の論客として活躍し，戦後は政界に転身，吉田内閣蔵相などを経て自民党総裁，首相となる。日中米ソの平和同盟を構想するも，病により退陣を余儀なくされる。本書では，湛山の思想・言論・政策を丁寧に辿り，今日に改めて問いかける。

岩波茂雄

———————————————————十重田裕一著　四六判　332頁　本体2800円

● **低く暮らし，高く想ふ**　長野の農家の子として生まれた岩波は，教員生活の後，旧制一高時代の人脈をもとに出版社を創業する。「文化の配達人」に徹することで，大正・昭和期に講談社と並ぶ「岩波文化」を創っていった。創業から100年を経て，激動の時代にあって出版の理想を求めて生き抜いた人物の足跡を今，改めて振り返り，出版の原点を探る試みである。

———————————————————ミネルヴァ書房———————————————————

http://www.minervashobo.co.jp/